Knaurs großer Zitatenschatz

KNAURS
GROSSER
ZITATEN
SCHATZ

Knaurs großer Zitatenschatz
Copyright © by Droemersche Verlagsanstalt Th. Knaur Nachf. GmbH & Co., München
Lizenzausgabe für Area Verlag GmbH, Erftstadt
Alle Rechte vorbehalten
Einbandgestaltung und -abbildungen: Wirtzcologne, Köln
Druck und Bindung: Bercker, Kevelaer
Printed in Germany 2003
ISBN 3-89996-004-1

Inhalt

Aberglaube

Stets liegt, wo das Banner der Wahrheit wallt, der **Aberglaube** im Hinterhalt.

> *August von Platen, Die neuen Propheten*

Der **Aberglaube** trauet den Sinnen bald zu viel, bald zu wenig.

> *Gotthold Ephraim Lessing, Das Testament Johannes*

Der **Aberglaube** gehört zum Wesen des Menschen
und flüchtet sich, wenn man ihn ganz und gar zu verdrängen denkt,
in die wunderlichsten Ecken und Winkel,
von wo er auf einmal,
wenn er einigermaßen sicher zu sein glaubt,
wieder hervortritt.

> *Johann Wolfgang von Goethe, Wilhelm Meisters*
> *Wanderjahre II, Betrachtungen im Sinne der Wanderer*

Der **Aberglaube** gemeiner Leute rührt von ihrem frühen und allzu eifrigen Unterricht in der Religion her.

> *Georg Christoph Lichtenberg, Allerhand*

Alt werden

Findet sich bei **Greisen** wirklich Weisheit, und ist langes Leben schon Einsicht?

> *Bibel, Ijob 12, 12*

Das **Leben** wird gegen Abend, wie die Träume gegen Morgen, immer klarer.

> *Karl Julius Weber, Demokritos*

Nimm die **Erfahrung** und die Urteilskraft der Menschen über 50 heraus aus der Welt, und es wird nicht genug übrig bleiben, um ihren Bestand zu sichern.

Henry Ford I.

Das **Alter** muss doch einen Vorzug haben, dass, wenn es auch dem Irrtum nicht entgeht, es doch sich auf der Stelle fassen kann.

Johann Wolfgang von Goethe

Alte Herren und Kometen werden aus dem gleichen Grund verehrt: Wegen ihrer langen Bärte und der Behauptung, dass sie die Ereignisse voraussagen.

Jonathan Swift, Aphorismen

Was **alt** ist, hat bewiesen, dass es lebensfähig ist.

Edward V. Rickenbacker

Im **Alter** kommt der Psalter.

Sprichwort

Nicht die jungen Glieder sind's, in denen sich ein Witterungswechsel meldet. Die **alten Knochen** spüren ihn zuerst.

Friedrich Hebbel, Gyges und sein Ring I

Vor einem grauen Haupte sollst du aufstehen und die **Alten** ehren.

Bibel, Buch Levitikus 19, 32

Alternde Menschen sind wie Museen: Nicht auf die Fassade kommt es an, sondern auf die Schätze im Innern.

Jeanne Moreau

Nur den Göttern ist des **Alters** Bürde fremd.

Sophokles, Ödipus auf Kolonos II (Ödipus)

Hätt' ich für **Altern** auch ein Salben,
ich wollt' mich salben allenthalben.

Sprichwort

Ich würde Sie dringender einladen, wenn ich mir nicht allzu sehr bewusst wäre, dass wir in dem **Herbst** und Winter des Lebens starrer und schroffer werden als billig ist: Die Wirkung dieser Eigenschaften wird durch guten Willen, am besten aber durch Entfernung gemildert.

Johann Wolfgang von Goethe, an Christian H. Schlosser, 26.9.1813

Feigherzig und geschwätzig ist das **Alter**.

Friedrich Schiller, Die Braut von Messina I, 7 (Cajetan)

Alt sein heißt für mich immer: Fünfzehn Jahre älter als ich.

Bernard Mannes Baruch

Alternde Frauen sollten bedenken, dass ein Apfel nichts von seinem Wohlgeschmack verliert, wenn ein paar Fältchen die Schale kräuseln.

Auguste Brizeux

Man lacht nicht, weil du **alt**, glaub mir, man lacht allein, weil du, die doch so alt, durchaus nicht alt willst sein.

Andreas Gryphius, Epigramme

Über ein **altes Weib** geht nix als ein Mann, der ein altes Weib ist.

Johann Nestroy, Der Unbedeutende I, 23 (Peter)

Alter schützt vor Liebe nicht, aber Liebe vor dem Altern.

Coco Chanel

Willst du **alt werden**, so werde balde alt. Behalt den Kragen warm, fülle nicht zu sehr den Darm, mache dich der Greten nicht zu nah, also wirst du langsam grau.

Martin Luther, Tischreden 4, 46

Wer will vergnüglich **alten**, soll mit niemand Feindschaft, mit jedermann Freundschaft, mit wenigen Gemeinschaft, mit vielen Kundschaft halten und lassen Gott dann walten.

Georg Rudolf Weckherlin, Epigramme

Wenn man einen **Alten** höflich und glimpflich um das Leben bringen will, so soll man ihm ein junges Weib geben.
Kaiser Friedrich III.

Es gibt eine Art, das **Leben** zu verlängern, die ganz in unserer Macht steht: Früh aufstehen, zweckmäßiger Gebrauch der Zeit, Wählung der besten Mittel zum Endzweck und, wenn sie gewählt sind, muntere Ausführung.
Georg Christoph Lichtenberg

Befehlen verlängert das **Leben**. Deswegen werden Generäle und Dirigenten so alt.
Howard T. Hunter

Jimmy Carter hat zu mir gesagt: »Ich habe dich im Fernsehen wieder einmal auf einem Pferd gesehen. Wie kommt es bloß, dass du so **jung** aussiehst?«
Darauf ich: »Das ist ganz einfach, Jimmy - ich nehme nur alte Pferde.«
Ronald Reagan

Ein Mann mit **weißen Haaren** ist wie ein Haus, auf dessen Dach Schnee liegt. Das beweist aber noch lange nicht, dass im Herd kein Feuer brennt.
Maurice Chevalier

Altern ist eine schlechte Gewohnheit, die ein beschäftigter Mann gar nicht erst aufkommen lässt.
André Maurois

Alles, was **Spaß** macht, hält jung.
Curd Jürgens, zu Georg Stefan Troller, in Pariser Gespräche II

Der größte Irrtum junger Menschen ist ihre Vorstellung vom **Alter**. Ein gesunder alter Mann liebt wie mit zwanzig.
Hermann Kesten

Die Menschen werden **alt**,
weil sie ihre Ideale im Stich lassen.
Kenneth B. Haas

Ich bin ermüdt,
ich hab geführt des Tages Bürd;
es muss einst **Abend** werden.
Erlös mich, Herr, spann aus den Pflug,
es ist genug!
Nimm von mir die Beschwerden.
Anton Ulrich von Braunschweig, Abschied

Bevor ich ein **alter Mann** wurde, war ich darauf bedacht, würdig zu
leben. Jetzt, im Alter, richtet sich mein Streben darauf, würdig zu sterben.
Lucius Annaeus Seneca, an Lucilius

Amerika

In jedem **Amerikaner**, selbst wenn er alle Klugheiten mit dem Löffel
gegessen und alle Dünkel der Welt durchschaut hätte, steckt irgendwo die
Provinz.
Witold Gombrowicz

Amerikaner werden misstrauisch, wenn man nicht einer von ihnen werden will – im Gegensatz zu den Franzosen, Engländern, Schweden und
den meisten anderen Völkern, die es gerade misstrauisch macht, wenn
man zu ihnen gehören möchte.
Billy Wilder

Das **amerikanische Grundgefühl** ist eine seiner Zukunft sichere
Gegenwärtigkeit.
Theodor Heuss

Wir sind im Guten wie im Schlechten eine zutiefst **konservative Gesellschaft**.
James William Fulbright

Amerika hat noch nicht gelitten. Man täuscht sich, wenn man ihm schon die hohe Fähigkeit des Herrschens zubilligen möchte.
José Ortega y Gasset, Der Aufstand der Massen

Es ist ein großer Schock, wenn man im Alter von fünf oder sechs Jahren feststellt, in einer Welt Gary Coopers der **Indianer** zu sein.
James Baldwin

Es ist keine Beleidigung, sondern ein Lob, wenn man sagt, **Amerika** sei es wert, kritisiert zu werden.
James William Fulbright

Die gefährlichsten Männer der Welt leben heute nicht in Russland, auch nicht in China, sondern in unserem **Pentagon**.
Wayne Morse

Amerika ist Amerika. Deutschland aber will Deutschland und außerdem noch Amerika sein.
Jean Cocteau

Langsam, aber unverkennbar erliegen wir dem Hochmut der **Macht**.
James William Fulbright

Architektur

Der Arzt kann seine Kunstfehler verbrennen. Der **Architekt** muss seine Kunden veranlassen, Wein und Efeu zu pflanzen.
Frank Lloyd Wright

Die Krankheit unserer heutigen **Städte** und Siedlungen
ist das traurige Resultat unseres Versagens,
menschliche Grundbedürfnisse
über wirtschaftliche und industrielle Forderungen zu stellen.
Walter Gropius, Architektur

Architektur ist das Alphabet von Giganten.
Sie ist das größte System von Symbolen, das je für die Augen von Menschen gemacht wurde.
Gilbert K. Chesterton

Zeige mir, wie du **baust**,
und ich sage dir, wer du bist.
Christian Morgenstern

Die Qualität von Städten und Plätzen
lässt sich am **Reißbrett** entwerfen,
ihre Schönheit kommt durch die Zeit.
Renzo Viano

Der **Bauende** soll nicht herumtasten und versuchen.
Was stehen bleiben soll, muss recht stehen
und wo nicht für die Ewigkeit
doch für geraume Zeit genügen.
Man mag doch immer Fehler begehen,
bauen darf man keine.
Johann Wolfgang von Goethe,
Wilhelm Meisters Wanderjahre II, 8

Ich glaube, dass jede **Architektur**,
die sich an den Geist wendet,
noch immer das Werk eines Einzelnen ist.
Le Corbusier

Moderne **Architektur** ist das aus der richtigen Erkenntnis einer
fehlenden Notwendigkeit erschaffene Überflüssige.
Karl Kraus

Ärger

Manche **Missstimmung** von Frauen, der auch beste Psychiater nicht beizukommen vermögen, kann schon ein mittelmäßiger Frisör beseitigen.

Mary McCarthy

Hartnäckige **Übellaunigkeit** ist ein klares Symptom dafür, dass ein Mensch gegen seine Bestimmung lebt.

José Ortega y Gasset

Die **Depression** gleicht der Ebbe, die traurig vergangenes Leben bloßlegt.

Hans Arndt, Im Visier, Umwölkt

Henry **erregt** sich nur über Belanglosigkeiten. In großen Dingen ist er ganz ruhig.

Nancy Kissinger

Was mag wohl die Ursache sein, dass **unangenehme Gedanken** viel lebhafter schmerzen des Morgens, wenn man erwacht, als einige Zeit nachher, wenn man weiß, dass alles wacht, oder auch wenn man aufgestanden ist oder mitten am Tage oder auch des Abends?

Georg Christoph Lichtenberg

Geh zu Bett mit deinem **Ärger**, dann wird dich am Morgen die Reue nicht quälen!

Aus Marokko

Der **Ekel** ist das Merkmal eines verdorbenen Magens oder verwöhnter Einbildungskraft.

Johann Georg Hamann, an Immanuel Kant, 1759

Der Traurigkeit kann kein Mensch sich erwehren, der **Verdrießlichkeit** jeder.

Sprichwort

Aufrichtigkeit

Welch ein Geschenk für die Menschheit ist ein **edler Mensch**!
Johann Wolfgang von Goethe, an Charlotte
von Stein, 9.5.1782

Dem **Reinen** ist alles rein.
Johann Wolfgang von Goethe, Wilhelm Meisters
Wanderjahre III

Wenn einer von seiner **Anständigkeit** spricht, zähle die Löffel.
Aus Polen

Wer im Licht wandert, **stolpert** nicht.
Aus Togo

Es ist gefährlich, nur in **Unschuld** leben zu wollen.
Livius

B Beamte

Gewisse **Dienste** Königen zu leisten, ist misslich, Herzog – ein gewagter Wurf, der, fehlt er seine Beute, auf den Schützen zurücke prallt.
Friedrich Schiller, Don Carlos II, 10 (Domingo)

Das Gleiche kann nur vom Gleichen erkannt werden, und nur ein Fürst, der selber große Fähigkeiten besitzt, wird wiederum große Fähigkeiten in seinen Untertanen und **Dienern** gehörig erkennen und schätzen.
Johann Wolfgang von Goethe, zu Eckermann, 11.3.1828

Die **Dienste** der Großen sind gefährlich und lohnen der Mühe, des Zwanges, der Erniedrigung nicht, die sie kosten.
Gotthold Ephraim Lessing, Minna von Barnhelm V, 9

Jeder **Staatsdiener** hat doppelte Pflicht: gegen den Landesherrn und gegen das Land. Kann wohl vorkommen, dass die nicht vereinbar sind, dann aber ist die gegen das Land die höhere.
Friedrich Wilhelm III. von Preußen

Erdengötter sind die Fürsten. Glaubt es, mancher **Diener** spricht's. Und wie viele Kreaturen schaffte nicht ihr Wort aus nichts?
Ephraim Moses Kuh, Epigramme

Die großen **Herren** sind so selten dabei, wenn sie Böses tun.
Friedrich Schiller, Die Verschwörung des Fiesco zu Genua V, 16 (Verrina)

Nicht ein Zehnteil würd' ein **Herr** des Bösen tun, müsst er es selbst mit eignen Händen tun.
Heinrich Kleist, Die Familie Schroffenstein IV, 1 (Rupert)

Immer schon hatten die **Narren** am Sockel des Throns gesessen. Deshalb sahen sie auch als Erste, wenn er zu wackeln anfing.
Stanislaw Jerzy Lec, Unfrisierte Gedanken

Wir **Subalternen** haben keinen Willen; der freie Mann, der mächtige, allein gehorcht dem schönen menschlichen Gefühl. Wir aber sind nur Schergen des Gesetzes, des grausamen; Gehorsam heißt die Tugend, um die der Niedre sich bewerben darf.

Friedrich Schiller, Wallensteins Tod IV, 2 (Gordon)

Das Gebot des Herrschers kann auch den **Besten** in Versuchung führen.

Friedrich Schiller, Macbeth IV, 6 (Malcolm)

Befehl und Gehorsam

Weißt du nicht, wer allen am nötigsten tut? Der Großes **befiehlt**.

Friedrich Nietzsche, Zarathustra II

Wo Verstand befiehlt, ist der **Gehorsam** leicht.

Theodor Fontane, Quitt 14

Stille **Unterordnung** unter Willkür schwächt, stille Unterordnung unter Notwendigkeit stärkt.

Jean Paul, Levana VI, 2

Es ist kein schönrer Anblick in der Welt, als einen Fürsten sehn, der klug regiert, das Reich zu sehn, wo jeder stolz **gehorcht**, wo jeder sich nur selbst zu dienen glaubt, weil ihm das Rechte nur befohlen wird.

Johann Wolfgang von Goethe, Torquato Tasso 1,4 (Antonio)

Es ist immer verkehrt zu befehlen, wenn man des **Gehorsams** nicht gewiss ist.

Gabriel Graf von Mirabeau

Immer wo ein Staat gedeiht, hat der **Gehorsam** ihm das Haus gebaut.

Sophokles, Antigone III (Kreon)

Leider ist es eine typisch deutsche Eigenschaft, den **Gehorsam** schlechthin für eine Tugend zu halten. Wir brauchen die Zivilcourage, »nein« zu sagen.

Fritz Bauer

Euer **Gehorsam** ist grenzenlos, und er wird, dass ich es euch nur sage, von Tag zu Tag unverzeihlicher.

Thomas Mann, Rede an die Deutschen,
Weihnachten 1940

Wer sich zum **Wurm** macht,
kann nachher nicht klagen,
wenn er mit Füßen getreten wird.

Immanuel Kant,
Metaphysik der Sitten

Die meisten Menschen haben das starke Bedürfnis nach einer **Autorität**, die sie bewundern und der sie sich unterwerfen können, die sie beherrscht und manchmal sogar misshandelt. Von der Psychologie des Individuums haben wir gelernt, woher dieses Verlangen kommt: Es ist die Sehnsucht nach dem Vater.

Sigmund Freud

Nur wer Gewissen hat, kennt **Verantwortung**; nur wer Verantwortung hat, kennt die Sorge. Deshalb lebt es sich am sorglosesten auf Befehl.

Thomas Niederreuther, Aphorismen

Begabung

Nutze die **Talente**, die du hast. Die Wälder wären sehr still, wenn nur die begabtesten Vögel sängen.

Henry van Dyke

Jeder Mensch besitzt alle **Talente**, doch nur die hervorragendsten soll er ausbilden. Hier liegt aber der Grund, weshalb so viele hartnäckig ein unerreichbares Ziel verfolgen: Sie haben das Gefühl, nicht ganz auf dem falschen Wege zu sein.

Friedrich Hebbel, Tagebücher, 1.5.1838

Die Verschiedenheit in den natürlichen **Veranlagungen** ist bei den Menschen in Wirklichkeit viel geringer, als wir gewöhnlich annehmen. Die stark unterschiedlichen Fähigkeiten, durch die sich Leute von verschiedenem Beruf offenbar voneinander unterscheiden, sind, wenn sie sich voll entwickelt haben, in vielen Fällen nicht so sehr die Ursache als vielmehr die Wirkung der Arbeitsteilung.

Adam Smith, Vom Wohlstand der Nation 1,2

Talent ist nur große Geduld.

Anatole France

Ein wirklich großes **Talent** ist nicht irrezuleiten und nicht zu verderben.

Johann Wolfgang von Goethe,
zu Eckermann, 13.2.1831

Gleich dem Besitzer eines Terrains, der nichts von den darin schlummernden Bodenschätzen ahnt, bleiben auch dem Menschen seine geheimen **Qualitäten** meist unbekannt.

Jonathan Swift

Zu den Blitzen des Genies machen die **Talente** den Donner.

Peter Sirius, Genie und Talent

Wenn man es genau betrachtet, so wird jede, auch nur die geringste **Fähigkeit** uns angeboren.

Johann Wolfgang von Goethe, Wilhelm Meisters
Lehrjahre VIII

Mit fünfundzwanzig Jahren kann jeder **Talent** haben. Mit fünfzig Jahren Talent zu haben, darauf kommt es an.

Edgar Degas

Große **Talente** sind wie große liegende Güter; sie lassen sich nicht zu jeder Zeit gehörig verwerten.

Johann Jakob Mohr,
Gedanken über Leben und Kunst

Viele sind **berufen**, aber nur wenige auserwählt.

Bibel, Matthäus 22, 14

Talente ohne Tugend sind Sklaven ohne Herren: Sie können sich nicht gut benehmen und sind zu allem fähig.

Aus China

Es ist ein Unglück, dass ein braves **Talent** und ein braver Mann so selten zusammenkommen!

Marie von Ebner-Eschenbach, Aphorismen

Der einzige Beweis für **Fähigkeiten** sind Leistungen.

Aus den USA

Beleidigung

Wer noch niemals anderen Leuten auf die **Füße** getreten, hat sich vermutlich noch niemals von der Stelle bewegt.

Franklin P. Jones

Stößt dich ein Blinder, so **ärgere** dich nicht.

Aus Kenia

So wie es selten Komplimente gibt ohne alle Lügen, so finden sich auch selten **Grobheiten** ohne alle Wahrheit.

Gotthold Ephraim Lessing,
Hamburgische Dramaturgie

Warum sie doch zu Schutz und Trutz
die Tonart stets verschärfen?
Nicht formen lässt sich jeder **Schmutz**,
doch jeder lässt sich werfen.
Ludwig Fulda

Auch **Kränkungen** wollen gelernt sein. Je freundlicher, desto tiefer
trifft's.
Martin Walser

Es hat der frech **Beleidigte** den Nachteil, dass die Tat ihm die Besinnung
selbst der Rache raubt und dass in seiner eignen Brust ein Freund des
Feindes aufsteht wider ihn, die Wut.
Heinrich von Kleist, Die Familie Schroffenstein I, 1 (Eustache)

Ein Guter ließ sich einst von einem Bösen **schmähn**.
Er trug es still und sprach: »Mög' es dir glücklich gehn!
Viel schlimmer bin ich noch, als du es ausgesprochen;
denn besser ja als du weiß ich, was ich verbrochen.«
Saadi, Rosengarten I

Nur die Wahrheit **beleidigt**.
Aus Frankreich

Der Pfeil des **Schimpfs** kehrt auf den Mann zurück, der zu verwunden
glaubt.
Johann Wolfgang von Goethe, Torquato Tasso IV, 4 (Tasso)

Kränkungen haben ihr Gutes: Sie setzen einen ins Recht.
Henry de Montherlant

An einer **Verwünschung** stirbt kein Elefant.
Aus Kamerun

Die Krankheiten des Herzens sind seine **Kränkungen**. Das weiß die
Sprache seit langem.
Nikolaus Cybinski, Wohin du schaust – lachende Dritte

Wer über eine **Beleidigung** weint, dem werden mehrere begegnen.
Johann Wolfgang von Goethe

Rücksichtslosigkeiten, die edle Menschen erfahren haben, verwandeln sich in Rücksichten, die sie erweisen.
Marie von Ebner-Eschenbach, Aphorismen

Bestattung

Was mir nie war vergönnt bei meinem ganzen Leben,
das hat mir nun der **Tod** nach meinem Sinn gegeben:
Ich mein ein eigen Haus, daraus mich mehr kein Tod,
kein Teufel, kein Tyrann vertreibt und keine Not.
Friedrich von Logau, Ein Vertriebener redet nach seinem Tode

Neben denen dereinst zu **ruhen**, die man liebt, ist die angenehmste Vorstellung, welche der Mensch haben kann, wenn er einmal über das Leben hinausdenkt. Zu den Seinigen versammelt werden, ist ein so herzlicher Ausdruck.
Johann Wolfgang von Goethe, Die Wahlverwandtschaften II

Doch aber ist so viel nicht an,
ob ich gesellt, ob einsam liege.
Herr! Wenn mein Geist nur stehen kann
und ich vor deinem **Richtstuhl** siege.
Andreas Gryphius, Gedanken: Über den Kirchhof und Ruhestätte der Verstorbenen

Ob einem reiche **Totengabe** wird zuteil,
das ist nur eitle Prahlerei der Lebenden.
Euripides, Die Troerinnen 1249/50

Man lobt im **Tode** manchen Mann,
der Lob im Leben nie gewann.
Freidank, Bescheidenheit 25, Vom Lobe

O Redner! Dein Gesicht zieht jämmerliche Falten,
indem dein Maul erbärmlich spricht.
Eh' du mir sollst die **Leichenrede** halten,
wahrhaftig, lieber sterb' ich nicht!
Gotthold Ephraim Lessing, Auf einen gewissen Leichenredner

Warum erweisen wir immer die **letzte Ehre**? Warum nie die vorletzte?
Nikolaus Cybinski, Wohin du schaust – lachende Dritte

Am **Grabe** der meisten Menschen trauert, tief verschleiert, ihr ungelebtes
Leben.
Oscar Jellinek

Beim Verlassen des **Grabes** wechselt man den Schritt.
Hans Arndt, Im Visier

Ist's christlich, Christenvolk, dem Gott den **Himmel** schenkt,
dass dich nicht ohn' Entgelt man in die Erde senkt?
Friedrich von Logau, Sinngedichte, Begräbniskosten

Wie? Hundert Gulden wollt ihr haben,
um meine Frau mir zu **begraben**?
Das ist zu arg, bei meiner Ehre,
fast wünsch' ich, dass sie nicht gestorben wäre.
Ignaz Franz Castelli, Begräbniskosten

Die Lüge, Mensch, ist dein Vergnügen;
du lehrst sogar die **Steine** lügen.
Friedrich Haug, Sinngedichte, Über Grabschriften

Hier ruht ein Wahrheitsfreund:Wenn dies dir, Leser, seltsam scheint,
so wisse nur, man schrieb es her,damit die **Grabschrift** lügt wie er.
Ignaz Franz Castelli, Grabschrift auf einen Lügner

Beim Lesen der **Todesanzeigen** wird man belehrt, dass nur engelsgleiche Wesen diese Welt verlassen.

Hans Arndt, Im Visier, Chancen

Ich will kein ander Wort auf meinem **Leichstein** haben als dies: Der Kern ist weg, die Schalen sind vergraben.

Christian von Hofmannswaldau

Betrug

Betrüge nicht; du hast nicht Rast noch Ruh, wenn du betrogen hast.

Matthias Claudius, Ein silbern ABC

Was der **Trug** gewann, der ungerechte, kann nicht dauernd sein.

Sophokles, Ödipus auf Kolonos 1023

Verrat trennt alle Bande.

Friedrich Schiller, Wallensteins Tod II, 5 (Isolani)

Die **Fälschung** unterscheidet sich vom Original dadurch, dass sie echter aussieht.

Ernst Bloch

Die Menschen sind so einfältig und hängen so sehr vom Eindruck des Augenblickes ab, dass einer, der sie **täuschen** will, stets jemanden findet, der sich täuschen lässt.

Niccolò Machiavelli, Der Fürst

Eine Frau kann jederzeit hundert Männer **täuschen**, aber nicht eine einzige Frau.

Michèle Morgan

Wenn auch die Fähigkeit zu **täuschen** ein Zeichen von Scharfsinn und Macht zu sein scheint, so beweist doch die Absicht zu täuschen ohne Zweifel Bosheit oder Schwäche.

René Descartes

Wenn du mich einmal **betrügst** – deine Schande. Wenn du mich zweimal betrügst – meine Schande.

Aus China

Fall nicht herein auf die Schönheit einer Frau.

Bibel, Buch Kohelet 25, 21

Einen **Betrüger** betrügt man nicht, sondern den hintergeht man nur.

Gotthold Ephraim Lessing, Der junge Gelehrte III, 10 (Lisette)

Die Übertreibung ist der **Betrug** der ehrlichen Leute.

Joseph Marie Comte de Maistre

Betrogene **Betrüger** schimpfen am lautesten.

Aus Jugoslawien

Es ist ebenso leicht, sich selbst zu **täuschen**, ohne es zu merken, wie es schwer ist, die andern zu täuschen, ohne dass sie es bemerken.

François de La Rochefoucauld

Bildende Kunst

Die Kunst muss **malen**, wie sich die plastische Natur – wenn es eine gibt – das Bild dachte: ohne den Abfall, welchen der widerstrebende Stoff unvermeidlich macht; ohne das Verderb, mit welchem die Zeit dagegen ankämpft.

Gotthold Ephraim Lessing, Emilia Galotti 1, 4 (Conti)

Man kann nur in der Ekstase **malen** oder mit der Pfeife im Maul.
Thomas Niederreuther, Aphorismen

Legt man eine Zitrone neben eine Orange, so hören sie auf, Zitrone und Orange zu sein. Sie werden Früchte.
Georges Braque

Es gibt **Maler**, die die Sonne in einen gelben Fleck verwandeln. Es gibt aber andere, die dank ihrer Kunst und Intelligenz einen gelben Fleck in die Sonne verwandeln.
Pablo Picasso

Heute ist es möglich, in wenigen Sekunden ein Bild auf einer fotografischen Platte festzuhalten – genauer und wirklichkeitsgetreuer, als es ein Mensch zeichnen kann. Mit dem Aufkommen der **Fotografie** verschwand in der Kunst die Notwendigkeit exakter Reproduktion.
Henri Matisse

Man ist niemals mit einem **Porträt** zufrieden von Personen, die man kennt. Deswegen habe ich die Porträtmaler immer bedauert. Man verlangt so selten von den Leuten das Unmögliche, und gerade von diesen fordert man's. Sie sollen einem jeden sein Verhältnis zu den Personen, seine Neigung und Abneigung mit in ihr Bild aufnehmen; sie sollen nicht bloß darstellen, wie sie einen Menschen fassen, sondern wie jeder ihn fassen würde. Es nimmt mich nicht wunder, wenn solche Künstler nach und nach verstockt, gleichgültig und eigensinnig werden.
Johann Wolfgang von Goethe,
Die Wahlverwandtschaften II

Jedes **Porträt**, das mit innerer Anteilnahme geschaffen wurde, ist das Porträt des Malers, nicht des Modells.
Oscar Wilde

Bildende **Künstler** müssen wohnen wie Könige und Götter. Wie wollten sie denn sonst für Könige und Götter bauen und verzieren?
Johann Wolfgang von Goethe,
Wilhelm Meisters Wanderjahre II

Er zeigt mir sodann einen Christus mit zwölf Aposteln, und wir reden über das Geistlose solcher Figuren als Gegenstände der Darstellung für den **Bildhauer**. Der eine Apostel, sagte Johann Wolfgang von Goethe, ist immer ungefähr wie der andere, und die wenigsten haben Leben und Taten hinter sich, um ihnen Charakter und Bedeutung zu geben.

Eckermann, Gespräche mit
Johann Wolfgang von Goethe, 16.3.1830

Malen ist die vollkommene Erholung.
Ich kenne nichts, das den Geist vollständiger in Anspruch nimmt, ohne den Körper zu erschöpfen.

Winston Churchill

Im Süden werden die Sinne geschärft. Die Hände werden wendiger, das Auge aufmerksamer und das Denken klarer.

Vincent van Gogh

Malen ist nicht schwierig, solange man nichts davon versteht. Wenn man diese Kunst aber begriffen hat, dann wird man gefordert.

Edgar Degas

Meine **Arbeit** ist meine eigene Psychotherapie, für die ich obendrein noch Geld bekomme.

Paul Flora

Nicht jeder, der den Pinsel in die Hand nimmt und Farben verquistet, ist ein **Maler**.

Gotthold Ephraim Lessing,
Hamburgische Dramaturgie 101–104

Wie darf unsereiner seinen Augen trauen? Eigentlich weiß doch nur allein ein **Maler** von der Schönheit zu urteilen.

Gotthold Ephraim Lessing, Emilia Galotti 1, 4

Mancher wollte **Maler** werden,
bracht's zum Pinsel nur auf Erden.

Sprichwort

Der **Unterschied** zwischen mir und einem Verrückten ist der, dass ich nicht verrückt bin.

Salvadore Dalí

Ich glaube, dass meine **Unterschrift** besser ist als die von allen Finanzministern in den Staaten, wo ich gelebt habe.

Oskar Kokoschka, im Spiegel 44/1966

Bildung

Willst du für ein Jahr vorausplanen, so baue Reis. Willst du für ein Jahrzehnt vorausplanen, so pflanze Bäume. Willst du für ein Jahrhundert planen, so **bilde** Menschen.

Tschuang-Tse

Wahre **Universalität** besteht nicht darin, dass man vieles weiß, sondern dass man vieles liebt.

Carl Jacob Burckhardt

Der Mensch ist, was er als Mensch sein soll, erst durch **Bildung**.

Georg Wilhelm Friedrich Hegel

Jeder **ungebildete** Mensch ist die Karikatur von sich selbst.

Friedrich Schlegel, Kritische Fragmente, Lyceum, 1797

So ein bisschen **Bildung** ziert den ganzen Menschen.

Heinrich Heine, Reisebilder, Die Bäder von Lucca VIII

Bildung im zwanzigsten Jahrhundert erfordert vor allem und zunächst die instinktsichere Abwehr überzähliger Informationen.

Hans Kasper, Expedition nach innen, Bildung und Information

Einseitige **Bildung** ist keine Bildung. Man muss zwar von einem Punkte aus-, aber nach mehreren Seiten hingehen. Es mag gleichviel sein, ob man seine Bildung von der mathematischen oder philosophischen oder künstlerischen her hat.

Johann Wolfgang von Goethe, zu Riemer, 24.7.1807

Bildung ist das, was die meisten empfangen, viele weitergeben und wenige haben.

Karl Kraus

Bildung ist das, was übrig bleibt, wenn wir vergessen, was wir gelernt haben.

Edward Wood Lord Halifax

Bildung geschieht durch Selbsttätigkeit und zweckt auf Selbsttätigkeit ab.

Johann Gottlieb Fichte,
Reden an die deutsche Nation

Gebildet ist ihr Geist, doch nicht zur Tat, und wenn sie richtig fühlt und weise spricht, so fehlt noch viel, dass sie gemessen handle.

Johann Wolfgang von Goethe

Die beste **Bildung** findet ein gescheiter Mensch auf Reisen.

Johann Wolfgang von Goethe, Wilhelm Meisters
Lehrjahre V

Erkenntnis macht frei, **Bildung** fesselt, Halbbildung stürzt in Sklaverei.

Wilhelm Raabe, Gedanken und Einfälle

Die **Bildung** eines Menschen zeigt sich am deutlichsten in seinem Verhalten gegenüber Ungebildeten.

Hans Kilian, Brevier für Vorgesetzte

Die Ungebildeten haben das Unglück, das Schwere nicht zu verstehen. Dagegen verstehen die **Gebildeten** häufig das Leichte nicht, was ein noch viel größeres Unglück ist.

Franz Grillparzer, Aphorismen, 1838

Wie aber Diamanten nur auf Kosten ihres Gewichts den kunstreichen Schliff erhalten, so bezahlen wir die Wohltaten der **Bildung** mit einem Teil unseres Wesens.

Otto Gumprecht,
Musikalische Charakterbilder, Schumann

Ein Gramm Intelligenz ist ein Pfund **Bildung** wert, denn wo Intelligenz ist, stellt sich die Bildung von selber ein.

Louis Bromfield

Wir müssen die **Bildungspolitik** in Ruhe wie eine Pflanze wachsen lassen.

Werner Remmers

Bösartigkeit

Schon in der Überlegung liegt die **böse Tat**, selbst wenn sie nicht zur Ausführung gelangt. Man muss mithin so etwas, an dem schon die bloße Überlegung unsittlich ist, überhaupt gar nicht überlegen.

Cicero, Drei Bücher von den Pflichten III, 8

Wie man nicht wehren kann, dass einem die Vögel über den Kopf herfliegen, aber wohl, dass sie auf dem Kopfe nisten,
so kann man auch **bösen Gedanken** nicht wehren, aber wohl, dass sie in uns einwurzeln.

Martin Luther

Wer **Unheil** ausbrütet, wird es auch fliegen lassen.

Wilhelm Raabe

Heutzutage regiert der Rekord, die Sensation, die Freude am Sinnlosen. Die Zeit war nie so günstig für **Verbrecher**.

Walter Hasenclever, Napoleon greift ein (Landru)

Der **Schurke** gleicht jener Uhr mit der Inschrift: »Quieto fuor, commoto dentro!« (Äußerlich ruhig, innerlich bewegt)
Karl Julius Weber, Demokritos IV, 8

Einen honetten Mann kann man aus jedem Weidenstotzen formen, aber zu einem **Spitzbuben** will's Grütz.
Friedrich Schiller, Die Räuber II, 3

Wenn du die Geschichte eines großen **Verbrechers** liest, so danke immer, ehe du ihn verdammst, dem gütigen Himmel, der dich mit deinem ehrlichen Gesicht nicht an den Anfang einer solchen Reihe von Umständen gestellt hat.
Georg Christoph Lichtenberg

Seit dreißig Jahren versuche ich nachzuweisen, dass es keine **Kriminellen** gibt, sondern normale Menschen, die kriminell werden.
Georges Simenon

Bosheit ist eine Art Delirium und verwirrt den Verstand.
Friedrich II. von Preußen

Bosheit ist nichts als eine Gemütskrankheit.
Novalis

Der **Räuber** ist Bürger im Herzen. Seine Seele sehnt sich nach Plüsch und Kristall.
Hans Kasper, Expedition nach innen

Unkraut verdirbt nicht.
Sprichwort

Böses Gewerbe bringt bösen Lohn.
Friedrich Schiller, Wallensteins Lager 10 (Wachtmeister)

Die Zeit entlarvt den **Bösen**.
Euripides, Hippolyt 426

Glaubt ihr wirklich, Robespierre, Bonaparte, der Kaiser von Marokko, die **Mörder**, die ihr rädern seht, seien allein so schlecht unter allen? Seht ihr nicht, dass viele dasselbe wie jene täten, wenn sie nur könnten?

Arthur Schopenhauer, Nachlass, Neue Paralipomena 8

Alltagsverbrechen bringen das Blut des Beleidigten in Wallung, und alles kann der Mensch. Außerordentliche Frevel machen es vor Schrecken gefrieren.

Friedrich Schiller, Die Verschwörung des Fiesco zu
Genua III, 9 (Gianettino)

Der **Verbrecher** von gestern ist der Held von heute. Der Held im Westen ist Verbrecher im Osten und umgekehrt.

Fritz Bauer

Man muss in den **Dreck** hineingeschlagen haben, um zu wissen, wie weit er spritzt.

Wilhelm Raabe

Das Böse

Der Mensch liebt zu schaffen und Wege zu bahnen, das ist nicht zu bestreiten. Aber weshalb liebt er auch die **Zerstörung** und das Chaos bis zur Leidenschaft? Vielleicht weil er instinktiv fürchtet, sein Ziel zu erreichen und das zu schaffende Gebäude zu vollenden? Woher wissen Sie, ob er nicht das Gebäude nur aus der Ferne und keineswegs in der Nähe liebt?

Feodor Michailowitsch Dostojewski

Je mehr Erfahrungen ich sammle, umso klarer wird mir, dass so gut wie alles **Böse**, das in unserer Gesellschaft getan wird – und es wird nicht viel anderes getan – aus Schwäche geschieht.

José Ortega y Gasset

Gutes ohne **Böses** kann es geben; Böses ohne Gutes aber kann es nicht geben.

> *Thomas von Aquin*

Wenn du von kalt und warm sprichst, so weißt du, was **böse** und gut bedeutet, und wenn du an lau denkst, so begreifst du vielleicht, was schlecht ist.

> *Waldemar Bonsels, Narren und Helden*

Prüfe das Innere jedes beliebigen Menschen – in jedem wirst du wenigstens **einen dunklen** Punkt finden, den er verhüllen muss!

> *Henrik Ibsen, Die Stützen der Gesellschaft III (Bernick)*

Böses erscheint dem als Gutes, dem ein Gott seine Sinne führt ins Verhängnis.

> *Sophokles, Antigone II (Chor)*

Das **Schlimmste** steht dem Besten oft zunächst.

> *Franz Grillparzer, Ein Bruderzwist in Habsburg II*

Die **Sünden** entstehen aus Unwissenheit.

> *Thomas von Aquin*

Das **Böse** ist das Fehlen des Guten.

> *Leo Tolstoi, Geschichte des gestrigen Tages*

Ich fasse das **Leid** nicht, das der Mensch dem Menschen zufügt. Sind die Menschen von Natur so grausam? Sind sie nicht fähig, sich hinein-zufühlen in die Vielfalt der Qualen, die stündlich, täglich Menschen erdulden? Ich glaube nicht an die »böse« Natur des Menschen. Ich glaube, dass er das Schrecklichste tut aus Mangel an Phantasie, aus Trägheit des Herzens.

> *Ernst Toller*

Die großen **Übel** in dieser Welt sind nicht die Folgen böser Absichten, sondern die Folgen eines unbegrenzten Willens zum Guten.

> *Gerhard Szczesny, Das sogenannte Gute I*

Niemals tut man so vollständig und so gut das **Böse**, als wenn man es mit gutem Gewissen tut.

Blaise Pascal

Wahr aber bleibt, dass die größten **Ungerechtigkeiten** von denen ausgehen, die das Übermaß verfolgen, nicht von denen, die die Not treibt. Man wird ja nicht Tyrann, um nicht zu frieren.

Aristoteles, Politik II, 7

Gott ist widerlegt, der **Teufel** nicht.

Friedrich Nietzsche, Unschuld des Werdens I, 675

Wenn man, wie ich, in ein Pfarrhaus hineingeboren wurde, macht man bald Bekanntschaft mit dem **Teufel**.

Ingmar Bergman

Der **Satan** der italienischen und englischen Dichter mag poetischer sein; aber der deutsche Satan ist satanischer; und insofern könnte man sagen, der Satan sei eine deutsche Erfindung.

Friedrich Schlegel, Athenäumsfragmente 379

Lass dich den **Teufel** bei einem Haare fassen, und du bist sein auf ewig.

Gotthold Ephraim Lessing, Emilia Galotti II, 3 (Pirro)

Die schönste List des **Teufels** ist es, uns zu überzeugen, dass es ihn nicht gibt.

Charles Baudelaire, Der freigebige Spieler

Luther hatte es verstanden, als er dem **Teufel** das Tintenfass an den Kopf geworfen! Nur vor Tinte fürchtet sich der Teufel; damit allein verjagt man ihn.

Ludwig Börne, Fragmente und Aphorismen

Der **Teufel** hat die Welt verlassen, weil er weiß,
die Menschen machen selbst die Höll' einander heiß.

Friedrich Rückert,
Die Weisheit des Brahmanen 16

Man muss in den **Dreck** hineingeschlagen haben, um zu wissen, wie weit er spritzt.

Wilhelm Raabe, Gedanken und Einfälle

Wer zu lange gegen **Drachen** kämpft, wird selbst zum Drachen.

August Strindberg, Totentanz

Darüber murren, dass Gott der Ausübung des **Bösen** nicht hindernd entgegentritt, heißt darüber murren, dass er dem Menschengeschlecht so hohe Gaben verliehen und mit den Handlungen der Menschen eine Moralität verbunden hat.

Jean-Jacques Rousseau, Emile IV

Bücher und Leser

Hier sprechen die Stummen und leben die Toten.

Inschrift an einer Bibliothek

Bücher mit einem sehr einnehmenden, gut erfundenen **Titel** taugen selten etwas. Vermutlich ist er vor dem Buche selbst erfunden, vielleicht von einem andern.

Georg Christoph Lichtenberg

Bücher sind nur dickere Briefe an Freunde.

Jean Paul

Jedes **Buch** ist ein Zwiegespräch zwischen Autor und Leser.

Ludwig Reiners, Stilkunst, Vorwort

In einem guten **Buche** stehen mehr Wahrheiten, als sein Verfasser hineinzuschreiben meint.

Marie von Ebner-Eschenbach, Aphorismen

Die neuesten **Bücher** sind jene, die nicht altern.
Holbrook Jackson

Ein **Buch** muss die Axt sein für das gefrorene Meer in uns.
Franz Kafka

Ein **Buch** ist für mich eine Art Schaufel, mit der ich mich umgrabe.
Martin Walser

Das beste **Buch** ist das, welches dem Leser seinen eigenen Reichtum
fühlbar macht.
Waldemar Bonsels, Menschenwege

Sage mir, wie groß sein **Bücherschrank** ist, und ich sage dir, man kann
niemandem trauen.
Hans Kasper, Nachrichten und Notizen

Die **Bücher** machen nicht gut oder schlecht, nur besser oder schlechter.
Jean Paul

Ein Raum ohne **Bücher** ist ein Körper ohne Seele.
Cicero

Die Wirklichkeit ist etwas für Leute, die mit **Büchern** nicht zurechtkom-
men.
Leserweisheit

Namentlich die ganz guten **Bücher**, die unbestritten zum unsterblichen
Geisteserbe der Menschheit gehören, wo immer möglich, selbst zu besit-
zen, sollte man sich zur Pflicht und Ehre rechnen, wie man es sich zur
Ehre rechnen würde, die besten Menschen seiner Zeit persönlich gekannt
zu haben.
Carl Hilty

Nullus est liber tam malus, ut non aliqua parte prosit. Kein **Buch** ist so
schlecht, dass es nicht auch irgendwie nützlich sein könnte.
Plinius d. J.

Ich bin sehr für geliehene **Bücher**. Besitzt man das Buch selbst, so glaubt man: Ein andermal!
Theodor Gottlieb von Hippel

Bücher haben Ehrgefühl. Wenn man sie verleiht, kommen sie nicht mehr zurück.
Theodor Fontane

Es geht uns mit den **Büchern** wie mit den Menschen. Wir machen zwar viele Bekanntschaften, aber wenige erwählen wir zu unseren Freunden.
Ludwig Feuerbach

Wem dreitausend **Bücher**, die er in dreißig Jahren zusammentrug, in zehn Minuten verbrannt sind, der weiß, falls er's vorher noch nicht gewusst haben sollte, endgültig, was ein Buch bedeutet.
Erich Kästner

Ein **Titel** muss kein Küchenzettel sein. Je weniger er von dem Inhalte verrät, desto besser ist er.
Gotthold Ephraim Lessing, Hamburgische Dramaturgie 21

Wie Geld sollten **Bücher** ständig im Umlauf gehalten werden.
Henry Miller, Die Kunst des Lesens

Schreiben heißt einen Gedanken in Starrkrampf versetzen. **Lesen** heißt den Starrkrampf lösen.
Hans Kudszus

Die schlechtesten **Leser** sind die, welche wie plündernde Soldaten verfahren: Sie nehmen sich einiges, was sie brauchen können, heraus, beschmutzen und verwirren das Übrige und lästern auf das Ganze.
Friedrich Nietzsche

Wahrlich, ich sage euch, gehet mit dem **Lesen** etymologisch um: Legere bedeutet auswählen!
Karl Julius Weber, Demokritos

Kultur erwirbt man nicht, indem man viel **liest**, sondern indem man klug liest. Ebenso wird die Gesundheit nicht dadurch bewahrt, dass man viel isst, sondern dass man klug isst.

André Malraux

Um das Gute **lesen** zu können, ist es Bedingung, dass man das Schlechte nicht lese.

Arthur Schopenhauer

Das Leben ist zu kurz, um etwas Schlechtes zu **lesen**.

Leserweisheit

Ein **Buch**, das nicht wert ist, zweimal wenigstens gelesen zu werden, ist auch nicht wert, dass man es einmal liest.

Karl Julius Weber, Demokritos I, 21

Wenn ich ein Buch zum zweiten Male **lese**, entdecke ich die Narben der Vorurteile, die es mir beim ersten Male austrieb.

Stendhal

Wiederholen alter **Lektüre** ist der sicherste Probierstein gewonnener weiterer Bildung.

Friedrich Hebbel, Tagebücher 1837

Lesen ohne Nachdenken macht stumpf; Nachdenken ohne Lesen geht irre.

Bernhard von Clairvaux

An Zerstreuung lässt es uns die Welt nicht fehlen. Wenn ich **lese**, will ich mich sammeln.

Johann Wolfgang von Goethe

Eine seiner besonderen Eigenheiten, die er jedoch vielleicht mit mehreren Menschen teilt, war die, dass es ihm unerträglich fiel, wenn jemand ihm beim **Lesen** in das Buch sah.

Johann Wolfgang von Goethe,
Die Wahlverwandtschaften

Viel **lesen** und nicht durchschauen ist viel essen und nicht verdauen.

Sprichwort

Eine schädliche Folge des allzu vielen **Lesens** ist, dass sich die Bedeutung der Wörter abnutzt.

Georg Christoph Lichtenberg

Das viele **Lesen** hat uns eine gelehrte Barbarei zugezogen.

Georg Christoph Lichtenberg

Drei Tage nicht **gelesen**, und das Gespräch wird schal.

Aus China

Die **Leihbibliotheken** studiere, wer den Geist des Volkes kennen lernen will.

Wilhelm Hauff,
Das Buch und die Leserwelt

Was **gelesen** wird, ist immer charakteristisch für den Zeitgeist, was geschrieben wird, nicht immer.

Friedrich Paulsen

Bürger

Eine Regierung ist so schlecht, wie die **Bürger** es zulassen, und so gut, wie die Bürger es erzwingen.

Pierre Salinger

Ich stehe hinter jeder **Regierung**, bei der ich nicht sitzen muss, wenn ich nicht hinter ihr stehe.

Werner Finck

Natürlich ist's, dass der **Bürger** von dem regiert sein will, der mit ihm geboren und erzogen ist, der gleichen Begriff mit ihm von Recht und Unrecht gefasst hat, den er als seinen Bruder ansehen kann.

Johann Wolfgang von Goethe, Egmont IV (Egmont)

Der **Völker** Herz ist wankelmütig, Fürstin! Sie lieben die Veränderung. Sie glauben durch eine neue Herrschaft zu gewinnen.

Friedrich Schiller, Demetrius II, 1 (Hiob)

Die **Menge** hat immer Sinn genug, wenn die Obern damit begabt sind.

Johann Wolfgang von Goethe, Wilhelm Meisters Wanderjahre II

Wer sich nicht mit Politik befasst, hat die politische **Parteinahme**, die er sich sparen möchte, bereits vollzogen: Er dient der herrschenden Partei.

Max Frisch, Tagebuch 1946–49

Idiotes nannte man in Griechenland Leute, die weder wählen durften noch zur Ausübung eines staatlichen Amtes zugelassen waren. Heute bedarf es der Schaffung einer solchen Menschenkategorie nicht, weil es von Idioten wimmelt, die ihre staatsbürgerlichen Rechte freiwillig nicht ausüben.

Fritz Diettrich

Gerne tadelt ja das **Volk** die Herrn.

Äschylos, Die Schutzflehenden 485 (Pelasgos)

C Charakterzüge

Der Sanguiniker ist der genießende, der Choleriker der tätige, der Melancholiker der sehnsüchtige und der Phlegmatiker der leidende **Mensch**.
Karl Julius Weber, Demokritos III, 4

Jeder Mensch hat die Keime aller menschlichen **Eigenschaften** in sich. Manchmal kommen die einen zum Vorschein, manchmal die anderen.
Leo Tolstoi

Vulpes pilum mutat, non mores. Der Fuchs wechselt den Balg, nicht die **Sitten**.
Sueton, Vespasian 16

Nur der größte Weise und der größte Tor können sich **ändern**.
Konfuzius

Bei reifer Erfahrung sehen wir die Unbiegsamkeit der menschlichen **Charaktere** ein, wie kein Flehen, noch Vorstellen, noch Beispiel geben, noch Wohltun sie dahin bringt, von ihrer Art zu lassen, sondern vielmehr ein jeder seine Handlungsweise, Denkungsart und Fähigkeit mit der Notwendigkeit eines Naturgesetzes durchführen muss.
Arthur Schopenhauer, Nachlass, Neue Paralipomena 21

Der **Charakter** ist eine psychische Gewohnheit.
Johann Wolfgang von Goethe, zu Riemer, 27.8.1808

Man ist manchmal von sich selbst so **verschieden** wie von andern.
François de La Rochefoucauld

Jeder ist ein Mond und hat eine **dunkle Seite**, die er niemandem zeigt.
Mark Twain

Wenn ein großer Mensch ein **dunkel Eck** hat, dann ist's recht dunkel!
Johann Wolfgang von Goethe, an Charlotte von Stein

Für seine Handlungen sich allein verantwortlich fühlen und allein ihre Folgen, auch die schwersten, tragen, das macht die **Persönlichkeit** aus.
Ricarda Huch

Unter den **Menschen** und Borsdorfer Äpfeln sind nicht die glatten die Besten, sondern die rauen mit einigen Warzen.
Jean Paul, Hesperus II

Jedenfalls ist es besser, ein **eckiges Etwas** zu sein als ein rundes Nichts.
Friedrich Hebbel

Ich bin kein ausgeklügeltes Buch;
ich bin ein **Mensch** mit seinem Widerspruch.
Conrad Ferdinand Meyer, Huttens letzte Tage 26

Ein neues Lebensalter, eine neue Lebenslage – und derselbe **Mensch** wird ein ganz anderer.
Alexander Solschenizyn

Persönlichkeit ist, was übrig bleibt, wenn man Ämter, Orden und Titel von einer Person abzieht.
Wolfgang Herbst

Charakter ist die Fähigkeit, sich selbst im Wege zu stehen.
Verfasser unbekannt

Stärke des **Charakters** ist oft nichts anderes als eine Schwäche des Gefühls.
Arthur Schnitzler

Charakterlosigkeit ist ein Mythos, den biedere Individuen geschaffen haben, um damit die Faszinationskraft anderer Leute erklären zu können.
Oscar Wilde

Recht hat jeder eigene **Charakter**, der übereinstimmt mit sich selbst. Es gibt kein andres Unrecht als den Widerspruch.
Friedrich Schiller, Wallensteins Tod I, 7 (Gräfin)

Christentum

Da die Menschen in ihrem Tun sich ungern nach der Vorschrift **Christi** ausrichten ließen, haben sie seine Lehre wie einen Maßstab aus weichem Blei nach den Sitten gestreckt, damit eben beides noch einigermaßen übereinstimme. Ich weiß nicht, was sie damit erreichen, außer dass man mit besserem Gewissen Böses tun darf.
Thomas Morus, Utopia

Da donnern sie Sanftmut und Duldung aus den Wolken und bringen dem **Gott** der Liebe Menschenopfer wie einem feuerarmigen Moloch, predigen Liebe des Nächsten und fluchen den achtzigjährigen Blinden von ihren Türen hinweg, stürmen wider den Geiz und haben Peru um goldner Spangen willen entvölkert.
Friedrich Schiller, Die Räuber II, 3 (Moor)

Christus dachte einen alleinigen Gott, dem er alle die Eigenschaften beilegte, die er in sich selbst als Vollkommenheiten empfand. Er ward das Wesen seines eigenen schönen Innern, voll Güte und Liebe wie er selber.
Johann Wolfgang von Goethe, zu Eckermann, 28.2.1831

Die **christliche Religion** ist ein mächtiges Wesen für sich, woran die gesunkene und leidende Menschheit von Zeit zu Zeit sich immer wieder emporgearbeitet hat. Und indem man ihr diese Wirkung zugesteht, ist sie über aller Philosophie erhaben und bedarf von ihr keiner Stütze.
Johann Wolfgang von Goethe, zu Eckermann, 4.2.1829

Das Heidentum hielt den am höchsten, der die meisten Vorzüge, das **Christentum** den, der die wenigsten Fehler hat.
Franz Grillparzer, Studien zur Philosophie und Religion

Das **Christentum** predigt nur Knechtschaft und Unterwerfung. Sein Geist ist der Tyrannei nur zu günstig, als dass sie nicht immer Gewinn daraus geschlagen hätte. Die wahren Christen sind zu Sklaven geschaffen.
Jean-Jacques Rousseau, Der Gesellschaftsvertrag IV

Die arme Frau – ich sag dir's ja – ist eine **Christin**, muss aus Liebe
quälen, ist eine von den Schwärmerinnen, die den allgemeinen, einzig
wahren Weg nach Gott zu wissen wähnen!

Gotthold Ephraim Lessing, Nathan der Weise V, 6 (Recha)

Ein Mensch, sonderlich ein **Christ**, muss ein Kriegsmann sein und mit
den Feinden in Haaren liegen.

Martin Luther, Tischreden 39, 22

Der **Messias** wird erst kommen, wenn er nicht mehr nötig sein wird.

Franz Kafka

Wer mein Jünger sein will, der verleugne sich selbst, nehme sein **Kreuz**
auf sich und folge mir nach

Bibel, Matthäus 16, 24

Den Ägyptern würde es nicht erlaubt gewesen sein, ihren Gott Apis
zu verzehren. Nur die **Christen** behandeln den Beherrscher des
Universums so.

Friedrich II. von Preußen, an Voltaire, 19.3.1776

Es gehört kein Mut, kein Charakter, keine Anstrengung, kein Opfer dazu,
Christ zu sein. **Christentum** und weltlicher Vorteil sind identisch.

Ludwig Feuerbach

Immerhin kämpfte man mit der Welt um sein **Christentum** bis
Konstantin. Seitdem war es entschieden, dass man es niemals zu etwas
anderem bringen werde als zu einem Kulturchristentum, das sich mit
der Einbildung zu begnügen hatte, die Welt erobert zu haben, während
es in Wahrheit sich von ihr hatte erobern lassen.

Franz Overbeck, Christentum und Kultur

Die **Protestanten** sind im Allgemeinen viel unterrichteter als die
Katholiken, und das erklärt sich dadurch, dass die Lehre der einen die
kritische Besprechung verlangt, die Lehre der anderen hingegen blinde
Unterwerfung fordert.

Jean-Jacques Rousseau, Bekenntnisse

Ihr Stolz ist **Christen** sein, nicht Menschen. Denn selbst das, was, noch von ihrem Stifter her, mit Menschlichkeit den Aberglauben würzt, das lieben sie, nicht weil es menschlich ist: Weil's Christus lehrt, weil's Christus hat getan.

Gotthold Ephraim Lessing, Nathan der Weise II, 1 (Sittah)

Mein Bruder ist **katholischer** als ich. Er ist's aus Furcht, indes ich's nur aus Ehrfurcht.

Franz Grillparzer, Ein Bruderzwist in Habsburg III (Rudolf)

Der **Katholik** muss die Entscheidung, die man ihm gibt, annehmen. Der Protestant muss lernen, sich selbst zu entscheiden.

Jean-Jacques Rousseau, Bekenntnisse

Meiner Ansicht nach ist der **Katholizismus** nicht einmal ein Glaube, sondern einfach die Fortsetzung des weströmischen Kaisertums.

Feodor Michailowitsch Dostojewski, Der Idiot IV, 7

Das **Christentum** ist die Religion der tiefsten Beunruhigung.

Gerhard Hauptmann

Es sind nicht die Gottlosen, es sind die **Frommen** seiner Zeit gewesen, die Christus ans Kreuz schlugen.

Gertrud von Le Fort

D   *Demokratie*

Government of the people, by the people, for the people.
Regierung des **Volkes**, durch das Volk, für das Volk.
Abraham Lincoln, in Gettysburg 19.11.1863

Demokratie heißt Entscheidung durch die Betroffenen.
Carl Friedrich von Weizsäcker

Das ist ein eigner Reiz der **Republik**, dass sich alles in ihr viel freier
äußert. Tugenden und Laster, Sitten und Unarten, Geist und Dummheit,
Talent und Ungeschicklichkeit treten viel stärker hervor, und so gleicht
eine Republik dem tropischen Klima.
Novalis, Nachlass

Demokratie heißt nicht »Ich bin so gut wie du«, sondern »Du bist so gut
wie ich«.
Theodore Parker

Das **demokratische** System, zu dem unser Staat sich bekennt, beruht auf
der Überzeugung, dass man den Menschen die Wahrheit sagen kann.
Carl Friedrich von Weizsäcker

Die **Demokratie** schafft kein starkes Band zwischen den Menschen.
Sie erleichtert ihnen aber den Umgang miteinander.
Alexis de Tocqueville

Rechtsstaat ist wie das tägliche Brot, wie Wasser zum Trinken und wie
Luft zum Atmen, und das Beste an der **Demokratie** ist, dass nur sie ge-
eignet ist, den Rechtsstaat zu sichern.
Gustav Radbruch

Demokratie heißt: die Spielregeln einhalten, auch wenn kein
Schiedsrichter zusieht.
Manfred Hausmann

Die Überlegenheit der **Demokratie** allen autoritären und totalitären Systemen gegenüber beruht auf dieser Unabgeschlossenheit, die ein kontinuierliches und elastisches Sichanpassen an die allgemeinen Umwandlungsprozesse erlaubt.

Gerhard Szczesny, Das sogenannte Gute 10

Dass mittels der wählenden **Demokraten** der Wille eines Volkes ermittelt werden könne, ist natürlich eine Täuschung. Aber sieht man den Versuch vor sich, die Fragen divergierender Interessen nicht mit Messer und Pistole, sondern mittels einer Abstimmung zu entscheiden, so ist das natürlich doch ein humaneres und gesitteteres Verfahren.

Robert Musil

Das Problem der **Demokratie** liegt darin, außergewöhnliche Menschen von gewöhnlichen wählen zu lassen.

Golo Mann

Ohne politische Erziehung ist das **souveräne Volk** ein Kind, das mit dem Feuer spielt und jeden Augenblick sein Haus in Gefahr bringt.

Johann Heinrich Pestalozzi

Das **Volk** sollte jenen wählen, der offen zugibt, Fehler gemacht zu haben, und nicht denjenigen, der alle List darauf verwendet, begangene Fehler zu vertuschen.

Benedetto Croce

Demokratie ist die Vorstufe des Sozialismus.

Wladimir Iljitsch Lenin

Jede demokratische Gesellschaft, die ihre Konflikte nicht austrägt, sondern durch Verbotserlasse konserviert, hört auf, demokratisch zu sein, bevor sie beginnt, **Demokratie** zu begreifen.

Günter Grass

Die **Demokratie** setzt die Vernunft im Volk voraus, die sie erst hervorbringen muss!

Karl Jaspers

Eine ernsthafte Schwäche der **Demokratie** ist, dass sie sich danach richten muss, was der Bürger denkt, ehe Gewissheit besteht, ob er es überhaupt tut.

Hans Kasper

Ein **Demokrat** braucht nicht zu glauben, dass eine Mehrheit immer eine weise Entscheidung treffen wird. Woran er glauben soll, ist die Notwendigkeit, dass der Mehrheitsbeschluss, ob klug oder unklug, angenommen werden muss, bis die Mehrheit einen anderen Beschluss fasst.

Bertrand Russell, Unpopuläre Betrachtungen

Die demokratische **Wahlperiodizität** hat den Nachteil, möglichen Talenten zu wenig Zeit zu lassen, und den vielleicht wichtigeren Vorteil, niemandem Spielraum zu geben, sich ungebührlich in der Macht einzurichten.

Hans Kasper, Expedition nach innen

Die **Majorität** hat viele Herzen, aber ein Herz hat sie nicht.

Otto von Bismarck

Demokratie ist Volksherrschaft nur in den Händen eines politischen Volkes, in den Händen eines unerzogenen und unpolitischen Volkes ist sie Vereinsmeierei und kleinbürgerlicher Stammtischkram.

Walther Rathenau

Die **Demokratie** muss dem Schwächsten die gleichen Chancen zusichern wie dem Stärksten.

Mahatma Gandhi

Demokratie, das bedeutet Herrschaft der Politik; Politik, das bedeutet ein Minimum von Sachlichkeit.

Thomas Mann

So, wie die Freiheit eine Voraussetzung für die **Demokratie** ist, so schafft mehr Demokratie erst den Raum, in dem Freiheit praktiziert werden kann.

Willy Brandt

Demokratie heißt nicht Massenherrschaft, sondern Aufbau, Sicherung, Bewährung der selbst gewählten Autoritäten.
Theodor Heuss, 17.1.1919

Das allgemeine **Wahlsystem** in einem gleichgültigen Land läuft immer darauf hinaus, die Macht in die Hände deklassierter Schwätzer zu legen.
Hippolyte Taine

Die **Demokratie** ist in Wirklichkeit nicht mehr als die Aristokratie der Redner.
Thomas Hobbes

Demokratie beruht auf drei Prinzipien: auf der Freiheit des Gewissens, auf der Freiheit der Rede und auf der Klugheit, keine der beiden in Anspruch zu nehmen.
Mark Twain

Wir sollten **wählen**, um regiert zu werden. Heute werden wir regiert, um zu wählen.
Theodor Eschenburg

Die **Demokratie** ist keine Frage der Zweckmäßigkeit, sondern der Sittlichkeit.
Willy Brandt

Die **Demokratie** ist ein Verfahren, das garantiert, dass wir nicht besser regiert werden, als wir verdienen.
George Bernard Shaw

Wahlen sind Sache des Volkes. Die Entscheidung liegt in seiner Hand. Wenn sie dem Feuer den Rücken kehren und sich den Hintern verbrennen, werden sie eben auf den Blasen sitzen müssen.
Abraham Lincoln

Demokratie ist die Kunst, dem Volk im Namen des Volkes feierlich das Fell über die Ohren zu ziehen.
Karlheinz Deschner

Das öffentliche Leben der Staaten mit beschränkter Freiheit ist eben deshalb so dürftig, so armselig, so schematisch, so unfruchtbar, weil es sich durch die Ausschließung der **Demokratie** die lebendigen Quellen allen geistigen Reichtums und Fortschritts absperrt.

Rosa Luxemburg

Denken

Über alles, was du siehst, **denke** nach.

Aus Somalia

Denken ist Reden mit sich selbst.

Immanuel Kant

Das **Denken** ist eine Lebensfunktion wie die Verdauung und der Blutkreislauf.

José Ortega y Gasset

Denken als physiologischer Prozess besteht in elektrochemischen Reaktionen, die sich in der Großhirnrinde und den mit ihr korrespondierenden Zentren abspielen.

Arthur Koestler

Denken ist die Erkenntnis durch Begriffe.

Immanuel Kant

Achte auf deine **Gedanken**, denn sie werden Worte.
Achte auf deine Worte, denn sie werden Handlungen.
Achte auf deine Handlungen, denn sie werden Gewohnheit.
Achte auf deine Gewohnheiten, denn sie werden dein Charakter.
Achte auf deinen Charakter, denn er wird dein Schicksal.

Verfasser unbekannt

Das **Denken** gibt uns ein so reines und so lebhaftes Vergnügen, dass, wer es nur einmal in seinem Leben gekostet hat, es nie wieder entbehren kann.

Johann Jakob Engel, Der Philosoph für die Welt

Ein scheues Wild die **Gedanken** sind.
Jag ihnen nach, sie fliehen geschwind.
Siehst du sie hellen Auges an,
zutraulich wagen sie sich heran.

Paul Heyse

Das Schlimme aber ist, dass alles **Denken** zum Denken nichts hilft. Man muss von Natur richtig sein, sodass die guten Einfälle immer wie freie Kinder Gottes vor uns dastehen und uns zurufen: Da sind wir!

Johann Wolfgang von Goethe, zu Eckermann, 24.2.1824

Die Köpfe gleichen einander, aber die **Gedanken** in ihnen sind nicht gleich.

Aus Ghana

Wir kennen nur allein die Existenz unserer Empfindungen, Vorstellungen, **Gedanken**. Es denkt, sollte man sagen, so wie man sagt: Es blitzt. Zu sagen Cogito ist schon zu viel.

Georg Christoph Lichtenberg

Wer nicht auf seine Weise **denkt**, denkt überhaupt nicht.

Oscar Wilde

Jeder Mensch muss nach seiner Weise **denken**; denn er findet auf seinem Wege immer ein Wahres oder eine Art von Wahrem, die ihm durchs Leben hilft.

Johann Wolfgang von Goethe, Wilhelm Meisters Wanderjahre II

Stellt einer die Behauptung auf, die Erde sei ein Würfel, so **denkt** er ohne Zweifel unabhängig. Allerdings auch falsch.

Hans Kasper, Abel, gib acht; Halbdenker

Warten, geduldig sein, das heißt **denken**.
Friedrich Nietzsche

Ich liebe die zerstreuten Menschen. Zerstreutheit ist ein Zeichen von **Gedanken**, von Güte. Die dummen und bösartigen Menschen sind immer geistesgegenwärtig.
Joseph von Ligne

Wer **denkt**, wes Volkes er auch sei, ich will ihn Landsmann nennen.
Alphonse de Lamartine

Handeln ist leicht. **Denken** schwer, nach dem Gedanken handeln unbequem.
Johann Wolfgang von Goethe, Wilhelm Meisters Lehrjahre VII

Nichts erhält die Gewohnheit **nachzudenken** besser, als wenn man mit sich selbst zufriedener als mit seinem Schicksale ist.
Jean-Jacques Rousseau, Emile IV

Im Moment, wo man sich hinsetzt, um zu **denken**, wird man nur Nase oder nur Stirn oder sonst etwas Gräuliches. Sehen Sie sich doch einmal alle die Leute an, die in gelehrten Berufen etwas geleistet haben! Sie sind alle ausgesprochen hässlich. Natürlich mit Ausnahme der Geistlichen. Aber die Geistlichen denken eben nicht.
Oscar Wilde

Wer glücklich ist, fühlt; wer unglücklich ist, **denkt**.
Joachim Fernau, Rosen für Apoll

Dieses Leben ist reich genug an Qual, des **Denkens** Kreis ganz auszufüllen.
Friedrich Gottlieb Klopstock

Es ziemt dem Menschen, nicht mehr zu **grübeln**, wo er nicht mehr wirken soll.
Johann Wolfgang von Goethe, Egmont V (Egmont)

Die Gegenwart eines **Gedankens** ist wie die Gegenwart einer Geliebten.
Arthur Schopenhauer, Aphorismen zur Lebensweisheit

Viele Leute glauben, dass sie **denken**, während sie in Wirklichkeit nur ihre Vorurteile umschaufeln.
Edward R. Murrow

Manche Menschen würden eher sterben als **nachdenken**. Und sie tun es auch.
Bertrand Russell

Gedankenlosigkeit tötet. Andere.
Stanislaw Jerzy Lec, Unfrisierte Gedanken

Die **Gedanken** eines Menschen sind sein Königreich.
Bantu Weisheit

Gedanken sind Zeichen von einem Spiel und Kampf der Affekte.
Friedrich Nietzsche

Wie auf dem Felde die Weizenhalme so wachsen und wogen im Menschengeist die **Gedanken**. Aber die zarten Gedanken der Liebe sind wie lustig dazwischenblühende rot' und blaue Blumen.
Heinrich Heine, Buch der Lieder, Die Nordsee II

Ein guter **Einfall** ist wie ein Hahn am Morgen. Gleich krähen andere Hähne mit.
Karl Heinrich Waggerl

Gedanken springen wie Flöhe von einem zum anderen, aber sie beißen nicht jeden.
George Bernard Shaw

Einer erzeugt den **Gedanken**, der andere hebt ihn aus der Taufe, der Dritte zeugt Kinder mit ihm, der Vierte besucht ihn am Sterbebette, und der Fünfte begräbt ihn.
Georg Christoph Lichtenberg

Gedanken wollen oft – wie Kinder und Hunde –, dass man mit ihnen im Freien spazieren geht.
Christian Morgenstern

Auf die Dauer nimmt meine Seele die Farbe meiner **Gedanken** an.
Marc Aurel

Deutschland

Sagt, ist noch ein Land außer **Deutschland**, wo man die Nase eher rümpfen lernt als putzen?
Georg Christoph Lichtenberg

Es lebt aber, wie ich an allem merke, in **Berlin** ein so verwegener Menschenschlag beisammen, dass man mit der Delikatesse nicht weit reicht, sondern dass man Haare auf den Zähnen haben und mitunter etwas grob sein muss, um sich über Wasser zu halten.
Johann Wolfgang von Goethe,
zu Eckermann, 4.12.1823

Die **Deutschen** sind im Durchschnitt rechtliche, biedere Menschen, aber von Originalität, Erfindung, Charakter, Einheit und Ausführung eines Kunstwerks haben sie nicht den mindesten Begriff. Das heißt mit einem Worte: Sie haben keinen Geschmack.
Johann Wolfgang von Goethe, an Johann Friedrich
Reichardt, 28.2.1790

Sie möchten alle Fragen möglichst mit Ja oder Nein, gut oder schlecht, recht oder unrecht, klar und deutlich entschieden haben. Etwas unklar lassen, abwarten, bis Natur oder Zeit alles erledigen – das können die **Deutschen** einfach nicht.
Kazuo Kani

Die **Germanen** brachten uns die Idee der persönlichen Freiheit, welche diesem Volke vor allem eigen war. Die Reformation kam aus dieser Quelle wie die Burschenverschwörung auf der Wartburg, Gescheites wie Dummes. Auch das Buntscheckige unserer Literatur, die Sucht unserer Poeten nach Originalität und dass jeder glaubt, eine neue Bahn machen zu müssen, sowie die Absonderung und Verisolierung unserer Gelehrten, wo jeder für sich steht und von seinem Punkte aus sein Wesen treibt.
Johann Wolfgang von Goethe, zu Eckermann, 6.4.1829

Das große **deutsche** Volk der Dichter und Denker.
Edward Bulwer

Wir sind viel zu höflich, um vor ansehnlichen Leuten ein Ich zu haben. Ein **Deutscher** ist mit Vergnügen alles, nur nicht er selber.
Jean Paul

Uns **Deutschen** geht es um die Sache! Wir können keine Zeit damit verschwenden, auch noch zu eruieren, um was für eine Sache es sich jeweils handelt.
Hans Kasper, Abel, gib acht

Narrenkappe samt den Schellen, wenn ich ein Franzose wär', wollt' ich tragen; denn die **Deutschen** gingen stracks wie ich daher.
Friedrich von Logau, Sinngedichte, Franzosenfolge

Der Gipfel aber unseres Triumphs ist es, wenn man uns gar nicht mehr für **Deutsche**, sondern etwa für Spanier oder Engländer hält, je nachdem nun einer von diesen gerade am meisten in Mode ist.
Johann Gottlieb Fichte, Reden an die deutsche Nation 5

Es ist der Charakter der **Deutschen**, dass sie über allem schwer werden, dass alles über ihnen schwer wird.
Johann Wolfgang von Goethe, Wilhelm Meisters Lehrjahre IV

Mücken seihen und Kamele schlucken
waren stets des **deutschen** Geistes Mucken.
Franz Grillparzer

Er war am Ende doch ein **Deutscher**, und diese Nation gibt sich gern Rechenschaft von dem, was sie tut.

Johann Wolfgang von Goethe,
Wilhelm Meisters Lehrjahre V

Ich bin ein **Berliner**.

John F. Kennedy

Deutschland, wo die Kräftigen ohne Geist und die Geistigen ohne Kraft sind.

Franz Grillparzer, Zur Zeitgeschichte 1841

Ein **Deutscher** ist großer Dinge fähig, aber es ist unwahrscheinlich, dass er sie tut.

Friedrich Nietzsche

Könnte man nur den **Deutschen**, nach dem Vorbilde der Engländer, weniger Philosophie und mehr Tatkraft, weniger Theorie und mehr Praxis beibringen, so würde uns schon ein gutes Stück Erlösung zuteil werden.

Johann Wolfgang von Goethe,
zu Eckermann, 12.3.1828

Ungleich dem Süden ist der **Deutsche** weniger ein redseliges als ein schreibseliges Volk, wie seine Registraturen und Bücherschränke ansagen.

Jean Paul, Levana I, 1, 2

Der Scharfsinn war nie ein Nationalbesitz der **Teutonen**.

Houston Stewart Chamberlain,
Grundlagen des 19. Jahrhunderts I, 1

Diese Bündel von mächtigen, aber **ungeordneten Instinkten**!
Diese geborenen Künstler ohne Geschmack!

Charles de Gaulle

Das Talent zur Disziplin ist die Wurzel von **Preußens** Größe.

Christian Morgenstern, Stufen, Politisches, 1905

Erklimmt die **deutsche** Tüchtigkeit einen Berg, nimmt sie so viel Anlauf, dass sie gleich auf der anderen Seite den Abhang wieder hinunterpurzelt.

Hans Kasper,
Abel, gib acht; Unsereins

Das Erzübel der **Deutschen** ist, dass sie sich zu ernst nehmen. Uns mangelt die Selbstironie, die beispielsweise die Franzosen in so hohem Maße besitzen.

Walter Hasenclever

Sie sind **ernsthaft**, sie sind tüchtig, sie arbeiten wie keine Nation auf der Welt, sie erreichen das Unglaubliche – aber es ist keine Freude, unter ihnen zu leben.

Hugo von Hofmannsthal

Interessanterweise hat die **deutsche Sprache** kein entsprechendes Wort für das englische »fairness«. Das macht misstrauisch bei einer Sprache der Dichter und Philosophen.

Prodosh Aich

Ein guter Mensch zu sein gilt **hierzulande**
als Dummheit, wenn nicht gar als Schande.

Erich Kästner

Wie schön **Deutschland** ist, wenn man ganz weit weg ist und nur immer dran denkt!

Carl Zuckmayer,
Der Hauptmann von Köpenick

Scheltet mir nicht die **Deutschen**! Wenn sie auch Träumer sind, so haben doch manche unter ihnen so schöne Träume geträumt, dass ich sie kaum vertauschen möchte gegen die wachende Wirklichkeit unserer Nachbarn.

Heinrich Heine, Reisebilder, Gespräch auf der Themse

Preußen ist wie eine neue Wolljacke: Es kratzt ein bisschen, hält aber warm.

Otto von Bismarck

Wer **Berlin** zur neuen Hauptstadt macht, schafft geistig ein neues Preußen.

Konrad Adenauer

Der **Bajuware** achtet den am meisten, der ihn am meisten in Ruhe lässt.

Thomas Niederreuther, Aphorismen

Das **Bayerische** ist eine Denkweise. Ein guter Bayer kann auch aus Afrika sein.

Georg Lohmeier

Die **Leipziger** sind als eine kleine moralische Republik anzusehen. Jeder steht für sich, hat einige Freunde und geht in seinem Wesen fort. Kein Oberer gibt einen allgemeinen Ton an, und jeder produziert sein kleines Original, er sei nun verständig, gelehrt, albern oder abgeschmackt, tätig, gutherzig, trocken oder eigensinnig und was der Qualitäten mehr sein mögen. Reichtum, Wissenschaft, Talente, Besitztümer aller Art geben dem Ort eine Fülle, die ein Fremder, wenn er es versteht, sehr wohl genießen und nutzen kann.

Johann Wolfgang von Goethe, an Frau von Stein, 29.12.1782

Ich liebe **Deutschland**. Ich liebe es so sehr, dass ich zufrieden bin, weil es gleich zwei Deutschland gibt.

François Mauriac

Eine geteilte **deutsche** Nation: Das ergibt nichts Besseres als zwei Nationen von Landsknechten.

Alfred Andersch, 1947

Wodurch ist **Deutschland** groß als durch eine bewundernswürdige Volkskultur, die alle Teile des Reiches gleichmäßig durchdrungen hat? Sind es aber nicht die einzelnen Fürstensitze, von denen sie ausgeht und welche ihre Träger und Pfleger sind? Gesetzt, wir hätten in Deutschland seit Jahrhunderten nur die beiden Residenzstädte Wien und Berlin oder gar nur eine, da möchte ich doch sehen, wie es um die deutsche Kultur stände.

Johann Wolfgang von Goethe, zu Eckermann, 23.10.1828

Wer behauptet, **München** sei eine Weltstadt mit Herz, der hat keines.
Oliver Hassenkamp, High Life Barometer

Der **Oberbayer** ist ein Wilderer mit Ehrfurcht vor dem Gesetz.
Thomas Niederreuther, Aphorismen

Die **Franken** sind die Sanguiniker unter den Deutschen.
Theodor Heuss

Wiss', dass man zwölf Parteien find't,
wo nur ein Dutzend **Deutsche** sind,
und, wenn sie sich erst unterhalten,
dann wollen sie sich auch noch spalten.
Daniel Sanders, 366 Sprüche, III

Sich voneinander abzusondern ist die Eigenschaft der **Deutschen**; ich
habe sie noch nie verbunden gesehen als im Hass gegen Napoleon.
Ich will nur sehen, was sie anfangen werden, wenn dieser über den Rhein
gebannt ist.
Johann Wolfgang von Goethe, an Karl von Knebel, 24.11.1815

Und wenn wir **Deutschen** Gott und sonst nichts in der Welt fürchten, so
respektieren wir selbst ihn nicht um seiner Persönlichkeit willen, sondern
wegen des Geräusches seiner Donner.
Karl Kraus

Würzburg – das größte Pfarrhaus Deutschlands.
Napoleon I.

Da wir, gemessen an unserer Veranlagung, keine Nation bilden können,
da wir, belehrt durch geschichtliche Erkenntnis und unserer kulturellen
Vielgestalt bewusst, keine Nation bilden sollten, müssen wir endlich den
Föderalismus als einzige Chance begreifen. Nicht als geballte Nation,
nicht als zwei wider einander gesetzte Nationen, nur als friedlich wett-
streitende Länderbünde können wir unseren Nachbarn in Ost und West
Sicherheit bieten.
Günter Grass, Sollen die Deutschen eine Nation bilden?

Und als ich auf dem Sankt Gotthard stand,
da hörte ich **Deutschland** schnarchen:
Es schlief da unten in guter Hut
von sechsunddreißig Monarchen.
Heinrich Heine, Neue Gedichte, Tannhäuser

Man berührt wohl die wundeste Stelle der **Deutschen**, wenn man sie
darauf aufmerksam macht, dass es in ihrem Lande noch immer weit
mehr autoritäre als demokratisch eingestellte Persönlichkeiten gibt.
Prodosh Aich

Ich bekenne mich tief überzeugt, dass das **deutsche** Volk die politische
Demokratie niemals wird lieben können, aus dem einfachen Grunde, weil
es die Politik selbst nicht lieben kann, und dass der viel verschrieene
»Obrigkeitsstaat« die dem deutschen Volk angemessene, zukömmliche
und von ihm im Grunde gewollte Staatsform ist.
Thomas Mann,
Betrachtungen eines Unpolitischen

In diesem **Volk**, das nie die Sehnsucht nach einem starken Mann verloren
hat und diejenigen Kanzler am meisten schätzt, denen es das Beiwort
»eisern« verleihen könnte, in einem solchen Volk ist es politisch lebensgefährlich, der Schwäche geziehen zu werden.
Paul Sethe, über Ludwig Erhard

Die **Deutschen** kommen immer zu spät. Sie sind spät wie die Musik, die
immer von allen Künsten die letzte ist, einen Weltzustand auszudrücken –
wenn dieser Weltzustand schon im Vergehen begriffen ist.
Thomas Mann, Deutschland und die Deutschen

Das ist der größte Vorwurf an die **Deutschen**: Dass sie trotz ihrer
Intelligenz und trotz ihres Mutes immer die Macht anhimmeln.
Winston Churchill

Selbst im Fall einer Revolution würden die **Deutschen** sich nur
Steuerfreiheit, nie Gedankenfreiheit zu erkämpfen suchen.
Friedrich Hebbel, Tagebücher 1836

Es ist nicht schwer, in diesem Lande den Propheten zu spielen, aber es bereitet wenig Vergnügen.

Theodor Fontane

Man hat die **Deutschen** entweder an der Gurgel oder zu Füßen.

Winston Churchill

Ich sah aus **Deutschlands** Asche keinen Phönix steigen, doch ich sah einen Pfau.

Christoph Meckel

Die deutsche Geschichte ist ohne Gleichgewicht und Kontinuität. Allenthalben verläuft sie in Kontrasten und Extremen. **Deutschland** ist das Land der wunderbaren Aufstiege und der apokalyptischen Katastrophen.

Pierre Gaxotte

Die letzten anderthalb Jahrhunderte **deutscher** Geschichte lassen sich auf die Formel bringen: Von I. G. Cotta zu I.G. Farben.

Werner Bergengruen, 1950

Deutschland ist eine anatomische Merkwürdigkeit: Es schreibt mit der Linken und tut mit der Rechten.

Kurt Tucholsky

Wir können durch Liebe und Wohlwollen leicht bestochen werden, vielleicht zu leicht, aber durch Drohungen ganz gewiss nicht! Wir **Deutsche** fürchten Gott, aber sonst nichts in der Welt.

Otto von Bismarck, im Reichstag, 6.2.1888

Wer die dreißiger und vierziger Jahre als **Deutscher** durchlebt hat, der kann seiner Nation nie mehr völlig trauen. Der kann der Demokratie so wenig trauen wie einer anderen Staatsform. Der kann dem Menschen überhaupt nicht mehr trauen.

Golo Mann

In **Deutschland** wird das Wissen der eigenen Geschichte nicht geglaubt.

Gert Heidenreich

Dichtung und Dichter

Der **Dichter** nehme nur so viel von einem Individuum, als notwendig ist, dem Gegenstand Leben und Wahrheit zu geben; das Übrige hole er aus sich selbst.
Johann Wolfgang von Goethe,
zu Caroline Herder, 8.2.1789

Schläft ein **Lied** in allen Dingen,
die da träumen fort und fort,
und die Welt hebt an zu singen,
triffst du nur das Zauberwort.
Joseph Freiherr von Eichendorff, Wünschelrute

Einer Gesellschaft von Freunden harmonische Stimmung zu geben und manches aufzuregen, was bei den Zusammenkünften der besten Menschen oft nur stockt, sollte von Rechts wegen die beste Wirkung der **Poesie** sein.
Johann Wolfgang von Goethe,
zu Riemer, November 1803

Der **Dichter**, auch wenn er die vollkommensten sittlichen Muster vor unsere Augen stellt, hat keinen anderen Zweck und darf keinen anderen haben, als uns durch Betrachtung derselben zu ergötzen.
Friedrich Schiller, Über das Pathetische

Dafern nur ein **Poete** will,
so steht der Himmel nimmer still,
die Sterne müssen tanzen.
Es springen auch die Stein' herfür,
da hüpfen Wälder, Berg' und Tier',
es zittern Wäll' und Schanzen.
Ja, was die schwarze Nacht bedeckt,
wird durch Poeten aufgeweckt.
Johann Rist, Lob des Poeten

Das Amt des **Dichters** ist nicht das Zeigen der Wege, sondern vor allem das Wecken der Sehnsucht.
Hermann Hesse

Alle große **Dichtung** ist eine Frucht des Leidens.
Walter Muschg

Poesie ist gewiss mehr als gesunder Menschenverstand, aber sie muss auf jeden Fall auch gesunder Menschenverstand sein, so wie ein Palast auch mehr als ein Haus sein muss, aber schließlich auch ein Haus.
Samuel Taylor Coleridge

Ehe noch die Wahrheit ihr siegendes Licht in die Tiefen der Herzen sendet, fängt die **Dichtungskraft** ihre Strahlen auf, und die Gipfel der Menschheit werden glänzen, wenn noch feuchte Nacht in den Tälern liegt.
Friedrich Schiller,
Über die ästhetische Erziehung des Menschen 9

Orpheus' Leier hat mehr getan als Herkules' Keule. Sie machte Unmenschen zu Menschen, und daher steht sie auch unter den Sternen.
Karl Julius Weber, Demokritos, Der Dichter

Wer der **Dichtkunst** Stimme nicht vernimmt,
ist ein Barbar, er sei auch, wer er sei.
Johann Wolfgang von Goethe,
Torquato Tasso V, 1 (Alfons)

Der Geist der **Poesie** ist zusammengesetzt aus dem Tiefsinn des Philosophen und der Freude des Kindes an bunten Bildern.
Franz Grillparzer, Ästhetische Studien, 1838

Der Mensch gebraucht den **Dichter**, um das auszusprechen, was er selbst nicht auszudrücken vermag. Von einer Erscheinung, von einer Empfindung wird er ergriffen, er sucht nach Worten, seinen eigenen Vorrat findet er unzulänglich, und so muss ihm der Dichter zu Hülfe kommen.
Johann Wolfgang von Goethe,
zu Eckermann, 14.9.1830

Als die einfachste und richtigste Definition der **Poesie** möchte ich diese aufstellen: dass sie die Kunst ist, durch Worte die Einbildungskraft ins Spiel zu versetzen.

Arthur Schopenhauer

Jede **Dichtung** ist nichts anderes als eine enthusiastische Freundschaft oder platonische Liebe zu einem Geschöpf unseres Kopfes.

Friedrich Schiller, an Christophine, 14.4.1783

Was hat mehr das Recht, Jahrhunderte zu bleiben und im Stillen fortzuwirken, als das Geheimnis einer edlen Liebe, dem holden **Lied** bescheiden anvertraut?

Johann Wolfgang von Goethe,
Torquato Tasso II, 1 (Tasso)

Mein Sohn hat gesagt: Was einen drückt, das muss man verarbeiten, und wenn er ein Leid gehabt hat, da hat er ein **Gedicht** daraus gemacht.

Catharina Elisabeth Goethe, 1775

Die **Poesie** der Deutschen hat alle die Fehler, die daraus hervorgehen, dass sie gegen den natürlichen Entwicklungsgang erst nach der Wissenschaft entstanden ist. Lauter Sinn, lauter Sinn!

Franz Grillparzer,
Ästhetische Studien, 1838

Eine notwendige Operation des **Dichters** ist Idealisierung seines Gegenstandes, ohne welche er aufhört, seinen Namen zu verdienen.

Friedrich Schiller, Über Bürgers Gedichte

Die **Poeten** schreiben alle, als wären sie krank und die ganze Welt ein Lazarett. Alle sprechen sie von dem Leiden und dem Jammer der Erde und von den Freuden des Jenseits, und unzufrieden, wie schon alle sind, hetzt einer den anderen in noch größere Unzufriedenheit hinein. Das ist ein wahrer Missbrauch der Poesie, die uns doch eigentlich dazu gegeben ist, um die kleinen Zwiste des Lebens auszugleichen.

Johann Wolfgang von Goethe,
zu Eckermann, 24.9.1827

Die **Literatur** ist der Ausdruck der Gesellschaft, wie das Wort der Ausdruck des Menschen ist.
Ambrose de Bonald

Eine mit Schlagworten geohrfeigte Zeit produziert eine geschwollene **Literatur**.
Alfred Polgar

Sie werden stets bemerken, dass auch das Leben für seine Geschichten nur selten einen ordentlichen Schluss zustande bringt. Mir scheint, es ist sich dieses Mangels an Talent bewusst und hat deshalb die **Dichter** erfunden, damit sie es besser machen und einen Sinn hineinbringen.
Horst Wolfram Geißler, Ein schwarzes und ein weißes

Der **Dichter** ist eine Welt, eingeschlossen in einen Menschen.
Victor Hugo

Der **Dichter** fischt im Strom, der ihn durchfließt.
Stanislaw Jerzy Lec

Frei will ich sein im Denken und im **Dichten**; im Handeln schränkt die Welt genug uns ein.
Johann Wolfgang von Goethe, Torquato Tasso IV, 2 (Tasso)

Je mehr ihm das Leben entglitt, desto mehr wurde er **Dichter**.
Wilhelm Raabe, Gedanken und Einfälle

Der **Dichter** ist das Sprachrohr der Ratlosigkeit seiner Zeit.
Marie Luise Kaschnitz

Die **Dichter** gleichen den einsamen Botenläufern, die morgens in aller Winterfrühe, wenn noch kaum die Hähne gekräht haben, auf den nachts verschütteten Wegen die ersten Fußstapfen wieder eindrücken müssen.
Karl Gutzkow

Gegen **Goethe** bin ich und bleibe ich ein poetischer Lump.
Friedrich Schiller, an Körner, 27.6.1796

Es ist etwas Großes für ein Volk, eine vernehmbare **Stimme** zu erlangen, einen Mann hervorzubringen, der melodisch das ausspricht, was es im Herzen sagen will!

Thomas Carlyle, The Hero as Poet

Nur der **Dichter** allein weiß, welche Reize er seinem Gegenstande zu geben fähig ist. Man soll daher nie jemanden fragen, wenn man etwas schreiben will. Hätte Friedrich Schiller mich vor seinem Wallenstein gefragt, ob er ihn schreiben solle, ich hätte ihm sicherlich abgeraten, denn ich hätte nie denken können, dass aus solchem Gegenstande überall ein so treffliches Theaterstück wäre zu machen gewesen.

Johann Wolfgang von Goethe, zu Eckermann, 18.1.1827

In dem echten **Dichtergeist** muss, bevor er etwas ausbilden kann, ein doppelter Prozess vorgehen: Der gemeine Stoff muss sich in eine Idee auflösen und die Idee sich wieder zur Gestalt verdichten.

Friedrich Hebbel, Tagebücher 1838

Linné war liberal genug, auch den **Dichter** unter denjenigen zu nennen, welche der Wissenschaft förderlich sein könnten.

Johann Wolfgang von Goethe, an Neuenhahn, 23.8.1798

Die französischen **Dichter** haben Kenntnisse. Dagegen denken die deutschen Narren, sie verlören ihr Talent, wenn sie sich um Kenntnisse bemühen.

Johann Wolfgang von Goethe, zu Eckermann, 4.1.1827

Das aber glauben alle **Dichter**: dass, wer im Grase oder an einsamen Gehängen liegend die Ohren spitze, etwas von den Dingen erfahre, die zwischen Himmel und Erde sind.

Friedrich Nietzsche, Zarathustra II, Von den Dichtern

Wirken will der **Poet** wie der Redner. Aber das Höchste bleibt ihm die Schönheit doch, die er zu bilden sich sehnt. Jener behält den Erfolg im Blick stets, dieser erreicht ihn, wenn er ihn über dem Drang seligen Schaffens vergisst.

Emanuel Geibel, Ethisches und Ästhetisches in Distichen 34

Die **Poeten** sollten immer nur durch Geschenke belohnt, nicht besoldet werden; es ist eine Verwandtschaft zwischen den glücklichen Gedanken und den Gaben des Glücks: Beide fallen vom Himmel.

Friedrich Schiller,
an Johann Wolfgang von Goethe, 12.7.1799

Äschylus focht bei Marathon, Sophokles tanzte als Knabe in Salamis am Freiheitsfeste im Chor um die persische Beute, und Euripides wurde in Salamis am Tage der Schlacht geboren. Die Weltgeschichte hat keine Tage mehr wie diese. Die **Dichter** machten nicht die Zeit, sondern die Zeit machte die Dichter.

Johann Gottfried Seume, Apokryphen

Wer einen **Dichter** recht verstehen will, muss seine Heimat kennen.

Josef Freiherr von Eichendorff

Der **Dichter** wird als Mensch und Bürger sein Vaterland lieben, aber das Vaterland seiner poetischen Kräfte und seines poetischen Wirkens ist das Gute, Edle und Schöne, das an keine besondere Provinz und an kein besonderes Land gebunden ist und das er ergreift und bildet, wo er es findet. Er ist darin dem Adler gleich, der mit freiem Blick über Ländern schwebt und dem es gleichviel ist, ob der Hase, auf den er hinabschießt, in Preußen oder in Sachsen läuft.

Johann Wolfgang von Goethe,
zu Eckermann, März 1832

Dichtung ist nichts anderes als konzentrierter Einsatz von Leben.

Hermann Kasack

Vielleicht hält ein höheres Geschlecht von Geistern unsere **Dichter** wie wir die Nachtigallen und Kanarienvögel: Ihr Gesang gefällt ihnen eben deswegen, weil sie keinen Verstand darin finden.

Georg Christoph Lichtenberg

Man ward und wird im **Dichterstand**
durchs Anerkennen anerkannt.

Friedrich Hebbel, Wie man anerkannt wird

In der schönen **Literatur** ist es nicht besser. Auch dort sind große Zwecke und echter Sinn für das Wahre und Tüchtige und dessen Verbreitung sehr seltene Erscheinungen. Einer hegt und trägt den anderen, weil er von ihm wieder gehegt und getragen wird, und das wahrhaft Große ist ihnen widerwärtig.

Johann Wolfgang von Goethe,
zu Eckermann, 15.10.1825

Neuere **Poeten** tun viel Wasser in die Tinte.

Johann Wolfgang von Goethe,
Wilhelm Meisters Wanderjahre III, Aus Makariens Archiv

Hier unter diesem Leichenstein
wiegt Schlummer einen **Dichter** ein,
den Vater vieler Lieder.
Ihm folget seiner Werke Lohn;
denn jeder Leser sank davon
in süßen Schlummer nieder.

Zacharias Werner, Grabschrift

Der **Dichter**, steht er allzu nah dem Thron, verkümmert.

Lord Byron, Prophezeiung Dantes

Zu **fragen** bin ich da, nicht zu antworten.

Henrik Ibsen

Diktatur

Wer könnte noch von einem Staate sprechen, wenn durch die **Grausamkeit** eines Einzigen alle unterdrückt werden und nicht ein Band des Rechts alle gemeinsam verbindet?

Cicero, Über den Staat

Hoc volo, sic iubeo; sit pro ratione voluntas. Dies will ich, so befehle ich; statt eines Grundes gelte mein **Wille**.
Juvenal, Satiren 6

Wo das Recht endet, beginnt **Tyrannis**.
William Pitt sen.

Analphabeten müssen diktieren.
Stanislaw Jerzy Lec, Unfrisierte Gedanken

Herrscher heißt, wer herrscht nach eignem **Willen**.
Franz Grillparzer, Ein Bruderzwist in Habsburg II
(Leopold)

Niemand vermag sich zum **Diktator** aufzuschwingen, wenn die Menschen nicht verängstigte, verschüchterte Feiglinge sind.
Oriana Fallaci

Zu den wenigen Vorzügen der **Diktatur** gehört es, dass sie den Freiheitssinn lebendig erhält.
Sigmund Graff

Das Schlimmste, was **Hitler** uns angetan hat – und er hat uns viel angetan –, ist doch dies gewesen, dass er uns in die Scham gezwungen hat, mit ihm und seinen Gesellen gemeinsam den Namen Deutsche zu tragen.
Theodor Heuss, 7.12.1949

Der **Tyrann** fällt den Geist früher als den Körper an. Ich meine, er versucht, seine Sklaven vorher dumm zu machen, ehe er sie elend macht, weil er weiß, dass Leute, die einen Kopf haben, ihre Hände damit regieren und sie gegen den Tyrannen aufheben.
Jean Paul, Fragmente

Der **Tyrann** ist ein Gemisch aus Feigheit, Borniertheit, Willkür, Unverantwortlichkeit und Selbstgefälligkeit. Er repräsentiert also wirklich die Majorität.
Gabriel Laub

Die **Despotie** stempelt gewöhnlich die Begriffe wie die Münze.
Johann Gottfried Seume, Apokryphen

Nicht die **Diktatoren** schaffen Diktaturen, sondern die Herden.
Georges Bernanos

Eine **Diktatur** ist ein Staat, in dem sich alle vor einem fürchten und einer
vor allen.
Alberto Moravia

Ich war wirklich der Meinung, dass der **Eichmann** ein Hanswurst ist,
und ich sage Ihnen: Ich habe sein Polizeiverhör, 3600 Seiten, gelesen, und
sehr genau gelesen, und ich weiß nicht, wie oft ich gelacht habe, aber laut!
Hannah Arendt, zu Günter Gaus in der Fernsehsendung
»Zur Person«

Es gibt keine grausamere **Tyrannei** als die, welche unter dem
Deckmantel der Gesetze und mit dem Scheine der Gerechtigkeit ausgeübt
wird; denn das heißt sozusagen Unglückliche auf der Planke ertränken,
auf die sie sich gerettet haben.
Charles Baron de Montesquieu

Es ist nur noch ein Ungeheuer, welches grässlicher ist als
Tyrannenunvernunft: die Volkswut. Nur die Furcht vor der letzten
macht die erste erträglich.
Johann Gottfried Seume, Apokryphen

Die Vernunft ist immer republikanisch, aber die Menschen scheinen,
wenn man die Synopse ihrer Geschichte nimmt, doch durchaus zum
Despotismus geboren zu sein.
Johann Gottfried Seume, Apokryphen

Wenn ihr Schweres erfuhrt durch eigene Schuld und Verkehrtheit, klagt
um euer Geschick nicht die Unsterblichen an, selbst ja zogt ihr sie groß
und machtet sie stark, die **Tyrannen**, und nun seufzt ihr dafür unter dem
schmählichen Joch.
Solon, An die Athener

Das Seltenste, was ich gesehen: Ein alter **Tyrann**.
Thales

Kaum ein **Tyrann**, der sich im Trabrennen der Geschichte nicht galoppierend disqualifiziert.
Hans Kasper, Abel, gib acht

Diplomaten

Ein wahrer **Diplomat** ist ein Mann, der zweimal nachdenkt, bevor er nichts sagt.
Winston Churchill

Wir sind **Diplomaten**. Das heißt: Wenn wir sagen, was wir denken, haben wir uns versprochen.
Henry Morton Robinson,
Der Kardinal

Ein **Diplomat** ist ein Mensch, der offen ausspricht, was er nicht denkt.
Giovanni Guareschi

Diplomatie ist die Kunst, mit hundert Worten zu verschweigen, was man mit einem Wort sagen könnte.
Saint-John Perse

Der wahre **Diplomat** kann mit Leichtigkeit beweisen, dass es falsch wäre, das Richtige zu tun.
Verfasser unbekannt

Unter einem Dementi versteht man in der **Diplomatie** die verneinende Bestätigung einer Nachricht, die bisher lediglich ein Gerücht gewesen ist.
John B. Priestley

Ein **Dementi** ist nach den Spielregeln der hohen Politik ein halbes Eingeständnis einer ganzen Dummheit.
Saint-John Perse

Mit Aufrichtigkeit kann man bei diplomatischen **Verhandlungen** die verblüffendsten Wirkungen erzielen.
André François-Poncet

Diplomaten sehen mit den Ohren. Die Luft ist ihr Element, nicht das Licht.
Ludwig Börne, Fragmente und Aphorismen 4

Diplomaten ärgern sich nie. Sie machen sich Notizen.
Charles Maurice Talleyrand

Diplomatie ist die Kunst, seinem verhassten Nachbarn die Kehle durchzuschneiden, ohne ein Messer zu benutzen.
Charles Maurice Talleyrand

Drama und Theater

Das erste Gesetz der **tragischen Kunst** war Darstellung der leidenden Natur. Das zweite ist die Darstellung des moralischen Widerstandes gegen das Leiden.
Friedrich Schiller, Über das Pathetische

Das Publikum fordert unnachsichtig Eines, wodurch es eben zu einer so vortrefflichen Kontrolle für den **dramatischen Dichter** wird, und dieses Eine ist Leben.
Franz Grillparzer, Ästhetische Studien, 1835

Die Konsequenz der Leidenschaften ist das Höchste, was gewöhnliche **Dramatiker** zu schildern und gewöhnliche Kunstrichter zu würdigen wissen, aber erst die aus der Natur gegriffenen Inkonsequenzen bringen Leben in das Bild.

Franz Grillparzer, Ästhetische Studien, 1821

Ein **Dramatiker** muss Seiten liefern, die Löcher haben wie ein Emmentaler Käse. Das Publikum denkt diese Löcher schon zu.

Walter Muschg

Ich habe nichts dawider, dass ein **dramatischer Dichter** eine sittliche Wirkung vor Augen habe; allein wenn es sich darum handelt, seinen Gegenstand klar und wirksam vor den Augen des Zuschauers vorüberzuführen, so können ihm dabei seine sittlichen Endzwecke wenig helfen.

Johann Wolfgang von Goethe,
zu Eckermann, 28.3.1827

Im Roman sollen vorzüglich Gesinnungen und Begebenheiten vorgestellt werden, im **Drama** Charaktere und Taten. Der Roman muss langsam gehen, und die Gesinnungen der Hauptfigur müssen, es sei auf welche Weise es wolle, das Vordringen des Ganzen zur Entwicklung aufhalten. Das Drama soll eilen, und der Charakter der Hauptfigur muss sich nach dem Ende drängen und nur aufgehalten werden.

Johann Wolfgang von Goethe, Wilhelm Meisters
Lehrjahre V

Man kann sagen, der ganze **Shakespeare** ist weiter nichts als ein Mensch, der sogar wachend tun kann, was wir alle träumend können: Menschen nach ihrem Charakter reden lassen.

Arthur Schopenhauer,
Neue Paralipomena 15

Personen von großer Macht und Ansehen sind jedoch deswegen zum **Trauerspiel** die geeignetsten, weil das Unglück, an welchen wir das Schicksal des Menschenlebens erkennen sollen, eine hinreichende Größe haben muss, um dem Zuschauer, wer er auch sei, als furchtbar zu erscheinen.

Arthur Schopenhauer,
Die Welt als Wille und Vorstellung II

Übrigens ist die Zahl der guten **Tragödien** bei allen Nationen in der Welt so klein, dass die, welche nicht ganz schlecht sind, noch immer Zuschauer an sich ziehen, wenn sie von guten Akteurs nur aufgestutzt werden.
Gotthold Ephraim Lessing, Hamburgische Dramaturgie

Monologe sind Atemzüge der Seele.
Friedrich Hebbel

Die **Komödie** ist eine aus der Vogelperspektive betrachtete Tragödie.
Elbert Hubbard

Wenn das Individuum – wie Friedrich Hebbel sagt – letzten Endes komisch ist – und es ist komisch –, so ist die **Tragödie** die höchste Form der Komödie.
Christian Morgenstern, Stufen, Kunst

Stücke schreiben ist wie Schach: Bei der Eröffnung ist man frei; dann bekommt die Partie ihre eigene Logik.
Friedrich Dürrenmatt

Meine **Stücke** sind nur Spiel. Erst andere Leute haben daraus Ernst gemacht.
Samuel Beckett

Der **Komödie** wahrer allgemeiner Nutzen liegt in dem Lachen selbst,in der Übung unserer Fähigkeit, das Lächerliche zu bemerken.
Gotthold Ephraim Lessing, Hamburgische Dramaturgie 29

Die **Komödie** will durch Lachen bessern, aber nicht eben durch Verlachen.
Gotthold Ephraim Lessing, Hamburgische Dramaturgie 29

Theaterstücke haben einen zeitlich begrenzten Nutzen, wie Regenschirme oder Zahnbürsten. Wenn sie ausgedient haben, gehören sie in die Mülltonne.
Peter Handke

Das **Drama** ist die Kunstform der Monarchie, der Roman die Kunstform der Demokratie. Ein dramatischer Republikaner ist ein Unding und wird sich immer als ein solches ausweisen.

Wilhelm Raabe, Gedanken und Einfälle

Wir bewundern die **Tragödien** der alten Griechen; allein, recht besehen, sollten wir mehr die Zeit und die Nation bewundern, in der sie möglich waren.

Johann Wolfgang von Goethe, zu Eckermann, 3.5.1827

Der Stand der **Schauspieler** galt bei den Römern für ehrlos, bei den Griechen war er ein geehrter. Wie steht es damit bei uns? Man denkt von ihnen wie die Römer und verkehrt mit ihnen wie die Griechen.

Jean de La Bruyère

Überhaupt glaubt man nicht, wie sehr das **Theater**, wenn man so zehn Jahre lang es alle Abende besucht, bildet. Da kommt denn doch alles vor: Welt, Kunst, Moral.

Johann Wolfgang von Goethe,
zu Karl Friedrich Graf von Reinhard, Juli 1807

Wenn du das große **Spiel** der Welt gesehen,
so kehrst du reicher in dich selbst zurück;
denn, wer den Sinn aufs Ganze hält gerichtet,
dem ist der Streit in seiner Brust geschlichtet.

Friedrich Schiller, Die Huldigung der Künste

Und was die **Bühne** künstlich vorgestellt,
erträgt man leichter in der Werkelwelt;
die Toren lässt man durcheinander rennen,
weil wir sie schon genau im Bilde kennen.

Johann Wolfgang von Goethe,
Prolog zur Eröffnung des Berliner Theaters 1821

Das **Theater** ist weder eine Schulstube noch ein Priesterseminar. Die Leut' sollen entweder lachen oder flennen. Oder beides.

Carl Zuckmayer

Paradox ist, wenn bei einer **Premiere** alles, was Rang hat, im Parkett sitzt.
Willy Millowitsch

Eh' noch der Held den Dolch, die Heldin Gift erkor,
starb schon das **Drama** selbst den sanften Tod: Erfror.
Abraham Gotthelf Kästner,
Sinngedichte, Tragische Todesarten

Viele **Regisseure** erfüllen heute den Tatbestand der Verunglimpfung des
Andenkens Verstorbener.
Jean-Louis Barrault

Von einem Dichter nur mittelmäßig gezeichnete Charaktere werden bei
der **Theaterdarstellung** gewinnen, weil die Schauspieler, als lebendige
Menschen, sie zu lebendigen Wesen machen und ihnen zu irgendeiner
Art von Individualität verhelfen. Von einem großen Dichter meisterhaft
gezeichnete Charaktere dagegen, die schon alle mit einer durchaus scharfen Individualität dastehen, müssen bei der Darstellung notwendig verlieren, weil die Schauspieler in der Regel nicht durchaus passen und die
wenigsten ihre eigene Individualität so sehr verleugnen können.
Johann Wolfgang von Goethe, zu Eckermann, 29.10.1823

Ich sah ein, was ich vordem nicht wusste, dass das Spiel in der **Maske**
viel spannender ist als das Zeigen des nackten Gesichts.
Erhart Kästner, Ölberge, Weinberge

Das **Theater** darf nicht danach beurteilt werden, ob es die Gewohnheiten
seines Publikums befriedigt, sondern danach, ob es sie zu ändern vermag.
Bertolt Brecht

Was sie heute auf dem **Theater** aufführen, sind die Affären kranker
Leute. Wie gesund war so ein Othello!
Wilhelm Raabe, Gedanken und Einfälle

Ein **Schauspiel**, das einen in niedergeschlagener Stimmung nach Hause
gehen lässt, gehört nicht der höchsten Gattung an.
Jakob Boßhart, Bausteine

Der **Schauspieler** ist ein Bildhauer, der in Schnee meißelt.
Lawrence Barrett

Das Mitspracherecht des **Schauspielers** ist der Text.
Fritz Kortner

Schauspielerei ist die Kunst, die Menschen in einem Theater vom Husten abzuhalten.
Ralph Richardson

Ein guter **Schauspieler** macht uns bald eine elende
unschickliche Dekoration vergessen,
dahingegen das schöne Theater den Mangel an guten Schauspielern
erst recht fühlbar macht.
Johann Wolfgang von Goethe

Beim Theater gibt es so etwas wie die ideale **Fehlbesetzung**.
Peter Ustinov

Wer sich nur selbst spielen kann, ist kein **Schauspieler**.
Johann Wolfgang von Goethe,
Wilhelm Meisters Lehrjahre VIII

Der wahre **Schauspieler** ist von der unbändigen Lust getrieben, sich
unaufhörlich in andere Menschen zu verwandeln, um in den anderen
am Ende sich selbst zu entdecken.
Max Reinhardt

Schauspieler sind die einzigen ehrenwerten Heuchler.
William Hazlitt

Liebesszenen sind vor allem dann besonders schwierig zu spielen,
wenn man sich mit dem Partner gut versteht.
Senta Berger

Dem **Mimen** flicht die Nachwelt keine Kränze.
Friedrich Schiller

Ein **Schauspieler** sollte eigentlich auch bei einem Bildhauer und Maler in die Lehre gehen. So ist ihm, um einen griechischen Helden darzustellen, durchaus nötig, dass er die auf uns gekommenen antiken Bildwerke wohl studiert und sich die ungesuchte Grazie ihres Sitzens, Stehens und Gehens wohl eingeprägt habe.

Johann Wolfgang von Goethe,
zu Eckermann, 1.4.1827

Drohung

Schon viele **Droher** haben viel Geschwätz im blinden Zorn gedroht, doch wenn Vernunft zurückkam, war es mit der Drohung aus.

Sophokles, Ödipus auf Kolonos II (Theseus)

Ein **brüllender** Löwe zerreißt keinen Menschen.

Aus Afrika

Der Feige **droht** nur, wo er sicher ist.

Johann Wolfgang von Goethe,
Torquato Tasso II, 3 (Antonio)

In der Politik heißt **drohen**, ohne zu treffen, so viel wie sich eine Blöße geben.

Alphonse de Lamartine,
Geschichte der Girondisten

Man erschrickt nur vor **Drohungen**; mit vollendeten Tatsachen findet sich der Mensch schnell ab.

Oswald Spengler

Bellende Hunde beißen nicht.

Sprichwort

Dummheit

Selig, die **arm** sind vor Gott; denn ihnen gehört das Himmelreich.
Bibel, Matthäus 5, 3

Es ist gut, wenn das Herz **naiv** ist, aber nicht der Kopf.
Anatole France

Ein **Tor** geht zweimal zur Stadt.
Aus Togo

Es sind viele **Esel**, die nicht Säcke tragen.
Christoph Lehmann,
Politischer Blumengarten I

Freuen wir uns darüber, dass Gott dem **Esel** keine Hörner gab.
Aus Nigeria

Wie weit ich ging und ritt von hinnen, den **Toren** könnt' ich nie entrinnen.
Freidank, Bescheidenheit

Wenn der Mensch über die **Tölpeljahre** hinüber ist, so hat er noch jährlich einige Tölpelwochen und Flegeltage zurückzulegen.
Jean Paul, Siebenkäs II, 5

Kein weiser Mann ward je genannt, bei dem man nicht ein **Torheit** fand.
Georg Rollenhagen,
Froschmäuseler 2, 5

Keine größere Armut als **Unwissenheit**.
Aus der Türkei

Immer lernt der Kluge vom **Dummen** mehr als der Dumme vom Klugen.
Peter Rosegger, Heimgärtners Tagebuch

Grausamkeit empört, **Dummheit** entmutigt.
Albert Camus

Die **Dummheit** ist die sonderbarste aller Krankheiten. Der Kranke leidet niemals unter ihr. Aber die anderen leiden.
Paul-Henri Spaak

Im Elend stirbt der Alchimiste, der **Dumme** findet Gold im Miste.
Saadi, Rosengarten I

Schüchterne **Dummheit** und verschämte Armut sind den Göttern heilig.
Marie von Ebner-Eschenbach, Aphorismen

Das Recht auf **Dummheit** wird von der Verfassung geschützt. Es gehört zur Garantie der freien Entfaltung der Persönlichkeit.
Mark Twain

Der Mangel an Urteilskraft ist eigentlich das, was man **Dummheit** nennt, und einem solchen Gebrechen ist gar nicht abzuhelfen.
Immanuel Kant

Eine selbstbewusste Gesellschaft kann viele **Narren** ertragen.
John Steinbeck

Auch die Bretter, die man vor dem **Kopf** hat, können die Welt bedeuten.
Werner Finck

Dummheit ist auch eine Gabe Gottes, aber man muss sie nicht missbrauchen.
Sprichwort

Unwissenheit ist die Nacht des Geistes, eine Nacht ohne Mond und Sterne.
Konfuzius

Es ist nichts widerwärtiger als ein **Dummkopf**, der Glück hat.
Cicero

Zwei Dinge sind gleicherweise für den Verstand unerklärlich und kein Gegenstand, über den man nachdenken soll: die Weisheit Gottes und der **Wahnwitz** der Menschen.

Alexander Pope, Aphorismen

Wenn fünfzig Millionen Menschen etwas Dummes sagen, bleibt es trotzdem eine **Dummheit**.

Anatole France

Was ist ein **Narr**? Vielleicht nichts als ein bescheidener Geist, der mit wenigem zufrieden ist. Könnte es sein, dass ein Narr wirklich weise ist?

Paul Valéry

Ein **Dummkopf** bleibt ein Dummkopf nur
für sich, in Feld und Haus;
doch wie du ihn zu Einfluss bringst,
so wird ein Schurke draus.

Franz Grillparzer, 1845

Halbe **Narren** sind wir alle, ganze Narren sperrt man ein,
aber die Dreiviertelnarren machen uns die größte Pein.

Friedrich von Bodelschwingh d. Ä.

Lieber einer Bärin begegnen, der man die Jungen geraubt hat, als einem **Toren** in seinem Unverstand.

Bibel, Buch der Sprichwörter 17, 12

Lieber ein **Narr** und glücklich, als ein weiser Mann und unglücklich.

Horst Wolfram Geißler, Der Puppenspieler

Die beste Methode, einen **Narren** von seinem Irrtum zu überzeugen, besteht darin, ihn seine Dummheiten ausführen zu lassen.

Josh Billings

Es gibt niemand, der nicht von irgendwelchen Leuten als **Narr** angesehen wird.

Aus Spanien

E   *Egoismus*

Du willst nicht Sklave sein, und doch ist's wahr, mein Christ,
dass deiner **Selbstbegier** du vielmal Sklave bist.
> *Angelus Silesius*

Egoisten sind wir alle, der eine mehr, der andere weniger. Der eine lässt
seinen Egoismus nackend laufen, der andere hängt ihm ein Mäntelchen
um.
> *August von Kotzebue,*
> *Menschenhass und Reue*

Der **Egoismus** kann logisch oder ästhetisch oder praktisch sein.
Der logische Egoist hält es für unnötig, sein Urteil auch am Verstande
anderer zu prüfen, gleich als ob er dieses Probiersteins nicht bedürfe.
Der ästhetische Egoist ist derjenige, dem sein eigener Geschmack
schon genügt. Endlich ist der moralische Egoist der, welcher allen
Zweck auf sich selbst einschränkt, der keinen Nutzen worin sieht,
als in dem, was ihm nützt.
> *Immanuel Kant*

Egoismus ist Einsamkeit.
> *Friedrich Schiller*

Der Mensch, welcher nur sich liebt, fürchtet nichts so sehr, als mit sich
allein zu sein.
> *Blaise Pascal*

Ein **Egoist** ist ein unfeiner Mensch, der für sich selbst mehr Interesse hat
als für mich.
> *Ambrose Bierce*

Wenn die **Selbstsucht** erst einmal größer, klüger, feiner, erfinderischer
geworden ist, wird die Welt selbstloser aussehen.
> *Friedrich Nietzsche, Unschuld des Werdens*

Eigenliebe ist oft eher arrogant als blind. Sie verbirgt nicht unsere Fehler vor uns, sondern macht uns glauben, dass sie von anderen nicht bemerkt werden.

Samuel Johnson

Die gewöhnliche Annahme, dass der Mensch von Natur selbstsüchtig sei und auch das Kind mit dieser **Selbstsucht** geboren werde, gründet sich auf eine sehr oberflächliche Beobachtung.

Johann Gottlieb Fichte,
Reden an die deutsche Nation 10

Ehe

In der **Familie** ist der Mann der Bürger und die Frau der Proletarier.

Friedrich Engels

Die **Ehe** ist ein Bauwerk, das jeden Tag neu errichtet werden muss.

André Maurois

Die **Ehe** ist und bleibt die wichtigste Entdeckungsreise, die der Mensch unternehmen kann.

Søren Kierkegaard

Die **Ehe** ist eine polizeilich anerkannte Freundschaft.

Robert Louis Stevenson

Eine jegliche Person in der **Ehe** soll ihr Amt tun, das ihr gebührt.
Der Mann soll erwerben, das Weib aber soll ersparen.

Martin Luther, Tischreden vom Ehestande 45

Das Weib wird durch die **Ehe** frei; der Mann verliert seine Freiheit.

Immanuel Kant, Anthropologie 2, B

Die **Ehe** gibt dem Einzelnen Begrenzung und dadurch dem Ganzen Sicherheit.

Friedrich Hebbel, Tagebücher 1839

Gleichberechtigung zwischen Mann und Frau ist nur möglich, wenn die Frau sich unterordnet.

Martial

Viele, von denen man glaubt, sie seien gestorben, sind bloß **verheiratet**.

Françoise Sagan

Die **Ehe** ist ein Spielplan mit gleich bleibendem Repertoire. Folglich sollte man wenigstens die Inszenierung ändern.

Federico Fellini

Elf **Ehstandsjahr'** erschöpfen das Gespräch.

Heinrich von Kleist, Amphitryon I, 5 (Merkur)

Die hauptsächlichste Gefahr der **Ehe** liegt darin, dass man selbstlos wird. Selbstlose Leute sind farblos.

Oscar Wilde

Den Weg von einer glücklichen **Ehe** zu einer guten schafft nur eine große Liebe.

Nikolaus Cybinski, Wohin du schaust – lachende Dritte

Verliebte gehen aufeinander zu, sie treffen einander; **Verheiratete** sind parallel ausgerichtet; sie begegnen einander erst wieder bei Scheidung oder Tod.

Martin Kessel, Gegengabe VIII

Gewaltige Macht ist Weib und Kind für einen **Mann**.

Euripides, Ödipus

Der Ausspruch »Er soll dein **Herr** sein« ist die Formel einer barbarischen Zeit, die lange vorüber ist.

Johann Wolfgang von Goethe, Die guten Weiber

O der unbeugsam unbezähmte **Mann**! Was hab ich nicht getragen und gelitten in dieser Ehe unglücksvollem Bund! Denn gleich wie an ein feurig
Rad gefesselt, das rastlos eilend, ewig, heftig treibt, bracht' ich ein angst-
voll Leben mit ihm zu, und stets an eines Abgrunds jähem Rande sturz-
drohend, schwindelnd riss er mich dahin.
> *Friedrich Schiller, Wallensteins Tod III, 3 (Herzogin)*

Den idealen **Gatten** gibt es nicht. Der ideale Gatte bleibt ledig.
> *Oscar Wilde*

Ein **Ehemann** ist Rohstoff, kein Fertigprodukt!
> *Grete Weiser*

Im ersten Ehejahr strebt der **Mann** die Vorherrschaft an. Im zweiten
kämpft er um Gleichberechtigung. Im dritten ringt er um die nackte
Existenz.
> *Verfasser unbekannt*

Die **Eheherren** sollten künftig die Trauringe statt auf dem Finger in der
Nase tragen, zum Zeichen, dass sie doch an der Nase geführt werden.
> *Christian Dietrich Grabbe, Don Juan und Faust I, 1*
> *(Don Juan)*

Cato schloss seine Rede mit dem Refrain »Delendam esse Carthaginem«
und ich alle Reden und Briefe mit »**Uxorem** esse ducendam«.
> *Georg Christoph Lichtenberg, an Johann Georg Forster*

Sobald eine Frau aus einem **Mann** einen Esel gemacht hat, redet sie ihm
ein, er sei ein Löwe.
> *Honoré de Balzac*

Der **Mann**, er ist der Kopf, nach ihm muss alles gehen.
Die Frau, sie ist der Hals, sie weiß den Kopf zu drehen.
> *Verfasser unbekannt*

Es gibt Gänse, die einen **Fuchs** zur Strecke bringen.
> *Aus Litauen*

Männer, die behaupten, sie seien die uneingeschränkten Herren im Haus, lügen auch bei anderer Gelegenheit.
Mark Twain

Darum tat jener **Bräut'gam** wohl,
welcher gab seiner Frau einmol
ein Ehring, darauf stund erhaben
ein Schneckenhäuslein schön gegraben,
daran zu sehen für und für,
was sei ihr Amt und Ehgebühr.
Johann Fischart, Das philosophische Ehzuchtbüchlein

Hinter einer langen Ehe steht immer eine sehr kluge **Frau**.
Ephraim Kishon

Mir wäre es fast lieber, meine **Frau** versuchte, mich in einem wütenden Moment einmal im Jahre zu erdolchen, anstatt mich jeden Abend übellaunig zu empfangen.
Stendhal, Über die Liebe II, 55

So ist sie von niemand abhängig und verschafft ihrem Manne die wahre Unabhängigkeit, die häusliche, die innere. Das, was er besitzt, sieht er gesichert, das, was er erwirbt, gut benutzt, und so kann er sein Gemüt nach großen Gegenständen wenden und, wenn das Glück gut ist, das dem Staate sein, was seiner **Gattin** zu Hause so wohl ansteht.
Johann Wolfgang von Goethe

Ich habe mein **Leben** damit verbracht, das Leben Winstons auszupolstern.
Clementine Churchill

Das **Eheweib** ist der Bruder des Mannes.
Aus Afrika

Man nimmt ein falsches Kleid, ein Hausgerät; doch einen **Mann** greift man im Finstern.
Heinrich von Kleist, Amphitryon II, 4 (Charis)

88

Für den erfolgreichen Mann ist die **Frau** eine Art Litfasssäule, die seinen Wohlstand plakatiert.
Gino Marchi

Ein **Weib** glaubt gern an ihres Mannes Unschuld.
Heinrich von Kleist, Die Familie Schroffenstein IV, 1
(Eustache)

Das **Weib** kann aus dem Haus mehr in der Schürze tragen, als je einfahren kann der Mann im Erntewagen.
Friedrich Rückert,
Die Weisheit des Brahmanen III, 34

Die meisten **Frauen** haben am Geldende zu viel Monat übrig.
Toni Gellert

Eine **Frau** muss schweigen können. Eine Ehe ohne Schweigen ist wie ein Auto ohne Bremsen.
Charles Aznavour

Wenn eine **Frau** mit den Kindern nicht fertig wird, fängt sie an, den Mann zu erziehen – ein Erfolgserlebnis braucht ja schließlich jeder.
Stella Bing

Wen Gott strafen will, dem schenkt er eine geltungsbedürftige **Frau**.
Johann Kaspar Lavater, Fragmente

Jede **Frau** hofft, ihren Mann beherrschen zu können, aber für ihren Sohn hofft sie, dass er seine Frau beherrscht.
Verfasser unbekannt

Das größte häusliche Unglück, das einem Mann begegnen kann, ist, wenn seine **Frau** einmal gegen ihn Recht hat, nachdem er es ihr abgestritten. Dieses einzige kleine Recht dient ihr wie ein Fläschchen Rosenöl; damit macht sie zwanzig Jahre all ihr Geräte und Gerede wohlriechend.
Ludwig Börne,
Fragmente und Aphorismen 10

Lieber mit einem Löwen oder Drachen zusammenhausen als bei einem bösen **Weibe** wohnen. Die Bosheit der Frau macht ihr Aussehen düster und verfinstert ihr Gesicht wie das einer Bärin. Sitzt ihr Mann im Freundeskreis, muss er unwillkürlich seufzen.
Bibel, Buch Kohelet 25, 16ff.

Ein einzig böses **Weib** lebt höchstens in der Welt.
Nur schlimm, dass jeder seins für dieses einz'ge hält.
Gotthold Ephraim Lessing,
Epigramme 41

Kann man Vertrauen zu einer **Frau** haben, die einen selber zum Mann nimmt?
Curt Goetz

Die erste **Frau** scheuert die Bank, die zweite setzt sich darauf.
Sprichwort

Der Mann erträgt die Ehe aus Liebe zur **Frau**. Die Frau erträgt den Mann aus Liebe zur Ehe.
Gabriel Laub

Die **Ehe** ist ein Hafen im Sturm, öfter aber ein Sturm im Hafen.
Jean Antoine Petit-Senn,
Geistesfunken

Das Drama einer **Ehe**, das ist nicht die ganz große Erschütterung – das sind die vielen kleinen Irritationen, die sich summieren.
Liv Ullmann

Wenn die **Frau** die Tür schlägt und der Mann sie sacht schließt, gibt es, wenn nicht eine Musterehe, so doch eine erträgliche. Schlagen sie beide die Tür, so ist das freilich schon so etwas wie die Hölle auf Erden. Schlägt der Mann sie und die Frau schließt sie sacht, dann ist's manchmal der Himmel, aber manchmal auch die Langeweile auf Erden.
Wilhelm Raabe,
Gedanken und Einfälle

Bei **Unverträglichkeit** gedeiht kein Feu'r im Haus:
Der eine bläst es an, der andre bläst es aus.

Friedrich Rückert, Die Weisheit des Brahmanen 6

Kein kluger Mann **widerspricht** seiner Frau. Er wartet, bis sie es selbst tut.

Humphrey Bogart

Im Ehestand muss man sich manchmal **streiten**; denn dadurch erfährt man was voneinander.

Johann Wolfgang von Goethe,
Die Wahlverwandtschaften I, 2

Eine Ehe ohne die Würze kleiner **Misshelligkeiten** wäre fast so etwas wie ein Gedicht ohne R.

Georg Christoph Lichtenberg,
Aphorismen

Es gibt **Eheleute**, die ihr Glück auswärts suchen, und in ihrem Hause liegt es aufgebahrt, scheintot. Auferstehen würde es durch den Ruf eines einzigen liebevollen Wortes, aber dieses Wort wird nicht gesprochen.

Peter Rosegger, Heimgärtners Tagebuch

Die erste Stelle im Paradiese werden diejenigen einnehmen, die sich in der **Ehe** getäuscht haben und doch ausharren.

Karl Gutzkow

Der **Zank** ist das Band vieler bürgerliche Ehen.

Stendhal, Über die Liebe I, 39

Viel Frauen kastrieren ihre Ehemänner durch ständige **Kritik** und Herabsetzung.

George Belham

Ich getraue mir zu behaupten, dass die **Männer** und nicht die Weiber an den meisten unglücklichen Ehen schuld sind.

Theodor Gottlieb von Hippel, Über die Ehe IV

Manche **Frau** weint, weil sie den Mann ihrer Träume nicht bekommen hat, und manche weint, weil sie ihn bekommen hat.
Annette Kolb

Was gewisse **Ehen** so kompliziert, ist, dass eine Frau heimlich ihren Mann doch liebt.
Ernst Freiherr von Feuchtersleben

Heute ist eine Ehe schon glücklich, wenn man dreimal die **Scheidung** verschiebt.
Danny Kaye

Was Männer und Frauen im Himmel tun, wissen wir nicht; sicher ist nur, dass sie sich nicht **heiraten**.
Jonathan Swift

Glück in der **Ehe** hängt weniger davon ab, ob ein Paar sich streitet, als davon, worum der Streit geht. Eine höflich geführte Auseinandersetzung über Geld ist häufig ein Anzeichen für eine schlechte Ehe, während ein heftiges Wortgefecht, welche Blumen neben die Rosen gepflanzt werden sollen, ein sicherer Beweis für eine glückliche Ehe ist.
Das Beste, Oktober 1955

Ehre

Demut geht der **Ehre** voran.
Bibel, Buch der Sprichwörter, 15, 33

Es ist leichter, ein Held zu sein, als ein **Ehrenmann**. Ein Held muss man nur einmal sein, ein Ehrenmann immer.
Luigi Pirandello

Eifersucht

Eifersucht ist die Seele der Liebe.
Aus Japan

Ein bisschen **Eifersucht** ist das Salz in der Suppe. Aber man kann bekanntlich eine Suppe auch versalzen.
Alberto Sordi

Eifersucht ist Beschämung, Beschämung, die Rechnung ohne den Wirt gemacht zu haben.
Rahel Varnhagen von Ense, Briefe

Wer nicht **eifersüchtig** ist, liebt nicht.
Augustinus

Der **Eifersüchtige** ereifert sich weniger über den Verlust seiner Geliebten als darüber, dass ein anderer ihm vorgezogen wird.
Paul Rée

Eifersüchtig sein heißt: nicht an seiner Frau, sondern an sich selbst zweifeln.
Honoré de Balzac

Eifersucht ist die Gelbsucht der Seele.
John Dryden

Eifersucht ist Angst vor dem Vergleich.
Max Frisch, Tagebuch 1946–49

Eine Frau ist erledigt, wenn sie Angst vor ihrer **Rivalin** hat.
Madame Dubarry

Eine Frau ohne **Rivalin** altert schnell.
Charles Baudelaire

Kein Weib hält übrigens ihren Mann für echt klug, wenn er **eifersüchtig** ist; er habe dazu Ursache oder nicht.

> *Theodor Gottlieb von Hippel,*
> *Über die Ehe IV*

Du, **Eifersucht**, wärst Amors Kind?
So sei von mir bewundert.
Dein Vater, saget man, ist blind;
du hast der Augen hundert.

> *Gerhard Anton von Halem, Eifersucht*

Eifersucht ist die abgefeimteste Kupplerin.

> *Friedrich Schiller, Die Verschwörung des Fiesco zu Genua I, 3*
> *(Calcagno)*

Weiber sind zum Zürnen hurtig, und ihr **Zorn** ist nicht zu sagen,
wenn der Mann aus ihrer Küche Feuer will in fremde Häuser tragen.

> *Friedrich von Logau, Sinngedichte, Weibereifer*

Die **fürchtende Liebe** sieht weit.

> *Gotthold Ephraim Lessing,*
> *Emilia Galotti V, 1 (Marinelli)*

Eltern

Man muss vergessen, dass Mühe für die **Eltern** Mühe ist.

> *Sophokles, Ödipus in Kolonos 501 (Ismene)*

Eltern verzeihen ihren Kindern die Fehler am schwersten, die sie selbst ihnen anerzogen haben.

> *Marie von Ebner-Eschenbach,*
> *Aphorismen*

Es ist bloß ein Dünkel der **Eltern**, versetzte Eduard, wenn sie sich einbilden, dass ihr Dasein für die Kinder so nötig sei. Alles, was lebt, findet Nahrung und Beihilfe, und wenn der Sohn, nach dem frühen Tode des Vaters, keine so bequeme, so begünstigte Jugend hat, so gewinnt er vielleicht eben deswegen an schnellerer Bildung für die Welt.
Johann Wolfgang von Goethe,
Die Wahlverwandtschaften II

Eure Kinder zu bilden bemüht ihr **Eltern** euch vergeblich, wenn ihr nicht auch den Staat bildet, der sie empfängt.
Eberhard Puntsch, Halbe Sache

O **Mutter**, halte dein Kindlein, wann die Welt ist kalt und helle, und trag es fromm in deinem Arm an deines Herzens Schwelle.
Clemens Brentano, Aus der Chronika eines fahrenden
Schülers

Es ist nichts reizender, als eine **Mutter** zu sehen mit einem Kinde auf dem Arme, und nichts ehrwürdiger, als eine Mutter unter vielen Kindern.
Johann Wolfgang von Goethe, Wilhelm Meisters
Lehrjahre VII

Jedes, auch das verächtlichste Tier, sobald es mir als aufmerksame **Mutter** erscheint, ist mir gleich so achtungswürdig.
Johann Jakob Engel, Der Philosoph für die Welt I, 15

Die Natur hat das Weib unmittelbar zur **Mutter** bestimmt, zur Gattin bloß mittelbar.
Jean Paul, Levana 2, 4, 3

Der gemeine Mann nennt sein Weib, sobald sie ihm mehr als ein Kind geschenkt hat, **Mutter**. Dieser Titel gilt ihm mehr als Weib.
Theodor Gottlieb von Hippel, Über die Ehe I

Der Name **Mutter** ist süß; aber Frau Mutter ist wahrer Honig mit Zitronensaft.
Gotthold Ephraim Lessing, Hamburgische Dramaturgie 20

Ein schlechter Ehemann ist zuweilen ein guter Vater, aber eine schlechte Gattin ist nie eine gute **Mutter**.
Aus China

Wer nicht gelächelt der **Mutter**, den nicht würdigt des Tisches der Gott, des Lagers die Göttin.
Vergil, Vierte Ekloge

Die Erinnerung an meine **Mutter** und ihre Tugend ist bei mir gleichsam zum Kordial geworden, das ich immer mit dem besten Erfolg nehme, wenn ich irgend zum Bösen wankend werde.
Georg Christoph Lichtenberg

An verblendeter **Mutterliebe** sind mehr Menschen zugrunde gegangen als an der gefährlichsten Kinderkrankheit.
Otto von Leixner, Aus meinem Zettelkasten

Vor allen sind in Ehren hochzuhalten
Stiefmütter, die als zweite Mütter walten.
Daniel Sanders, 366 Sprüche, Stiefmütter

Wenn man der unbestrittene Liebling der **Mutter** gewesen ist, so behält man fürs Leben jenes Eroberergefühl, jene Zuversicht des Erfolges, welche nicht selten wirklich den Erfolg nach sich zieht.
Sigmund Freud

Die erste Erziehung ist am wichtigsten, und diese erste Erziehung gebührt unstreitig den **Frauen**. Wenn der Schöpfer der Natur gewollt hätte, dass sie den Männern zukäme, würde er ihnen Milch zur Ernährung der Kinder gegeben haben.
Jean-Jacques Rousseau, Emile I

Der Helden **Söhne** werden Taugenichtse.
Johann Wolfgang von Goethe

Wer seinen **Vater** ehrt, wird Freude haben an den eigenenen Kindern.
Bibel, Buch Kohelet 3, 5

Ein **Vater** allein fühlt den Respekt, den man einem Vater schuldig ist.
Johann Wolfgang von Goethe, Wilhelm Meisters Wanderjahre

Ein **Vater** soll zu Gott an jedem Tage beten:
Herr, lehre mich dein Amt beim Kinde recht vertreten!
Friedrich Rückert

Wie die Mutter die eigentliche Amme ist, so ist der **Vater** der eigentliche
Lehrer. Ein Kind wird von einem vernünftigen, wenn auch, was die
Kenntnisse betrifft, etwas beschränkten Vater besser als von dem
geschicktesten Lehrer der Welt erzogen werden.
Jean-Jacques Rousseau, Emile

Der Kinder Ehre sind ihre **Väter**.
Bibel, Buch der Sprichwörter 17, 6

Wer eine Stiefmutter hat, hat auch einen **Stiefvater**.
Sprichwort

Ein **Vater** bleibt auch Vater noch im Strafen.
Friedrich Schiller, Phädra III, 3 (Oenone)

Es gibt **Väter**, deren ganzes Leben damit erfüllt ist, ihren Kindern Gründe
zu verschaffen, sich über ihren Tod zu trösten.
Jean de La Bruyère, Charaktere XI

Die strengsten Richter eines **Mannes** sind seine Kinder.
Thornton Wilder, Der achte Schöpfungstag, St. Kitts

Wie die **Väter** meist sind, ist es selten ein Unglück, keinen Vater zu haben;
und betrachtet man die allgemeine Beschaffenheit der Söhne, so ist es
ebenso selten ein Unglück, ohne Kinder zu sein.
Philip Dormer Stanhope Chesterfield

So lange war ich **Vater** und musste erst kinderlos werden, um zu wissen,
was ein Vater ist.
Johann Anton Leisewitz, Julius von Tarent V, 2

Mit Vorliebe behaupten überbürdete Männer der Geschäftswelt, sie hätten sich ihr Lebtag nur deshalb abgerackert, damit ihre Kinder es einmal recht gut hätten. Denen aber wäre es viel lieber, der **Vater** gäbe ihnen bei Lebzeiten dann und wann einmal einen Zehnmarkschein und ein freundliches Wort, statt ihnen nach seinem Tod ein Vermögen zu hinterlassen. Zudem fühlen die Kinder ganz richtig heraus, dass der Vater seinen Geschäften nachgeht, weil er nicht anders kann und durchaus nicht aus elterlicher Liebe zu ihnen. Der Sohn ist daher ebenso durchdrungen davon, dass sein Vater ein leerer Schwätzer, wie der Vater, dass sein Sohn ein Nichtsnutz ist.

Bertrand Russell, Marriage and Morals 14

Wenn man keinen guten **Vater** hat,
so soll man sich einen anschaffen.

Friedrich Nietzsche, Menschliches Allzumenschliches I, 381

Macht denn nur das Blut den **Vater**?

Gotthold Ephraim Lessing,
Nathan der Weise V, 7 (Recha)

Nicht Fleisch und Blut, das Herz macht uns zu **Vätern** und Söhnen. Liebt Ihr ihn nicht mehr, so ist diese Abart auch Euer Sohn nicht mehr.

Friedrich Schiller,
Die Räuber I, 1 (Franz)

Nicht wissen, wen man zum **Vater** hat, ist ein Mittel gegen die Furcht, ihm ähnlich zu sein.

André Gide, Falschmünzer I

Die **Vaterschaft** beruht überhaupt nur auf der Überzeugung.

Johann Wolfgang von Goethe,
Wilhelm Meisters Lehrjahre VIII

Mit dem Gefühl des **Vaters** hatte er auch alle Tugenden eines Bürgers erworben.

Johann Wolfgang von Goethe,
Wilhelm Meisters Lehrjahre VIII

Es gibt keine guten **Väter**, das ist die Regel; die Schuld daran soll man nicht den Menschen geben, sondern dem Band der Vaterschaft, das faul ist.

Jean-Paul Sartre

Der grundlegende Fehler von **Vätern** besteht darin, von ihren Kindern zu erwarten, dass sie ihnen Ehre machen.

Bertrand Russell

Was der Mutter ans Herz geht, das geht dem **Vater** nur an die Knie.

Sprichwort

Ein **Vater** ernährt eher zehn Kinder als zehn Kinder einen Vater.

Sprichwort

Empfängnis und Geburt

Ich glaube, alle **Empfängnisse** sind unbefleckt.

George Bernard Shaw

Ich bin recht froh, dass das erste eine **Tochter** ist, aber wenn es auch eine Katze gewesen wäre, so hätte ich doch Gott auf meinen Knien gedankt in dem Augenblick, wo Johanna davon befreit war.

Otto von Bismarck

Das Leben ahmt die Kunst weit mehr nach als die Kunst das Leben. Die Griechen mit ihrem hurtigen, künstlerischen Instinkt haben dies sehr wohl erkannt. Darum stellten sie in das Brautgemach die Bildsäule des Hermes oder des Apoll, auf dass dieses junge Weib Kinder **gebäre** von solchem Liebreiz wie die Werke der Kunst, auf die der Blick der Frau in ihren Verzückungen und Qualen fiel.

Oscar Wilde

Die Gegner der **Geburtenkontrolle** können entweder nicht rechnen oder sind mit Krieg, Seuchen und Hungersnot als dauerndem Zubehör des menschlichen Lebens einverstanden.

Bertrand Russell, Skepsis

Nichts zu machen: Man muss sich durchsetzen können, von **Geburt** an.

Kurt Marti

Entdecker und Erfinder

Dass Amerika **entdeckt** wurde, war erstaunlich. Noch erstaunlicher wäre jedoch gewesen, wenn Amerika nicht entdeckt worden wäre.

Mark Twain

Wissenschaftler sind Beamte, die abends um sechs Uhr ihre Probleme vergessen können. **Forscher** können das nicht.

Adolf Butenandt

Bei **Erfindungen** ist der Erste immer der Dumme; den Ruhm kassiert der Zweite, und das Geschäft macht erst der Dritte.

Martin Kessel, Gegengabe I

Was ist **Originalität**? Etwas sehen, das noch keinen Namen trägt, noch nicht genannt werden kann, ob es gleich vor aller Augen liegt.

Friedrich Nietzsche

Nichts, was die Menschen **erfinden**, ist schlecht: nur das, was sie daraus machen.

Sigmund Graff

Nicht mit **Erfindungen**, mit Verbesserungen macht man Vermögen.

Henry Ford I., Erfolg im Leben

Erfinder sind die wahren Wohltäter der Menschheit und verdienen größere Ehre als die, welche beweinenswerte Schlachten lieferten und große Länder eroberten.

Karl Julius Weber,
Demokritos, Die Geschichte

Erben und Vererben

Man fängt sein **Testament** gewöhnlich damit an, dass man seine Seele Gott empfiehlt. Ich unterlasse dieses mit Fleiß, weil ich glaube, dass solche Rekommandationen wenig fruchten, wenn sie nicht durch das ganze Leben vorausgegangen sind.

Georg Christoph Lichtenberg

Was man erringt, behauptet man hartnäckiger als das, was man **ererbt** hat.

Johann Wolfgang von Goethe, Die guten Weiber

Ein kluger Knecht wird Herr über einen missratenen Sohn, und mit den Brüdern teilt er das **Erbe**.

Bibel, Buch der Sprichwörter 17,2

Gewiss bleibt es wunderbar, dass der Mensch das große Vorrecht, nach seinem Tode noch über seine Habe zu **disponieren**, sehr selten zu Gunsten seiner Lieblinge gebraucht und, wie es scheint aus Achtung für das Herkommen, nur diejenigen begünstigt, die nach ihm sein Vermögen besitzen würden, wenn er auch selbst keinen Willen hätte.

Johann Wolfgang von Goethe,
Die Wahlverwandtschaften II

Ein **Erbe**, schnell errafft am Anfang, ist nicht gesegnet an seinem Ende.

Bibel, Buch der Sprichwörter, 20,21

Erde

Du hast zu zeigen,
dass die **Erde** ein Stern ist,
und so den Adel unserer Welt zu erweisen.
Leonardo da Vinci

Haben Sie nie bemerkt, dass die Leute draußen am offenen **Meer** einen
besonderen Menschenschlag bilden? Es ist beinah, als lebten sie des
Meeres eigenartiges Leben. Nicht bloß in ihrem Fühlen, auch in ihrem
Denken ist Wellengang und Ebbe und Flut.
Henrik Ibsen, Die Meerfrau IV (Wangel)

Das Prinzip aller Dinge ist das **Wasser**. Aus Wasser ist alles, und ins
Wasser kehrt alles zurück.
Thales

Das **Meer** ist der Raum der Hoffnung.
Friedrich Schiller, Die Braut von Messina I, 8 (Berengar)

Die **Gebirge** sind stumme Meister und machen schweigsame Schüler.
Johann Wolfgang von Goethe

Auf einem **Berge** stehend umfassen wir die Natur wie das Kind, das auf
einen Stuhl gestiegen ist, um den Vater desto besser umarmen zu können.
Karl Julius Weber, Demokritos III, II

Der Mensch bringt sogar die **Wüsten** zum Blühen. Die einzige Wüste, die
ihm noch Widerstand bietet, befindet sich in seinem Kopf.
Ephraim Kishon

Die Menschen machen mir durch Wahrheiten und Fabeln den Kopf
warm, und wenn es nicht noch **Berg** und Gestein gäbe, so wüsst' ich
nicht, wohin flüchten.
Johann Wolfgang von Goethe

Wenn der Mensch um jedem Preis nach anderen Sternen strebt, so kommt mir das so vor, als wollte ein Hawaiianer eine Erholungsreise in die **Sahara** buchen.

Evelyn Waugh

Wenn ein Mensch zu anderen Himmelskörpern fliegt und dort feststellt, wie schön es doch auf unserer **Erde** ist, hat die Weltraumfahrt einen ihrer wichtigsten Zwecke erfüllt.

Jules Romains

Merkwürdig zu fühlen, wie man auf diesem seinem **Erdboden** nicht viel anders festgehalten wird als jene kleinen Saugnäpfe aus Gummi, die man an die Wand presst, um Uhren und Schlüssel dran aufzuhängen.

Christian Morgenstern

Erwachsen sein

Des Knaben **Alter** ist Idylle.
Der Jüngling braust des Herzens Fülle
in Oden aus und Dithyramben.
Der Mann schwankt hin und her in Jamben.
Der Greis beklagt in Elegien
der guten Zeiten schnelles Fliehen.
Der Tod macht auf den ganzen Kram
ein bittres Epigramm.

August Langbein

Im zwanzigsten **Lebensjahr** regiert der Wille, im dreißigsten das Wissen, im vierzigsten das Urteil.

Benjamin Franklin,
Selbstbiographie

In der **Jugend** sind wir in der Regel sanguinisch, in späteren Jahren cholerisch, nach der Ernte der Erfahrungen mehr oder weniger melancholisch und im hohen Alter stumpf wie das Phlegma.

Karl Julius Weber, Demokritos III, 4

Das **Leben** mit seinen verschiedenen Epochen ist eine Schatzkammer. Wir werden reich in jedem Gewölbe beschenkt; wie reich, das erkennen wir erst beim Eintritt in das nächste Gewölbe.

Friedrich Hebbel

Des Kindes **Hoffnung** ist der Jüngling, des Jünglings der Mann.

Johann Wolfgang von Goethe, Egmont V, Gefängnis (Ferdinand)

Wer in einem gewissen **Alter** frühere Jugendwünsche und Hoffnungen realisieren will, betrügt sich immer; denn jedes Jahrzehnt des Menschen hat sein eigenes Glück, seine eigenen Hoffnungen und Aussichten.

Johann Wolfgang von Goethe, Die Wahlverwandtschaften II

Man **altert** nur von 25 bis 30. Was sich bis dahin erhält, wird sich wohl auf immer erhalten.

Friedrich Hebbel, Tagebücher 1838

Ein **Mann** mit dreißig steht einem mit fünfzig näher als einem mit zwanzig.

Thomas Niederreuther, Aphorismen

Das **mittlere Alter** ist nicht der Anfang vom Ende, sondern das Ende vom Anfang.

Eric Butterworth

Ein **Mann** ist jung, wenn eine Frau ihn glücklich oder unglücklich machen kann. Er kommt in die besten Jahre, wenn eine Frau ihn zwar glücklich, aber nicht mehr unglücklich machen kann. Er ist alt und verbraucht, wenn eine Frau ihn weder glücklich noch unglücklich machen kann.

Monz Rosenthal

Eine gewisse Reibung zwischen den **Generationen** ist unvermeidlich; denn die Jugend und die Alten wiegen sich im Besitze der Antworten, und das Mittelalter hat die Fragen am Hals.

Aus den USA

Immer ist der **Mann** ein junger Mann, der einem jungen Weibe wohl gefällt.

Johann Wolfgang von Goethe, Nausikaa I, 3 (Nausikaa)

Staatsmänner und schöne Frauen haben kein Gefühl für ihren allmählichen **Verfall**.

Lord Chesterfield

Wie aber den Frauen der Augenblick, wo ihre bisher unbestrittene Schönheit zweifelhaft werden will, höchst peinlich ist, so wird den Männern in **gewissen Jahren,** obgleich noch in völligem Vigor, das leiseste Gefühl einer unzulänglichen Kraft äußerst unangenehm.

Johann Wolfgang von Goethe, Wilhelm Meisters
Wanderjahre II

Je **älter** man wird, desto ähnlicher wird man sich selbst.

Maurice Chevalier

Am **Anfang** gehören alle Gedanken der Liebe. Später gehört dann alle Liebe den Gedanken.

Albert Einstein

Wenn man fühlt, dass man mit den **Jahren** vielleicht an Übersicht und Geschmack gewonnen hat, so glaubt man einigen Ersatz zu sehen, wenn sich Energie und Fülle nach und nach verlieren.

Johann Wolfgang von Goethe, an Karl von Knebel, 17.9.1799

Da ich noch ein **Kind** war, hört ich stets, der Jugend Führer sei das Alter; beiden sei, nur wenn sie als Verbundne wandeln, Glück beschert.

Johann Wolfgang von Goethe, Paläophron und Neoterpe
(Neoterpe)

Zeige man doch dem Jüngling des edel **reifenden Alters** Wert und dem Alter die Jugend, dass beide des ewigen Kreises sich erfreuen und so sich Leben im Leben vollende!

Johann Wolfgang von Goethe,
Hermann und Dorothea 9

Erziehung

Man veredelt die Pflanzen durch die Zucht und die Menschen durch **Erziehung**.

Jean-Jacques Rousseau, Emile I

Erziehung ist ein Verfahren, das einer riesigen Menschenschar das Lesen beibrachte, aber nicht imstande war, unterscheiden zu lehren, was lesenswert ist.

George M. Trevelyan

Die **Pädagogik** ist die Kunst, die Menschen sittlich zu machen.

Georg Wilhelm Friedrich Hegel

Der Mensch kann nur Mensch werden durch **Erziehung**.

Immanuel Kant

Erziehung ist alles. Der Pfirsich war einst eine Bittermandel, und der Blumenkohl ist nichts als ein Kohlkopf mit akademischer Bildung.

Mark Twain

Der **Erzieher** verdient den Namen Vater mehr als der Erzeuger.

Talmud

Erziehung ist die billigste Verteidigung der Nationen.

Edmund Burke

Das erste Lebenszeichen, welches in dem jungen Menschenkinde
die aufkeimende Seele von sich gibt, ist die Offenbarung der Selbstliebe.
Ob Menschenliebe daraus wird oder Selbstsucht, das entscheidet
die **Erziehung**.

Peter Rosegger, Schriften des Waldschulmeisters

Erziehung gibt dem Menschen nichts, was er nicht auch aus sich
selbst haben könnte, nur geschwinder und leichter.

Gotthold Ephraim Lessing, Theologische Streitschriften

Ihr müsst die Menschen lieben, wenn ihr sie **ändern** wollt.

Johann Heinrich Pestalozzi

Erziehen heißt vorleben. Alles andere ist höchstens Dressur.

Oswald Bumke, Erinnerungen und Betrachtungen

Die Volksredner und die Sophisten haben kein Recht, dem Objekt
ihrer **Erziehung** vorzuwerfen, es sei ihnen gegenüber schlecht – oder
sie müssen denselben Vorwurf auch auf sich selbst beziehen, dass sie
nämlich denen nicht genützt haben, denen sie zu nützen versprechen.

Platon, Gorgias (Sokrates)

Es erhellt, dass die Menschen von Natur zu Hass und Neid geneigt sind,
und die **Erziehung** befördert dies. Denn die Eltern pflegen die Kinder nur
durch die Reizmittel der Ehre und des Neides zur Tugend anzuhalten.

Baruch de Spinoza, Ethik

Ein Hauptzug aller **Pädagogik**: unbemerkt führen.

Christian Morgenstern, Stufen, Erziehung, 1911

Ein Mensch mit der allerbesten **Erziehung** wird nichts Rechtes ohne
nachfolgende Selbsterziehung.

Carl Hilty, Glück II

Wer sich zum Lernen völlig unfähig erweist, lehrt sogleich.
Aus dieser Tatsache entspringt unser Enthusiasmus für **Erziehung**.

Oscar Wilde

Erziehst du einen Leoparden, so bricht er dir das Genick.
Aus Afrika

Wesentlich **erzieht** einzig die Kinderstube. Was aus einem Menschen wird, entscheidet sich grundsätzlich vor seinem achten Lebensjahr.
Hermann von Keyserling,
Reisetagebuch eines Philosophen

Schulet Kinder durch Kinder!
Jean Paul, Levana I, 3,3

Wer **Kindern** was verspricht, sei es ein Spiel, ein Geschenk oder sei es die Rute, der halte es wie einen Eid.
Peter Rosegger,
Das Buch von den Kleinen

Das Werk aller **Erziehung** ist, bewusste Tätigkeiten in mehr oder weniger unbewusste umzubilden.
Friedrich Nietzsche

Die Aufgabe der **Umgebung** ist nicht, das Kind zu formen, sondern ihm zu erlauben, sich zu offenbaren.
Maria Montessori

Ich fürchte, unsere allzu sorgfältige **Erziehung** liefert uns Zwergobst.
Georg Christoph Lichtenberg

Die **Umgebung** des Erwachsenen ist keine Leben bringende Umwelt für das Kind, sondern eher eine Anhäufung von Hindernissen, zwischen denen das Kind Abwehrkräfte entwickelt, zu verbildenden Anpassungen genötigt wird und allerlei Suggestionseinflüssen unterliegt.
Maria Montessori

Wenn unsern **Pädagogen** ihre Absicht gelingt, ich meine, wenn sie es dahin bringen können, dass sich die Kinder ganz unter ihrem Einfluss bilden, so werden wir keinen einzigen recht großen Mann mehr bekommen.
Georg Christoph Lichtenberg

Erziehung ist organisierte Verteidigung der Erwachsenen gegen
die Jugend.

> *Mark Twain*

Eltern **erziehen** gemeiniglich ihre Kinder nur so, dass sie in die
gegenwärtige Welt, sei sie auch verderbt, passen. Sie sollten sie aber
besser erziehen, damit ein zukünftiger besserer Zustand dadurch
hervorgebracht werde.

> *Immanuel Kant*

Unter Umständen ist es für manches Kind am besten, wenn es gar
nicht **erzogen** wird.

> *Peter Rosegger,*
> *Heimgärtners Tagebuch*

Die größte Kunst ist, den **Kleinen** alles, was sie tun oder lernen sollen,
zum Spiel und Zeitvertreib zu machen.

> *John Locke, Gedanken über Erziehung IV, 63*

Ein Kind soll Triebbeherrschung lernen. Ihm die Freiheit geben,
dass es uneingeschränkt allen seinen Impulsen folgt, ist unmöglich.
Die **Erziehung** hat also ihren Weg zu suchen zwischen der Skylla
des Gewährenlassens und der Charybdis des Versagens.

> *Sigmund Freud*

Oh, der Menschenkenner! Er stellt sich kindisch mit **Kindern**,
aber der Baum und das Kind suchet, was über ihm ist.

> *Friedrich Hölderlin,*
> *Falsche Popularität*

Überhaupt müssen **Strafen** den Kindern immer mit der Behutsamkeit zugefügt werden, dass sie sehen, dass bloß ihre Besserung der Endzweck
derselben sei.

> *Immanuel Kant*

Es ist von der größten Wichtigkeit, dass Kinder arbeiten **lernen**.

> *Immanuel Kant*

Wir sollten uns weniger bemühen, den Weg für unsere **Kinder** vorzubereiten, als unsere Kinder für den Weg.
Aus den USA

Biege die Rute, solange sie noch grün ist.
Aus Simbabwe

Deine rechte Hand schlägt das **Kind**,
deine linke aber drückt es ans Herz.
Aus Afrika

Niemand kann erreichen
Kindeszucht mit Streichen.
Walther von der Vogelweide

Man **schlägt** sieben Teufel hinein, wenn man einen herausschlagen will.
Sprichwort

Es ist ausgemacht, dass eine schlechte **Erziehung** der Frauen viel mehr Unheil erzeugt als die der Männer.
François Fénélon, Töchtererziehung III, 4

Wenn man einen jungen Burschen **erzieht**, erzieht man einen einzelnen Menschen. Wenn man ein Mädchen erzieht, erzieht man eine ganze spätere Familie.
Harold McIver

Unter den Fehlern, die wir in der **Erziehung** unserer Kinder machen, leiden am meisten unsere Enkel.
Imogene Fey

Ausholen ist so gut wie **geschlagen**.
Aus Afrika

Erziehen heißt den Kampf gegen sich selbst in seinen Kindern weiterkämpfen.
Verfasser unbekannt

Erst wenn man genau weiß, wie die Enkel ausgefallen sind, kann man beurteilen, ob man seine Kinder gut **erzogen** hat.

Erich Maria Remarque

Essen

Ein Tag ohne **Brot** ist lang.

Aus Russland

Hunger ist der beste Koch;
dieses mangelt ihm nur noch,
dass er, wie sonst andre Sachen,
sich nicht selbst kann schmackhaft machen.

Friedrich von Logau, Hunger

Essen muss der Mensch, das weiß ein jeder, und was er isst, fließt ein auf all sein Wesen. Esst **Fastenkost**, und ihr seid schwachen Sinns; esst Braten, und ihr fühlet Kraft und Mut.

Franz Grillparzer,
Weh dem, der lügt! I (Leon)

In England gibt es drei **Saucen** und dreihundertsechzig Religionen, in Frankreich drei Religionen und dreihundertsechzig Saucen.

Charles Maurice Talleyrand

Iss **Honig**, mein Sohn, denn er ist gut, Wabenhonig ist süß für den Gaumen.

Bibel, Buch der Sprichwörter 24, 13

Besser ein Gericht Gemüse mit **Liebe** als ein gemästeter Ochse und Hass dabei.

Bibel, Buch der Sprichwörter 15, 17

Krebse man nicht gerne isst,
wenn ein R im Monat ist.
Sprichwort

Der **Käs** erschreckt den Gast, dieweil er wohl kann wissen,
dass er, wenn dieser kommt, den Magen nun soll schließen.
Friedrich von Logau, Käse

Eine gute **Tafel** stillt allen Groll des Spiels und der Liebe; sie versöhnt alle
Menschen, bevor sie zu Bette gehen.
Luc de Clapier Vauvenargues

Unsere **Nahrungsmittel** sollen Heil-, unsere Heilmittel Nahrungsmittel
sein.
Hippokrates

Man sieht dir auf den Kragen, aber nicht in den **Magen**.
Sprichwort

Wenn mehrere Kinder zusammen essen, wird das **Essen** nicht kalt.
Aus Kenia

Ein lästiger und ungezogener **Tischgenosse** zerstört alle Lust.
Plutarch, Gastmahl der Sieben Weisen 2

Das reichste **Mahl** ist freudenleer, wenn nicht des Wirtes Zuspruch und
Geschäftigkeit den Gästen zeigt, dass sie willkommen sind.
Friedrich Schiller, Macbeth III. 8 (Lady)

Wer seine Freunde zu Gast hat und sich in keiner Weise persönlich um
das **Mahl** kümmert, das für sie bereitet wird, ist unwürdig, Freunde zu
haben.
Anthelme Brillat-Savarin

Ein echter **Feinschmecker**, der ein Rebhuhn verspeist hat, kann sagen,
auf welchem Bein es zu schlafen pflegte.
Anthelme Brillat-Savarin

Die Engländer haben die **Tischreden** erfunden, damit man ihr Essen vergisst.

Pierre Damnos

Heut, an Leanders **Feste**,
war alles, traun! aufs Beste!
Denkt, fette Gänse drei,
beliebte Hasen zwei,
ein Dutzend stumme Fische
und gar ein wildes Schwein.
Das gab er alles? Nein!
Die saßen nur bei Tische.

Karl Friedrich Kretschmann, Das Gastgebot

Nach einem guten **Festmahl** knausert man nicht mit Kleingeld.

Henrik Ibsen, Baumeister Solness I (Solness)

Europa

Das zutiefst pessimistische Urteil über die Menschen, die Dinge, das Leben und seinen Wert lässt sich wunderbar vereinen mit der Tat und dem Optimismus, den diese erfordert. Das ist **europäisch**.

Paul Valéry

Die Einigung **Europas** mit den bisherigen Methoden gleicht dem Versuch, ein Omelett zu backen, ohne die Eier zu zerschlagen.

Paul Lacroix

Wer aus England nach Holland kommt, glaubt aus einer Gesellschaft wohlerzogener Offiziere unter Tamboure und Profosse versetzt zu sein.

Georg Christoph Lichtenberg, an Gottfried Hieronymus Amelung, 21.4.1786

Ostwärts fällt in **Europa** das Dach des Prestiges. Vermindert, Einheit zu schaffen, Komplex drüben und hier Arroganz.

Eberhard Puntsch, Europa

Frankreich ist das Modenland, England das Land der Launen, Spanien das Ahnenland, Italien das Prachtland und Deutschland das Titelland.

Immanuel Kant

Es gibt gewisse Grunderscheinungen, die spezifisch **europäischen** Charakter tragen: Die systematische und kritische Auflehnung gegen alle Gesetze eines sakrosankten Kollektivs; den Begriff des Individuums, der Persönlichkeit, der persönlichen Berufung im Gegensatz zu allen irrationalen Riten und Gebräuchen und zu guter Letzt die Überzeugung, dass in der Mannigfaltigkeit der Sprache, der Parteien, der Nationen und selbst der Religionen die Grundvoraussetzung jedes schöpferischen und erfinderischen Geistes enthalten sei.

Denis de Rougemont

Ex oriente lux, ex occidente luxus!

Stanislaw Jerzy Lec, Unfrisierte Gedanken

Die Franzosen sind witzig vor der Tat, die Welschen bei der Tat, die Deutschen nach der Tat.

Johann Geiler von Kaysersberg

Der Deutsche ist am sympathischsten mit siebzehn, der Engländer mit dreißig, der Franzose mit sechzig Jahren.

Thomas Niederreuther, Aphorismen

Es gibt nur ein Bündnis, das gut und organisch gewachsen wäre: das deutsch-französische. Das wäre die erste und einzige unter allen alten und neuen Allianzen, die sich nicht gegen einen Dritten richtet. Es wäre die Allianz für **Europa**.

Carl von Ossietzky

F Familie

Die **Familie** ist die älteste aller Gemeinschaften und die einzige natürliche.

Jean-Jacques Rousseau, Der Gesellschaftsvertrag

Wenn alle **Bande** sich auflösen, wird man zu den häuslichen zurückgewiesen.

Johann Wolfgang von Goethe,
an Karl August, 25.12.1806

Denn zu Zeiten der Not bedarf man seiner **Verwandten**.

Johann Wolfgang von Goethe, Reineke Fuchs XI, 210

Das Wort **Familienbande** hat einen Beigeschmack von Wahrheit.

Karl Kraus

Die **Familie** ist ein steuerlich begünstigter Kleinbetrieb zur Fertigung von Steuerzahlern.

Wolfram Weidner

Nur um eine liebende Frau her kann sich eine **Familie** bilden.

Friedrich Schlegel, Athenaeum 1798

Die **Familie** ist das Vaterland des Herzens.

Giuseppe Mazzini

Ein **Bruder** ist wie eine Schulter.

Aus Somalia

Die Neigung gibt den Freund, es gibt der Vorteil den Gefährten; wohl dem, dem die Geburt den **Bruder** gab! Ihn kann das Glück nicht geben. Anerschaffen ist ihm der Freund.

Friedrich Schiller,
Die Braut von Messina 1, 4 (Isabella)

Bin ich der Hüter meines **Bruders**?
Bibel, Buch Genesis 4, 9

Eltern, Lehrer und Diener haben die törichte Gewohnheit,
zwischen Brüdern während der Kinderzeit einen Wetteifer zu
erzeugen und zu nähren, der oft in Zwietracht ausartet, wenn sie
herangewachsen sind.
Francis Bacon, Essays 7

Wie Unglück bringend, liebe Mutter, ist Feindschaft zwischen **Brüdern**,
und wie schwer hält die Versöhnung.
Friedrich Schiller

Die **Schwiegermutter** ist gegen die Schwiegertochter und die
Schwiegertochter gegen die Schwiegermutter zum Argwohn geneigt.
Aus Arabien

Familiensinn ist relativ. In Italien ist der angeheiratete Neffe eines armen
Großonkels noch ein lieber Verwandter, in Amerika ist die Schwieger-
tochter eines Millionärs bereits eine Fremde.
Roberto Rossellini

Verwandte sind selten mehr als Bekannte.
August von Kotzebue

Wenn **Verwandte** ums Mein und Dein gefühllos hadern, trifft den
Fremden, der sich eingemischt, der Hass von beiden Teilen.
Johann Wolfgang von Goethe

Das Schicksal des Staates hängt vom Zustand der **Familien** ab.
Alexander Vinet, Die Erziehung

Ganz aufgehen in der **Familie** heißt ganz untergehen.
Marie von Ebner-Eschenbach

Das **Familienleben** ist ein Eingriff in das Privatleben.
Karl Kraus

Entfernte **Verwandte** haben eine merkwürdige Eigenschaft: Je reicher sie werden, desto entfernter werden sie.

Robert Rocca

Fehler

Der schlimmste **Fehler** in diesem Leben ist,
ständig zu befürchten,
dass man einen macht.

Elbert Hubbard

Unwissenheit ist der schlimmste **Fehler**.

Aus Persien

Die schlimmsten **Fehler** werden gemacht in der Absicht,
einen begangenen Fehler wieder gutzumachen.

Jean Paul

Ein kluger Entschluss reift unverhofft,
blitzschnell und ohne Erwägung,
doch **Dummheiten** machen wir allzu oft
nach reiflichster Überlegung.

Oskar Blumenthal

Am auffälligsten unterscheiden sich die Leute darin, dass die Törichten immer wieder dieselben **Fehler** machen, die Gescheiten immer wieder neue.

Karl Heinrich Waggerl, Kleine Münze

Fremde **Fehler** beurteilen wir als Staatsanwälte, die eigenen als Verteidiger.

Aus Brasilien

Wir sind keine **Fehler** an anderen intoleranter, als welche die Karikatur unserer eigenen sind.

Franz Grillparzer, Aphorismen, 1819

Hast du einen jungen Menschen davor bewahrt, **Fehler** zu machen, dann hast du ihn auch davor bewahrt, Entschlüsse zu fassen.

John Erskine

Vor **Fehlern** ist niemand sicher. Das Kunststück besteht darin, denselben Fehler nicht zweimal zu machen.

Edward Heath

Wer sich seiner Fehler **schämt**, macht sie zu Verbrechen.

Konfuzius

Feindschaft

Es gibt dreierlei **Feinde**: den Feind selbst, den Freund des Feindes und den Feind des Freundes.

Aus dem Iran

Tausend Freunde – das ist wenig. Ein **Feind** – das ist viel.

Aus der Türkei

Viele Hunde sind des Hasen **Tod**.

Sprichwort

Mancher gibt aus Scham dem Freund Versprechen und macht ihn sich ohne Grund zum **Feind**.

Bibel, Buch Kohelet 20, 25

Der **Feind** ist ein Freund, der dich zum Handeln anstachelt.

Elbert Hubbard

Nicht größern Vorteil wüsst' ich zu nennen,
als des **Feindes** Verdienst erkennen.

Johann Wolfgang von Goethe,
Sprichwörtlich

Zwischen Männern wirkt der **Groll**
anziehender zuweilen als die Liebe.

August von Platen,
Der Schatz des Rhampsinit

Eine der fröhlichsten Erfahrungen im Leben ist es,
als **Zielscheibe** zu dienen,
ohne getroffen zu werden.

Winston Churchill

Die Freunde nennen sich aufrichtig. Die **Feinde** sind es.

Arthur Schopenhauer

Ein Mann kann nie zu vorsichtig in der Wahl seiner **Feinde** sein.

Oscar Wilde

Feste

Karneval ist vulgär, mit aller Größe und allem Schrecken des Vulgären,
aber nie frivol.

Heinrich Böll,
Was ist kölnisch?

Die schwierigste Aufgabe des Vaters zu **Weihnachten**: Den Kindern klar
machen, dass er der Weihnachtsmann ist, und der Frau klar machen, dass
er es nicht ist.

Verfasser unbekannt

O wär' im Februar doch auch, wie's andrer Orten ist der Brauch,
bei uns die **Narrheit** zünftig!
Denn wer, solang das Jahr sich misst, nicht einmal herzlich närrisch ist,
wie wäre der zu andrer Frist
wohl jemals ganz vernünftig!
Theodor Storm, Februar

Weil das ganze Jahr über die Liebe fehlt, werden zu **Weihnachten** die
Kinder durch Geschenke bestraft.
Hubert Ries

Jedes **Jubiläum** ist eine Vorfeier des Begräbnisses.
Heinrich Leo

Wie vielen Leuten Sie auch **Weihnachtsgrüße** geschickt haben mögen –
die erste Karte, die Sie bekommen, stammt von jemand, den Sie vergessen
haben.
Aus den USA

Wer das **Fest** verbietet, bereitet die Orgie vor.
Thomas Niederreuther, Aphorismen

Was kündest du für **Feste** mir? Sie lieb ich nicht; Erholung reichet Müden
jede Nacht genug. Des echten Mannes wahre Feier ist die Tat!
Johann Wolfgang von Goethe, Pandora (Prometheus)

Film und Fernsehen

Bevor ich einen **Film** mache, sind auch die kleinsten Einzelheiten in
meinem Kopf schon fertig. Mir ist dann, als hätte ich den Film schon
gesehen, und deshalb mache ich ihn manchmal gar nicht.
Alfred Hitchcock

Wenn das **Fernsehen** vielen Menschen die Chance gibt, es einmal mit der Oper zu probieren, ohne sich mit Smokingschleife unwohl fühlen zu müssen, dann hat es doch schon eine gewisse Demokratisierung erreicht.

Gerhard Reutter

Das **Fernsehen** rettet weit mehr Ehen, als es zerstört, schon allein dadurch, dass die Partner interessiert schweigen, statt sich gegenseitig durch langweilige Konversation anzuöden.

Georges Lacombe

Fortschritt

Den zwangsläufigen und den geraden Weg zu rationalem Handeln und humanem **Fortschritt** gibt es nicht. Ihm nahe zu kommen bleibt die der Demokratie innewohnende Möglichkeit.

Willy Brandt

Fortschritt ist die Verwirklichung von Utopien.

Oscar Wilde

Jede **Zeit** hat ihre Aufgabe, und durch die Lösung derselben rückt die Menschheit weiter.

Heinrich Heine, Reisebilder II, Italien I,
Von München nach Genua

Inmitten unzähligen Hin- und Herredens der Einzelnen wächst still und groß das ewige **Weisheitsgut** der Menschen weiter.

Christian Morgenstern, Stufen, Erkennen

Ist es ein **Fortschritt**, wenn ein Kannibale Messer und Gabel benutzt?

Stanislaw Jerzy Lec, Unfrisierte Gedanken

Warum scheuen Sie es auch so sehr, etwas zu wiederholen, das schon vor Ihnen gesagt worden ist? In Verbindung mit Ihren eigenen Gedanken erscheint das **Alte** selbst doch immer von einer neuen Seite.
Moses Mendelssohn, an Kant, 25.12.1770

Der Mensch sieht nur das Spinnrad des **Schicksals**, aber nicht die Spindel. Daher sagt er: »Seht ihr nicht den ewigen leeren Kreislauf der Welt?«
Jean Paul, Museum

Die theoretische Arbeit bewegt mehr **Zustände** in der Welt als die praktische. Ist erst das Reich der Vorstellungen revolutioniert, so hält die Wirklichkeit nicht aus.
Georg Wilhelm Friedrich Hegel,
an Niethammer, 28.10.1808

Eine flammende Riesin, schreitet die **Zeit** ruhig weiter, unbekümmert um das Gekläffe bissiger Pfäffchen und Junkerlein da unten.
Heinrich Heine, Reisebilder, Die Stadt Lucca

Sooft eine neue überraschende **Erkenntnis** durch die Wissenschaft gewonnen wird, ist das erste Wort der Philister, es sei nicht wahr. Das zweite, es sei gegen die Religion. Und das dritte, so etwas habe jedermann schon lange vorher gewusst.
Wilhelm Raabe, Gedanken und Einfälle 1864

Der vernünftige Mensch passt sich der Welt an; der unvernünftige besteht auf dem Versuch, die Welt sich anzupassen. Deshalb hängt aller **Fortschritt** von unvernünftigen Menschen ab.
George Bernard Shaw

Den **Fortschritt** verdanken wir den Nörglern. Zufriedene Menschen wünschen keine Veränderung.
Herbert George Wells

Gesellschaftlicher **Fortschritt** ist nur über Minderheiten möglich, Mehrheiten zementieren das Bestehende.
Bertrand Russell

Fortschritt erwächst zu allen Zeiten aus dem Umstand, dass es einige Männer und Frauen gibt, die glauben, das, was eigentlich getan werden müsste, könne auch getan werden.

Russell W. Davenport

Tradition ist bewahrter **Fortschritt**, Fortschritt ist weitergeführte Tradition.

Carl Friedrich von Weizsäcker

Die eifrigsten **Reformer** haben lernen müssen, dass sie sich jeglicher Macht berauben, wenn sie den schwerfälligen Massen zu weit voraneilen.

Thomas Woodrow Wilson

Lass die **Menschheit** dauern, so lange sie will, es wird ihr nie an Hindernissen fehlen, die ihr zu schaffen machen, und nie an allerlei Not, damit sie ihre Kräfte entwickele. Klüger und einsichtiger wird sie werden, aber besser, glücklicher und tatkräftiger nicht.

Johann Wolfgang von Goethe, zu Eckermann, 23.10.1828

Die Grundvoraussetzung jeden **Fortschritts** ist die Überzeugung, dass das Nötige möglich ist.

Norman Cousins

Der größte Feind des **Fortschritts** ist nicht der Irrtum, sondern die Trägheit.

Henry Thomas Buckle, Geschichte der Zivilisation XX

Aus dem Wort »**Fortschritt**« hören die meisten Menschen »weniger Arbeit« heraus.

Thomas Niederreuther

Jetzt ist es der Mensch, der scheitert, weil er mit dem **Fortschritt** seiner eigenen Zivilisation nicht Schritt halten kann.

José Ortega y Gasset, Der Aufstand der Massen

Nicht fort sollt ihr euch **entwickeln**, sondern hinauf.

Friedrich Nietzsche

Avantgardisten sind Leute, die nicht wissen, wohin sie wollen, aber als Erste da sein möchten.
Verfasser unbekannt

An **Fortschritt** glauben heißt nicht glauben, dass ein Fortschritt schon geschehen ist. Das wäre kein Glauben.
Franz Kafka, Chinesische Mauer

Fortschritt bedeutet, dass wir immer mehr wissen und immer weniger davon haben.
Josef Meinrad

Wer ununterbrochen **vorwärts** marschiert, steht die Hälfte seines Lebens auf einem Bein.
Manfred Biller

Frankreich

Es ist ein gutes **Volk**, in seiner Liebe rasch lodernd wie in seinem Zorn.
Friedrich Schiller, Die Jungfrau von Orleans III, 2 (Karl)

Die **Franzosen** haben Verstand und Geist, aber kein Fundament und keine Pietät. Was ihnen im Augenblick dient, was ihrer Partei zugute kommen kann, ist ihnen das Rechte. Sie loben uns daher auch nie aus Anerkennung unserer Verdienste, sondern nur, wenn sie durch unsere Ansichten ihre Partei verstärken können.
Johann Wolfgang von Goethe, zu Eckermann, 24.11.1824

Die **Pariser** sind keine Gefühlsmenschen. Sie sind kalt; es ist eine Stadt der Vernunft, des Kopfes. Sie halten sich immer zurück; sie lassen sich nicht gehen, außer vielleicht im Zorn. Sogar im Café, sogar wenn sie betrunken sind, lassen sie sich nicht gehen. Sie sind nie richtig verrückt; sie schließen ihr Herz nicht auf; sie sind zurückhaltender als die Engländer. Aber wenn man das einmal begriffen hat, dann läuft alles glatt. Man diskutiert, man argumentiert stundenlang, man bleibt immer höflich und freundlich; man appelliert immer an die Vernunft, und am Ende bekommt man, was man will.

Simonetta Fabiani,
zu Georg Stefan Troller, 1969

Nicht das Erfassen ist das Anliegen der **Pariser**, sondern das Erfahren. Nicht das Durchdringen, sondern das Auskosten.

Georg Stefan Troller, Pariser Gespräche 1

Im Gegensatz zum Deutschen hat der **Franzose** nicht die Sucht, sein Denken um jeden Preis mit der Wirklichkeit zur Deckung zu bringen.

Armin Mohler

Frankreich! Du warst der Glockenturm der Welt, von dessen Höhe einstmals über die ganze Erde hin drei Glockenschläge der Gerechtigkeit hallten, drei Schreie erklangen, die den jahrhundertelangen Schlaf der Völker aufweckten – Freiheit, Gleichheit, Brüderlichkeit.

Maxim Gorki

In **Paris** gibt es wenig Moralprediger und wenig verbotene Genüsse. Ist man deswegen dort verruchter als anderswo? Nein, nur ehrlicher. Die Franzosen haben ihre Sehnsüchte wie andere Menschen auch. Aber wenn eine Straßenbahn Begierde heißt, so nennt man sie so, und nicht Sehnsucht.

Georg Stefan Troller, Pariser Gespräche 1

Der **Franzose** ist ein sehr angenehmer Mann um die Zeit, wo er zum zweiten Mal anfängt, an Gott zu glauben.

Georg Christoph Lichtenberg

Der jetzige **Franzose** will auf dem Throne große Eigenschaften, obgleich er selber gerne mitherrscht und selber gerne ein Wort mitredet.

Johann Wolfgang von Goethe,
zu Eckermann, 4.5.1827

Die politische Weisheit der **Franzosen** besteht darin, genau zu wissen, wann sie aufhören müssen zu denken.

Armin Mohler

Die Bestimmung **Frankreichs** ist, der Welt lästig zu fallen.

Jean Giraudoux

Freizeit

Gewähre **Erholung**; der Acker, der sich erholt, gibt reichlich, was er dir schuldet, zurück.

Ovid, Die Kunst zu lieben II, 351

Der Unterschied zwischen existieren und leben liegt im Gebrauch der **Freizeit**.

Aus den USA

Das Schönste an jedem **Feiertag** ist die Aussicht auf einen zweiten. Daher ist der letzte stets ein Aschermittwoch.

Jean Paul, Gedanken

Erholung besteht weder in Untätigkeit noch in bloßem Sinnengenuss, sondern im Wechselgebrauch unserer Körper- und Geisteskräfte.

Karl Julius Weber

Die Natur des Geistes ist so geartet, dass uns der Wechsel meist mehr **Erholung** schafft als die Ruhe.

Ernst von Feuchtersleben, Zur Diätetik der Seele,

Nirgends strapaziert sich der Mensch mehr als bei der Jagd nach **Erholung**.

Laurence Sterne

Urlaub ist die Fortsetzung des Familienlebens unter erschwerten Bedingungen.

Verfasser unbekannt

Zu viel **Freizeit** kann dazu führen, dass die Menschen in Zukunft dazu übergehen, das zu tun, was sie schon immer gern getan haben, nämlich sich gegenseitig umzubringen.

Alexander Mitscherlich

Urlaub machen ist immer gefährlich, weil sich vielleicht herausstellt, dass man keine Lücke hinterlässt.

Vic Bradley

Er fiel in seinen **Urlaub** wie in eine Grube.

Hans Arndt, Im Visier, Quittungen

Wer am Freitag lacht, wird am **Sonntag** weinen.

Aus Frankreich

Wer keine **Muße** kennt, lebt nicht.

Aus Sizilien

Nichtstun ist besser
als mit vieler Mühe nichts schaffen.

Laotse, Tao-Teh-King

Wir sollten wieder lernen, aus der Freizeit **Muße** zu machen.

Otto Flake

Muße ist das Kunststück, sich selbst ein angenehmer Gesellschafter zu sein.

Heinrich Waggerl

Oft sind es gut genutzte **Mußestunden**,
in welchen der Mensch
das Tor zu einer neuen Welt findet.

George M. Adams

Müßiggang, du heiliges Kleinod, einziges Fragment der Gottähnlichkeit, das uns noch aus dem Paradiese blieb!
Friedrich Schlegel

Müßiggang ist nichts Übles, ja man muss sagen: Ein Mensch, der für diesen keinen Sinn hat, zeigt damit, dass er sich nicht zur Humanität erhoben hat.
Søren Kierkegaard

Das Leben stimmt nicht mit der Philosophie überein: Es gibt kein Glück ohne **Müßiggang**, und nur das Nutzlose bereitet Vergnügen.
Anton Tschechow

Um das Nichtstun wirklich zu genießen, muss man etwas tun. Faule wissen nichts von den Freuden des **Müßiggangs**.
Verfasser unbekannt

Freude

Alle Dinge werden zu einer Quelle der **Lust**, wenn man sie liebt.
Thomas von Aquin

Meine **Freude** ist so groß, dass sie vom Kummer Tränen borgt, sich zu entladen.
Friedrich Schiller, Macbeth I, 8 (König)

Freuden sind unsere Flügel, Schmerzen unsere Sporen.
Jean Paul

Ein ganz klein wenig **Süßes**
kann viel Bitteres verschwinden machen.
Francesco Petrarca

Die **Freude** verallgemeinert, der Schmerz individualisiert den Menschen.
Friedrich Hebbel, Tagebücher 1847

Große, lebhafte **Freude** lässt sich schlechterdings nur denken als Folge großer vorhergegangener Not; denn zu einem Zustande dauernder Zufriedenheit kann nichts hinzukommen als etwas Kurzweil oder auch Befriedigung der Eitelkeit.
Arthur Schopenhauer, Welt als Wille und Vorstellung II, 46

Späte **Freuden** sind die schönsten; sie stehen zwischen entschwundener Sehnsucht und kommendem Frieden.
Marie von Ebner-Eschenbach, Aphorismen

Es ist so traurig, sich allein zu **freuen**.
Gotthold Ephraim Lessing, Minna von Barnhelm II, 3

Die **Freude** ist schwatzhaft.
Gotthold Ephraim Lessing, Der junge Gelehrte III, 11 (Lisette)

Was anders wäre **Freud'** als Freude machen?
Lord Byron, Kain I, 1 (Adah)

Die meisten **Freuden** des Menschen sind bloße Zurüstungen zur Freude.
Jean Paul, Siebenkäs II

Wenn du an dir nicht **Freude** hast, die Welt wird dir nicht Freude machen.
Paul Heyse, Spruchbüchlein

Die wahre **Freude** ist die Freude am anderen.
Antoine de Saint-Exupéry

An eine ungetrübte **Freude** glaubt nur der Neider.
Hans Arndt, Im Visier

Von einem gewissen Alter ab tut auch die **Freude** weh.
Charlie Chaplin

Das Wort **Schadenfreude** gibt es nur im Deutschen.
Chandra Singh

Und ich habe mich so **gefreut**!, sagst du vorwurfsvoll, wenn
dir eine Hoffnung zerstört wurde. Du hast dich gefreut
– ist das nichts?
Marie von Ebner-Eschenbach

Freundlichkeit und Sympathie

Eine Unze **Gunst** ist mehr als ein Pfund Gerechtigkeit.
Aus Frankreich

Ein Tag der **Gunst** ist wie ein Tag der Ernte: Man muss geschäftig sein,
sobald sie reift.
Johann Wolfgang von Goethe, Torquato Tasso IV, 4
(Antonio)

Der Frauen **Gunst** wird nicht so leicht verscherzt.
Johann Wolfgang von Goethe,
Torquato Tasso IV, 2 (Leonore)

Teilnahme ist der goldene Schlüssel, der die Herzen anderer öffnet.
Samuel Smiles

Wenn du willst, dass dir jemand nicht mehr unsympathisch ist, tue ihm
Gutes, und du wirst sehen, dass er dir **sympathisch** wird!
Jacinto Benavente

Mancher glaubt, **beliebt** zu sein, aber man hat sich nur an seine Art
gewöhnt.
Upton Sinclair

Alle anziehenden Leute sind immer im Kern verdorben. Darin liegt das Geheimnis ihrer **sympathischen** Kraft.

Oscar Wilde

Nichts macht uns feiger und gewissenloser als der Wunsch, von allen Menschen **geliebt** zu werden.

Marie von Ebner-Eschenbach

Was man Zuneigung nennt, ist in Wirklichkeit nichts anderes als Gewohnheit gewordene **Sympathie**.

Jonathan Swift

Freundschaft

Es gibt einige **Freundschaften**, die im Himmel beschlossen und auf Erden vollzogen werden.

Matthias Claudius, Von der Freundschaft

Welch ein Unterschied zwischen **Freundschaft** und Liebe! Die eine ein lichter Tempel, die andere ein ewig verhülltes Mysterium.

Eduard von Hartmann, Philosophie des Unbewussten

Die **Freundschaft** fließt aus vielen Quellen, am reinsten aber aus dem Respekt.

Daniel Defoe

Wenn du ein Weib wählst, steig eine Stufe hinab, wenn du einen **Freund** wählst, eine Stufe hinauf.

Talmud

Freundliche Worte sind leicht, **Freundschaft** ist schwer.

Aus Uganda

So ist ein Weib der beste **Freund**, den's gibt,
falls ihr sie nicht geliebt habt oder liebt.
Lord Byron, Don Juan 14, 93

Freundschaft ist ein Band der Vernunft.
Richard Brinsley Sheridan

Die **Freundschaft** ist ein Vertrag, durch den wir uns verpflichten, kleine
Dienste zu erweisen, damit wir in den Genuss größerer kommen.
Charles Baron de Montesquieu

Freunde offenbaren einander gerade das am deutlichsten, was sie einander verschweigen.
Johann Wolfgang von Goethe

»Freund in der Not« will nicht viel heißen;
hilfreich möchte sich mancher erweisen.
Aber die neidlos dein Glück dir gönnen,
die darfst du wahrlich **Freunde** nennen.
Paul Heyse, Sprüche

Wer **Freunde** ohne Fehler sucht, bleibt ohne Freund.
Buch des Kabus

Der Zustand der **Freundschaft** tritt ein, wenn beide glauben, dem
anderen gegenüber eine leichte Überlegenheit zu besitzen.
Honoré de Balzac

Jedes zu großes Übergewicht von einer Seite stört die **Freundschaft**.
Adolf Freiherr von Knigge

Der stolzen Brust wird **Freundschaft** nicht entsprossen.
Johann Wolfgang von Goethe

Wähle niemand zum **Freund**, von dem du nicht weißt, wie er seine
bisherigen Freunde behandelt.
Isokrates

Freundschaft zwischen Frauen ist nur ein Waffenstillstand.
Aus Frankreich

Denn über alles Glück geht doch der **Freund,** der's fühlend erst erschafft,
der's teilend mehrt.
Friedrich Schiller, Wallensteins Tod V, 3 (Wallenstein)

Amicus alter ego. Der **Freund** ist ein zweites Ich.
Cicero, Laelius XXI, 80

Wer nicht die Welt in seinen **Freunden** sieht, verdient nicht, dass die Welt
von ihm erfahre.
Johann Wolfgang von Goethe,
Torquato Tasso I, 3 (Tasso)

Freunde können und müssen Geheimnisse voreinander haben; sie sind
einander doch kein Geheimnis.
Johann Wolfgang von Goethe, Wilhelm Meisters
Lehrjahre VIII, 5

Ein Stein aus **Freundes** Hand ist ein Apfel.
Aus Mauretanien

Ein **Freund** ist nützer nahebei
als in der Ferne ihrer drei.
Freidank, Bescheidenheit 36

Ehe man anfängt, seine Feinde zu lieben, sollte man seine **Freunde**
besser behandeln.
Mark Twain

Wohl ihm, dem's nicht an **Freunden** fehlt,
weh ihm, der zu sehr auf sie zählt!
Freidank, Bescheidenheit 36

Freund: Ein Mensch, der dir völlig selbstlos schadet.
Wieslaw Brudzinski, Katzenjammer

Es gibt wenig aufrichtige **Freunde**. Die Nachfrage ist auch gering.
Marie von Ebner-Eschenbach

Der **Freund** braucht kein guter Gesellschafter zu sein. Man erkennt ihn daran, dass es auch schön ist, mit ihm zu schweigen.
Sigmund Graff

Mein Vater sagte immer, wenn man bei seinem Tod fünf echte **Freunde** hat, dann kann man mit seinem Leben zufrieden sein.
Lee Iacocca

Was unsere **Freunde** uns antun, das auszuhalten und zu verzeihen kostet oft mehr an Kraft als jeder Kampf mit unversöhnlichen Gegnern.
Martin Kessel

Frieden

Es gab nie einen guten Krieg oder einen schlechten **Frieden**.
Benjamin Franklin

Den ungerechtesten **Frieden** finde ich immer noch besser als den gerechtesten Krieg.
Cicero

Erzwungen ist zuletzt ein jeder **Frieden**: Der Schwächere gibt nach.
Franz Grillparzer, Ein Bruderzwist in Habsburg V (Kiesel)

Frieden ist die Fortsetzung des Krieges mit anderen Mitteln.
Oswald Spengler

Wer einen **Sieg** verewigen will, muss ihn vergessen machen.
Hans Kasper, Abel gib acht; Die Kunst zu siegen

Wir wollen's machen wie alle **Eroberer**: Die Leute totschlagen, um es mit ihrer Nachkommenschaft gut zu meinen.

Johann Wolfgang von Goethe, Die Vögel

Das siegreiche Volk hat niemals einen Vorteil von den **Trümmern** des besiegten Volkes. Es bezahlt alles. Es leidet, auch wenn seine Waffen siegreich sind.

Voltaire, Das Zeitalter Ludwigs XIV.

Friede ist niemals durch Koexistenz, sondern nur in Kooperation.

Karl Jaspers,
Die Atombombe und die Zukunft des Menschen

Zwischen Völkern, die sich lange bekriegt haben, bilden sich echte **Bündnisse**. Der Krieg ist eine Art Handel, der diejenigen vereinigt, die er entzweit.

Joseph Joubert

Der **Frieden** ist dem Lande eine Amme.

Hesiod

Im **Frieden** schmeckt die Milch süß.

Aus Somalia

Nur wer denkt und die Menschen liebt, kann ihnen den **Frieden** bringen. Wir denken nicht und lieben nur uns selbst.

Leonhard Frank,
Der Mensch ist gut (Die Kriegswitwe)

Die größte Gefahr sind heute die Leute, die nicht wahrhaben wollen, dass das jetzt anhebende Zeitalter sich grundsätzlich von der Vergangenheit unterscheidet. Mit den überkommenen politischen Begriffen werden wir mit dieser Lage nicht fertig werden. Der Bankrott der traditionellen Vorstellung von Krieg, Angriff und Verteidigung ist offenbar. Ohne **Umdenken** ist kein Ausweg aus der Gefahr möglich.

Max Planck

Die unwandelbare Freundschaft und der ewige **Friede** zwischen allen Völkern – sind das denn Träume? Nein, der Hass und der Krieg sind Träume, aus denen man einst erwachen wird.

Ludwig Börne

Friede ist nicht Abwesenheit von Krieg. Friede ist eine Tugend, eine Geisteshaltung, eine Neigung zu Güte, Vertrauen, Gerechtigkeit.

Baruch de Spinoza

G Gäste

Ungeladen erscheinen die Guten bei Guten zu **Gaste**.
Aus Griechenland

Wo zum Weib du nicht die Tochter wagen würdest zu begehren,
halte dich zu wert, um **gastlich** in dem Hause zu verkehren.
Theodor Storm, Für meine Söhne

Willst du wiederkommen zum **Schmaus**,
singe beim Ersten dein Lied nicht aus.
Wilhelm Müller, Epigramme II, 79

Wer mit **Schlemmern** verkehrt, macht seinem Vater Schande.
Bibel, Buch der Sprichwörter 28, 7

In dem Hause, wo ich wohnte, hatte ich den Klang und die Stimmung
jeder Stufe einer alten hölzernen Treppe gelernt und zugleich den Takt,
in welchem sie jeder meiner **Freunde**, der zu mir wollte, schlug, und, ich
muss gestehen, ich bebte allemal, wenn sie von einem Paar Füßen in
einem mir unbekannten Ton heraufgespielt wurde.
Georg Christoph Lichtenberg

Oft quälen mich Durchreisende mit langweiligen **Besuchen**, und da ich
mich jetzt mit Osteologie beschäftige, so lege ich ihnen zuweilen meine
vorhandenen Knochen vor. Das erregt den Besuchenden Langeweile.
Johann Wolfgang von Goethe, zu Dietmar, Juli 1786

Ein **Gastgeber** ist wie ein Feldherr: Erst wenn etwas schief geht, zeigt
sich sein Talent.
Horaz

Dreitägiger Fisch taugt auf keinen Tisch,
und dreitägiger **Gast** wird oft zur Last.
Sprichwort

Gebet

Das **Gebet** ist der Schlüssel für den Morgen und der Türriegel für den Abend.
> *Mahatma Gandhi*

Das Werk, glaubt mir, das mit **Gebet** beginnt,
das wird mit Heil und Ruhm und Sieg sich krönen.
> *Heinrich von Kleist, Prinz Friedrich von Homburg II, 2*

Große Gedanken und ein reines Herz, das ist's, was wir uns von Gott
erbitten sollten!
> *Johann Wolfgang von Goethe, Wilhelm Meisters*
> *Wanderjahre I*

Der Mensch kann nicht bestehen, ohne etwas **anzubeten**.
> *Feodor Michailowitsch Dostojewski, Der Jüngling III*

Das **Gebet** macht rein; es ist eine Selbstpredigt.
> *Jean Paul*

Ein Wunsch, der still für uns und andre fleht,
ein Seufzer, der dem Herzen leis entweht,
den keine Lippe spricht, ist ein **Gebet**.
> *Johann Gottfried von Herder*

Wie die Mutter sich freut, wenn sie das erste Lächeln ihres Kindes
bemerkt, so freut sich Gott jedes Mal, wenn er vom Himmel sieht, dass ein
Sünder sich vor ihm aus vollem Herzen zum **Gebet** beugt.
> *Feodor Michailowitsch Dostojewski, Der Idiot II, 4*

Mein **Gebet** ist dann ein Untertauchen in Gott; es ist nur eine andere Art
von Selbstmord. Ich springe in den Ewigen hinein wie Verzweifelnde in
ein tiefes Wasser.
> *Friedrich Hebbel, Judith II (Judith)*

Das **Gebet** kann keinen objektiven Erfolg, sondern nur eine subjektive Rückwirkung haben, nämlich Beruhigung und Aufrichtung des Gemüts.

Immanuel Kant, Religion innerhalb der Grenzen der bloßen Vernunft

Geschäftig sein ist gut, viel besser aber **beten,**
noch besser stumm und still vor Gott den Herren treten.

Angelus Silesius, Der Cherubinische Wandersmann

Wer kann die **Gebete** zählen, die zu nicht existierenden Göttern aufgestiegen sind?

Thornton Wilder, Der achte Schöpfungstag

Sokrates pflegte zu den Göttern nur schlechthin um »das Gute« zu **beten,** als wüssten sie am besten, was gut ist.

Xenophon, Memorabilien I, 3

Kindergebete sind leer und kalt und eigentlich nur Überreste des jüdisch-christlichen Opferglaubens, der durch Unschuldige statt durch Unschuld versöhnen und gewinnen will.

Jean Paul, Levana 1,2 ,4

Ein einziger dankbarer Gedanke gen Himmel ist das vollkommenste **Gebet**!

Gotthold Ephraim Lessing, Minna von Barnhelm II, 7 (Fräulein)

Willst du **Gott** etwas sagen, so sage es dem Wind.

Aus Ghana

Die Gabe zu **beten** ist nicht immer in unserer Gewalt. Dem Himmel ist beten wollen auch beten.

Gotthold Ephraim Lessing, Emilia Galotti II, 6 (Claudia)

Gott, inbrünstig möcht ich **beten,** doch der Erde Bilder treten immer zwischen dich und mich.

Josef Freiherr von Eichendorff, Gebet

Wirst du deswegen zu **beten** unterlassen,
weil du nicht ganz gewiss weißt,
ob dir das Gebet helfen wird?

> *Gotthold Ephraim Lessing,*
> *Philotas 5 (Philotas)*

Bete nicht um leichtere Lasten, sondern um einen stärkeren Rücken.

> *Verfasser unbekannt*

Ich erinnere mich, einmal gelesen zu haben, dass die Götter, wenn sie uns
strafen wollen, unsere **Gebete** erhören.

> *Oscar Wilde,*
> *Ein idealer Gatte II (Sir Robert Chiltern)*

Als hohe in sich selbst verwandte Mächte
in heilger Ordnung bildend sich gereiht,
entzündete im wechselnden Geschlechte
die Liebe lebende Beweglichkeit
und ward im **Beten** tief geheimer Nächte
dem Menschen jene Fremde eingeweiht.
Ein stilles Heimweh ist mit dir geboren,
hast du gleich früh den Wanderstab verloren.

> *Clemens Brentano, Heimweh*

Geburtstage

Der **Geburtstag** ist das Echo der Zeit.

> *Evelyn Waugh*

Man sagt »in jungen Jahren« und »in alten Tagen«. Weil die Jugend **Jahre**
und das Alter nur noch Tage vor sich hat.

> *Marie von Ebner-Eschenbach*

Irgendwie hat es sich eingebürgert, dass der fünfzigste **Geburtstag** die Wendemarke darstellt. Wir rufen entweder unsere Ahnen zu Zeugen auf, die neunzig wurden, oder lassen einfach das Nachdenken sein.
Wolf Wondratschek

Kummer, sei lahm! Sorge, sei blind!
Es lebe das **Geburtstagskind**!
Theodor Fontane

Du weißt, mein Bester, dass ich nichts beschönige.
Deshalb vergiss nicht, was man leicht vergisst:
Doppelt so **alt**, wie du heute geworden bist, werden nur wenige.
Erich Kästner

Das **Leben** besteht nicht aus siebzig Jahren, sondern die siebzig Jahre bestehen aus einem fortwehenden Leben, und man hat allemal gelebt und genug gelebt, man sterbe, wann man will.
Jean Paul

Mit 20 hat jeder das **Gesicht**, das Gott ihm gegeben hat,
mit 40 das Gesicht, das ihm das Leben gegeben hat,
und mit 60 das Gesicht, das er verdient.
Albert Schweitzer

Gefahr

»Wird's besser? Wird's schlimmer?« fragt man alljährlich.
Seien wir ehrlich: Leben ist immer **lebensgefährlich**.
Erich Kästner, Zum Neuen Jahr

Und wie wir eben Menschen sind, wir schlafen sämtlich auf **Vulkanen**.
Johann Wolfgang von Goethe, Zahme Xenien III

Wer edel ist, den suchet die **Gefahr**.
Johann Wolfgang von Goethe, Elpenor 1,4

Vergnügen sucht der Mann sich in **Gefahren**.
Johann Wolfgang von Goethe, Elpenor 1,2 (Elpenor)

Jede **Gefahr** ist in der Vorstellung fürchterlicher als in re.
Georg Christoph Lichtenberg

Gut ist die redliche **Warnung** des Freundes.
Homer, Ilias XI, 793

Der Tor hält **Warnung** für Feindschaft.
Koran

Wer die **Gefahr** verheimlicht, ist ein Feind.
Johann Wolfgang von Goethe, Die natürliche Tochter I, 6
(Herzog)

Es ist denkbar, dass jemand auf dem Bahnhof in New York einen Koffer mit einer **Atombombe** aufgibt.
Carl Friedrich von Weizsäcker

Gefühle

Verstand und Vernunft sind ein formelles Vermögen. Das **Herz** liefert den Gehalt, den Stoff.
Johann Wolfgang von Goethe, zu Riemer, 15.1.1810

Wohl wär' es besser, überall dem **Herzen** zu folgen, doch darüber würde man sich manchen guten Zweck versagen müssen.
Friedrich Schiller, Die Piccolomini V, 1 (Octavio)

Starke **Empfindung**, deren sich so viele rühmen, ist nur allzu oft die Folge eines Verfalls der Verstandeskräfte.
>> *Georg Christoph Lichtenberg*

Die Hälfte aller Fehler entsteht dadurch, dass wir denken sollten, wo wir **fühlen**, und dass wir fühlen sollten, wo wir denken.
>> *John Churton Collins*

Des Menschen **Herz** ist wie Quecksilber, jetzt da, bald anderswo, heute so, morgen anders gesinnet.
>> *Martin Luther,*
>> *Tischreden von der Welt und ihrer Art 26*

Das **Herz** redet uns gewaltig gern nach dem Maule.
>> *Gotthold Ephraim Lessing, Minna von Barnhelm II, 1*
>> *(Franziska)*

Was man **Herz** nennt, liegt weit tiefer als der vierte Westenknopf.
>> *Georg Christoph Lichtenberg*

Ein Mühlstein und ein **Menschenherz** wird stets herumgetrieben.
Wo beides nichts zu reiben hat, wird beides selbst zerrieben.
>> *Friedrich von Logau,*
>> *Ein unruhig Gemüte*

Manche Menschen haben ein **Herz** von Eisen und drin ein Fleckchen so weich wie Brei.
>> *Marie von Ebner-Eschenbach, Aphorismen*

Eine **feinfühlige** Person ist eine Person, die immer anderen auf die Füße tritt, weil sie selbst Hühneraugen hat.
>> *Oscar Wilde*

Das **Herz** muss wie eine Ziege angebunden werden.
>> *Aus Afrika*

Hast du Verstand und ein **Herz**, so zeige nur eines von beiden.
>> *Friedrich Hölderlin, Guter Rat*

Vernunft und **Gefühl** sind die Sonne und der Mond am moralischen Firmament. Immer nur in der heißen Sonne würden wir verbrennen; immer nur im kühlen Mond würden wir erstarren.
Friedrich Maximilian von Klinger

Die **Sentimentalität** ist das Alibi der Hartherzigen.
Arthur Schnitzler

Sentimentalität nennen wir das Gefühl, das wir nicht teilen.
Graham Greene

Die Weiber haben **Launen**, weil sie zu gut sind, das Böse nach Grundsätzen, und zu schwach, das Gute mit Dauer zu üben.
Ludwig Börne, Fragmente und Aphorismen

Der **Instinkt** ist nichts anderes als das von Generation zu Generation vererbte Gedächtnis des Menschengeschlechts.
François Alphonse Forel

Instinkt bezeichnet ein zweckgerichtetes Handeln, bei dem wir keine genaue Vorstellung davon haben, was der Zweck ist.
Nicolai Hartmann

Instinkt ist Intelligenz, die unfähig ist, sich ihrer selbst bewusst zu werden.
John Sterling

Gegenwart

Die Menschen sind ihrer **Zeit** ähnlicher als ihren Vätern.
Heinrich Leberecht Fleischer,
Alis hundert Sprüche

Ihr wärt **modern**? Dass doch die schlimme Verwechslung immer
mehr gedeiht! Ihr lauscht des Tages lauter Stimme und überhört den
Ruf der Zeit.

Ludwig Fulda, Sinngedichte

Unsere **Zeit** ist eine Parodie aller vorhergehenden.

Friedrich Hebbel

Wer in der **Zeit** immer nur das Alte sieht, ist ein Pedant. Wer in ihr nur
Neues erblickt, ist ein Dummkopf.

Franz Grillparzer, Zur Lehre vom Staate

Denn wie der Jüngling in der Zukunft lebt, so lebt der Mann mit der
Vergangenheit. Die **Gegenwart** weiß keiner recht zu leben.

Franz Grillparzer,
Medea II (Jason)

Das Ei von **heute** ist mir lieber als das Huhn von morgen.

Aus Italien

Alle Zauber der Vergangenheit können nicht eine Berührung mit der
Gegenwart ersetzen.

Romain Rolland

Literatur und das Leben kennen im Grunde nur das **Heute**.

Heinrich Mann

Zwischen zu früh und zu spät liegt immer nur ein **Augenblick**.

Franz Werfel

Es ist viel **später**, als du denkst.

Aus China

»Das **Gegenwärtige**«, sagte ein großer Weltweiser, »von dem Vergangenen geschwängert, gebiert das Künftige.«

Georg Christoph Lichtenberg, Über Physiognomik wider die
Physiognomen

Jede **Gegenwart** ist ein Verhör, jede Zukunft ein Urteil.
Martin Kessel, Gegengabe V

Jede **Zeit** ist ein Rätsel, das nicht sie selber, sondern erst die Zukunft löst.
Rudolf von Ihering,
Der Geist des römischen Rechts

Erwarte nichts. **Heute**: Das ist das Leben.
Kurt Tucholsky

Wir halten uns niemals an die **gegenwärtige Zeit**. Wir nehmen die
Zukunft voraus, da sie zu langsam kommt, gleichsam um ihren Lauf
zu beschleunigen. Und wir rufen die Vergangenheit zurück, um sie
aufzuhalten.
Blaise Pascal

Kein Weiser, glaube mir, spricht:
»Morgen will ich leben.«
Der Morgen ist zu spät;
heut ziemt sich's anzuheben.
Martin Opitz, Epigramme

Geheimnisse

Der Mensch ist nicht geboren, die **Probleme** der Welt zu lösen, wohl aber
zu suchen, wo das Problem angeht, und sich sodann in der Grenze des
Begreiflichen zu halten.
Johann Wolfgang von Goethe, zu Eckermann, 15.10.1825

Intelligenz ist jene Eigenschaft des Geistes, dank derer wir schließlich
begreifen, dass alles **unbegreiflich** ist.
Emile Picard

Für uns Menschen muss überall der Punkt, bis zu dem wir vordringen können, anstatt der **Wahrheit** gelten.

Friedrich Hebbel, Tagebücher 1838

Geläng' es mir, des Weltalls **Grund**, somit auch meinen, auszusagen, so könnt' ich auch zur selben Stund mich selbst auf meinen Armen tragen.

Franz Grillparzer, 1854

Geist

Geist ist nicht eine späte Blüte am Baume Mensch, sondern er ist das, was den Menschen als solchen konstituiert.

Martin Buber

Ziel aller Erziehung sollte sein, den **Geist** in eine Quelle zu verwandeln, nicht in eine Zisterne.

John M. Mason

Ich habe die feste Überzeugung, dass unser **Geist** ein Wesen ist, ganz unzerstörbarer Natur. Es ist ein fortwirkendes von Ewigkeit zu Ewigkeit. Es ist der Sonne ähnlich, die bloß unsern irdischen Augen unterzugehen scheint, die aber eigentlich nie untergeht, sondern unaufhörlich fort-leuchtet.

Johann Wolfgang von Goethe, zu Eckermann, 2.5.1824

Mit dem **Geist** ist es wie mit dem Magen: Man sollte ihm nur Nahrung zumuten, die er verdauen kann.

Winston Churchill

Der **Geist** hat die Aufgabe, die Macht zu zersetzen. Ich würde ihm die Parole geben: Libera et divide!

Otto Flake, Essay

Solange es menschliche Gesellschaften gibt, haben sie ihren gefährlichsten Feind im **Geist** gesehen. Sie haben ihn eingeschränkt, gebunden zu Religionen. Sie sind, sobald er sich freimachte, in Scharen, in Legionen, in Katarakten von Körpern über ihn hergefallen, wie die Heere des Xerxes über Griechenland.

Heinrich Mann, Das Bekenntnis zum Übernationalen

Fürst Metternich hatte mehr **Geist** als Talleyrand, weil er ihn weniger zeigte.

Graf von Rosaglia, Aus dem Notizbuch eines alten Diplomaten

Es ist keine Kunst, **geistreich** zu sein, wenn man vor nichts Respekt hat.

Johann Wolfgang von Goethe, zu Eckermann, 29.11.1826

Geist ist die Jugend des Alters.

Emanuel Wertheimer

Das **Geistreiche** ist der Wahrheit sehr nahe.

Joseph Joubert

Geistreich ist nur, was nicht ganz ernst gemeint ist.

Thomas Niederreuther, Aphorismen

Nur die ganz Stumpfsinnigen sind schon beim Frühstück **geistreich**.

Oscar Wilde

Geistreiche Menschen sind meistens arm an Gemüt.

Theodor Fontane

Schöngeister sind wie Rosen: Einzeln machen sie Freude; in großer Zahl werden sie lästig.

Sophie Arnould

Es gibt Leute, die so in ihren **Geist** verliebt sind, dass sie darüber den Verstand verlieren.

Curt Goetz, Ingeborg (Ottokar)

Genie

Das Talent stellt nur Teile dar, das **Genie** das Ganze des Lebens.
Jean Paul, Vorschule der Ästhetik

Demgemäß ist Simplizität stets ein Merkmal nicht allein der Wahrheit, sondern auch des **Genies** gewesen.
Arthur Schopenhauer,
Parerga und Paralipomena II

Ein **Genie** ist ein Mensch, in dessen Kopfe die Welt als Vorstellung einen Grad mehr Helligkeit erlangt hat.
Arthur Schopenhauer

Das Talent gleicht dem Schützen, der ein Ziel trifft, welches die Übrigen nicht erreichen können; das **Genie** dem, der eins trifft, bis zu welchem sie nicht einmal zu sehen vermögen.
Arthur Schopenhauer,
Welt als Wille und Vorstellung II

Genies gehen ihren eigenen Gang wie Ziegen. Daher nennt sie auch der Italiener capricciosi (Sonderlinge, eigentlich Sprüngemacher, von capra = Ziege). Sie klettern über Höhen und Abgründe leicht hinweg, während Schafe ruhig dem Leithammel folgen.
Karl Julius Weber, Demokritos, Über Bücher

Genialität ist Eigentümlichkeit der Auffassung, Talent Fähigkeit des Wiedergebens.
Franz Grillparzer, Ästhetische Studien, 1835

Das **Genie** entdeckt die Frage, das Talent beantwortet sie.
Karl Heinrich Waggerl, Kleine Münze

Genius ist ewige Geduld.
Michelangelo

Das **Genie** ist schamhaft, weil dies die Natur immer ist.
Friedrich Schiller

Wir unterscheiden uns weniger durch die Kräfte, die wir haben, als durch den Mut, von ihnen Gebrauch zu machen. Auch im Geistigen. **Genialität** ist Mut zu sich selbst.
Hans Kudszus

Der Mensch ist verloren, der sich früh für ein **Genie** hält.
Georg Christoph Lichtenberg

Genie ist ein Schwung der Leidenschaften, welche selten mit der Weisheit vereinbar sind.
Claude Adrien Helvétius

Genie kann im Schönen und Vollkommenen verbleiben oder darüber hinausgehen ins Absurde.
Johann Wolfgang von Goethe, zu Riemer, 9.7.1809

Vielleicht ist derjenige, dem man **Genie** zuschreibt, übler daran als der, der nur gewöhnliche Fähigkeiten besitzt; denn jener kann leichter verbildet und viel heftiger auf falsche Wege gestoßen werden als dieser.
Johann Wolfgang von Goethe

Wo ein **Genie** auftaucht, verbrüdern sich die Dummköpfe.
Jonathan Swift

Genießen

Es wechselt Pein und Lust.
Genieße, wenn du kannst, und leide, wenn du musst.
Johann Wolfgang von Goethe, Maskenzug in Weimar 1818

Es braucht zu allem ein Entschließen,
selbst zum **Genießen**.
> *Eduard von Bauernfeld*

Der **Kluge** isst den Braten sofort und das Brot später.
> *Aus Korsika*

Kein **Genuss** der Gegenwart ist vollkommen, dem nicht Erinnerung und Hoffnung zur Folie dienen.
> *Friedrich Wilhelm Jakobs, Ährenlese*

Kein **Genuss** ist vorübergehend; denn der Eindruck, den er zurücklässt, ist bleibend.
> *Johann Wolfgang von Goethe,*
> *Wilhelm Meisters Lehrjahre V*

Das Leben muss wie ein kostbarer Wein mit gehörigen Unterbrechungen Schluck für Schluck **genossen** werden. Auch der beste Wein verliert für uns allen Reiz, wenn wir ihn wie Wasser hinunterschütten.
> *Ludwig Feuerbach, Schriftsteller und Mensch*

Die Seele vom **Genuss**, o Freund, ist dessen Kürze.
Die Furcht des Todes ist des Lebens scharfe Würze.
Ein Tor klagt überm Schmaus,
dass er so früh sei aus.
Ein Weiser isst sich satt
und geht vergnügt nach Haus.
> *Friedrich Rückert, Die Weisheit des Brahmanen*

Beschränktheit sucht sich der **Genießende**.
> *Johann Wolfgang von Goethe, Die natürliche Tochter II, 5*
> *(Hofmeisterin)*

Wer nicht, was ihm Gott beschert,
frohen Muts und flott verzehrt,
wird von Reu und Spott versehrt.
> *Aus Persien*

Geschichtswissenschaft

Man kann alles von der **Weltgeschichte** sagen, alles, was der perversesten Phantasie in den Sinn kommen mag, nur eines nicht: dass sie vernünftig sei.
Feodor Michailowitsch Dostojewski

Als Kain den Abel erschlug, begann die **Geschichte** der Menschheit.
Thomas Niederreuther, Aphorismen

Die **Geschichte** ist aus den schlechten Handlungen außerordentlicher Menschen zusammengesetzt.
Thomas B. Macaulay

Napoleon war ein Naturereignis. Ihn einen großen Schlächter schmähen heißt nichts anderes, als ein Erdbeben groben Unfug schelten oder ein Gewitter öffentliche Ruhestörung.
Christian Morgenstern, Stufen, Politisches, 1909

Sitzt das kleine Menschenkind,
sammelt flüsternde Gerüchte,
schreibt sie in ein kleines Buch
und darüber **Weltgeschichte**.
Georg Ebers, Die Schwestern

Der Historiker hat die großen Tendenzen der Jahrhunderte auseinander zu nehmen und die ganze **Geschichte** der Menschheit aufzurollen, welche eben der Komplex dieser verschiedenen Tendenzen ist.
Leopold Ranke, Weltgeschichte IX

In der Tat lässt sich die ganze Weisheit der **Weltgeschichte** in einem einzigen Satz zusammenfassen: Jeder Staat raubt, so viel er kann. Punktum. Mit Verdauungspausen und Ohnmachtsanfällen, welche man Frieden nennt.
Carl Spitteler

Wer die **Geschichte** versteht, wird nie eine Rolle in ihr spielen.
Théodore Simon Jouffroy

Geschichte ist das Muster, das man hinterher in das Chaos webt.
Carlo Levi

Geschichte ist die Lüge, auf die man sich geeinigt hat.
Napoleon I.

Die **Historiker** sind so etwas wie die Schminkmeister des großen
Welttheaters.
John Osborne

An die **historische Wahrheit** kommen eigentlich nur die Dichter heran.
Jacob Burckhardt

Der natürliche Stil der **Geschichtsschreibung** ist der ironische.
Arthur Schopenhauer

Das Beste, was wir von der **Geschichte** haben, ist der Enthusiasmus,
den sie erregt.
Johann Wolfgang von Goethe, Wilhelm Meisters
Wanderjahre II

Glücklich das Volk, dessen **Geschichte** sich langweilig liest.
Charles Baron de Montesqieu

Geschmack

Der gute **Geschmack** ist die Fähigkeit, fortwährend der Übertreibung
entgegenzuwirken.
Hugo von Hofmannsthal

Geschmack ist das Taktgefühl des Geistes.
Stanislas Jean de Boufflers

Geschmack ist die weibliche Form des Genius.
Edward Fitzgerald

Man muss viel **Geschmack** haben, um dem seines Zeitalters zu
entgehen.
Théodore Simon Jouffroy

Gesellschaftsordnung

Der **Liberalismus** ist weit eher eine tief eingewurzelte Vorstellung vom
Leben als eine Frage der Politik. Er ist der Glaube, dass jedes menschliche
Wesen frei sein muss, um sein individuelles Schicksal zu erfüllen.
José Ortega y Gasset

Das Ende vom Liede ist: Irgendwo wird die menschliche **Ungleichheit**
wieder zu Ehren kommen.
Jacob Burckhardt, Weltgeschichtliche Betrachtungen III, 4

Liberal ist, wer die Zeichen der Zeit erkennt und danach handelt.
Gustav Stresemann

Das Wesen der **liberalen Anschauungsweise** liegt nicht so sehr in den
Meinungen, die vertreten werden, als in der Art und Weise, wie sie vertre-
ten werden. Nicht dogmatisch, sondern mit dem Bewusstsein, dass neues
Beweismaterial zu ihrer Aufgabe führen kann.
Bertrand Russell, Unpopuläre Betrachtungen

Der wahre **Liberale** sucht mit den Mitteln, die ihm zu Gebote stehen, so
viel Gutes zu bewirken, als er nur immer kann; aber er hütet sich, die oft

unvermeidlichen Mängel sogleich mit Feuer und Schwert vertilgen zu wollen. Er ist bemüht, durch ein kluges Vorschreiten die öffentlichen Gebrechen nach und nach zu verdrängen, ohne durch gewaltsame Maßregeln zugleich oft ebenso viel Gutes mit zu verderben. Er begnügt sich in dieser stets unvollkommenen Welt so lange mit dem Guten, bis ihn, das Bessere zu erreichen, Zeit und Umstände begünstigen.

Johann Wolfgang von Goethe, zu Soret, 3.2.1830

Und wenn alles vorüber ist, wenn sich das alles totgelaufen hat, der Hordenwahnsinn, die Wonne, in Massen aufzutreten, in Massen zu brüllen und in Gruppen Fahnen zu schwenken, wenn diese Zeitkrankheit vergangen ist, die die niedrigen Eigenschaften des Menschen zu guten umlügt; wenn die Leute zwar nicht klüger, aber müde geworden sind; wenn alle Kämpfe um den Faschismus ausgekämpft und wenn die letzten freiheitlichen Emigranten dahingeschieden sind: Dann wird es eines Tages wieder sehr modern werden, **liberal** zu sein.

Kurt Tucholsky,
Blick in ferne Zukunft, 1930

Der **Sozialismus** ist eine Reaktion gegen das Individuellwerden.

Friedrich Nietzsche

Der **Sozialismus** muss eine Sache der Menschheit sein und darf nicht zur Sache einer Klasse herabgewürdigt werden.

Jakob Boßhart, Bausteine

Dem Kapitalismus wohnt ein Laster inne: die ungleichmäßige Verteilung der Güter. Dem **Sozialismus** hingegen wohnt eine Tugend inne: die gleichmäßige Verteilung des Elends.

Winston Churchill

Mir scheint im Gegenteil, dass sich dort unmöglich zufrieden leben lässt, wo alles **Gemeineigentum** ist. Denn woher sollte die erforderliche Menge der Produkte kommen, wenn sich jeder um die Arbeit drückt, weil ihn ja doch keine Sorge um sein tägliches Brot ansportnt und die Spekulation auf den Fleiß der andern ihn faul macht?

Thomas Morus, Utopia

Kommunismus – das ist Sowjetmacht plus Elektrifizierung.

Wladimir Iljitsch Lenin

Was der **Sozialismus** will, ist nicht Eigentum aufheben, sondern im Gegenteil individuelles Eigentum, auf Arbeit gegründetes Eigentum erst einführen.

Ferdinand Lassalle

Alle **Utopiste**n scheitern an dem simplen Faktum, dass sie zwar logisch funktionierende Systeme vollkommener Gerechtigkeit und Freiheit ausdenken, aber nicht zugleich einen perfekten Menschen herstellen können, für den allein ein solches System erstrebenswert wäre und der allein es funktionsfähig machen könnte.

Gerhard Szczesny,
Das sogenannte Gute 14

Die Vorstellung von einem nicht-totalitären **Kommunismus** erinnert mich an geröstete Schneebälle.

Leszek Kolakowski

Wer für den **Kommunismus** kämpft, hat von allen Tugenden nur eine: Dass er für den Kommunismus kämpft.

Bertolt Brecht,
Die Maßnahme (Der Kontrollchor)

Wir wollen nicht die **Verstaatlichung** des Menschen, sondern die Vermenschlichung des Staates.

Johann Heinrich Pestalozzi

Während die unter Gottes Gebot stehende **Gesellschaft** nur autoritär war, ist die wissenschaftlich geplante Gesellschaft totalitär.

Gerhard Szczesny, Das sogenannte Gute 6

Wer vor seinem dreißigsten Lebensjahr niemals **Sozialist** war, hat kein Herz. Wer nach seinem dreißigsten Lebensjahr noch Sozialist ist, hat keinen Verstand.

Benedetto Croce

Die vollkommenste politische Gemeinschaft ist die, in der eine **Mittelklasse** herrscht, die den beiden anderen Klassen zahlenmäßig überlegen ist.

Aristoteles

Untertanen sind Verschwender. Sie verschwenden ihre Macht.

Rudolf Rolfs

Wen das höchste Gelingen seines Vorhabens nicht verwirrt macht und wen ebenso eine zeitweilige Notlage nicht verwirrt macht, wer vielmehr Lust und Leid sowie den mittleren Zustand ruhig hinnimmt, der Mann ist ein **Führender**.

Mahâbhârata 12

Eine gute Herde wird nicht von einem Hammel geführt, sondern von einem **Hirten**.

Thomas Niederreuther, Aphorismen

Führen heißt wissen, was man will.

Thomas Ellwein

Wohl dem Ganzen, findet sich einmal einer, der ein Mittelpunkt für viele tausend wird, ein **Halt**, – sich hinstellt wie eine feste Säul', an die man sich mit Lust mag schließen und mit Zuversicht.

Friedrich Schiller,
Die Piccolomini I, 4 (Max)

Man spricht entweder zum **Volk** oder zur Sache.

Hans Kasper, Nachrichten und Notizen

Das **rechte Wort**, am rechten Platz vom rechten Mann gesprochen, erspart fast immer den Einsatz der Polizei.

Carlo Schmid

Es ist nicht wohlgetan, zum **Führer** den Verzweifelnden zu wählen.

Friedrich Schiller,
Wallensteins Tod III, 23 (Max)

Wer Menschen führen will, muss ein **Praktiker** und ein Realist sein. Aber er muss die Sprache sprechen des Idealisten und des Sehers.

Eric Hoffer

Die Arbeit der philosophischen, theologischen, politisch-pathologischen **Volksführer** ist fast durchaus, Rauch zu machen und darin Gespenster und Schreckgestalten zu zeigen, damit man sich an ihre Heilande halten soll.

Johann Gottfried Seume, Apokryphen

Das Geheimnis des **Agitators** ist, sich so dumm zu machen, wie seine Zuhörer sind, damit sie glauben, sie seien so gescheit wie er.

Karl Kraus, Sprüche und Widersprüche

Das Fundament aller **Staatskunst** besteht darin, die Menschen zu täuschen über das, was ihr eigner Vorteil ist.

Johann Jakob Mohr, Gedanken über Leben und Kunst

Wenn die **Reklame** keinen Erfolg hat, muss man die Ware ändern.

Edgar Faure

Weit besser ist's, sie einzuengen, dass man sie wie Kinder halten, wie Kinder zu ihrem Besten leiten kann. Glaube nur, ein **Volk** wird nicht alt, nicht klug, ein Volk bleibt immer kindisch.

Johann Wolfgang von Goethe, Egmont IV

Völker sind wie die Oliven: Dem leichten **Drucke** geben sie süßes Öl, dem starken bitteres.

Ludwig Börne

Die große **Majorität** der Menschheit würde der trostlosesten Langeweile verfallen, wenn sie nicht durch tausend Zwangsmaßregeln von sich selbst und ihrer inneren Leere abgelenkt würde.

Egon Friedell, Die Revolution

Der Blinde wirft sich gern zum **Führer** auf.

Sprichwort

Mit dem **Einfluss** ist es wie mit dem Sparguthaben: Je weniger man davon Gebrauch macht, desto mehr hat man.

Andrew Young

Man beherrscht die Menschen nur, indem man ihnen **dient**. Diese Regel hat keine Ausnahme.

Victor Cousin, Politische Diskurse

Gesicht

Falten machen einen Mann männlicher, eine Frau älter.

Jeanne Moreau

Ich bin stolz auf die Falten. Sie sind das Leben in meinem **Gesicht**.

Brigitte Bardot

Das **Gesicht** eines Menschen verrät bestenfalls dessen Magen.

Erhard Blanck

Die **Gesichter** der gemeinen Leute auf einer Straße anzusehen, ist jederzeit eines meiner größten Vergnügen gewesen.

Georg Christoph Lichtenberg, Über Physiognomik

Ihr liebes **Angesicht** war wie ein durchsichtiges Fensterlein ihres Herzens, aus dem ihre Seele, mit jeder inneren Bewegung errötend und erbleichend, zum Himmel schaute.

Clemens Brentano,
Aus der Chronik eines fahrenden Schülers

Die Seele legt, so wie der Magnet den Feilstaub, das **Gesicht** um sich herum.

Georg Christoph Lichtenberg

Das **Gesicht** ist das Protokoll des Charakters.
Karl Julius Weber, Demokritos

In unseren **Gesichtern** verlaufen die Züge regellos durch- und
ineinander, oft ohne irgendeinen Charakter anzudeuten, oder es hält
wenigstens schwer, das Original herauszufinden. Man kann sagen:
In einem deutschen Gesicht ist die Hand Gottes weniger leserlich als
auf einem italienischen.
Johann Wolfgang von Goethe, zu Falk, 17.7.1792

Es gibt **Gesichter** in der Welt, wider die man schlechterdings nicht du
sagen kann.
Georg Christoph Lichtenberg,
Über Physiognomik

Die verbitterten **Gesichtszüge** eines Mannes sind oft nur die
festgefrorene Verwirrung eines Knaben.
Franz Kafka

Alles Behaartsein ist tierisch. Die **Rasur** ist das Abzeichen höherer
Zivilisation.
Arthur Schopenhauer

Wenn der **Bart** das Wichtigste wäre, könnten die Ziegen predigen.
Aus Dänemark

Gespräch

Ich spreche nicht gern mit Leuten, die stets meiner Meinung sind.
Eine Zeit lang macht es Spaß, mit dem **Echo** zu spielen, auf die Dauer
aber ermüdet es.
Thomas Carlyle

Gute **Unterhaltung** schont das Bett.

Aus Abessinien

Schlagfertige Menschen sind meistens oberflächlich oder sie werden es infolge ihrer Begabung, die ihnen den äußeren Erfolg mühelos erwirbt.

Jakob Boßhart, Bausteine

Was kann die **Freude** machen,
die Einsamkeit verhehlt?
Das gibt ein doppelt Lachen,
was Freunden wird erzählt;
der kann sein Leid vergessen,
der es von Herzen sagt;
der muss sich selbst auffressen,
der insgeheim sich nagt.

Simon Dach,
Der Mensch hat nichts so eigen

Ich höre gern dem **Streit** der Klugen zu, wenn um die Kräfte, die des Menschen Brust so freundlich und so fürchterlich bewegen, mit Grazie die Rednerlippe spielt.

Johann Wolfgang von Goethe,
Torquato Tasso I, 1 (Prinzessin)

Lerne **zuhören**, und du wirst auch von denjenigen Nutzen ziehen, die dummes Zeug reden.

Platon

In **Konferenzen** werden keine guten Ideen geboren. Aber viele schlechte sterben.

F. Scott Fitzgerald

Beim **Disputieren** ist ein sehr feiner und bitterer Griff, erst die Gründe des Gegners noch viel stärker vorzustellen, als er sie selbst vorzustellen imstande war, und dann alles mit triftigen Gründen aus dem Wege zu räumen.

Georg Christoph Lichtenberg

Das Schwierigste am **Diskutieren** ist nicht, den eigenen Standpunkt zu verteidigen, sondern ihn zu kennen.

André Maurois

Was man nicht **bespricht**, bedenkt man auch nicht recht.

Johann Wolfgang von Goethe

Während er nicht wusste, was er **sagte**, begann er zu ahnen, was er wollte.

Hans Arndt, Im Visier, Wetterleuchten

Wir Athener betrachten **Beratungen** nicht als Hindernisse auf dem Wege des Handelns, sondern wir halten sie für notwendige Voraussetzungen weisen Handelns.

Perikles

Sowie etwas ausgesprochen ist, sogleich wird ihm auch widersprochen, wie der Ton gleich sein **Echo** hat.

Johann Wolfgang von Goethe,
zu Riemer, 6.12.1807

Um einen anderen zu überzeugen, muss man seine Angelegenheit ruhig und genau darlegen. Kratzen Sie sich dann am Kopf oder schütteln Sie ihn ein bisschen, und sagen Sie dann, dass Sie sich aber möglicherweise auch irren können. Diese Bemerkung hindert Ihren **Gesprächspartner** daran, Ihnen gleich wütend zu widersprechen. Er wird eher versuchen, Ihnen zu helfen, die Wahrheit zu finden und Zweifel zu überwinden.

Benjamin Franklin,
Lebenserinnerungen II

Man hat einen Menschen noch lange nicht bekehrt, wenn man ihn zum **Schweigen** gebracht hat.

John Morley

Schlechte **Argumente** bekämpft man am besten dadurch, dass man ihre Darlegung nicht stört.

Sydney Smith

Zu **Verständigen** wird ein verständiges Wort stets finden den Weg.
Äschylos, Die Eumeniden 988 (Athena)

Zum **Palaver** bringt man kein Messer mit.
Aus Afrika

Erheblich verbessern ließe sich das Niveau der normalen **Konversation** durch den häufigen Gebrauch der drei Wörter »Ich weiß nicht«.
André Maurois

Der Mann ist so beschaffen, dass er dem vernünftigsten **Argument** eines Mannes widersteht, aber dem unvernünftigsten Blick einer Frau erliegt.
Honoré de Balzac

Gute **Unterhaltung** besteht nicht darin, dass man etwas Gescheites sagt, sondern dass man etwas Dummes anhören kann.
Wilhelm Busch

Worte können wie winzige Arsendosen sein: Sie werden unbemerkt verschluckt; sie scheinen keine **Wirkung** zu tun – und nach einiger Zeit ist die Giftwirkung doch da.
Victor Klemperer

Nach manchem **Gespräch** mit einem Menschen hat man das Verlangen, einen Hund zu streicheln, einem Affen zuzunicken und vor einem Elefanten den Hut zu ziehen.
Maxim Gorki

Das Recht auf **Antwort** nur gibt Recht zur Frage.
Franz Grillparzer,
Libussa IV (Primislaus)

Wie schwierig ist es, dem **Urteil** eines anderen etwas zu unterbreiten, ohne sein Urteil durch die Weise, wie man es ihm unterbreitet, zu verderben!
Blaise Pascal

Von der besten Gesellschaft sagt man: Ihr **Gespräch** ist unterrichtend, ihr Schweigen bildend.

Johann Wolfgang von Goethe

Der Langweiler spricht in der ersten Person, der Nachschwätzer in der dritten und der gute **Unterhalter** in der zweiten.

Verfasser unbekannt

Uns wechselseitig einen Überblick der bewohnten und bewohnbaren Welt zu geben ist die angenehmste, höchst belohnende **Unterhaltung**.

Johann Wolfgang von Goethe

Was man durch einen gleich gesinnten **Freund** erfährt, ist nahezu, als wenn man es selbst erfahren hätte.

Johann Wolfgang von Goethe,
an Wilhelm von Humboldt, 26.5.1799

Unterhaltung in den Vereinigten Staaten: Ein Wettkampf, bei dem diejenige Person, die zuerst Luft holen muss, in die Rolle des Zuhörers fällt.

Nathan Miller

Wer als angenehmer **Gesellschafter** gelten will, muss sich über Dinge belehren lassen, die ihm längst geläufig sind.

Charles Maurice Talleyrand

Der Skythe setzt ins Reden keinen Vorzug, am wenigsten der König. Er, der nur gewohnt ist, zu befehlen und zu tun, kennt nicht die Kunst, von weitem ein **Gespräch** nach seiner Absicht langsam fein zu lenken.

Johann Wolfgang von Goethe,
Iphigenie auf Tauris 1,2 (Arkas)

Wer immer das **letzte Wort** haben will, spricht bald mit sich allein.

Aus der Bretagne

Wenn zwei **Frauen** nebeneinander sitzen, zieht es.

Marlene Dietrich

Unterhalten sich zwei Menschen sehr vertieft, so ist einer der Betrogene.
Aus Tunesien

Das **Interesse** mancher Leute ist nur dadurch zu gewinnen, dass man mit ihnen über Dinge spricht, die sie nichts angehen.
Verfasser unbekannt

Wer in einem Restaurant die Paare beobachtet, kann aus der Länge der **Gespräche** Schlüsse auf die Dauer der gemeinsam verlebten Zeit ziehen. Je kürzer die Konversation, desto länger die Gemeinschaft.
André Maurois

Es gibt Menschen, die **reden** so viel, dass sie sich auch selbst noch ins Wort fallen.
Georg Christoph Lichtenberg, Aphorismen

Der **Abwesende** hat immer Unrecht.
Aus England

Gesundheit

Freunde, Mäßigkeit und Ruh
schließt dem **Arzt** die Türe zu.
Friedrich von Logau, Die beste Arznei

Gesundheit will bei Armen als Reichen lieber stehn.
Wieso? Sie hasset Prassen und stetes Müßiggehn.
Friedrich von Logau, Sinngedichte, Gesundheit

Das Gefühl von **Gesundheit** erwirbt man sich nur durch Krankheit.
Georg Christoph Lichtenberg, Beobachtungen über den Menschen

Gewalt

Wer dem Geringen **Gewalt** tut, schmäht dessen Schöpfer.
Bibel, Buch der Sprichwörter 14, 31

Ich kenne keinen Unterschied zwischen gerechtem **Töten** und ungerechtem Töten.
Arthur Miller

Wer seine Schwiegermutter **totschlägt**, wird geköpft. Das ist ein uralter verständlicher Brauch. Wer aber Hunderttausende umbringt, erhält ein Denkmal.
Erich Kästner

Was ist **Gewalt** anderes als Vernunft, die verzweifelt?
José Ortega y Gasset

Was **Gewalt** heißt, ist nichts: Verführung ist die wahre Gewalt.
Gotthold Ephraim Lessing, Emilia Galotti V, 7 (Emilia)

Ist **Rohheit** oder verfeinerte Schurkerei das Schlechtere?
Karl Julius Weber, Demokritos IV, 4

Was mit **Gewalt** erlangt worden ist, kann man nur mit Gewalt behalten.
Mahatma Gandhi

Gewalt zerbricht an sich selbst.
Laotse, Tao-Teh-King 42

Beide Geschlechter besitzen eine **Grausamkeit** gegeneinander, die sich vielleicht in jedem Individuum zu Zeiten regt, ohne gerade ausgelassen werden zu können: Bei den Männern die Grausamkeit der Wollust, bei den Weibern die des Undanks, der Unempfindlichkeit, des Quälens.
Johann Wolfgang von Goethe, zu Riemer, 7.7.1811

Gewissen

Gewissen ist Gottes Gegenwart im Menschen.
Emanuel von Swedenborg

Das **Gewissen** hindert uns nicht, Sünden zu begehen. Aber es hindert uns, die Sünden zu genießen.
Salvadore de Madariaga

Das **Gewissen** warnt uns als Freund, bevor es uns als Richter straft.
Stanislaus I. von Polen

Das strengste Gericht ist das eigene **Gewissen**. Hier wird kein Schuldiger freigesprochen.
Juvenal

Gewissen ist das Bewusstsein eines inneren Gerichtshofes im Menschen.
Immanuel Kant

Das **Gewissen** ist doch mehr als eine ganze uns verklagende Welt.
Gotthold Ephraim Lessing, Miß Sara Sampson I, 1
(Waitwell)

Das **Gewissen** ist das Gesetz der Gesetze.
Alphonse de Lamartine

Ein böses **Gewissen** ist ein Ofen, der immer raucht.
Theodor Gottlieb von Hippel

Das, was wir ein böses **Gewissen** nennen, ist immer ein gutes Gewissen. Es ist das Gute, was sich in uns erhebt und uns bei uns selber verklagt.
Theodor Fontane

Das **Gewissen** ist die Wunde, die nie heilt.
Friedrich Hebbel

Ich bin durch meine Laster Sklave und frei durch meine **Gewissensbisse**.
Jean-Jacques Rousseau, Emile IV

Auch die Stimme des **Gewissens** macht einen Stimmbruch mit.
Stanislaw Jerzy Lec, Unfrisierte Gedanken

Gewissen kann nur sein, wo Wissen ist.
Erhard Blanck

Die **innere Stimme** muss schon vorlaut werden, damit wir ihr folgen.
Hans Arndt, Im Visier, Aufgespült

Es gibt drei Kräfte auf dieser Erde, die das **Gewissen** dieser
schwächlichen Rebellen zu ihrem eigenen Glück für immer besiegen
und fesseln können: das Wunder, das Geheimnis und die Autorität.
Feodor Michailowitsch Dostojewski

Glaube

Glaube nennt man die Angewöhnung geistiger Grundsätze ohne Gründe.
Friedrich Nietzsche

Der **Glaube** ist Liebe.
Johann Heinrich Pestalozzi

Wo **Glaube**, da Liebe; wo Liebe, da Friede;
wo Friede, da Gott; wo Gott, keine Not.
Sprichwort

Glaube ist nur wahrer Glaube als von keinem Gedanken entweihtes
Gefühl Gottes.
Christian Morgenstern, Stufen, Tagebuch eines Mystikers

168

Besser **glauben** als grübeln.
Aus Spanien

Wo das Wissen genügt, bedürfen wir freilich des **Glaubens** nicht, wo aber
das Wissen seine Kraft nicht bewährt oder ungenügend erscheint, sollen
wir auch dem Glauben seine Rechte nicht streitig machen. Sobald man
nur von dem Grundsatz ausgeht, dass Wissen und Glauben nicht dazu da
sind, um einander aufzuheben, sondern um einander zu ergänzen, so
wird schon überall das Rechte ausgemittelt werden.
Johann Wolfgang von Goethe

Sinnlich beginnt der Mensch, dann denkt er, endlich **glaubt** er.
Ludwig Börne

Die Naturwissenschaften braucht der Mensch zum Erkennen, den
Glauben zum Handeln.
Max Planck

Ich **glaube**, dass trotz des offensichtlichen Unsinns das Leben dennoch
einen Sinn hat. Ich ergebe mich darein, diesen letzten Sinn mit dem
Verstand nicht erfassen zu können, bin aber bereit, ihm zu dienen.
Hermann Hesse

Glaube ist der Vogel, der singt, wenn die Nacht noch dunkel ist.
Rabindranath Tagore

Wenn du an Gott **glaubst**, wird er die Hälfte deines Werkes tun.
Die zweite Hälfte.
Cyrus Curtis

Nur der **Glaube** aller stärkt den Glauben. Wo Tausende anbeten und
verehren, da wird die Glut zur Flamme.
Friedrich Schiller, Maria Stuart V, 7 (Maria)

Man merkt wie gegen Gott der **Glaube** sei bestellt
aus dem, wie Glaub' und Treu' man seinem Nächsten hält.
Friedrich von Logau, Sinngedichte

Bist du schon gut, weil du **gläubig** bist? Der Teufel ist sicher kein Atheist.
Paul Heyse, Spruchbüchlein, Gott und Welt

Das Ziel der Philosophie ist einzig und allein die Wahrheit, das Ziel des **Glaubens** einzig und allein Gehorsam und Frömmigkeit.
Baruch de Spinoza, Theologisch-politischer Traktat 14

Ihr könnt Menschen durch Gewinn oder Strafen dazu zwingen, dass sie sagen oder schwören, sie **glaubten**, und dass sie so tun, als ob sie glaubten. Aber weiter könnt ihr nichts.
Jonathan Swift, Gedanken über Religion

Lasst euch nur einmal eine **Offenbarung** aufbürden, und man wird euch bald so viel Unsinn offenbaren, dass ihr vor Angst in der Nacht den Großen Bär und am Tage die Sonne nicht finden könnt.
Johann Gottfried Seume, Apokryphen

Es wachsen **Glaub** und Unschuld nur am Baume der Kindheit noch; jedoch sie währen nicht.
Dante Alighieri, Die göttliche Komödie, Paradies XXVII, 127

Es gibt keine andere **Offenbarung** als die Gedanken der Weisen.
Arthur Schopenhauer, Parerga und Paralipomena

Sollte jede Torheit, die im angenommenen **Glauben** der Nationen herrscht, auch durchgängig geübt werden, welch ein Unglück! Nun aber werden die meisten geglaubt und nicht befolgt, und dies Mittelding toter Überzeugung heißt eben auf der Erde Glauben.
Johann Gottfried von Herder, Ideen zur Philosophie der Geschichte der Menschheit XI, 3

Denken ist eine Anstrengung, **Glauben** ein Komfort.
Ludwig Marcuse

Was Not tut, ist nicht der Wille zu **glauben**, sondern der Wille zu entdecken, also genau das Gegenteil.
Bertrand Russell, Skepsis

Ob ich **gläubig** bin? Das weiß nur Gott allein.
Stanislaw Jerzy Lec, Unfrisierte Gedanken

Es ist selten, dass ein Mensch weiß, was er eigentlich **glaubt**.
Oswald Spengler

Wenn wir von einem weisen Wesen auf diese Stelle gestellt worden sind, woran kein Zweifel ist, so lasst uns das Beste in dieser Situation tun und uns nicht durch **Offenbarungen** blenden, die alle betrügerisch sind. Was der Mensch zu seiner Glückseligkeit zu wissen nötig hat, das weiß er gewiss ohne alle Offenbarung.
Georg Christoph Lichtenberg

Der **Glaube** an Gott ist wie das Wagnis des Schwimmens: Man muss sich dem Element anvertrauen und sehen, ob es trägt.
Hans Küng

Ich sehe nicht ein, warum es schwieriger sein sollte, die Auferstehung des Fleisches, die Empfängnis der Jungfrau zu **glauben** als die Schöpfung.
Blaise Pascal, Gedanken, Christliche Gedanken

Der christliche **Glaube** ist wie eine großartige Kathedrale mit herrlichen bunten Fenstern. Wer draußen steht, sieht sie nicht. Aber dem, der drinsteht, wird jeder Lichtstrahl zu einem unbeschreiblichen Glanz.
Nathaniel Hawthorne

Es ist nicht möglich, dass ein **Glaube** stirbt; es sei denn, dass ein neuer geboren würde.
José Ortega y Gasset, Gott in Sicht

Unsere Welt wird noch so fein werden, dass es so lächerlich sein wird, einen Gott zu **glauben**, als heutzutage Gespenster.
Georg Christoph Lichtenberg

Mensch, gibst du Gott dein **Herz,** er gibt dir seines wieder:
Ach, welch ein werter Tausch! Du steigest auf, er nieder.
Angelus Silesius, Der Cherubinische Wandersmann

Alltagsmenschen suchen den Himmel. **Sonntagsmenschen** aber, die tiefen und auserwählten Geister, suchen Gott.
Peter Rosegger, Der Gottsucher

Das **Fromme** ist ein Teil des Gerechten.
Platon, Euthyphron

Fromm ist der, für den es etwas Heiliges gibt.
Nathan Söderblom

Der heilige Benedikt wollte, dass die Menschen auf Erden so glücklich werden wie möglich – und gerade noch in den **Himmel** kommen.
Georg Lohmeier

Befiehl du deine **Wege**
und was dein Herze kränkt
der allertreusten Pflege
des, der den Himmel lenkt:
Der Wolken, Luft und Winden
gibt Wege, Lauf und Bahn,
der wird auch Wege finden,
da dein Fuß gehen kann.
Paul Gerhardt, Befiehl dem Herrn deine Wege

In ihm sei's begonnen,
der Monde und Sonnen
an blauen Gezelten
des **Himmels** bewegt.
Du, Vater, du rate!
Lenke du und wende!
Herr, dir in die Hände
sei Anfang und Ende,
sei alles gelegt!
Eduard Mörike, Zum neuen Jahr

Wie der Adel, so bilden auch die **Frommen** eine gewisse Aristokratie.
Johann Wolfgang von Goethe, zu Eckermann, 25.2.1824

Die gewöhnlichen Menschen trachten, so scheint es wenigstens, nach nichts weniger als nach einem der Heiligen Schrift entsprechenden **Leben**. Vielmehr sehen wir, dass sie fast alle ihre Hirngespinste für Gottes Wort ausgeben und nur darauf bedacht sind, unter dem Deckmantel der Religion andere Leute zu zwingen, dass sie denken wie sie selbst.

Baruch de Spinoza, Theologischer Traktat 7

Der **Fanatismus** ist verderblicher als der Atheismus.

Pierre Bayle

Im **Unglauben** liegt die größte denkbare Anstrengung des Menschen gegen seinen eigenen Instinkt und Geschmack.

Fernando Galiani, Gedanken,
Beobachtungen, Dialoge

In dem öden ausgestorbenen Himmel sitzt auf eisernem Stuhl die letzte **Göttin**, die Notwendigkeit, mit ihrem traurigen Herzen.

Heinrich Heinrich Heine, Aphorismen und Fragmente

Atheismus ist der Versuch, die Erde ohne die Sonne zu erklären.

Sigismund von Radecki, Als ob das immer so weiterginge ...

Das Dasein eines Schöpfers zu **leugnen** ist größerer Unsinn als der finsterste Aberglaube.

Gottfried Keller, Eine Nacht auf dem Uto

Man versteht unter Gott die verständige Ursache der Welt; also ist nur der ein **Gottesleugner**, der behauptet, dass die Welt keine Ursache oder diese Ursache keinen Verstand habe.

Karl Julius Weber, Demokritos, Die Freigeisterei

Einen **Gottlosen** habe ich noch nie gesehen; nur Ruhelose sind mir begegnet.

Feodor Michailowitsch Dostojewski, Der Jüngling III, 2

Verzweiflung ist der einzige echte **Atheismus**.

Jean Paul, Dämmerungen für Deutschland

Von einem französischen **Atheisten**, der Esprit hat, wird verlangt, dass er sich nur bei schmerzlichen Krankheiten und auf dem Todbette bekehrt. Unsere hingegen bekehren sich gemeiniglich bei jedem Donnerwetter.
Georg Christoph Lichtenberg

Nur große Menschen haben **Ketzereien** hervorgebracht.
Augustinus, Enarratio in Psalmum 124, 5

Er ist ein heller Geist und also **ungläubig**.
Johann Wolfgang von Goethe

Der **Ungläubige** glaubt mehr, als er meint, der Gläub'ge weniger, als ihm scheint.
Franz Grillparzer, Glaube

Wenn eine Zeit zu viel **glaubt**, ist es nur eine natürliche Reaktion, dass eine andere zu wenig glaubt.
Henry Thomas Buckle, Geschichte der Zivilisation 7

Wer Gott definiert, ist schon **Atheist**.
Oswald Spengler

Gleichgültigkeit

Wie **glücklich** viele Menschen wären, wenn sie sich genauso wenig um die Angelegenheiten anderer bekümmerten wie um ihre eigenen!
Georg Christoph Lichtenberg

Lau ist schlimmer noch als kalt.
Gotthold Ephraim Lessing, Nathan der Weise V, 5
(Tempelherr)

Das größte Übel, das wir unseren Mitmenschen antun können, ist nicht, sie zu hassen, sondern ihnen gegenüber **gleichgültig** zu sein. Das ist absolute Unmenschlichkeit.

George Bernard Shaw

Gleichgültigkeit ist die mildeste Form der Intoleranz.

Karl Jaspers

Gleichgültigkeit jeder Art ist verwerflich, sogar die Gleichgültigkeit gegen uns selbst.

Marie von Ebner-Eschenbach

Vielleicht war meine **Gleichgültigkeit** nur ein Übermaß an Begierde.

Gustave Flaubert, November

Gleichgültigkeit ist die sicherste Stütze aller Gewaltherrschaft.

Manés Sperber

Die **Gleichgültigkeit** gegenüber dem anderen ist der Anfang allen Übels.

Erika Weinzierl

N'escio, quid m'ihi m'agis farcim'entum esset.
Ich weiß nicht, was mir mehr **Wurst** wäre.

Otto von Bismarck

Gleichheit

Überdem ist die **Ungleichheit** der Menschen von Natur nicht so groß, als sie durch die Erziehung wird.

Johann Gottfried von Herder, Ideen zur Philosophie der Geschichte der Menschheit IX, 4

Gott ist es selber, der die **Ungleichheit** der Menschen durch die Ungleichheit der Gaben, die er einem jeden von uns von innen verliehen, gegründet.

Johann Heinrich Pestalozzi

Der Einzelwille strebt von Natur nach Auszeichnung und der Gemeinwille nach **Gleichheit**.

Jean-Jacques Rousseau, Der Gesellschaftsvertrag

Jeder **Standesunterschied** infolge der Geburt ist ein frecher Hohn der Christuslehre.

Levin Schücking, Die Ritterbürtigen

Die **Ungleichheit** der Stände ist aus der Ungleichheit der Begabungen und des Mutes entstanden.

Luc de Clapier Vauvenargues

Chancengleichheit bedeutet Gelegenheit zum Nachweis ungleicher Talente.

Sir Herbert Samuel

Die Humanität erreichte mehr, wenn sie, statt die **Gleichheit** zu loben, zum Respekt vor dem Wunder der Vielfalt riete.

Hans Kasper, Abel, gib acht; Halbzeit der Emanzipationen

Glück

Alles Dichten und Trachten der Menschen, wie es sich in ihren so mannigfaltigen Bestrebungen bestätigt, schlägt zwar äußerlich sehr verschiedene Wege ein, aber schließlich läuft es doch immer auf das eine letzte Ziel hinaus, die Erlangung der **Glückseligkeit**.

Anicius Boethius, Tröstungen der Philosophie 3

Ist doch das, worüber wir uns streiten, nichts Kleines, sondern eigentlich das, worüber Bescheid zu wissen das Schönste, nicht Bescheid zu wissen das Beschämendste ist. In der Hauptsache geht es nämlich darum, zu wissen oder nicht zu wissen, wer **glücklich** ist und wer nicht.

Platon, Gorgias (Sokrates)

Gott, was ist **Glück**! Eine Grießsuppe, eine Schlafstelle und keine körperlichen Schmerzen – das ist schon viel.

Theodor Fontane

Glück besteht aus einem soliden Bankkonto, einer guten Köchin und einer tadellosen Verdauung.

Jean-Jacques Rousseau

Bekommen, was man sich wünscht, ist Erfolg. Sich wünschen, was man bekommen kann, ist **Glück**.

Charles F. Kettering

Dein wahres **Glück**, o Menschenkind,
o, glaube doch mitnichten,
dass es erfüllte Wünsche sind:
Es sind erfüllte Pflichten.

Karl von Gerok,
Palmblätter

Was ist das höchste **Glück** des Menschen, als dass wir das ausführen, was wir als recht und gut einsehen?

Johann Wolfgang von Goethe,
Wilhelm Meisters Lehrjahre VII

Wer die **Befriedigung** des Schaffens einmal erfahren hat, für den sind alle anderen Befriedigungen nicht mehr vorhanden.

Anton Tschechow

Gibt's kein **Paradies**, gibt's doch Paradiese!

Friedrich von Bodenstedt, Aus dem Nachlasse des Mirza
Schaffy

Nur eins **beglückt** zu jeder Frist:
Schaffen, wofür man geschaffen ist.

Paul Heyse,
Cottascher Musen-Almanach für 1896

Glück ist, seinen Anlagen gemäß verbraucht zu werden.

Frank Wedekind

Glück ist ein Abfallprodukt des Strebens nach Vollendung.

Richard von Coudenhove-Kalergi

Des Menschen Herz kann am **glücklichsten** sein, wenn es sich so recht sehnt.

Wilhelm Raabe, Der Hungerpastor

Das höchste **Glück** des Lebens besteht in der Überzeugung, geliebt zu sein.

Victor Hugo

Kummer lässt sich allein tragen. Für das **Glück** sind zwei Menschen erforderlich.

Elbert Hubbard

Alles, was die Seele durcheinander rüttelt, ist **Glück**.

Arthur Schnitzler

Du wirst keine deiner Torheiten bereuen und keine zurückwünschen – kein **glücklicheres** Schicksal kann einem Menschen werden.

Johann Wolfgang von Goethe, Wilhelm Meisters
Lehrjahre VII

Formel meines **Glücks**: Ein Ja, ein Nein, eine gerade Linie, ein Ziel.

Friedrich Nietzsche

Glück – das ist vor allem das stille, frohe, sichere Bewusstsein der Schuldlosigkeit.

Henrik Ibsen, Rosmersholm III (Rosmer)

Glück heißt seine Grenzen kennen und sie lieben.

Romain Rolland

Der Einsichtige beherrscht sich selbst. Wer sich selbst beherrscht, bleibt charakterfest. Wer charakterfest ist, lässt sich nicht aus der Ruhe bringen. Wer sich nicht aus der Ruhe bringen lässt, kennt keine Traurigkeit. Wer keine Traurigkeit kennt, ist **glücklich**. Mithin ist der Einsichtige glücklich.

Lucius Annaeus Seneca, Briefe an Lucilius

Erstorben ist im Herzen eigner Wille, Entscheidung hoffst du dir vom Waltenden. Jawohl! Das ewig Wirkende bewegt, uns unbegreiflich, dieses oder jenes als wie von ohngefähr zu unserm Wohl, zum Rate, zur Entscheidung, zum Vollbringen, und wie getragen werden wir ans Ziel. Dies zu empfinden, ist das höchste **Glück**.

Johann Wolfgang von Goethe, Die natürliche Tochter V, 7 (Mönch)

Wenn du die Menschen **glücklich** machen willst, dann beschenke sie nicht, sondern nimm ihnen einige ihrer Wünsche.

Epikur

Das **schönste Gefühl** auf dieser Erde: nicht mehr nötig zu sein. Nicht mehr gebraucht zu werden.

Wilhelm Raabe, Gedanken und Einfälle

Der Mensch ist nicht eher **glücklich**, als bis sein unbedingtes Streben sich selbst seine Begrenzung bestimmt.

Johann Wolfgang von Goethe, Wilhelm Meisters Lehrjahre VIII

Einen Schuss Wüste braucht der Mensch – um des **Glücks** der Oase willen.

Martin Kessel, Gegengabe VI

Solange einer hungert, weiß er den Weg zum **Glück**.

Thomas Niederreuther, Aphorismen

Das **Glück** des Menschen beruht darauf, dass es für ihn eine undiskutierbare Wahrheit gibt.
Friedrich Nietzsche

Der Anblick eines wahrhaft **Glücklichen**
macht glücklich.
Johann Wolfgang von Goethe,
Lila II (Almaide)

Ich begegne lieber einem **glücklichen** Menschen, als dass ich eine Fünf-Pfund-Note finde. Ein heiterer Mensch verbreitet gute Laune um sich, und wenn er in ein Zimmer kommt, ist es, als sei ein Licht angezündet worden.
Robert Louis Stevenson,
Aber nicht allzu geschäftig

Um **glücklich** zu sein, muss man seine Vorurteile abgelegt und seine Illusionen behalten haben.
Marquise du Châtelet

Nur die ungebildete Seite an uns ist es, von der her wir **glücklich** sind.
Johann Wolfgang von Goethe, zu Riemer, 1.2.1808

Glück und Unglück sind zwei Zustände, deren äußerste Grenzen wir nicht kennen.
John Locke,
Über den menschlichen Verstand 1, 2

Der Mensch ist gerade so **glücklich**, wie er sich zu sein entschließt.
Abraham Lincoln

Es gibt kein unbedingtes und ungetrübtes **Glück**, das länger als fünf Minuten dauert.
Theodor Fontane

In den meisten Fällen ist **Glück** kein Geschenk, sondern ein Darlehen.
Albrecht Goes

Ein langes **Glück** verliert schon allein durch seine Dauer.
Georg Christoph Lichtenberg,
Von Menschenart

Geflügelt ist das **Glück** und schwer zu binden, nur in verschloss´ner Lade
wird's bewahrt; das Schweigen ist zum Hüter ihm gesetzt, und rasch ent-
fliegt es, wenn Geschwätzigkeit voreilig wagt, die Decke zu erheben.
Friedrich Schiller,
Die Braut von Messina I, 7 (Don Manuel)

Das **Glück** ist eine leichte Dirne
und weilt nicht gern am selben Ort;
sie streicht das Haar dir von der Stirne
und küsst dich rasch und flattert fort.
Frau Unglück hat im Gegenteile
dich liebefest ans Herz gedrückt;
sie sagt, sie habe keine Eile,
setzt sich zu dir ans Bett und strickt.
Heinrich Heine, Romanzero 2, Lamentationen, Motto

Des **Glückes** Welle hebt, die Welle stürzt den Hohen und den Niedern
immerzu; kein Seher weiß, wann sie zur Ruhe kommt.
Sophokles, Antigone VI (Bote)

Ich kenne nun sehr wohl die Trugkünste jenes seltsamen Wesens, des
Glücks, und ich weiß, dass es mit denen, die es zum Besten haben will, so
lange in schmeichelnder Vertraulichkeit lebt, bis es sie durch sein unver-
mutetes Verschwinden in unerträglichen Schmerz versetzt.
Anicius Boethius, Tröstungen der Philosophie II

Wer glücklich war, der wiederholt sein **Glück** im Schmerz.
Johann Wolfgang von Goethe,
Pandora (Prometheus)

Ihr alle kennt die wilde Schwermut, die uns bei der Erinnerung an Zeiten
des **Glückes** ergreift.
Ernst Jünger, Auf den Marmorklippen

Glück empfinden

Keine Pflicht wird so sehr vernachlässigt wie die Pflicht, **glücklich** zu sein.

Robert Louis Stevenson

Wer **glücklich** ist, der ist auch gut, das zeigt auf jedem Schritt sich;
denn wer auf Erden Böses tut, trägt seine Strafe mit sich.

Friedrich von Bodenstedt,
Die Lieder des Mirza Schaffy

Alles **Glücklichsein** ist das eines Kindes im Theater. Das Alter weiß, wie die Dekoration von hinten aussieht und der Schauspieler zu Hause. Freilich bleiben die meisten bis zu ihrem Tode große Kinder.

Wilhelm Raabe, Gedanken und Einfälle

Der Mensch kann groß, ein Held, im Leiden sein,
doch göttlich ist er, wenn er **selig** ist!

Heinrich von Kleist, Penthesilea 14 (Penthesilea)

Wer **Glück** erfuhr, soll mit Beglückung niemals geizig sein!

Sophokles, Ödipus auf Kolonos IV (Antigone)

Übermütig sind meist in guten Zeiten die Herzen. Schwer ist's, Tage des **Glücks** zu tragen mit ruhigem Sinn.

Ovid, Liebeskunst II, 437

Das fortwährende Zusammenwohnen mit dem **Glück** verblendet einen unverständigen Menschen; das Glück fegt seine Besonnenheit hinweg wie der Wind die Wolke im Herbst.

Mahâbhârata 12

Nichts ist dem Menschen schwerer zu tragen
als eine Last von **guten Tagen**.

Wilhelm Müller, Die schwerste Last

Was einem in den **Schoß** fällt, verliert man leicht.
Aus Schweden

Am **glücklichsten** ist der Mensch immer nur – kurz vorher.
Thomas Niederreuther, Aphorismen

Wenn wir **glücklich** sind, sind wir immer gut. Aber nicht jeder, der gut ist, ist glücklich.
Oscar Wilde

Glück haben

Weiter sah ich unter der Sonne: Nicht den Schnellen gehört im Wettlauf der Sieg, nicht den Tapferen der Sieg im Kampf, auch nicht den Gebildeten die Nahrung, auch nicht den Klugen der Reichtum, auch nicht den Könnern der Beifall; vielmehr ereilen die Zeit und der **Zufall** sie alle.
Bibel, Buch Kohelet 9, 11

Zum Segen des **Glücks** bekennen sich nur die Unglücklichen; die Glücklichen führen alle ihre Erfolge auf Klugheit und Tüchtigkeit zurück.
Jonathan Swift

Wer **Glück** hat, dem kälbert ein Ochs.
Sprichwort

Glück ist Scharfblick für Gelegenheiten und die Fähigkeit, sie zu nutzen.
Samuel Goldwyn

Das **Glück** ist gut und fromm;
gleich teilt es seine Gaben:
Die Reichen lässt es Furcht,
die Armen Hoffnung haben.
Verfasser unbekannt

Lache nicht, wenn du schon am Morgen **Glück** hattest.
Aus Afrika

Ein zu **reicher Fang** schädigt das Netz.
Aus Kamerun

Erdenglück ist eine Leiter:
Steig gedankenlos nicht weiter,
denk nur stets an den Verdruss,
dass man wieder abwärts muss.
Verfasser unbekannt

Glück entsteht oft durch Aufmerksamkeit in kleinen Dingen, Unglück oft
durch die Vernachlässigung kleiner Dinge.
Wilhelm Busch

Ihn, der aus jeglichem Tag sich sein **Glück** holt,
ihn allein nur preise ich glücklich.
Euripides,
Die Bacchantinnen, Schlussgesang

Man muss das **Glück** aus sich selbst schöpfen, aus einem reichen
Arbeitstag und der Erhellung, die er in den Nebel um uns hineintragen
konnte.
Henri Matisse

Nicht aus des Herzens bloßem Wunsche keimt des **Glückes** schöne
Götterpflanze auf. Der Mensch soll mit der Mühe Pflugschar sich des
Schicksals harten Boden öffnen, soll des Glückes Erntetag sich selbst
bereiten und Taten in die offnen Furchen streun.
Heinrich von Kleist, An Wilhelmine

Glück und Unglück sind meiner Meinung nach zwei souveräne Mächte.
Es ist Torheit, anzunehmen, dass menschliche Klugheit die Rolle des
Glücks spielen könne.
Michel Eyquem de Montaigne,
Essays III, 8

Was einem in den **Schoß** fällt, verliert man leicht.
Aus Schweden

Tugend nennt ihr's, die Freude des andern wie eigne zu fühlen?
Unermessliches **Glück** scheint mir's und großes Talent!
Friedrich Hebbel,
Epigramme

Grata superveniet quae non sperabitur hora! Unverhofft wird dereinst die
glückliche Stunde dir kommen.
Horaz, Episteln 1,4

Das weitaus schönste **Glück** – das plötzliche.
Sophokles,
Antigone II (Wächter)

Gott

Das erfuhr ich unter Menschen als Wunder größtes, dass Erde nicht war
noch Himmel drüber noch irgendein Baum noch Berg nicht war noch
irgendein Stern noch Sonne schien noch Mond nicht leuchtete noch das
gewaltige Meer. Als da nirgends nichts war an Enden und Wenden, da war
doch der eine allmächtige **Gott**.
Wessobrunner Gebet

Gott ist die Liebe, und wer in der Liebe bleibt, bleibt in Gott, und Gott
bleibt in ihm.
Bibel, 1. Brief des Johannes 4,16

Was für ein Gedanke, unter einem **Allmächtigen** zu leben, von dem man
weiß, dass er lachen und singen kann!
Joachim Fernau, Rosen für Apoll 1

Es gibt unzählige Definitionen von **Gott**. Doch ich bete Gott nur als Wahrheit an.

Mahatma Gandhi

Allwissenheit ist das Auge, Güte das Herz, Wahrheit der Mund, Allmacht die Hand **Gottes**.

Johann Michael Sailer,
Sprüche mit und ohne Glossen

Gott ist Licht.

John Milton, Das Verlorene Paradies III, 3

Wir finden **Gott** zweimal, einmal in, einmal außer uns: in uns als Auge, außer uns als Licht.

Jean Paul, Levana III, 6

Halt an, wo laufst du hin,
der Himmel ist in dir:
Suchst du **Gott** anderswo,
du fehlst ihn für und für.

Angelus Silesius

Der **Gott**, den ich anbete, ist nicht ein Gott der Finsternis; er hat mir den Verstand nicht gegeben, um mir den Gebrauch desselben zu untersagen. Von mir verlangen, meine Vernunft gefangen zu geben, heißt ihren Schöpfer beleidigen.

Jean-Jacques Rousseau, Emile IV,
Glaubensbekenntnis des savoyischen Vikars

Man empfindet **Gott** durch die Seele
wie die Luft durch den Körper.

Joseph Joubert, Gedanken und Maximen

Es gibt nur eine, alle Determination und Negation von sich ausschließende, unendliche Substanz, welche **Gott** genannt wird und das eine Sein in allem Dasein ist.

Baruch de Spinoza

Ich denke **Gott** mir, sprach die Mücke,
viel tausendmal so groß wie mich;
in ewigem Glanz, in ewigem Glücke
susurrend tanzt und sonnt er sich.

Viktor von Scheffel, Der Trompeter von Säckingen,
Lieder des Katers

Wenn Dreiecke einen **Gott** hätten, würden sie ihn mit drei Ecken
ausstatten.

Charles Baron de Montesquieu

Sollte nicht der Mensch seine Ideen von **Gott** ebenso zweckmäßig weben
können wie die Spinne ihr Netz zum Fliegenfang?

Georg Christoph Lichtenberg

Ein Wunder ist es, dass ein solcher Gedanke – der Gedanke der
Notwendigkeit eines **Gottes** – einem so wilden und bösen Tier wie der
Mensch in den Kopf kommen konnte: So heilig, so rührend, so weise und
so ehrenvoll für den Menschen ist dieser Gedanke.

Feodor Michailowitsch Dostojewski,
Die Brüder Karamasow III, 3

Furcht, sagt Lukrez, hat die **Götter** geschaffen. Aber wer schuf diese
allmächtige Furcht?

Georg Christoph Lichtenberg, Miscellaneen 16

Bei jeder menschlichen Unternehmung ist nämlich etwas, das nicht in
unserer Macht steht und nicht in unsere Berechnung fällt. Der Wunsch,
dieses für sich zu gewinnen, ist der Ursprung der **Götter**.

Arthur Schopenhauer, Die Welt als Wille und Vorstellung I,
Anhang

Zudem sind die Natur **Gottes**, die Unsterblichkeit, das Wesen unserer
Seele und ihr Zusammenhang mit dem Körper ewige Probleme, worin
uns die Philosophen nicht weiterbringen.

Johann Wolfgang von Goethe,
zu Eckermann, 1.9.1829

Der Tao, den man künden kann, ist nicht der absolute Tao. Der Name, den man nennen kann, ist nicht des **Ewigen** Name.

Laotse, Tao-Teh-King I

Wo sich **Götter** offenbaren, kündigt sie ein Schauder an.

Franz Grillparzer,
Der Traum ein Leben III (König)

Wer **Gott** definiert, ist schon Atheist.

Oswald Spengler

Du willst mit nüchternem Verstand
das **Göttliche** beweisen?
Das heißt, nach einem Fabelland
auf Eisenbahnen reisen.

Otto von Leixner,
Aus der Vogelschau

Ob es **Gott** gibt oder nicht, wissen wir nicht. Also lasset uns ihm Opfer bringen.

Konfuzius

Die Unmöglichkeit, in der ich mich befinde, zu beweisen, dass es keinen **Gott** gebe, tut mir eben seine Existenz dar.

Jean de La Bruyère,
Charaktere

Gott ist das einzige Wesen, das, um zu herrschen, nicht selbst zu existieren braucht.

Charles Baudelaire

Was **Gott** ist, wird in Ewigkeit
kein Mensch ergründen,
doch will er treu sich allezeit
mit uns verbünden.

Conrad Ferdinand Meyer,
In Harmesnächten

Der beste Prediger ist das Herz, der beste Lehrer die Zeit, das beste
Buch die Welt, der beste Freund **Gott**.
Talmud

Name ist Begrenzung. Dass die olympischen **Götter** Namen hatten, trug
zu ihrem Untergang bei. »Gott« lebt von seiner Anonymität.
Hans Kudszus

Wer mit **Gott** Freund sein will, muss allein bleiben oder die ganze Welt zu
seinem Freund machen.
Mahatma Gandhi

Es ist höchste Weisheit, an einen **Gott** zu glauben, welcher straft und
belohnt.
Voltaire

Müssen denn die **Götter** gerecht sein? Eigensinnige Angewohnheit der
Menschen, das von ihnen zu verlangen.
Horst Wolfram Geißler,
Odysseus und die Frauen

Ohne Ahnung vom **Übersinnlichen** wäre der Mensch allerdings Tier;
eine Überzeugung davon aber ist nur für den Toren möglich und nur für
den Entarteten notwendig.
Franz Grillparzer, Aphorismen, 1820

Gott schauen ist Tod, das wussten alle Völker. Gott erraten ist Leben.
Christian Morgenstern, Tagebuch eines Mystikers

»Es ist ein **Gott**« kann, meiner Meinung nach, nichts anderes sagen als:
Ich fühle mich, bei aller meiner Freiheit des Willens, genötigt, recht zu
tun.
Georg Christoph Lichtenberg

Verlöscht den Glauben an **Gott**, und es wird Nacht in der Seele des
Menschen.
Alphonse de Lamartine

Griechenland

Griechenland braucht keine Archäologen – es braucht Forstmeister.
Ein grünes Griechenland könnte einer Welt,
die jetzt vom Rost zerfressen wird,
wieder Hoffnung verleihen.
Henry Miller, Der Koloss von Maroussi

Auskünfte haben weniger den Wert einer Information
als den eines Trosts.
Ein **Grieche** sagt niemals »nie«, höchstens »avrio«, morgen.
Erhart Kästner,
Ölberge, Weinberge

Großbritannien

Für **Großbritannien** ist der Ärmelkanal
immer noch breiter als der Atlantik.
Jacques Baumel

Die **Engländer** betrachten einen Greis wie ein seltenes Möbelstück aus
der guten alten Zeit, und ihre Augen verweilen zärtlich darauf, wenn auch
der Gegenstand selbst nicht mehr tipptopp erhalten ist. Im Herzen sind sie
alle Antiquare.
Godfried Bomans

Die **Engländer** überhaupt scheinen vor vielen anderen etwas voraus zu
haben. Wir sehen hier in Weimar ja nur ein Minimum von ihnen und
wahrscheinlich keineswegs die besten; aber was sind das alles für
tüchtige Leute! Und so jung und siebzehnjährig sie hier auch ankommen,

so fühlen sie sich doch in dieser deutschen Fremde keineswegs fremd und verlegen. Vielmehr ist ihr Auftreten und ihr Benehmen in der Gesellschaft so voller Zuversicht und so bequem, als wären sie überall die Herren und als gehöre die Welt überall ihnen.

> *Johann Wolfgang von Goethe,*
> *zu Eckermann, 12.3.1828*

Man kann nicht behaupten, das **englische** Volk sei sehr intelligent. Nicht, dass es ihm überhaupt an Intelligenz mangelt, nein, aber es besitzt sie auch nicht im Übermaß. Es besitzt davon gerade so viel, wie zum Leben notwendig ist.

> *José Ortega y Gasset*

Kein Volk ist im privaten Leben so wahrheitsliebend wie das **englische**. Keins aber bedient sich im öffentlichen Leben so bewusst oder doch mit so instinktiver Sicherheit der Lüge.

> *Karl Scheffler,*
> *Zeit und Stunde*

London ist allzu sehr erfüllt von Nebel und ernsthaften Leuten. Ob die Nebel die ernsthaften Leute oder die ernsthaften Leute die Nebel hervorbringen, weiß ich nicht genau.

> *Oscar Wilde*

So sind sie nun, **Britanniens Kinder**, alle: Trifft man aufs Haar nicht den gewohnten Brauch, so weisen sie's zurück und lächeln vornehm.

> *Franz Grillparzer,*
> *Die Jüdin von Toledo I (König)*

Bei den regierenden Klassen **Englands** kann man jede politische Reform durchsetzen, wenn sie so ausgeführt wird, dass alles beim Alten bleibt.

> *George Bernard Shaw, 1919*

In Frankreich wird ein Mann, der sich für eine Frau ruiniert, bewundert; in **England** hält man ihn für einen Verrückten.

> *William Somerset Maugham*

Größe

Es ist nichts **groß** als das Wahre, und das kleinste Wahre ist groß.
Johann Wolfgang von Goethe, an Charlotte von Stein,
Rom, 8.6.1787

Alles **Große** bildet, sobald wir es gewahr werden.
Johann Wolfgang von Goethe, zu Eckermann, 16.12.1828

Die **großen Seelen** sind wie hohe Berggipfel. Der Wind peitscht sie, die
Wolken hüllen sie ein, aber man atmet leichter und kräftiger auf ihnen als
anderswo.
Romain Rolland, Das Leben des Michelangelo

Größe besitzt, wer uns nie an andere erinnert.
Ralph Waldo Emerson

Vielseitigkeit mag ich nicht recht oder glaube eigentlich nicht recht
daran. Was eigentümlich und schön und **groß** sein soll, das muss
einseitig sein.
Felix Mendelssohn-Bartholdy, Reisebriefe

Klein ist der Mensch, der Vergängliches sucht, **groß** aber, wer das
Ewige im Sinn hat.
Antonius von Padua, Predigten

Kleine Geister handeln, **große** wirken.
Karl Heinrich Waggerl, Kleine Münze

Groß ist ein Mensch, der nach seinem Tod die anderen in Verlegenheit
lässt.
Paul Valéry

Was ist **groß**? Schicksalsschläge froh ertragen.
Lucius Annaeus Seneca, an Lucilius

Einen wirklich **großen Mann** erkennt man an drei Dingen: Großzügigkeit im Entwurf, Menschlichkeit in der Ausführung und Mäßigkeit beim Erfolg.

Otto von Bismarck

Macht besitzen und nicht ausüben ist **wahre** Größe.

Friedl Beutelrock

Wer **große** Körbe flechten kann, flicht auch kleine.

Aus Afrika

Ein wahrhaft großer **Mann** wird weder einen Wurm zertreten noch vor dem Kaiser kriechen.

Benjamin Franklin

Es gibt ein sicheres Mittel, um **große Männer** von Scheingrößen zu unterscheiden: Alle großen Männer haben Humor.

Ludwig Reiners, Stilkunst VI, Witz und Humor

Gelegenheit macht nicht Diebe allein; sie macht auch **große Männer**.

Georg Christoph Lichtenberg, Über Physiognomik

In Hinsicht auf die Schätzung der **Größe** eines Menschen gilt für die geistige das umgekehrte Gesetz der physischen: Diese wird durch die Ferne verkleinert, jene vergrößert.

Arthur Schopenhauer, Parerga und Paralipomena

Das Allerseltenste aber ist bei weltgeschichtlichen Individuen die **Seelengröße**.

Jacob Burckhardt, Weltgeschichtliche Betrachtungen V

Der **große Mensch** ist ein öffentliches Unglück.

Aus China

H Hass

Was kriechet unde flieget
und Bein zur Erde bieget,
das sah ich unde sag euch das:
Der keines lebet ohne **Hass**.

Walther von der Vogelweide, Ich hört ein Wasser rauschen

Es gibt keinen **Menschenhasser** in Natur, als wer sich allein anbetet oder sich selbst verachtet.

Friedrich Schiller, Der Menschenfeind (Rosenberg)

Das Böse, das der Mann, der mündige, dem Manne zufügt, das, ich will es glauben, vergibt sich und versöhnt sich schwer. Der Mann will seinen **Hass**.

Friedrich Schiller, Die Braut von Messina I, 4 (Isabella)

Der **Hass** gewährt gewiss den süßem Trank:
Wir lieben flüchtig, doch wir hassen lang.

Lord Byron, Don Juan 13, 6

Meine Liebe mag die Freunde erfreun; meinen **Hass** genieß' ich für mich allein.

Paul Heyse, Spruchbüchlein, Persönliches

Der **Hasser** lehrt uns immer wehrhaft bleiben.

Johann Wolfgang von Goethe, Die natürliche Tochter II, 5 (Eugenie)

Der **Hass** der Größe gegen die Kleinheit ist Ekel, der Hass der Kleinheit gegen die Größe Neid.

Arthur Schnitzler

Sie wissen ja: Wenn ich Sie **hasse**, liebe ich Sie bis zu einem Grade der Leidenschaft, der den Verstand verwirrt.

Julie de L'Espinasse, Briefe

Der **Hass** ist eine läst'ge Bürde. Er senkt das Herz tief in die Brust hinab und legt sich wie ein Grabstein schwer auf alle Freuden.
Johann Wolfgang von Goethe, Elpenor 1,6 (Antiope)

Hass ist gescheiterte Liebe.
Søren Kierkegaard

Dein **Hass** ist deine Strafe.
Friedrich von Bodenstedt, Die Lieder des Mirza Schaffy

Hass macht hässlich.
Eberhard Puntsch

Wenn man ein Kind einen Menschen **hassen** lehrt, der ihm nichts getan, so lernt es die übrigen Menschen auch hassen.
Jean Paul

Wenn wir unsere Feinde **hassen**, geben wir ihnen große Macht über unser Leben: Macht über unseren Schlaf, unseren Appetit, unsere Gesundheit und unsere Geistesruhe.
Andrew Carnegie

Es bringt nicht gute Frucht, wenn **Hass** dem Hass begegnet.
Friedrich Schiller, Maria Stuart III, 3 (Shrewsbury)

Hass zeugt Hass!
Äschylos, Die Grabesspenderinnen 211 (Chorführerin)

Hass beruht meistens auf Gegenseitigkeit, Liebe nur manchmal.
Erhard Blonde

Überlasse das **Hassen** denen, die zu schwach sind, um lieben zu können.
Michel del Castillo

Wen du der Liebe nicht würdigst, den würdige auch nicht des **Hasses**, Sache nur sei er für dich, aber mitnichten Person!
Friedrich Hebbel, Hass und Liebe

Hässlichkeit

Hässlich in der Kunst ist das, was keinen Charakter, das heißt weder eine innere noch eine äußere Wahrheit besitzt, ferner das, was, anstatt ausdrucksvoll zu sein, einnehmend oder schön sein möchte, was gekünstelt und gesucht ist, was ohne Grund lächelt, was sich aufdrängt und spreizt.

Auguste Rodin, Die Kunst

Ein **hässliches** Kind wird nie so viel Liebe erfahren wie ein wohlgestaltetes; es kann sich also in ihm die Liebe auch nicht sammeln und entfalten.

Peter Rosegger, Nixnutzig Volk

Hässlichkeit bei einem Weibe ist schon der halbe Weg zur Tugend.

Heinrich Heine, Gedanken und Einfälle 6

Phantasie und Witz finden mehr ihre Rechnung, sich mit dem **Hässlichen** zu beschäftigen als mit dem Schönen. Aus dem Hässlichen lässt sich viel machen, aus dem Schönen nichts.

Johann Wolfgang von Goethe, Die guten Weiber

Was in der Natur für **hässlich** gilt, zeigt oft mehr Charakter als das, was man für schön hält, weil in dem nervösen Spiel einer krankhaften Physiognomie, in den tiefen Spuren einer lasterhaften Maske, in jeglicher Missbildung, in jedem Brandmal die innere Wahrheit viel leichter aufblitzt als auf regelmäßigen und gesunden Zügen.

Auguste Rodin, Die Kunst

Für das Kind ist die Mutter nicht **hässlich**.

Aus Benin

Es gibt keine **hässlichen** Frauen. Es gibt nur Frauen, die nicht imstande sind, sich hübsch zu machen.

A. P. Berryer

Es gibt keine **hässlichen** Frauen; es gibt nur gleichgültige.
> *Helena Rubinstein*

Es gibt keine **hässlichen** Frauen; es gibt nur eingebildete Männer.
> *Verfasser unbekannt*

Heimat

Heimat ist ein geistiger Raum, in den wir mit einem jeden Jahre tiefer eindringen.
> *Reinhold Schneider*

Die wahre **Heimat** ist eigentlich die Sprache. Sie bestimmt die Sehnsucht danach, und die Entfernung vom Heimischen geht immer durch die Sprache am schnellsten.
> *Wilhelm von Humboldt, Briefe an eine Freundin, 21.8.1827*

Jede **Stadt** hat ihre besondere Art, Hühner aufzuschneiden.
> *Aus Togo*

Die **Heimat** ist ja nie schöner, als wenn man in der Fremde von ihr spricht.
> *Horst Wolfram Geißler,*
> *Die Frau, die man liebt*

Weh dem, der **fern** von Eltern und Geschwistern ein einsam Leben führt! Ihm zehrt der Gram das nächste Glück vor seinen Lippen weg, ihm schwärmen abwärts immer die Gedanken nach seines Vaters Hallen, wo die Sonne zuerst den Himmel vor ihm aufschloss, wo sich Mitgeborne spielend fest und fester mit sanften Banden aneinander knüpften.
> *Johann Wolfgang von Goethe, Iphigenie auf Tauris I, 1*
> *(Iphigenie)*

Ohne **Heimat** sein heißt leiden.
Feodor Michailowitsch Dostojewski, an Majkow, 28.8.1867

Der Fisch stirbt, wenn ihn der **Fluss** verschmäht.
Aus Nigeria

Am Tage, da ich meinen Pass verlor, entdeckte ich mit achtundfünfzig
Jahren, dass man mit seiner **Heimat** mehr verliert als einen Fleck
umgrenzter Erde.
Stefan Zweig, Erinnerungen

Prag lässt nicht los. Dieses **Mütterchen** hat Krallen.
Franz Kafka

Heimat ist der Mensch, dessen Wesen wir vernehmen und erreichen.
Max Frisch

Nicht da ist man **daheim**, wo man seinen Wohnsitz hat, sondern wo man
verstanden wird.
Christian Morgenstern

Alle diese vortrefflichen Menschen, zu denen Sie nun ein angenehmes
Verhältnis haben, das ist es, was ich eine **Heimat** nenne.
Johann Wolfgang von Goethe, zu Eckermann, 3.11.1823

Wer Tugend hat und Kunst, wird nimmer nie vertrieben, ist, wo er immer
ist, als wie **zu Hause** blieben.
Friedrich von Logau, Vertriebene

Es hat auch der Verdienstvollste der **Heimat** mehr zu danken als diese
ihm.
Jacob Burckhardt

Im Grunde ist dem Menschen nur der Zustand gemäß, worin und wofür
er geboren worden. Wen nicht große Zwecke in die Fremde treiben, der
bleibt weit glücklicher **zu Hause**.
Johann Wolfgang von Goethe, zu Eckermann, 22.2.1824

Heimat ist nicht dort, wo man wohnt, sondern wo man liebt und geliebt wird.

> *Karlheinz Deschner*

Der ist in tiefster Seele treu, wer die **Heimat** liebt wie du.

> *Theodor Fontane,*
> *Archibald Douglas*

In der Fremde erfährt man, was die **Heimat** wert ist.

> *Ernst Wiechert, Heinrich von Plauen*

Ich bin mit Russland durch Geburt, Leben und Arbeit verbunden. Ich kann mir mein Schicksal ohne es und getrennt von ihm nicht vorstellen. Die Ausreise aus den Grenzen meiner **Heimat** ist für mich gleichbedeutend mit dem Tode, und deshalb bitte ich darum, diese äußerste Maßnahme gegen mich nicht anzuwenden.

> *Boris Pasternak, an Chruschtschow*

Heiraten

Briganten verlangen Geld oder Leben, **Frauen** beides.

> *Samuel Butler*

Heiraten ist, als stecke man eine Schlange in seine Tasche.

> *Bantu-Weisheit*

Wenn wir **heiraten**, übernehmen wir ein versiegeltes Schreiben, dessen Inhalt wir erst erfahren, wenn wir auf hoher See sind.

> *Lilli Palmer*

Falsche Liebe fürchtet die **Ehe**, echte sucht sie.

> *Peter Rosegger, Höhenfeuer*

Wenn unsere märkischen Leute sich **verheiraten**, so reden sie nicht von Leidenschaft und Liebe, sie sagen nur: Ich muss doch meine Ordnung haben.

Theodor Fontane, Irrungen, Wirrungen

Die Jugend und die schöne **Liebe**, alles hat sein Ende, und es kommt eine Zeit, wo man Gott dankt, wenn man irgendwo unterkriechen kann.

Johann Wolfgang von Goethe, Egmont III (Mutter)

Denn es löset die **Liebe**, das fühl ich, jegliche Bande, wenn sie die ihrigen knüpft, und nicht das Mädchen allein lässt Vater und Mutter zurück, wenn sie dem erwählten Mann folgt, auch der Jüngling, er weiß nichts mehr von Mutter und Vater.

Johann Wolfgang von Goethe,
Hermann und Dorothea 4

Der **Ring** macht Ehen, und Ringe sind's, die eine Kette machen.

Friedrich Schiller, Maria Stuart II, 2 (Elisabeth)

Ringlein sehn heut lieblich aus,
morgen werden Fesseln draus.

Clemens Brentano, Brautgesang

Wenn ein Mädchen **heiratet**, tauscht es die Aufmerksamkeiten vieler Männer gegen die Unaufmerksamkeit eines einzigen ein.

Helen Rowland

Eine heilige Handlung wird durch das **Feierliche** nicht kräftiger.

Gotthold Ephraim Lessing, Miß Sara Sampson I, 7 (Sara)

Es ist besser zu **heiraten**, als sich in Begierde zu verzehren.

Bibel, 1. Korinther 7, 9

Jeder, der **heiratet**, ist wie der Doge, der sich mit dem adriatischen Meer vermählt. Er weiß nicht, was drin ist, was er heiratet: Schätze, Perlen, Ungetüme, unbekannte Stürme.

Heinrich Heine, Gedanken und Einfälle 5

Die **Heirat** ist die einzige lebenslängliche Verurteilung, bei der man auf Grund schlechter Führung begnadigt werden kann.
Alfred Hitchcock

Die **zweite Ehe** ist der Triumph der Hoffnung über die Erfahrung.
Samuel Johnson

Sie hat nichts und du desgleichen,
dennoch wollt ihr, wie ich sehe,
zu dem Bund der heil'gen **Ehe**
euch bereits die Hände reichen.
Kinder, seid ihr denn bei Sinnen?
Überlegt euch das Kapitel!
Ohne die gehör'gen Mittel
soll man keinen Krieg beginnen.
Wilhelm Busch

Niemand arbeitet so hart für sein **Geld** wie der, der es geheiratet hat.
Kin Hubbard

Verlangt dein Kind ein Freier,
der wenig nach der **Mitgift** fragt,
so denke, was das Sprichwort sagt:
Sehr wohlfeil ist sehr teuer.
Gotthold Ephraim Lessing,
An einen geizigen Vater

Des Weibes große **Gift** ist recht des Mannes Gift,
das nicht den Leib so sehr als seine Freiheit trifft.
Friedrich von Logau,
Eine stattliche Mitgift

Unerträglicher nichts als ein Weib mit großem **Vermögen**.
Juvenal, Satiren 2, 6

Eine schöne Jungfrau trägt ihr **Heiratsgut** im Angesicht.
Christoph Lehmann, Politischer Blumengarten 2

Heiterkeit

Herzensfreude ist Leben für den Menschen, **Frohsinn** verlängert ihm die Tage.

Bibel, Jesus Sirach 30, 22

Was kann der Schöpfer lieber sehen als ein **fröhliches** Geschöpf!

Gotthold Ephraim Lessing, Minna von Barnhelm II, 7
(Fräulein)

Ich fand mich sicher nie frömmer, als wenn ich so recht **fröhlich** im Gemüte war.

Jeremias Gotthelf

Die **Heiterkeit** allein ist gleichsam die bare Münze des Glückes und nicht, wie alles andere, bloß der Bankzettel.

Arthur Schopenhauer

Wir müssen die Dinge **lustiger** nehmen, als sie es verdienen; zumal wir sie lange Zeit ernster genommen haben, als sie es verdienen.

Friedrich Nietzsche,
Morgenröte 567

Helden

Es gibt **Heldentaten,** deren nur die ganz Schüchternen fähig sind.

Pierre Gascar

Heldentum ist Ausnahmezustand und meist Produkt einer Zwangslage.

Theodor Fontane

Ich mag keine **Helden**. Sie machen mir zu viel Lärm in der Welt.
Voltaire

Das Volk besteht darauf, seine Wunder, seine **Helden und Heldinnen**, seine Heiligen, Märtyrer und Gottheiten zu haben, um die Kraft der Liebe, der Bewunderung und der Anbetung an ihnen üben zu können, und seine Judasse und Teufel, um die Möglichkeit zu haben, in Zorn zu entflammen, und doch zu fühlen, dass dieser Zorn ein Gott wohlgefälliger Zorn ist.
George Bernard Shaw,
Warum für Puritaner?

Der **Held** ist einer, der fünf Minuten länger tapfer ist als der gewöhnliche Mann.
Ralph Waldo Emerson

Unglücklich das Land, das **Helden** nötig hat.
Bertolt Brecht, Leben des Galilei 13 (Galilei)

Hören

Das **Ohr** das hört, und das Auge, das sieht, der Herr hat sie beide geschaffen.
Bibel, Buch der Sprichwörter, 20, 12

Zuhören können ist der halbe Erfolg.
Calvin Coolidge

Das **Ohr** ist älter als die Hörner.
Aus Afrika

Keiner ist so **taub** wie der, der nicht hören will.
Aus Frankreich

Der Tag ist zum Sehen und die Nacht zum **Hören** da.
Aus Marokko

Ich ärgerte mich über den **Menschenlärm** unter mir und konnte nicht eher schlafen, als bis ich wusste, es waren Pferde.
Jean Paul

Humor

Wo Phantasie und Urteilskraft sich berühren, entsteht Witz, wo sich Vernunft und Willkür paaren, **Humor**.
Novalis, Fragmente 1798

Humor ist die Einheit von Witz und Liebe.
William Thackeray

Kein Geist ist in Ordnung, dem der Sinn für **Humor** fehlt.
Samuel Taylor Coleridge

Der **Humor** ist mit Recht als die feinste Vollendung des dichterischen Geistes betrachtet worden. Wer ihn nicht besitzt, wie reich er auch begabt sein möge, besitzt nur die Hälfte der gestaltenden Kraft.
Thomas Carlyle

Es ist schlimm, in einem Lande zu leben, in dem es keinen **Humor** gibt. Aber noch schlimmer ist es, in einem Lande zu leben, in dem man Humor braucht.
Bertolt Brecht

Humor erfordert Distanz zu uns selbst. Wenn der Egoist Humor entwickeln will, wird er sarkastisch.
Sigmund Graff

Während dem gewöhnlichen Menschen der heutige Alltagsärger erst nach einem Jahr belanglos erscheinen und zum heiteren Gesprächsstoff herabsinken wird, betrachtet der **Humor** die Widerwärtigkeiten der Welt schon heute aus jener Entfernung, in der die Dinge auf ihr wirkliches Maß zusammenschrumpfen.
Ludwig Reiners, Stilkunst VI, Witz und Humor

Ein wertvoller Schutz vor Feinden ist der **Humor**.
Aus Liberia

Es sitzt ein Vogel auf dem Leim,
er flattert sehr und kann nicht heim.
Ein schwarzer Kater schleicht herzu,
die Krallen scharf, die Augen gluh.
Am Baum hinauf und immer höher
kommt er dem armen Vogel näher.
Der Vogel denkt: Weil das so ist
und weil mich doch der Kater frisst,
so will ich keine Zeit verlieren,
will noch ein wenig quinkelieren
und lustig pfeifen wie zuvor.
Der Vogel, scheint mir, hat **Humor**.
Wilhelm Busch

Humor ist die Höflichkeit der Verzweiflung.
Chaval

Humor ist überwundenes Leiden an der Welt.
Jean Paul

Gibt es schließlich eine bessere Form, mit dem Leben fertig zu werden, als mit Liebe und **Humor**?
Charles Dickens, David Copperfield, Schluss

I Individuum

Jeder **Mensch** ist ein besonderer Gedanke Gottes.
Paul de Lagarde

Zu jeder **Seele** gehört eine andere Welt; für jede Seele ist jede andere Seele eine Hinterwelt. Zwischen dem Ähnlichsten gerade lügt der Schein am schönsten.
Friedrich Nietzsche, Zarathustra III, Der Genesende 2

Jeder **Mensch** ist ein anderes Land.
Aus Afrika

Die Welt hat so viele **Mittelpunkte**, als es Menschen gibt.
Gerhard Szczesny, Das sogenannte Gute I

Die Käuze verschwinden, weil das Risiko einer käuzischen Existenz heute allzu groß geworden ist. Sie fallen, die Käuze, die geborenen **Einzelgänger**, nicht mehr nur der Acht des Normalbürgers anheim, sondern auch dem Bann der so genannten Nonkonformisten, die es längst dem Normalbürger nachgetan und ein penetrantes Herdenbewusstsein ausgebildet haben. Es gibt keine Käuze mehr, nur noch organisierte Narren.
Valentin Polcuch, in Die Welt, 21/1965

In jedermann ist etwas **Kostbares**, das in keinem anderen ist.
Martin Buber

Jeder außerordentliche **Vorzug** isoliert.
Carl Hilty, Bausteine

Es kommt für jeden der Augenblick der Wahl und der Entscheidung: ob er sein **eigenes Leben** führen will, ein höchst persönliches Leben in tiefster Fülle, oder ob er sich zu jenem falschen, seichten, erniedrigenden Dasein entschließen soll, das die Heuchelei der Welt von ihm begehrt.
Oscar Wilde

Die meisten Menschen sind **Mörder**. Sie töten einen Menschen. In sich selbst.

Stanislaw Jerzy Lec, Unfrisierte Gedanken

Unter den Menschen gibt es viel mehr Kopien als **Originale**.

Pablo Picasso

Minderheiten sind die Sterne des Firmaments; Mehrheiten sind das Dunkel, in dem sie fließen.

Martin Henry Fischer

Irrtum

Es gibt keine reine Wahrheit, aber ebensowenig einen reinen **Irrtum**.

Friedrich Hebbel, Tagebücher 1837

Man **irrt** so hartnäckig, weil man selten gänzlich irrt.

Karl Heinrich Waggerl, Kleine Münze

Es gibt keine Wahrheit, die in einem Flachkopf nicht zum **Irrtum** werden könnte.

Luc de Clapier Vauvenargues

Aller **Irrtum** besteht darin, dass wir unsere Art, Begriffe zu bestimmen oder abzuleiten oder einzuteilen, für Bedingungen der Sachen an sich selbst halten.

Immanuel Kant

Die Engländer mögen keinen Mann, der immer behauptet, dass er Recht hat, und sie sind ganz vernarrt in einen Mann, der zugibt, dass er **Unrecht** hatte.

Oscar Wilde, Ein idealer Gatte II (Lord Gering)

Der **Irrtum** kann nur durch das Irren geheilt werden.
*Johann Wolfgang von Goethe, Wilhelm Meisters
Lehrjahre VIII*

Auf einen **Irrtum** aufmerksam gemacht, geht der Weise schweigend in sich, der Schlaue sucht eine Ausrede, und der Narr beschönigt ihn.
Verfasser unbekannt

Jede Rückkehr vom **Irrtum** bildet mächtig den Menschen im Einzelnen und Ganzen aus, sodass man wohl begreifen kann, wie dem Herzensforscher ein reuiger Sünder lieber sein kann als neunundneunzig Gerechte.
Johann Wolfgang von Goethe, an Eichstädt, 15.9.1804

Man erkennt den **Irrtum** daran, dass alle Welt ihn teilt.
Jean Giraudoux, Kein Krieg in Troja II, 13 (Hektor)

Ein begabter **Irrtum** kann in den Himmel der Fehler kommen, ein trockenes Rechthaben in die Hölle der Nichtigkeiten.
Hans Kasper, Abel, gib acht; Die Kunst der Meinung

Italien

Man mag so alt, so gelehrt, so weise und geschmackvoll sein, als man will – eine Reise nach **Italien** gibt immer noch dem Geist ein neues Gepräge.
Georg Christoph Lichtenberg, an Thomas von Sömmering, 7.1.1785

Bei dem Namen **Rom** hört alles Träumen auf, und die Selbsterkenntnis fängt an. Die alte Zauberin weist jeglichem Menschen seinen Platz an. Mein hiesiger Aufenthalt ist eine Entwicklungsgeschichte.
Anselm Feuerbach, Ein Vermächtnis

Der **Italiener** hat überhaupt ein tieferes Gefühl für die hohe Würde der Kunst als andere Nationen. Jeder, der nur irgendetwas treibt, will Künstler, Meister und Professor heißen.

Johann Wolfgang von Goethe, Wilhelm Meisters Lehrjahre VIII

Wir betreten **Rom** in einer erhöhten Verfassung des Gemüts, wie keine andere Stadt des Erdkreises sie unserer Natur abzunötigen vermöchte. Und etwas von dieser Verfassung wird für immer zurückbleiben.

Werner Bergengruen

Ich kann sagen, dass ich nur in **Rom** empfunden habe, was eigentlich ein Mensch sei. Zu dieser Höhe, zu diesem Glück der Empfindung bin ich später nie wieder gekommen.

Johann Wolfgang von Goethe, zu Eckermann, 9.10.1828

Das schlechteste Dorf ist ein kleines Reich. In **Rom** ist der Zweite dem Letzten gleich.

Albert von Chamisso, Vetter Anselmo 3

Rom ist wie die Löwenhöhle in der Fabel: Man sieht die Fußstapfen von vielen, die hineingegangen sind, aber von niemand, der zurückgekommen ist.

König Rudolf I.

Wer in **Rom** bleiben und sich ansiedeln will, muss heiraten und katholisch werden, sonst hält er es nicht aus und hat eine schlechte Existenz.

Johann Wolfgang von Goethe, zu Eckermann, 10.4.1829

In **Rom** fließen alle Sünden und Laster zusammen, um verherrlicht zu werden.

Tacitus, Annalen 15, 44

Die Männer lenken das Land, doch die Frauen lenken die Männer. In **Italien** herrscht das geheime Mutterrecht.

Luigi Barzini

Jahrhunderte katholische Erziehung haben im **italienischen Mann** eine enorme, nie zu stillende Gier nach dem Weib ausgelöst.

Federico Fellini

In Amerika wird man nach fünf Minuten **Verspätung** entlassen, hier merkt keiner, wenn man sechs Monate zu Hause bleibt.

Valentino

Italien, ein geographischer Begriff.

Klemens Fürst von Metternich

J *Jugend*

Jeder Wolkendunst unserer **Jugend**, der sich harmlos zu verziehen schien, kommt irgendwann einmal als Gewitter wieder.
Arthur Schnitzler, an Hugo von Hofmannsthal

Der Mensch kommt moraliter ebenso nackt auf die Welt als **physice**. Daher ist seine Seele in der **Jugend** so empfindlich gegen die äußere Witterung.
Johann Wolfgang von Goethe, zu Riemer, 22.6.1810

Du bist doch des Lobes voll für den Homer, und dieser erklärte doch die erste Zeit des Bartsprossens für die lieblichste Zeit der **Jugend**.
Platon, Protagoras 1 (Sokrates)

Ist nicht das **Jünglingsalter** kühn und bleibt nicht gern auf halbem Wege stehn, vor allem wo Verbotnes lockt?
Franz Grillparzer, Des Meeres und der Liebe Wellen IV

Die so genannte romantische Poesie zieht besonders unsere jungen Leute an, weil sie der Willkür, der Sinnlichkeit, dem Hange nach Ungebundenheit, kurz der Neigung der **Jugend** schmeichelt.
Johann Wolfgang von Goethe, zu Riemer, 28.8.1808

Wer sich noch in dem Zustand befindet, wo andere für ihn sorgen müssen, der muss gegen seine eigene Handlungsweise ebenso **geschützt** werden wie gegen äußere Unbill.
John Stuart Mill, Über Freiheit I

Ich habe keine Hoffnung mehr für die Zukunft unseres Volkes, wenn sie von der leichtfertigen **Jugend** von heute abhängig sein sollte. Denn diese Jugend ist ohne Zweifel unerträglich, rücksichtslos und altklug. Als ich noch jung war, lehrte man uns gutes Benehmen und Respekt vor den Eltern. Aber die Jugend von heute will alles besser wissen.
Hesiod

Was bei der **Jugend** wie Grausamkeit aussieht, ist meistens Ehrlichkeit.
Jean Cocteau

Jugend ist des Trauerns Feind, schicket wider das ins Feld:
Musik, Buhlschaft, Wein und Spiel und den General, das Geld.
Friedrich von Logau, Sinngedichte, Feinde der Traurigkeit

Was für eine lasterhafte **Jugend**! Statt auf die Alten zu hören, ahmt sie die Alten nach!
Wieslaw Brudzinski, Katzenjammer

Deinen **Jahren** verzeiht man zehn Ausschweifungen vor einer einzigen Grille.
Schiller, Kabale und Liebe I, 7 (Präsident)

Jüngling, trauerst du in Jahren,
wo die Pflicht sich freuen heißt?
Schäme dich – so frisch an Haaren,
Jüngling, und so schwach an Geist!
Gotthold Ephraim Lessing, Die 47. Ode Anakreons

Die **Jugend** folgt, ein Rosenblatt, den Winden.
Nicolaus Lenau, Jugend und Liebe

Jungen Leuten ist Freude und Ergötzen so vonnöten wie Essen und Trinken.
Martin Luther

Die Finken, die im Lenz nicht singen,
die bringen's auf den Herbst dann ein.
Der muss dann alt erst rasend sein,
der **jung** es konnte nicht vollbringen.
Friedrich von Logau, Sitten der Jugend

Wie leicht der **Jüngling** schwere Lasten trägt und Fehler wie den Staub vom Kleide schüttelt!
Johann Wolfgang von Goethe, Torquato Tasso II,4 (Antonio)

Sich bewundert die **Jugend** im Glanz ihrer Ideale, an trüber Realität misst sie der Alten Verdienst.
Eberhard Puntsch, Ungleiche Maßstäbe

Das Alter wägt und misst es, die **Jugend** spricht: So ist es.
August Graf von Platen

Der **Jugend** Kenntnis ist mit Lumpen gefüttert.
Johann Wolfgang von Goethe, zu Ernst von Pfuel,
August 1810

Eine große Reise zu tun ist für einen **jungen Mann** äußerst nützlich.
Johann Wolfgang von Goethe, Wilhelm Meisters
Lehrjahre VIII, 7

In der **Jugend** ist ihm ein froher Gefährte der Leichtsinn, der die Gefahr ihm verbirgt und heilsam geschwinde die Spuren tilget des schmerzlichen Übels, sobald es nur irgend vorbeizog.
Johann Wolfgang von Goethe, Hermann und Dorothea 1

Junge Menschen sollten ins Ausland reisen, damit sie aus eigener Anschauung erfahren, dass es überall Mut, Talente, Weisheit und Tatkraft gibt, und sie das Vorurteil ablegen, es sei anderswo schlechter als in ihrem Vaterland.
Denis Diderot

Nach Ehre geizt die **Jugend**.
Friedrich Schiller, Maria Stuart II, 7 (Paulet)

Man muss **jung** sein, um große Dinge zu tun.
Johann Wolfgang von Goethe, zu Eckermann, 11.3.1828

Die **Jugend** verachtet die Folgen; darauf beruht ihre Stärke.
Martin Kessel, Gegengabe V

Der Idealismus der **Jugend** ermöglicht die Weisheit des Alters.
Hans Arndt, Im Visier

In der **Jugend** traut man sich zu, dass man den Menschen Paläste bauen könne, und wenn es um und an kömmt, so hat man alle Hände voll zu tun, um ihren Mist beiseite bringen zu können.

Johann Wolfgang von Goethe, an Lavater, 6.3.1780

Wenn sich die **Jugend** der Geschlechtsreife nähert, tritt ein gewisser sonderbarer Ernst ein, Liebe zur Einsamkeit und Stille. Man hat den Glotzer, wie man im Süden spricht, starrt stundenlang auf einen Fleck, aber nicht in Gedanken, wohl aber in dunkeln, unbekannten Gefühlen verloren.

Karl Julius Weber, Demokritos II, 15

Es ist der Fehler des **Jünglings**, sich immer für glücklicher oder unglücklicher zu halten, als er ist.

Gotthold Ephraim Lessing, Philotas 2 (Strato)

Wenn man mit der Welt nicht ganz fremd werden will, so muss man die **jungen Leute** gelten lassen für das, was sie sind, und muss es wenigstens mit einigen halten, damit man erfahre, was die Übrigen treiben.

Johann Wolfgang von Goethe, an Karl Friedrich von Reinhard, 8.5.1811

Es gibt eine gewisse Jungfernschaft der Seele bei **Mädchen** und eine moralische Entjungferung. Diese findet bei vielen schon sehr frühzeitig statt.

Georg Christoph Lichtenberg

Jedes **Mädchen** ist die Verwalterin der weiblichen Mysterien. Es gibt Stellen, wo Bauernmädchen aussehen wie Königinnen; das gilt von Leib und Seele.

Georg Christoph Lichtenberg, Beobachtungen über den Menschen

Jede Neigung zu verschließen, hart und kalt zu sein wie Stein, schöne Augen nicht zu grüßen, fleißig und allein zu sein, keiner Bitte nachzugeben: Heißt das wohl ein **Jugendleben**?

Novalis, Heinrich von Ofterdingen, Klage der Mädchen

Ein **Mädchen** vor dem Spiegel ist die Frucht, die sich selber isst.
Friedrich Hebbel, Tagebücher 1839

Ein wanderndes **Mädchen** ist immer von schwankendem Rufe.
Johann Wolfgang von Goethe, Hermann und Dorothea 7

Kein Jahrmarkt ohne Diebe.
Kein **Mädchen** ohne Liebe.
Sprichwort

Heute sehen viele **Mädchen** aus wie Männer, die wie Mädchen aussehen.
John Wayne

K Kinder

Der Vater ernährt eher zehn **Kinder** als zehn Kinder einen Vater.
Sprichwort

Ein Mann ist entbehrlich, ein **Kind** nicht.
Juliette Gréco

Vier Menschen sind tot bei lebendigem Leibe: der Arme, der Blinde, der Aussätzige und der **Kinderlose**.
Talmud

Eine Ehe, in der **Kinder** nicht gewünscht oder nicht vermisst werden, ist ein Konkubinat.
Oswald Spengler, Gedanken, Streiflichter

Denn toten Manns Gedächtnis, in den **Kindern** lebt es fort! Korkstücke tragen schwimmend so das Netz, aus Meergrund treu bewahrend seines Fadens Zug.
Äschylos, Die Grabesspenderinnen 505 (Orestes)

Für einen Vater, dessen **Kind** stirbt, stirbt die Zukunft. Für ein Kind, dessen Eltern sterben, stirbt die Vergangenheit.
Berthold Auerbach

Wer **Kinder** hat, hat auch Segen.
Aus Kamerun

Bei Feldfrüchten hält man die des Nachbarn für die besten, bei **Kindern** die eigenen.
Aus China

Was sogar die Frauen an uns ungebildet zurücklassen, das bilden die **Kinder** aus, wenn wir uns mit ihnen abgeben.
Johann Wolfgang von Goethe

Du siehst es an den **Schösslingen**,
ob die Mutterpflanze gut ist.
Bantu-Weisheit

Sparen und arbeiten muss freilich die Ordre du Jour sein, und in der Welt
gibt es dazu für Menschen von Gefühl kein größeres Reizmittel als
Kinder.
Georg Christoph Lichtenberg, an Ludwig Christian
Lichtenberg, 15.6.1795

Die **Kinder** haben wie die Hunde einen so scharfen und feinen Geruch,
dass sie alles entdecken und auswittern und das Schlimme vor allem anderen. Sie wissen auch immer ganz genau, wie dieser oder jener Haus-
freund zu ihren Eltern steht.
Johann Wolfgang von Goethe, zu Soret, 17.3.1830

Es ist die Strafe unserer eignen Jugendsünden, dass wir gegen die unserer
Kinder nachsichtig sein müssen.
Friedrich Hebbel, Agnes Bernauer III, 6 (Ernst)

In Deutschland wird die Verfügungsgewalt über das **Kind** mit der
gleichen Rücksichtslosigkeit ausgeübt, die man auch sonst Minoritäten
gegenüber für angebracht hält.
Alexander Mitscherlich, Von der Unwirtlichkeit
unserer Städte

Erst bei den Enkeln ist man dann so weit, dass man die **Kinder**
ungefähr verstehen kann.
Erich Kästner

Kinder sind Schauspieler: Sie ahmen ihren Eltern nach – allen Versuchen
zum Trotz, ihnen gute Manieren beizubringen.
Verfasser unbekannt

Kann wohl ein **Kind** empfinden, wie den Vater die Sorge möglichen
Verlustes quält?
Johann Wolfgang von Goethe

Die Undankbarkeit unserer **Kinder** erinnert uns an die Liebe unserer Eltern.

Aus den USA

Die **Zweige** geben Kunde von der Wurzel.

Arabisches Sprichwort

Es gibt kein problematisches **Kind**, es gibt nur problematische Eltern.

Alexander S. Neill

Wir müssen wie die **Kinder** reden, wenn wir überleben wollen. Die Blauäugigen waren es seit je, die neue Wege fanden, nicht die Verblendeten.

Wolf Biermann

Kindheit

Ein **Kind** ist eine sichtbar gewordene Liebe.

Novalis

Ich verzichte auf alle Weisheit, die nicht weinen,
auf alle Philosophie, die nicht lachen,
auf alle Größe, die sich nicht beugen kann -
im Angesicht von **Kindern**.

Kahlil Gibran

Ein **Kind** ist ein Engel, dessen Flügel im gleichen Maße schrumpfen, wie die Füße wachsen.

Aus Frankreich

Schüchtert eure **Kinder** nicht ein, damit sie nicht mutlos werden.

Bibel, Kolosser 3, 21

So hat das **Kind** ein königliches Verhältnis zur Zeit, nämlich keins, wenn es spielt. Das ist es, was wir an der Kindheit bewundern: Ausstieg aus Zeit, Paradies.
> *Erhart Kästner, Ölberge, Weinberge*

Die **Kinder** sollen besser werden, als die Eltern waren, und so ein jedes heranwachsende Geschlecht sein erziehendes überragen.
> *Friedrich Schleiermacher*

Aus der Art, wie das **Kind** spielt, kann man erahnen, wie es als Erwachsener seine Lebensaufgabe ergreifen wird.
> *Rudolf Steiner*

Spielende **Kinder** sind lebendig gewordene Freuden.
> *Friedrich Hebbel, Tagebücher 1851*

Kann wohl etwas verkehrter sein, als den **Kindern**, die kaum in diese Welt treten, gleich von der anderen etwas vorzureden?
> *Immanuel Kant, Fragmente 8*

Auf allen Gebieten ist die Einfachheit verschwunden, selbst aus der **Kinderstube**. Schellen von Silber, von Gold, von Korallen, von geschliffenem Kristall, Klappern von jedem Preise und jeder Gattung, was für unnützes und verderbliches Zeug! Fort mit all diesem Krame! Fort mit den Schellen! Fort mit den Klappern! Kleine Baumzweige mit ihren Früchten und Blättern, ein Mohnkopf, in welchem man die Samenkörner klappern hört, ein Stück Süßholz, an dem es saugen und kauen kann, werden das Kind in ebenso großes Entzücken versetzen.
> *Jean-Jacques Rousseau, Emile I*

Das Leben der **Kinderlein** ist am allerseligsten und besten; denn sie haben keine zeitliche Sorge.
> *Martin Luther, Tischreden von der Schöpfung 57*

Der **Kinder** Herzen sind wie Wachs, und ein Stück Wachs lässt sich um die Finger wickeln, wenn es erwärmt wird.
> *Peter Rosegger, Waldheimat*

Kinder, die man nicht liebt, werden Erwachsene, die nicht lieben.
Pearl S. Buck

Mit einer **Kindheit** voll Liebe aber kann man ein halbes Leben hindurch
für die kalte Welt haushalten.
Jean Paul, Levana III, 6, 4

Einen traurigen Mann erdulde ich, aber kein trauriges **Kind**.
Jean Paul, Levana I, 3, 2

Wehe dem, der ein **Kind** kränkt!
Feodor Michailowitsch Dostojewski, Die Brüder Karamasow

Kinder sind die Stimme des Volkes.
Aus Liberia

Die **Kinder** sind die wirklichen Lehrmeister der Menschheit.
Peter Rosegger, Das Buch von den Kleinen

Kirche, Klerus, Gottesdienst

Wie wurde mir, als ich ins Innre nun der **Kirchen** trat und die Musik der
Himmel herunterstieg und der Gestalten Fülle verschwenderisch aus
Wand und Decke quoll, das Herrlichste und Höchste, gegenwärtig, vor den
entzückten Sinnen sich bewegte, als ich sie selbst nun sah, die Göttlichen,
den Gruß des Engels, die Geburt des Herrn, die heil'ge Mutter, die herab-
gestiegene Dreifaltigkeit, die leuchtende Verklärung – als ich den Papst
drauf sah in seiner Pracht das Hochamt halten und die Völker segnen!
O, was ist Goldes, was Juwelen Schein, womit der Erde Könige sich
schmücken! Nur er ist mit dem Göttlichen umgeben. Ein wahrhaft Reich
der Himmel ist sein Haus, denn nicht von dieser Welt sind diese Formen.
Friedrich Schiller, Maria Stuart I, 6 (Mortimer)

Man baut niemals **Kapellen** ohne Grund.
Friedrich Hebbel, Agnes Bernauer III, 6 (Ernst)

Predigen ist die Kunst, die Menschen zum Guten zu verführen.
Billy Graham

In die **Kirche** ging ich morgens, um Komödien zu schauen,
abends ins Theater, um mich an der Predigt zu erbauen.
Heinrich Heine, Reisebilder, Norderney

Klug hat Levin Theologie und nicht die Schauspielkunst ergriffen;
denn auf der **Kanzel** wird man nie, wie auf Theatern, ausgepfiffen.
Friedrich Haug, Schlaue Wahl

Das Wort **Gottesdienst** sollte verlegt und nicht mehr vom Kirchengehen,
sondern bloß von guten Handlungen gebraucht werden.
Georg Christoph Lichtenberg, Moralische Bemerkungen

Er zeigte mir, dass grübelnde Vernunft den Menschen ewig in der Irre
leitet, dass seine Augen sehen müssen, was das Herz soll glauben, dass ein
sichtbar Haupt der **Kirche** Not tut.
Friedrich Schiller, Maria Stuart 1,6 (Mortimer)

Das Licht ungetrübter göttlicher Offenbarung ist viel zu rein und
glänzend, als dass es den armen gar schwachen Menschen gemäß und
erträglich wäre. Die **Kirche** aber tritt als wohltätige Vermittlerin ein, um
zu dämpfen.
Johann Wolfgang von Goethe, zu Eckermann, 11.3.1832

Die rechte, wahre **Kirche** ist gar ein kleines Häuflein, hat kein oder gar
wenig Ansehn, liegt unter dem Kreuze. Aber die falsche Kirche ist
prächtig, blühet und hat ein schön groß Ansehen wie Sodom.
Martin Luther

Will einer erst die Herrschaft Gott verschaffen, sieht er in sich gar leicht
des Herren **Werkzeug** und strebt zu herrschen.
Franz Grillparzer, Ein Bruderzwist in Habsburg V (Kiesel)

Es ist gar viel Dummes in den Satzungen der **Kirche**.
Aber sie will herrschen, und da muss sie eine borniere Masse
haben, die sich duckt und die geneigt ist, sich beherrschen zu lassen.
Die hohe, reich dotierte Geistlichkeit fürchtet nichts mehr als die
Aufklärung der unteren Massen.

Johann Wolfgang von Goethe, zu Eckermann, 11.3.1832

Wenn du glücklich sein willst, so halte dich um Himmels willen mit
deinem Fuhrwerk auf der Chaussee, denn sonst riskierst du, dass dir die
Pfaffen die Pferde ausspannen.

Georg Christoph Lichtenberg,
an Georg Heinrich Hollenberg, 23.9.1788

Vom **Vatikan** herab sieht man die Reiche schon klein genug zu seinen
Füßen liegen, geschweige denn die Fürsten und die Menschen.

Johann Wolfgang von Goethe,
Torquato Tasso 1,4 (Alfons)

Hört, ihr Herrn, so soll es werden:
Gott im Himmel, wir auf Erden,
und der König absolut,
wenn er unsern Willen tut.
Lobt die **Jesuiten**!

Adelbert von Chamisso, Nachtwächterlied

Das Volk beurteilt die Macht Gottes nach der Macht seiner **Priester**.

Napoleon I., Maximen und Gedanken

Was weiht den **Priester** ein zum Mund des Herrn? Das reine Herz, der
unbefleckte Wandel.

Friedrich Schiller, Maria Stuart V, 7 (Maria)

Auf dem Dorfe ist gut **predigen**.

Sprichwort

Welcher Kluge fand im **Vatikan** nicht seinen Meister?

Johann Wolfgang von Goethe, Torquato Tasso 1,4 (Antonio)

222

Ehrwürdig ist der **Mantel**, der euch ziert;
ihn zu verspotten, wäre Sünde.
Doch tragt ihn auch, wie sich's gebührt,
und hängt ihn niemals nach dem Winde.

> Johann Georg Jacobi,
> *An die Herrn, die schwarze Mäntel tragen*

Sechs Dinge sind für einen **Schriftgelehrten** unschicklich: Er gehe nicht parfümiert auf die Straße; er gehe nicht nachts allein; er gehe nicht in geflickten Schuhen; er unterhalte sich nicht mit einem Weibe auf offener Straße; er weile nicht in einer Gesellschaft von Unwissenden, und er komme nicht als Letzter ins Lehrhaus.

> *Babylonischer Talmud,*
> *Berakhot 6, 5*

Aufopferung eigener Interessen ist ein Talent, das den **Priestern** der Liebe ebenso abgeht wie den sündigen Laien.

> *Heinrich Heine,*
> *Reisebilder, Englische Fragmente 11*

Wisst ihr nicht, dass es, wie die Franzosen sagen, drei Geschlechter gibt: Männer, Frauen und **Pfaffen**?

> *Sidney Smith*

Es haben die **Pfaffen** mitunter auch Böses im Sinne.

> *Johann Wolfgang von Goethe, Reineke Fuchs 3*

Freilich sollten die **geistlichen Herren** sich besser betragen! Manches könnten sie tun, wofern sie es heimlich vollbrächten; aber sie schonen uns nicht, uns andere Laien, und treiben alles, was ihnen beliebt, vor unseren Augen, als wären wir mit Blindheit geschlagen.

> *Johann Wolfgang von Goethe, Reineke Fuchs 8*

Gern wird dein **Pater** dich der schweren Schuld entbinden;
denn er vergibt zugleich mit deinen seine Sünden.

> *Wilhelm von Kyaw,*
> *Die beichtende Pfarrköchin*

Es ist üblich geworden, immer dann, wenn die Haltung der offiziellen katholischen **Kirche** in Deutschland während der Nazizeit angezweifelt wird, die Namen der Männer und Frauen zu zitieren, die in Konzentrationslagern und Gefängnissen gelitten haben und hingerichtet worden sind. Aber jene Männer, Prälat Lichtenberg, Pater Delp und die vielen anderen, sie handelten nicht auf kirchlichen Befehl, sondern ihre Instanz war eine andere, deren Namen auszusprechen heute schon verdächtig geworden ist: das Gewissen.

Heinrich Böll,
Brief an einen jungen Katholiken

Hüte dich vor lachenden Wirten und weinenden **Pfaffen**!

Agricola, Dreihundert gemeine Sprichwörter

Es lernt die Gemeine das Böse; denn man sieht, so hält es der **Pfaffe**, da sündiget jeder.

Johann Wolfgang von Goethe,
Reineke Fuchs 8

Die **Kirche** hat nicht den Auftrag, die Welt zu verändern. Wenn sie aber ihren Auftrag erfüllt, verändert sich die Welt.

Carl Friedrich von Weizsäcker

Die **Kirche** ist ständig in Versuchung, sich an die Welt anzupassen, nach Einfluss zu streben, der aus der Mach erwächst.

Desmond Tutu

Klagen

Gib deinem Schmerze **Worte**. Harm, der nicht spricht, erstickt das volle Herz und macht es brechen.

Friedrich Schiller, Macbeth IV, 7 (Malcolm)

Man sollte wirklich nicht alles mit sich selbst verarbeiten, sondern manchmal eine kleine **Beschwerde** führen, damit man so freundlich zurechtgewiesen und über sich selbst aufgeklärt würde.
Johann Wolfgang von Goethe

Es ist ein wollüstig süßes Gefühl, sich als **Märtyrer** zu fühlen.
Wilhelm Raabe, Gedanken und Einfälle

Räder, die **quietschen**, bekommen das meiste Fett.
Aus den USA

Klage nicht. Ein Schaf, das blökt, verpasst ein Maul voll Heu.
Aus den USA

Lerne **klagen**, ohne zu leiden.
Sprichwort

Kleidung

Gut **zurechtgemacht** fürs Ausgehen ist eine Frau dann, wenn ihr Begleiter lieber mit ihr zu Hause bliebe.
Olga Tschechowa

Frauen sollten durchaus mannigfaltig **gekleidet** gehen, jede nach eigner Art und Weise, damit eine jede fühlen lernte, was ihr eigentlich gut stehe und wohl zieme.
Johann Wolfgang von Goethe, Die Wahlverwandtschaften II

Ein **Kleid** ist etwas Lebendiges. Ein Mannequin kann kein Kleid tragen, niemals. Mannequins sind wandernde Kleiderständer; sie legen keine Seele in das Kleid. Ein gutes Kleid muss man zum Leben erwecken können. Nur die eigenständige Frau kann das, die Persönlichkeit.
Simonetta Fabiani, 1969 zu Georg Stefan Troller

Die schönsten Dinge der Welt sind einfach. Ich mag keine Muster, keine gemischten Farben, keine bedruckten Stoffe. Man muss den **Schnitt** sehen können. Im Schnitt liegt die Kunst.

Simonetta Fabiani, 1969 zu Georg Stefan Troller

An der **Farbe** lässt sich die Sinnesweise, an dem Schnitt die Lebensweise des Menschen erkennen.

Johann Wolfgang von Goethe

Aus dem Bewusstsein, gut **angezogen** zu sein, empfängt eine Frau mehr innere Ruhe als aus religiösen Überzeugungen.

Ralph Waldo Emerson

Die Frauen zeigen mehr Geschmack, wenn sie eine andere, als wenn sie sich selbst **anzukleiden** haben, aber eben, weil es ihnen mit ihrem Körper geht wie mit ihrem Herzen: Im fremden lesen sie besser als im eigenen.

Jean Paul, Levana II, 4, 3

Alle **Frauenkleider** sind nur Variationen des ewigen Streites zwischen dem eingestandenen Wunsch, sich zu kleiden, und dem uneingestandenen Wunsch, sich zu entkleiden.

Lin Yutang

Wer sich albern **kleidet**, ist albern.

Christian Dietrich Grabbe, Napoleon oder
Die hundert Tage III, 1 (Schneidermeister)

Kleider machen Leute! Trifft es richtig ein,
werdet ihr, die Schneider, Gottes Pfuscher sein.

Friedrich von Logau, Sinngedichte, Kleider

Wer die **Uniform** erfunden hat, wollte keine Gesichter mehr sehen.

Thomas Niederreuther, Aphorismen

Ein neues **Kleid** ist fast schon eine neue Frau.

L. M. Poiret

Ihr **Unterrock** war rot und blau, sehr breit gestreift, und sah aus, als wenn er aus einem Theatervorhang gemacht wäre. Ich hätte für den ersten Platz viel gegeben, aber es wurde nicht gespielt.
Georg Christoph Lichtenberg

Kleide eine Katze schön an, und sie wird eine Braut.
Aus Tunesien

Ein Mann, der seine Frau liebt, achtet nicht auf ihr **Kleid**, sondern auf seine Frau. Fängt er an, auf die Kleidung zu achten, hat seine Liebe schon nachgelassen.
Henry Miller

Ein schönes **Lendentuch** macht nackt.
Aus Togo

Der Einzige, der einen **Ozelotpelz** wirklich braucht, ist der Ozelot.
Bernhard Grzimek

Klugheit

Klug ist, wer unterscheiden kann.
Ludwig Reiners, Stilkunst V, Licht und Schatten der Fremdwörterei

Zwei **Kluge** gehen nicht den gleichen Weg.
Aus Afrika

Den Weisen kannst du an der Wahl der Zweck' entdecken,
den **Klugen** an der Wahl der Mittel zu den Zwecken.
Friedrich Rückert,
Die Weisheit des Brahmanen 16, 2

Die höchste intellektuelle **Eminenz** kann zusammen bestehen mit der ärgsten moralischen Verworfenheit.
Arthur Schopenhauer, Die Welt als Wille und Vorstellung

Lebensklugheit bedeutet, alle Dinge möglichst wichtig, aber keines völlig ernst nehmen.
Arthur Schnitzler

Das Herz ist Gottes Stimme; Menschenwerk ist aller **Klugheit** künstliche Berechnung.
Friedrich Schiller, Wallensteins Tod IV, 8 (Gordon)

Der **kluge** Mann sucht alles zu seinem Vorteil anzuwenden.
Johann Gottfried Herder, Palmblätter 4

Was ist des Menschen **Klugheit**, wenn sie nicht auf jener Willen droben achtend lauscht?
Johann Wolfgang von Goethe

Klugheit ist ja doch ein Notbehelf für Weisheit, wo sie fehlt.
Franz Grillparzer, Libussa III (Libussa)

Man ist nicht **klug**, wenn man nur klügelt.
Franz Grillparzer, Weh dem, der lügt! IV (Leon)

Sei **klüger** als die anderen, wenn du es kannst; aber sage es ihnen nicht.
Philip Dormer Stanhope Chesterfield, Briefe an seinen Sohn

Wer die bessere **Einsicht** hat, darf sich nicht scheuen, unpopulär zu werden.
Winston Churchill

Weisheit ist der Hirte der Geheimnisse, **Klugheit** der Jäger der Rätsel.
Hans Kudszus

Wer allzu **klug** ist, findet keine Freunde.
Aus Japan

Schlechtes zu kennen ist keine Weisheit, der Rat der Sünder ist keine
Klugheit.
Bibel, Buch Kohelet 19, 22

Wenn einer noch so **klug** ist, so ist er oft doch nicht klug genug, um den
Dummen zu begreifen.
Friedl Beutelrock

Körper

Glücklich, wem doch Mutter Natur die rechte **Gestalt** gab; denn sie
empfiehlet ihn stets, und nirgends ist er ein Fremdling!
Johann Wolfgang von Goethe, Hermann und Dorothea 6

Alle **Glieder** am Menschen sind Zungen.
Sprichwort

Der Mensch ist das klügste aller Wesen, weil er **Hände** hat.
Anaxagoras

Nichts gibt mehr Ausdruck und Leben als die Bewegung der **Hände**;
im Affekt besonders ist das sprechendste Gesicht ohne sie unbedeutend.
Gotthold Ephraim Lessing, Laokoon

Ein schöner **Fuß** ist eine große Gabe der Natur. Diese Anmut ist
unverwüstlich.
Johann Wolfgang von Goethe, Die Wahlverwandtschaften 1

Suche dir also deinen **Körper** gehorsam zu machen! Wenn du ihn so in
Trägheit lässt, so wird der Körper dir nicht gehorchen, sondern du wirst
ihm gehorchen müssen.
Buch des Kabus 6

Oder wisst ihr nicht, dass euer **Leib** ein Tempel des Heiligen Geistes ist, der in euch wohnt und den ihr von Gott habt?

Bibel, 1. Korinther 6, 19

Wir schlafen im **Leibe** wie Austern in der Schale.

Platon, Phaidros

Wie es beim Weihrauch schwer nur gelingt, ihn des Dufts zu berauben, ohne sein Wesen zugleich zu vernichten, so lassen vom **Leibe** ohne Zerstörung des Ganzen sich Geist und Seele nicht scheiden.

Lukrez, Über die Natur der Dinge III

Krankheit

Kranksein – das heißt im Advent leben.

Reinhold Schneider

Ich glaube, dass es im **Krankenbette** oft besser zugeht als am ersten Platz der königlichen Tafel. Ich habe wenigstens in einer kleinen Kammer als Kranker im Bette zuweilen Augenblicke gehabt, die ich den glücklichsten meines übrigen Lebens ohne Scheu gleichsetze.

Georg Christoph Lichtenberg

Ich habe das Register der **Krankheiten** angesehen und habe die Sorgen und traurigen Vorstellungen nicht darunter gefunden. Das ist sehr unrecht.

Georg Christoph Lichtenberg

Verordne einem **Kranken** dreimal täglich Manulavanz statt Händewaschen, und er ist zufrieden.

Ludwig Reiners, Stilkunst V, Licht und Schatten der Fremdwörterei

Hier ruht mein treuster Genoss' im Land,
Herr **Hypochonder** zubenannt.
Er starb an frischer Bergesluft,
an Lerchenschlag und Rosenduft.
Anastasius Grün, Der treue Gefährte

Die **Krankheit** von heute ist nur die Überschreitung der Naturgesetze
von gestern.
Aus dem Iran

Man soll sich seiner **Krankheiten** schämen und freuen; denn sie sind
nichts anderes als eine auszutragende Verschuldung.
Christian Morgenstern

Es gibt Leute, die **Magengeschwüre** haben, und Leute, die Magengeschwüre verursachen.
Aus den USA

Ein Glückspilz ist, wer irgendein physisches **Gebrechen** hat, das er für
die schwachen Stellen seiner Seele verantwortlich machen kann.
Henry de Montherlant

Krankheit verstöret das Gehirn und brütet tolle und wunderliche
Träume aus.
Friedrich Schiller, Die Räuber V, I (Franz)

Die zahllosen **Krankheiten** wundern dich? Zähle die Ärzte!
Heinrich von Kleist, am Tag vor seinem Tod

Es ist gar nicht selbstverständlich, dass der **Kranke** gesund werden will.
Etwas im Kranken steht im heimlichen Komplott mit seiner Krankheit.
Wilhelm Stählin

Wie viele **Krankheiten** könnten wir uns nicht aus dem Sinne schlagen
oder vergehen, verfasten, verschlafen und verbeißen wie die Soldaten auf
der Parade den Husten!
Karl Julius Weber, Demokritos, Die Ärzte

Es gibt in Rücksicht auf den Körper gewiss wo nicht mehr, doch ebenso viele **Kranke** in der Einbildung als wirklich Kranke, in Rücksicht auf den Verstand ebenso viele, wo nicht sehr viel mehr Gesunde in der Einbildung als wirklich Gesunde.

Georg Christoph Lichtenberg

Man könnte die **Hypochondrie** die Eitelkeit des Befindens nennen.

Ernst von Feuchtersleben, Zur Diätetik der Seele 9

Eingebildete **Übel** gehören zu den unheilbaren.

Marie von Ebner-Eschenbach, Aphorismen

Eine der größten **Krankheitsursachen** ist die Polypragmasia medicorum, die Neigung der Ärzte, viel zu verordnen.

August Bier

Oft begrub schon der **Kranke** den Arzt, der das Leben ihm kürzlich abgesprochen.

Johann Wolfgang von Goethe, Achilleis 255

Man kann sich viel leichter **krank** faulenzen als krank arbeiten.

Peter Rosegger, Heimgärtners Tagebuch

Krieg

Der ewige **Friede** passt als Aufschrift über Kirchhofspforten; denn nur die Toten schlagen sich nicht mehr.

Gottfried Wilhelm von Leibniz

Es ist, als ob die Völker die **Gefahren** liebten, weil sie sich solche schaffen, wenn es keine gibt.

Joseph Joubert

Ich frage euch: Wollt ihr den totalen **Krieg**? Wollt ihr ihn, wenn nötig totaler und radikaler, als wir ihn uns heute überhaupt noch vorstellen können?

Joseph Goebbels, Sportpalast-Rede

Krieg kommt, wenn die Menschen ihn haben wollen, wobei die Angst, die sie vor ihm haben, die lüsterne Angst, die Lust selber nicht widerlegt.

Golo Mann

Es gibt keine **kriegslüsternen** Völker. Es gibt nur kriegslüsterne Führer.

Ralph J. Bunche

Der **Krieg** ist der Kaiserschnitt der Menschheit: Er entbindet gewaltsam die Geister.

Jean Paul, Fragmente

Alle **Kriege**, die dem Fortschritt dienen, sind gerecht, und alle Kriege, die den Fortschritt behindern, sind ungerecht. Wir Kommunisten sind gegen alle den Fortschritt behindernden, ungerechten Kriege, jedoch nicht gegen fortschrittliche, gerechte Kriege.

Mao Zedong

Jedes schwankende Regime hat bisher versucht, als letzten Ausweg seine Untertanen durch einen **Krieg** an sich zu fesseln.

George Bernard Shaw, Warum für Puritaner?

Die Sünd' ist der Magnetenstein, der das **Eisen** zieht ins Land herein.

Friedrich Schiller, Wallensteins Lager 8 (Kapuziner)

Die schlimmsten **Streitigkeiten** entstehen erst dann, wenn beide Seiten gleichermaßen im Recht und im Unrecht sind.

Winston Churchill, Der Zweite Weltkrieg I

Wir wählen **Regierungen**, die unser Heim und unser Leben schützen sollen. Und dann müssen wir unser Heim verlassen und unser Leben geben, um diese Regierungen zu schützen.

Curt Goetz

Krieg ist zuerst die Hoffnung, dass es einem besser gehen wird, hierauf die Erwartung, dass es dem anderen schlechter gehen wird, dann die Genugtuung, dass es dem anderen auch nicht besser geht, und hernach die Überraschung, dass es beiden schlechter geht.

Karl Kraus

Nicht, wer zuerst die **Waffen** ergreift, ist Anstifter des Unheils, sondern wer dazu nötigt.

Niccolò Machiavelli,
Florentiner Geschichte VII

Es gehört zum Wesen des **Krieges**, dass seine wirklichen Gründe und Ziele nicht dem entsprechen, was als casus belli proklamiert wird.

George Bernard Shaw

Wenn man als junger Bursche in den **Krieg** zieht, hat man die große Illusion der Unsterblichkeit. Die anderen werden getötet; man selbst nicht.

Ernest Hemingway

In einer **Schlacht** brauchen die Menschen, um zum Kämpfen gebracht zu werden, nichts als ein wenig heißes Blut und das Bewusstsein, dass es gefährlicher ist, eine Schlacht zu verlieren, als sie zu gewinnen.

George Bernard Shaw

Auf den **Schlachtfeldern** herrscht gegenseitige Achtung. Der Hass staut sich dafür in den Schulen, den Salons und bei den Krämern.

Jean Giraudoux,
Kein Krieg in Troja II, 4 (Der Geometer)

Der **Krieg** ernährt den Krieg.

Friedrich Schiller, Die Piccolomini I, 2 (Isolani)

Das größte Unglück ist eine verlorene **Schlacht**, das zweitgrößte eine gewonnene.

Herzog von Wellington

Das große Karthago führte drei **Kriege**. Nach dem ersten war es noch mächtig. Nach dem zweiten war es noch bewohnbar. Nach dem dritten war es nicht mehr aufzufinden.

Bertolt Brecht, Offener Brief an die deutschen Künstler und Schriftsteller, 1951

Im nächsten **Krieg** werden die Überlebenden die Toten beneiden.

Nikita Chruschtschow

Der übernächste **Krieg** wird nur noch mit Pfeil und Bogen entschieden.

Albert Einstein

Jeder **Krieg** ist eine Niederlage des menschlichen Geistes.

Henry Miller, Der Koloss von Maroussi

Dulce et decorum est pro patria mori. Süß und ruhmvoll ist es, fürs **Vaterland** zu sterben.

Horaz, Oden III, 2, 13

Kultur

Kultur ist die Gesamtheit aller Formen der Kunst, der Liebe und des Denkens, die, im Verlaufe von Jahrtausenden, dem Menschen erlaubt haben, weniger Sklave zu sein.

André Malraux

Das Leben ist seinem inneren Wesen nach ein ständiger Schiffbruch. Aber schiffbrüchig sein heißt nicht ertrinken. Der arme Sterbliche, über dem die Wellen zusammenschlagen, rudert mit den Armen, um sich oben zu halten. Diese Reaktion auf die Gefahr des Untergangs ist die **Kultur**.

José Ortega y Gasset,
Um einen Goethe von innen bittend

Eine **Kultur** ist das Treibhaus, das es den menschlichen Fähigkeiten erlaubt, sich zu entwickeln, und zugleich das Gefängnis, das sie einengt.
Aldous Huxley

Kulturen sind Organismen. Weltgeschichte ist ihre Gesamtbiographie.
Oswald Spengler

Mit Politik kann man keine **Kultur** machen, aber vielleicht kann man mit Kultur Politik machen.
Theodor Heuss

In Zeiten, in denen jede Nation immer weniger **Kultur** für ihren eigenen Bedarf zur Verfügung hat, machen alle Nationen wütende Anstrengungen, um ihre Kultur zu exportieren, um einander ihre Leistungen im Bereiche der Kunst aufzudrängen.
T. S. Eliot, Die Gesellschaft und die Künste

Auch die **Kultur** hat ihre konzessionierte Prostitution: die Festspiele.
Martin Kessel

Im besten Fall ist **Kultur** Anweisung zur Harmonisierung unserer Bedürfnisse.
Alexander Mitscherlich

Kummer

Sich sorgen ist fast so gut wie sich freuen. Unerträglich wird das Leben für den, der weder Freuden noch **Sorgen** hat.
Henry Wadsworth Longfellow

Die **Sorge** ist das Verhältnis zum Leben.
Søren Kierkegaard, Die Krankheit zum Tode

Es ist umsonst, dass ihr früh aufstehet und euch spät erst niedersetzt, um das Brot der **Mühsal** zu essem; denn der Herr gibt es den Seinen im Schlaf.

Bibel, Psalm 127, 2

Am schwersten trägt der Mensch an den **Sorgen** von übermorgen.

Aus Griechenland

Immer fließen meine Tränen,
was auch die Erfahrung spricht;
für den Mut gibt's ein Gewöhnen,
aber für die **Sorge** nicht.

Franz Grillparzer, Der Traum ein Leben I (Mirza)

Die **Sorge** verleiht kleinen Dingen einen großen Schatten.

Aus Schweden

Kleine **Sorgen** machen viele Worte, große sind stumm.

Sprichwort

Glücklich heißt, wer sorgenfrei;
glücklicher doch, mein ich, sei,
wer voll **Sorgen**, wenn's die rechten:
Sorgen, andrer Leid zu mindern,
Sorgen, Unrecht zu verhindern,
fremdem Wert den Kranz zu flechten;
Sorgen, in den schwersten Tagen
fremde Sorgen selbst zu tragen.

Anastasius Grün, Sprüche

Die **Sorge** geziemt dem Alter, damit die Jugend eine Zeit lang sorglos sein könne.

Johann Wolfgang von Goethe

Das beste Mittel gegen viele **Sorgen** ist eine einzige Sorge.

Guy de Maupassant

Sorge macht alt vor der Zeit.
Bibel, Buch Kohelet 30,26

Kunst und Künstler

Herr, dies **Werk** ist nicht von mir in seiner Vollkommenheit; Du hast
Dich nur meiner Hände bedienet. Mein ist nichts daran als die Mängel;
diese aber decke zu mit dem Mantel Deiner Liebe und lasse sie
verschwinden im Geheimnis Deiner Maße.
Clemens Brentano, Aus der Chronika

Kunst ist die reinste Form der Liebe.
George Bernard Shaw

Die **Kunst** gibt nicht das Sichtbare wieder, sondern macht sichtbar.
Paul Klee

Des Meisters ruhigste Linie ist meisterhaft durch die Unruhe, die sie
verbergend verrät. Das gute **Kunstwerk** stellt nicht etwa Gegensätze
nebeneinander, sondern es lässt uns das Gegensätzliche in einem
unsichtbaren Hintergrunde ahnen. In dem Leichten ist das Schwere
mit gegenwärtig. Das Wesen des Kitsches ist dagegen, dass in ihm
das Süße nur süß ist.
Ludwig Reiners, Stilkunst 1, 4

Die **Kunst** verhält sich zur Natur
wie der Wein zur Traube.
Franz Grillparzer, Ästhetische Studien, 1839

Wenn die Welt klar wäre,
gäbe es keine **Kunst**.
Albert Camus, Der Mythos von Sisyphos

Kunst ist eine Lüge, die uns die Wahrheit erkennen lässt.
Pablo Picasso

Kunst ist das, was übrig bleibt, nachdem alles an ihr bis ins Letzte analysiert worden ist.
Martin Kessel, Gegengabe VII

Die erste künstlerische Tat des Menschen war, zu schmücken und vorzüglich seinen eigenen Leib zu schmücken. Im Schmuck, der Erstgeborenen der **Künste**, finden wir den Keim aller anderen.
José Ortega y Gasset

Die **Kunst** ist im Niedergang begriffen, die sich von der Darstellung der Leidenschaft zu der des Lasters wendet.
Marie von Ebner-Eschenbach, Aphorismen

Auch ist ein Mensch, der ganz Bosheit ist, schlechterdings kein Gegenstand der **Kunst** und äußert eine zurückstoßende Kraft, statt dass er die Aufmerksamkeit der Leser fesseln sollte. Man würde umblättern, wenn er redet. Eine edle Seele erträgt so wenig anhaltende moralische Dissonanzen wie das Ohr das Gekritzel eines Messers auf Glas.
Friedrich Schiller, Die Räuber, Vorrede

Nicht was der Mensch soll: Was und wie er's vermag, zeige die **Kunst**.
Friedrich Hebbel, Tagebücher 1838

An einem **Kunstwerk** ist alles verständlich und selbstverständlich außer der Kraft, die es hervorgebracht hat.
Martin Kessel, Gegengabe VII

Ein **Kunstwerk** ist ein Stück Natur, gesehen durch ein Temperament.
Émile Zola, Was ich nicht leiden mag

In der **Kunst** ist Aufrichtigkeit keine Frage des Willens, einer moralischen Wahl zwischen Ehrlichkeit und Unaufrichtigkeit. Sie ist hauptsächlich eine Frage der Begabung.
Aldous Huxley

Im Entwurf, da zeigt sich das Talent, in der Ausführung die **Kunst**.
Marie von Ebner-Eschenbach, Aphorismen

Kunst kommt von Können. Käme es von Wollen, so hieße es Wulst.
Friedrich Nietzsche

Kunst kommt nicht von Können, sondern von Müssen.
Arnold Schönberg

Kunst entsteht nicht aus der Mühe, sondern aus der Fülle. Der Künstler ringt nicht mit seinem Werk, sondern mit dem, was ihn daran bindet.
Waldemar Bonsels, Aphorismen

Die **Kunst** ist Entsagung, aber eine Entsagung, die alles empfängt.
Gottfried Benn

In der **Kunst** sollte es keine Aufgeregtheit geben. Wahre Kunst ist kalt.
Arnold Schönberg

Vollkommenheit entsteht offensichtlich nicht dann, wenn man nichts mehr hinzuzufügen hat, sondern wenn man nichts mehr wegnehmen kann.
Antoine de Saint-Exupéry

Die **Kunst** ist ein Gefühl, das ein Mensch durchlebt hat und das er durch ein Mittel – Stein, Bronze, Farbe, Worte oder Musik – so auszudrücken vermag, dass es auf andere Menschen übertragen wird.
Andrew Halliday

Die **Kunst** erfreut, es nützt die Wissenschaft. Wo aber ist ein Nutzen ohne Freude, wo eine Freude, die nicht nützlich ist?
Ernst Raupach, Friedrich II. und Gregor V, 3

Kunst und Wissenschaft werden in jedem Toast am patriotischen Feiertage nebeneinander genannt und sind dem Idioten wohl auch ungefähr dasselbe. Sie sind Todfeindinnen, und wo die eine ist, da flieht die andere.
Victor Aubertin

Alle **Kunst** ist der Freude gewidmet.
Friedrich Schiller, Die Braut von Messina

In Gegenden, wo die **Künste** geblüht haben, sind auch die schönsten Menschen gezeugt worden.
Johann Joachim Winckelmann,
Gedanken über die Nachahmungen der griechischen Werke

Die **Kunst** ist das Gewissen der Menschheit.
Friedrich Hebbel, Tagebücher 1842

Eine **Kunstrichtung** hat sich erst dann durchgesetzt, wenn sie auch von den Schaufensterdekorateuren praktiziert wird.
Pablo Picasso

Eine **Kunst**, die sich über die von Mir bezeichneten Gesetze und Schranken hinwegsetzt, ist keine Kunst mehr.
Kaiser Wilhelm II.

Nur die Auktionäre können alle **Kunstarten** gleichermaßen und unparteiisch bewundern.
Oscar Wilde

Was heißt moderne Malerei? Es gibt moderne Krawatten, moderne Schuhe, moderne Autos, aber **Kunst** unterliegt niemals den Ansprüchen auf Mode.
Oskar Kokoschka, im Spiegel, 44/1966

Kunst wäscht den Staub des Alltags von der Seele.
Pablo Picasso

Die **Kunst** stirbt, weil das Abenteuer stirbt.
Victor Aubertin

Liebe und **Kunst** umarmen nicht was schön ist, sondern was eben dadurch schön wird.
Karl Kraus

Der **Künstler** will zur Welt durch ein Ganzes sprechen; dieses Ganze aber findet er nicht in der Natur, sondern es ist die Frucht seines eigenen Geistes oder, wenn Sie wollen, des Anwehens eines befruchtenden göttlichen Odems.

Johann Wolfgang von Goethe,
zu Eckermann, 18.4.1827

Nur die Künstler verderben die **Kunst**.

Franz Grillparzer,
Die Kunstverderber, 1856

Zweierlei gehört zum Poeten und **Künstler**: Dass er sich über das Wirkliche erhebt und dass er innerhalb des Sinnlichen stehen bleibt.

Friedrich Schiller,
an Johann Wolfgang von Goethe, 14.9.1797

Man ist um den Preis **Künstler**, dass man das, was alle Nicht-Künstler Form nennen, als Inhalt, als die Sache selbst empfindet.

Friedrich Nietzsche

In der wahren Kunst gibt es keine Vorschule, wohl aber **Vorbereitungen**; die beste jedoch ist die Teilnahme des geringsten Schülers am Geschäft des Meisters. Aus Farbenreibern sind treffliche Maler hervorgegangen.

Johann Wolfgang von Goethe, Wilhelm Meisters
Wanderjahre II

Jeder Mensch ohne Ausnahme hat jährlich wenigstens drei Augenblicke der Genialität, und der größte **Dichter** hat vor keinem unter uns etwas voraus als die häufigere Wiederkehr solcher Augenblicke und die besonnene Auffassung derselben.

Georg Christoph Lichtenberg

Der **Künstler** muss mit Feuer entwerfen und mit Phlegma ausführen.

Johann Joachim Winckelmann

Nur die heitere, die ruhige **Seele** gebiert das Vollkommene.

Friedrich Schiller, Über Bürgers Gedichte

Die **Künstler** sind wie Sonntagskinder; nur sie sehen Gespenster. Wenn sie aber ihre Erscheinung erzählt haben, so sieht sie jedermann.

Johann Wolfgang von Goethe,
zu Karl August Böttiger, 29.12.1797

Was man nicht **liebt**, kann man nicht machen.

Johann Wolfgang von Goethe, an Zelter, 30.7.1804

Im Augenblick, wo der echte **Künstler** schafft, hat er weder Weib noch Kind und am allerwenigsten Freunde.

Wilhelm Raabe, Gedanken und Einfälle

Während ich **male**, lasse ich meinen Körper draußen vor der Tür, wie die Moslems ihre Schuhe vor der Moschee.

Pablo Picasso

Wer bei seinen **Arbeiten** nicht schon ganz seinen Lohn dahin hat, ehe das Werk öffentlich erscheint, der ist übel dran.

Johann Wolfgang von Goethe, an Carl von Knebel, 15.3.1799

Geringeren **Talenten** genügt nicht die Kunst als solche. Sie haben während der Ausführung immer nur den Gewinn vor Augen, den sie durch ein fertiges Werk zu erreichen hoffen. Bei so weltlichen Zwecken und Richtungen aber kann nichts Großes zustande kommen.

Johann Wolfgang von Goethe, zu Eckermann, 28.2.1824

Ein **Künstler** sollte reif für die beste Gesellschaft sein, um sie meiden zu können.

John Ruskin

Die Kunst ist das einzig Seriöse auf der Welt, und der **Künstler** ist der Einzige, der nie seriös wird.

Oscar Wilde

Ein **Künstler**, der nicht eitel ist, gleicht einem Weibe, das nicht gefallen will. Beide sind langweilig.

Heinrich Laube, Moderne Charakteristiken

Die Menge macht den **Künstler** irr und scheu.
Johann Wolfgang von Goethe, Torquato Tasso 1, 3 (Tasso)

Nichts ist unseren **Künstlern** so zuwider wie die aufdringliche Verehrung, die ihnen von der großen Masse entgegengebracht wird. Nur eines ist ihnen noch zuwiderer: Wenn ihnen die große Masse keine aufdringliche Verehrung entgegenbringt.
Ephraim Kishon

Für einen **Künstler** ist es vor allem gefährlich, gelobt zu werden.
Edvard Munch

Jeder **Künstler** soll es der Vogelmutter nachmachen, die sich um ihre Brut nicht mehr bekümmert, sobald sie flügge geworden ist.
Marie von Ebner-Eschenbach, Aphorismen

Ehemals lobte das Werk den **Meister**. In unseren Tagen ist es anders; denn jetzt lobet der Meister sein Werk.
Fürchtegott Christian Fulda

Viele Leute scheinen von der fixen Idee besessen zu sein, dass nicht nur im Zirkus, sondern auch in der Musik, Malerei und Literatur nur noch die **Clowns** eine Chance haben.
Pablo Casals

Über **Plagiate** sollte man sich nicht ärgern. Sie sind wahrscheinlich die aufrichtigsten aller Komplimente.
Theodor Fontane

Künstler, nie mit Worten, mit Taten begegne dem Feinde! Schleudert er Steine nach dir, mache du Statuen draus!
Friedrich Hebbel, Richtschnur

Weiber, die fünf Jahre gewartet haben, fangen wieder an, aber **Musen**, die fünf Jahre nicht gesungen haben, singen nie wieder.
Georg Christoph Lichtenberg,
an Johann Christian Dieterich, 15.2.1775

Kuss

Die süße Näscherei, ein lieblich **Mündleinkuss**
macht zwar niemanden satt, stillt aber viel Verdruss.
Friedrich von Logau,
Sinngedichte, Ein Kuss

Küsse sind das, was von der Sprache des Paradieses übrig geblieben ist.
Joseph Conrad

Ein **Kuss** ist eine Sache, für die man beide Hände braucht.
Mark Twain

Der Jüngling **küsst**, wenn er des Mädchens denkt, die eigne Hand, die sie
ihm drückte, als sie von ihm schied. Der Mann braucht etwas mehr.
Friedrich Hebbel,
Gyges und sein Ring III (Kandaules)

Nirgends hin als auf den **Mund**,
da sinkt's in des Herzens Grund.
Nicht zu frei, nicht zu gezwungen,
nicht mit gar zu fauler Zungen.
Nicht zu harte, nicht zu weich,
bald zugleich, bald nicht zugleich,
nicht zu langsam, nicht zu schnelle,
nicht ohn Unterschied der Stelle.
Halb gebissen, halb gehaucht,
halb die Lippen eingetaucht,
nicht ohn Unterschied der Zeiten,
mehr alleine, denn bei Leuten.
Paul Fleming, Wie er wolle geküsset sein

Der **Kuss** ist ein schlau erfundenes Verfahren, welches das Reden stoppt,
wenn Worte überflüssig sind.
Oliver Herford

Sie legen Lipp' an **Lippe** – ich sah es wohl – und flüstern so sich zu, was zu geheim für die geschwätz'ge Luft. Mein Mund sei Mund, der deine sei dein Ohr! Leih mir dein Ohr für meine stumme Sprache!

Franz Grillparzer, Des Meeres und der Liebe Wellen III
(Leander)

Es gehört **Erfahrung** dazu, wie eine Anfängerin zu küssen.

Zsa Zsa Gabor

Zehn **Küsse** werden leichter vergessen als ein Kuss.

Jean Paul

Wie willst du weiße Lilien zu roten Rosen machen?
Küss eine weiße Galatee, sie wird errötend lachen.

Friedrich von Logau, Frage

Küsse, Bisse, das reimt sich, und wer recht von Herzen liebt, kann schon das eine für das andre greifen.

Heinrich von Kleist, Penthesilea 24 (Penthesilea)

Ein **Kuss** klingt nicht so laut wie eine Kanone. Aber das Echo lebt länger.

Oliver Wendell Holmes, Der Professor beim Frühstück

L Lachen

Wer viel **lacht** und viel weint, wird sehr alt.
Aus China

Wer **lächelt**, statt zu toben, ist der Stärkere.
Aus Japan

Ein freundliches **Lächeln** ist mehr wert als ein gutes Essen.
Aus Burkina Faso

Lasst ja die Kinder viel **lachen**, sonst werden sie böse im Alter! Kinder, die viel lachen, kämpfen auf der Seite der Engel.
Hrabanus Maurus

Lächle! Deine Gläubiger werden warten, weil sie glauben, es könne dir nicht schlecht gehen. Deine Feinde werden dich meiden, weil sie glauben, du seiest ihnen überlegen. Der Arzt wird dir weniger berechnen, weil er denkt, du seiest nicht sehr krank gewesen.
Aus Korea

Der Verständige findet fast alles **lächerlich**, der Vernünftige fast nichts.
Johann Wolfgang von Goethe, Die Wahlverwandtschaften II

Das **Lächeln** ist nur ein gut ausgetrocknetes Weinen.
Albert Paris Gütersloh

Viel **Gelächter** stiftet Unfrieden.
Aus Somalia

Es gibt ein **Lachen**, das sich wie der Klang gefälschter Münzen anhört.
Edmond de Goncourt

Wer auf fremde Kosten **lacht**, macht Schulden.
Aus Polen

Wer nach allen Seiten immer nur **lächelt**, bekommt nichts als Falten im Gesicht.

Aus Arabien

Der weiße Zahn **lacht** nicht immer nur aus Freude.

Aus Togo

Der verlorenste aller Tage ist der, an dem man nicht **gelacht** hat.

Sébastien Roch Nicholas Chamfort

Wo der Glaube ist, da ist auch **Lachen**.

Martin Luther

Laster

Die Menschen sind die Gefangenen ihrer **Laster** und die Kerkermeister ihrer Tugenden.

Aus Japan

Der Mensch möchte vor den Folgen seiner **Laster** bewahrt werden, aber nicht vor den Lastern selbst.

Ralph Waldo Emerson

Himmlisch war's, wenn ich bezwang
meine sündige **Begier**,
aber wenn's mir nicht gelang,
hatt' ich doch ein groß Pläsier.

Heinrich Heine, Das Buch der Lieder

Die Menschen verlieren zuerst ihre Illusionen, dann ihre Zähne und ganz zuletzt ihre **Laster**.

Hans Moser

Menschen, die keine **Laster** haben, haben auch nur wenige Tugenden.
Abraham Lincoln

Ist der **Teufel** in der Kirche, so will er auch die Messe lesen.
Sprichwort

Es gibt lässliche **Sünden**, und es gibt unerlässliche.
Trude Hesterberg

Laster, die auf einem Übermaß an Lebenskraft beruhen, verringern sich mit der Zeit. Laster dagegen, die auf Mangel an Vitalität beruhen, wie Geiz und Neid, werden im Alter schlimmer.
Ernst Jünger

Wenn ein Mann keine **Laster** hat, besteht die Gefahr, dass er seine Tugenden in Laster verwandelt.
Thornton Wilder

Leben nach dem Tod

Wenn der **jüngste Tag** wird werden,
dann fallen die Sternlein auf die Erden:
Ihr Toten, ihr Toten sollt auferstehn,
ihr sollt vor das jüngste Gerichte gehn.
Clemens Brentano, Geschichte vom braven Kasperl
und dem schönen Annerl

Ein großes **Licht** wird sein, und alles, was hier schön ist, wird dort nichts sein. Unsere Augen werden glänzen wie fein Silber, unser Leib wird leicht dem Willen folgen wie ein Flaum.
Martin Luther

Meine **Hölle**? Ein Land, in dem es keine Bäume gibt,
ein Land, in dem ewig der Wind saust
und die Hunde bellen.

Heinrich Wolfgang Seidel

Der Tag ist nun vergangen,
die güldnen Sterne prangen
am blauen Himmelssaal.
Also werd ich auch stehen,
wenn mich wird heißen gehen
mein Gott aus diesem **Jammertal**.

Paul Gerhardt, Nun ruhen alle Wälder

»Himmel« leitet die deutsche Sprache
von dem alten Wort »Heime«, »Heimat« ab.

Wilhelm Raabe, Halb Mär, halb mehr

Nichts lieben,
das ist die **Hölle**.

Georges Bernanos

Die **Hölle** stelle ich mir so vor: Ein schwedischer Steuereinnehmer,
ein arabischer Automechaniker, ein englischer Koch, ein deutscher
Vergnügungschef, ein kanadischer Polizist, ein Sahara-Gärtner und eine
puritanische Nutte.

Billy Richards

Wir wissen nichts. Das ist alles, was man mit Bestimmtheit
über das aussagen kann, was jenseits des **Endlichen** liegt.

Ernest Renan

Wenn einst der **letzte Tag** die Toten wird erwecken,
da trennen sich die Schafe von den Böcken.
Schwermütig wird nach den' wohl manche Dame sehn,
wofern die Ziegen nicht schon bei den Böcken stehn.

*Abraham Gotthelf Kästner, Über das Evangelium
am 26. Sonntag nach Trinitatis*

Zu wissen drängt euch euer Gemüt,
was nach dem **Tod** soll geschehen:
Ihr wisst gar nicht, was morgen geschieht,
und wollt so viel weiter sehen.
Franz Grillparzer

Die **Hölle**, das sind wir selbst.
T. S. Eliot

Sei, wie du willst, namenloses **Jenseits** – bleibt mir nur dieses mein
Selbst getreu! Sei, wie du willst, wenn ich nur mich selbst mit
hinübernehme!
Friedrich Schiller, Die Räuber IV, 5 (Moor)

Leid

Leiden ist wie Geld. Es kursiert von Hand zu Hand. Wir geben weiter,
was wir empfangen.
Thornton Wilder, Der achte Schöpfungstag,
Von Illinois nach Chile

Unverträglich fürwahr ist der Glückliche! Werden die **Leiden** endlich
euch lehren, nicht mehr wie sonst mit dem Bruder zu hadern?
Johann Wolfgang von Goethe,
Hermann und Dorothea 5

Die Vögel sind geboren zu fliegen und die Menschen zu **leiden**.
Aus den Niederlanden

Das größte **Elend** hienieden ist nicht das soziale, sondern die
Verkümmerung so mancher Menschenseele.
Jakob Boßhart, Bausteine

Das Elend wohl, doch nicht das **Leid** der Welt lässt sich mehren oder mindern.

Oskar Loerke, Der Silberdistelwald

Leid ist auch nur Liebe. Warte eine kleine Weile, und du wirst es erfahren.

Gertrud von Le Fort

Ein Mensch kann viel **ertragen**, solange er sich selbst ertragen kann.

Axel Munthe

Könnt' ich mich selber ganz besiegen,
ich hätt' die **Not** bald überstiegen.

Freidank, Bescheidenheit 113

Wer nicht ein kleines **Leid** zu ertragen versteht, muss sich darauf gefasst machen, viele Leiden über sich ergehen zu lassen.

Jean-Jacques Rousseau, Emile IV

Das **Leid** ist das schnellste Tier, das euch trägt zur Vollkommenheit.

Meister Eckhart

Leiden sollen läutern, sonst hat man gar nichts von ihnen.

Jean Paul, Brocardica

Wo das **Leid** ist, da kommen leicht auch die Liebe und der Glaube.

Peter Rosegger, Erdsegen

Jede **Wunde**, nur keine Herzenswunde.

Bibel, Jesus Sirach 25, 13

Das Glück trennt die Menschen, aber das **Leid** macht sie zu Brüdern.

Peter Rosegger, I. N. R. I.

Blumenkränze entführt dem Menschen der leiseste Westwind, **Dornenkronen** jedoch nicht der gewaltigste Sturm.

Friedrich Hebbel, Blumen und Dornen

Ich habe mein **Elend** nicht wie ein weiser Mann benutzt.
> *Laurence Sterne*

Nur Frauen können **leiden** und dazu lächeln, als ginge sie das gar nichts an.
> *Alberto Moravia*

Jedwedes **Übel** ist ein Zwilling.
> *Heinrich von Kleist,*
> *Der zerbrochene Krug 10 (Adam)*

Wenn alle Menschen ihr **Missgeschick** auf einen einzigen großen Haufen legten, von dem sich jeder den gleichen Anteil zu nehmen hätte – die meisten Menschen wären froh, wenn sie ihren eigenen Beitrag zurückbekommen und verschwinden könnten.
> *Sokrates*

Es ist gut, in **Bedrängnis** zu leben. Das wirkt wie eine gespannte Feder.
> *Charles de Montesquieu*

Widerwärtig nennen wir das **Traurige**, dem es nicht vergönnt ist, sich auf irgendeine Weise in Schönheit aufzulösen.
> *Arthur Schnitzler*

Denn dies ist für die Menschen die Ursache allen **Übels**, dass sie nicht imstande sind, die allgemeinen Begriffe auf die einzelnen Fälle anzuwenden.
> *Arius, Epiktetäische Abhandlungen IV, 1*

Was die großen **Konflikte** in der Welt und im Menschenleben bewirkt, ist nicht die Eigenliebe, sondern der Selbsthass.
> *Eric Hoffer*

Die meisten **Misslichkeiten** der Welt scheinen mir von Menschen herzurühren, die zu geschäftig sind.
> *Evelyn Waugh*

Das **Missbehagen** der Menschen steigt verhältnismäßig. Ein Glücklicher wird grade so arg durch eine kleine Unbequemlichkeit gequält wie ein Unglücklicher durch großes Malheur.

Wilhelm Raabe, Gedanken und Einfälle

Leidenschaft

Man sollt' ihm Maine und Anjou übergeben.
Was weiß ich, was er alles möcht' erstreben!
Und jetzt **begehrt** er nichts mehr als die eine –
ihr Menschen, eine Brust her, dass ich weine!

Heinrich von Kleist, Katharina von Frankreich

Leidenschaft ist ein süßer Wein,
geschlürft aus glühendem Becher.
Er labt bis ins innerste Mark hinein
und versengt die Lippe dem Zecher.

Paul Heyse, Spruchbüchlein

Bist du die Erste, die der Liebe **Macht** empfindet? Schwache Menschen sind wir alle.

Friedrich Schiller, Phädra IV, 6

Ein Mann hat immer **Angst** vor einer Frau, die ihn zu sehr liebt.

Bertolt Brecht, Die Dreigroschenoper (Polly)

Der **Liebeswahn** des Alters verschwindet in Gegenwart leidenschaftlicher Jugend. Die Fichte, die im Winter frisch und kräftig erscheint, sieht im Frühling verbräunt und missfärbig aus neben hell aufgrünender Birke.

Johann Wolfgang von Goethe, Wilhelm Meisters Wanderjahre II

Liebesschwüre dringen nicht zum Himmel.
Sprichwort

Der gereizten **Leidenschaft** ist keine Torheit zu bunt.
Friedrich Schiller, Kabale und Liebe III, 1 (Wurm)

Die Beziehungen zwischen zwei Menschen müssen an der Oberfläche bleiben. Wenn sie einander **verfallen**, richten sie unabsehbaren Schaden an.
Leo Lehman, Quartett bei Claudia

Mir aber schreckt es das **Herz** im Busen; denn wenn ich nur flüchtig blicke zu dir hinüber, dann bricht mir die Stimme. Lahm ist die Zunge und ein feines Feuer rinnt über die Haut, nichts mehr vermag das Auge zu sehen. Dröhnen ist in den Ohren, und der Schweiß rinnt herab, Zittern befällt den Leib; ich bin bleicher als Gras, dem Tod nah schein ich, Agallis.
Sappho

Jede Bedingung, die unseren aufkeimenden **Leidenschaften** in den Weg tritt, schärft sie, anstatt sie zu dämpfen.
Johann Wolfgang von Goethe, Wilhelm Meisters Wanderjahre II

Die **Wollust** ist die Prämie der Natur für die Mühen von Zeugungen und Geburt.
Sigmund Freud

Ihr spielet mit der **Leidenschaft**? O Graus,
wenn ihr erkennt, wie schwer ihr euch vermessen.
Ich spiele mit dem Kater, sprach die Maus,
als der gerad' begann, sie aufzufressen.
Ludwig Fulda, Sinngedichte

Liebesschwüre sind wie die Gelübde der Matrosen auf hoher See:
Nach dem Orkan ist alles vergessen.
John Webster

Die große **Leidenschaft** ist das Privileg derer, die sonst nichts zu tun haben.

> *Oscar Wilde*

Echte **Leidenschaft** ist in keinem Alter lächerlich. Ich sehe nichts Komisches in Johann Wolfgang von Goethes letzter Liebe.

> *François Mauriac*

Lernen

Zum steten **Lernen** bleibet auch das Alter jung.

> *Äschylos, Agamemnon 584 (Chorführer)*

Jeder, der aufhört zu **lernen**, ist alt, mag er zwanzig oder achtzig Jahre zählen. Jeder, der weiterlernt, ist jung, mag er zwanzig oder achtzig Jahre zählen.

> *Henry Ford I.*

Sobald jemand in einer Sache Meister geworden ist, sollte er in einer neuen Sache **Schüler** werden.

> *Gerhart Hauptmann*

Je mehr wir in uns aufnehmen, umso größer wird unser geistiges **Fassungsvermögen**.

> *Lucius Annaeus Seneca, an Lucilius*

Von einem bestimmten Alter an schließt sich der menschliche **Geist**, und man lebt von seinem intellektuellen Fett.

> *William Lyon Phelps*

In der Welt **lernt** der Mensch nur aus Not oder Überzeugung.

> *Johann Heinrich Pestalozzi, Über den Aufenthalt in Stans*

Des **Schülers** Kraft entzündet sich am Meister; doch schürt
sein jugendlicher Hauch zum Dank des Meisters Feuer auch.
Emanuel Geibel, Spätherbstblätter, Sprüche 3

Studium ist Balsam gegen die Leidenschaft.
Talmud

Das **Studieren** ist für mich das hauptsächlichste Mittel gegen
Lebensüberdruss gewesen; denn nie habe ich Kummer gehabt,
den eine Stunde, mit Lesen zugebracht, nicht verscheucht hätte.
Karl Julius Weber, Demokritos I, 10

Gesagt ist nicht gehört. Gehört ist nicht **verstanden**. Verstanden ist
nicht einverstanden. Einverstanden ist nicht behalten. Behalten ist nicht
angewandt. Angewandt ist nicht beibehalten.
Heinz Goldmann

Lernen muss man mit dem ganzen Körper.
Friedrich Oberlin

Lebenstätigkeit und Tüchtigkeit ist mit auslangendem **Unterricht** weit
verträglicher, als man denkt.
Johann Wolfgang von Goethe

Überhaupt **lernt** niemand etwas durch bloßes Anhören, und wer sich
in gewissen Dingen nicht selbsttätig bemüht, weiß die Sachen nur
oberflächlich.
Johann Wolfgang von Goethe, zu Eckermann, 10.2.1831

Zu viel Zeit auf **Studien** verwenden ist Faulheit.
Francis Bacon, Von den Studien

Schlecht steht es um den **Schüler**, der seinen Meister nicht überflügelt.
Leonardo da Vinci

Nie **Schüler** irgendeines Mannes sein, aber Hörer aller.
Johann Kaspar Lavater

Ein **Fragender** ist nie unwissend.
Aus Kamerun

Wer sich des **Fragens** schämt, der schämt sich des Lernens.
Christoph Lehmann, Politischer Blumengarten I

Der Wissende weiß und **erkundigt** sich, aber der Unwissende weiß nicht einmal, wonach er sich erkundigen soll.
Aus Indien

Wer **fragt**, geht nicht fehl, aber sein Geheimnis ist aufgedeckt.
Aus Liberia

Wenn die **Neugier** sich auf ernsthafte Dinge richtet, dann nennt man sie Wissensdrang.
Marie von Ebner-Eschenbach,
Aphorismen

Klug **fragen** können ist die halbe Weisheit.
Francis Bacon

Frage nur vernünftig, und du hörst Vernünftiges.
Euripides,
Iphigenie in Aulis 1135 (Agamemnon)

Niemand ist so uninteressant wie ein Mensch ohne **Interesse**.
John Mason Brown

Wer nicht **neugierig** ist, erfährt nichts.
Johann Wolfgang von Goethe

Fragt nicht nach Dingen, die, so sie euch kund würden, euch wehe täten.
Koran 5

Prüfungen sind deshalb so scheußlich, weil der größte Trottel mehr **fragen** kann, als der klügste Mensch zu beantworten vermag.
Charles Caleb Colton

Wer **fragt**, ist ein Narr für fünf Minuten. Wer nicht fragt, bleibt ein Narr.
Aus China

Wer noch **fragen** kann, dem kann nichts geschehen. Der fragende
Mensch hat nichts Tragisches.
Peter Handke

Höret den **Rat** beständiger Freunde, das hilft euch am besten.
Johann Wolfgang von Goethe, Reineke Fuchs II

Ein guter **Rat** in spaßiger Form ist oft besser als ernste Belehrung.
Baltasar Gracián, Lebensregeln

Ein weiser Herre gerne hat weite Freundschaft, engen **Rat**.
Freidank, Bescheidenheit 31

Uns Alten rechnet man den Irrtum zugute, weil wir die Wege nicht ge-
bahnt fanden; wer aber später in die Welt eintritt, von dem verlangt man
mehr. Der soll nicht abermals irren und suchen, sondern er soll den **Rat**
der Alten nutzen.
Johann Wolfgang von Goethe, zu Eckermann, 18.9.1823

Oft kommt ein nützlich **Wort** aus schlechtem Munde.
Friedrich Schiller, Wallensteins Tod V, 5 (Gordon)

Trost und **Rat** sind oft die Abwehr eines Nichtbetroffenen gegen
das Leid eines Betroffenen.
Ludwig Marcuse

Geflüsterter **Rat** ist keine Erbse wert.
Aus Spanien

Schon lange kenn ich diese Tyrannei der **Freundschaft**, die von allen
Tyranneien die unerträglichste mir scheint. Du denkst nur anders, und du
glaubst, deswegen schon recht zu denken. Gern erkenn' ich an: Du willst
mein Wohl. Allein verlange nicht, dass ich auf deinem Weg es finden soll.
Johann Wolfgang von Goethe, Torquato Tasso IV, 4 (Tasso)

Ein Ruin kann drei Ursachen haben: Frauen, Wetten oder die **Befragung** von Fachleuten.

Georges Pompidou

Einem Unerfahrenen **Lebensregeln** geben, heißt einem Ungeübten Unterricht im Fechten durch Zuschauen geben.

Friedrich Maximilian Klinger, Betrachtungen und Gedanken.

Wer selbsten Witz nicht hat,
dem dient kein witzig **Rat**.

Friedrich von Logau

Wer kann erwarten, die Menschheit werde gute **Ratschläge** befolgen, wenn sie nicht einmal Warnungen zur Kenntnis nimmt?

Jonathan Swift

Wo **Rat** nicht wird gehört, wo Rat nicht Folge hat, allda ist gar kein Rat der allerbeste Rat.

Friedrich von Logau, Deutsche Sinngedichte

Glaubt ihr, dass ich in der Welt bin, um **Rat** zu geben?
Das ist das dümmste Handwerk, das einer treiben kann. Gerät es gut,
so freue er sich seiner Weisheit und seines Glücks; läuft's übel ab,
dann bin ich bei der Hand.

Johann Wolfgang von Goethe, Die Wahlverwandtschaften I

Liebe und Erotik

Als einst die Götter, müde dieser Welt,
sich flüchteten hinauf ins Sternenzelt,
mitnehmend, was auf Erden sie besessen,
da haben sie die **Liebe** hier vergessen.

Friedrich Halm, Der Sohn der Wildnis II (Parthenia)

Liebe ist der Entschluss, das Ganze eines Menschen zu bejahen, die Einzelheiten mögen sein, wie sie wollen.

Otto Flake

Lebe wohl. Du **Einzige**, in die ich nichts zu legen brauche, um alles in dir zu finden.

Johann Wolfgang von Goethe, an Charlotte von Stein

»Mich dünkt«, sprach Zeus im Rat der Götter, »ich habe ein Mittel, dass es weiterhin Menschen gibt, aber sie schwächt, damit sie von ihrem wüsten Wesen ablassen. Ich schneide einen jeden mitten durch.« Sprach's und schnitt die Menschen, die Mann und Weib in einem Körper waren, so der Länge nach durch, wie man Birnen zum Einlegen durchschneidet. Als nun das ursprüngliche Wesen entzweigeschnitten war, ging jede Hälfte voller Sehnsucht nach ihrem Gegenstück auf die Suche. Sie umschlangen sich mit den Armen und verflochten sich miteinander im Verlangen zusammenzuwachsen. Sehnsucht und Drang, ein Ganzes zu sein, heißt **Eros**.

Platon, Gastmahl 16 (Aristophanes)

Die **Lieb'** ist's schnellste Ding; sie kann für sich allein
in einem Augenblick im höchsten Himmel sein.

Angelus Silesius, Der Cherubinische Wandersmann

Jemand sagte: »Über zwei Personen habe ich nie gründlich nachgedacht: Es ist das Zeugnis meiner **Liebe** zu ihnen.«

Friedrich Nietzsche, Menschliches Allzumenschliches

Liebe ist etwas Ernsteres und Bedeutungsvolleres als das Entzücken über die Linien eines Gesichtes und die Farbe einer Wange. Sie ist die Entscheidung für eine gewisse Ausprägung des Menschlichen, die sich symbolisch in den Einzelheiten des Gesichtes, der Stimme, der Gebärde ankündigt.

José Ortega y Gasset

Liebe ist die Poesie der Sinne.

Honoré de Balzac

Freue dich deines Bildes in dem spiegelnden Wasser, aber stürze dich nicht hinab, es zu umfassen; in seinen Wellen ergreift dich der Tod. **Liebe** nennen sie diesen schmeichelnden Wahnsinn. Hüte dich, an dieses Blendwerk zu glauben, das uns die Dichter so lieblich malen. Das Geschöpf, das du anbetest, bist du selbst; was dir antwortet, ist dein eignes Echo aus einer Totengruft, und schrecklich allein bleibst du stehen.

Friedrich Schiller, Der Menschenfeind 8 (v. Hünen)

Lieben bedeutet: niemals um Verzeihung bitten müssen.

Erich Segal, Love Story

Darin besteht die **Liebe**: Dass sich zwei Einsame beschützen und berühren und miteinander reden.

Rainer Maria Rilke

Ich will auch nimmer ein **Lieb** mir wünschen, weder jetzt noch sonst. Besitzen ist wohl schön, allein verlieren –!

Franz Grillparzer, Des Meeres und der Liebe Wellen V (Janthe)

Der einzige **Mann**, der wirklich nicht ohne Frauen leben kann, ist der Frauenarzt.

Arthur Schopenhauer

Der moderne Mensch läuft zu leicht heiß. Ihm fehlt zu sehr das Öl der **Liebe**.

Christian Morgenstern,
Stufen, Kritik der Zeit, 1910

Nein, ich liebte nicht, wenn **Liebe** darin besteht, nicht zu tadeln, was am geliebten Wesen ungerecht ist, wenn Liebe darin besteht, nicht zu fordern, dass das geliebte Wesen dem schönen Bild entspreche, das wir von ihm hegen.

Albert Camus

Auch der Olymp ist öde ohne **Liebe**.

Heinrich von Kleist, Amphitryon II, 5 (Jupiter)

Liebe ist ein privates Weltereignis.

Alfred Polgar

Einen Menschen **lieben** heißt ihn so sehen, wie Gott ihn gemeint hat.

Feodor Michailowitsch Dostojewski

Die **Liebe** beruht auf einer starken Übertreibung des Unterschiedes zwischen einer Person und allen anderen.

George Bernard Shaw

Der Hass ist parteiisch, aber die **Liebe** ist es noch mehr.

Johann Wolfgang von Goethe,
Die Wahlverwandtschaften 1

Am Tag ist die Eule blind, bei Nacht die Krähe. Wen aber die **Liebe** verblendet, der ist blind bei Tag und Nacht.

Aus Indien

Sei nicht allzu froh, wenn du liebst; denn in der **Liebe** ist auch Täuschung.

Aus Nigeria

Liebe ist Eigenliebe zu zweit.

Madame de Staël

Viel falsche Münz' in unsem Tagen
ist nach der **Minne** Bild geschlagen.

Walther von der Vogelweide

Die **Liebe** ist eine Gemütskrankheit, die durch die Ehe oft schnell geheilt werden kann.

Sacha Guitry

Ein **liebeleeres** Menschenleben
ist wie ein Quell, versiegt im Sand,
weil er den Weg zum Meer nicht fand.

Friedrich von Bodenstedt, Die Lieder des Mirza Schaffy

Die **Liebe** ist der Wunsch, geliebt zu werden.
Jean Giraudoux

Liebe kennt der allein, der ohne Hoffnung liebt.
Friedrich Schiller, Don Carlos II, 8 (Carlos)

Viele, die ihr ganzes Leben auf die **Liebe** verwendeten, können uns weniger über sie sagen als ein Kind, das gestern seinen Hund verloren hat.
Thornton Wilder

Das Spiel des Lebens sieht sich heiter an, wenn man den sichern **Schatz** im Herzen trägt.
Friedrich Schiller,
Die Piccolomini III, 4 (Thekla)

Vermag die **Liebe** alles zu dulden, so vermag sie noch viel mehr alles zu ersetzen.
Johann Wolfgang von Goethe,
Die Wahlverwandtschaften II

Treue **Lieb'** hilft alle Lasten heben!
Friedrich Schiller, Die Jungfrau von Orleans, Prolog I
(Thibaut)

Erst seit ich **liebe**, weiß ich, dass ich lebe.
Theodor Körner, Zriny II, 8 (Helene)

Die **Liebe** herrscht nicht, aber sie bildet, und das ist mehr.
Johann Wolfgang von Goethe, Das Märchen

Hinter jedem großen Mann stand immer eine **liebende Frau,** und es ist viel Wahrheit in dem Ausspruch, dass ein Mann nicht größer sein kann, als die Frau, die er liebt, ihn sein lässt.
Pablo Picasso

Große Seelen macht die **Liebe** größer.
Friedrich Schiller, Don Carlos IV, 5 (Marquis)

Schöner, als er dich von sich ließ, soll der Himmel dich wieder haben und mit Verwunderung eingestehn, dass nur die **Liebe** die letzte Hand an die Seelen legt.
Friedrich Schiller, Kabale und Liebe I, 4 (Ferdinand)

Unwillkürlich, unbewusst bilden zwei Wesen, die sich **lieben**, sich jedes nach den Ansprüchen des anderen. Ein jedes ist bemüht, dem Idol zu gleichen, das es im Herzen des anderen erspäht.
André Gide, Die Falschmünzer I, 8

Wo wir **lieben**, gedeiht auch unser Talent.
Martin Kessel, Gegengabe III

Die **Liebe** ist ein Kind der Ewigkeit. Sie verwischt die Erinnerung an den Anfang und nimmt die Angst vor dem Ende.
Madame de Staël

Durch die **Liebe** und den Tod berührt der Mensch das Unendliche.
Alexandre Dumas d. J.

Des **Verliebten** Seele lebt in einem fremden Leibe.
Plutarch, Cato 8

Lieben – das heißt Seele werden wollen in einem anderen.
Friedrich Schleiermacher

Wär' auch die ganze Welt mit Dornen rings umstellt,
ein Herz, das **Liebe** fühlt, bleibt stets ein Rosenfeld.
Dschelal ed-Din Rumi, Diwan

Was ist der eitle Ruhm, wenn **Liebe** spricht? Gesteht es, eure Stunde ist gekommen! Weg mit dem Stolze! Weicht der stärkeren Gewalt.
Friedrich Schiller,
Turandot III, 2 (Zelima)

Lieben heißt: in dem anderen sich selbst erobern.
Friedrich Hebbel, Tagebücher 1840

Du allein durchdrangst das grässliche Geheimnis,
dir und den Göttern nur kann ich mich öffnen.
Dir könnt' ich nicht verbergen, was ich gern
mir selbst verbarg – urteil', ob ich dich **liebe**!

Friedrich Schiller, Phädra V, 1 (Hippolyt)

Die **Liebe** ist der Blick der Seele.

Simone Weil

Wie könnte ich an deiner **Liebe** zweifeln, da ich der meinigen mir so innig bewusst bin!

Franz Grillparzer, Melusina II (Melusina)

Wir sind kalt, stolz, hoch, klar, klug, wenn wir verdienen, Weiber zu heißen, und alle diese Vorzüge legen wir euch zu Füßen, sobald wir **lieben**.

Johann Wolfgang von Goethe, Wilhelm Meisters Lehrjahre IV

Vergangen sei vergangen
und Zukunft ewig fern:
In Gegenwart gefangen
verweilt die **Liebe** gern.

Clemens Brentano, Wenn der Sturm das Meer umschlingt

Man **liebt** einen Menschen nicht alle Tage.

Aus Ghana

Die **Liebe** ist schlauer als die Bosheit und kühner.

Friedrich Schiller, Kabale und Liebe V, 1 (Luise)

In der **Liebe** soll man nicht alles sagen; denn eine Gefühlsbindung braucht Unausgesprochenes, um das die Gefühle kreisen.

Sigrid Undset

Greif zu, hat dir die Zeit was **Liebes** zugewandt!
Die Lieb' erfordert Mut und eine schnelle Hand.

Andreas Tscherning, Deutscher Gedichte Frühling

Der Weg zur **Geliebten** ist dornenlos.
  Aus Kamerun

Deut' mir eins der **Liebe** Werke,
ob Verlust sie, ob Gewinn?
Gibt dem Weibe Männerstärke
und dem Manne Weibersinn.
  Franz Grillparzer, Der Traum ein Leben I (Zanga)

Wer liebt, hat ein großes **Geschenk** zu verwalten.
  Martin Kessel, Gegengabe III

Man kann nur **lieben**, wenn man religiös ist.
  Robert Musil

Es ist was Schönes, sein eigenes Bild im **liebenden Auge** zu erblicken.
  Johann Wolfgang von Goethe, Wilhelm Meisters
  Wanderjahre III

Im Dunkeln mit einer Frau **zärtlich sein** ist das Gleiche wie im Dunkeln
rauchen. Es schmeckt nicht.
  Henry de Montherlant

Zärtlichkeit ist das Ruhen der Leidenschaft.
  Joseph Joubert

Die wahre Tragödie des Don Juan liegt darin, dass er nur **Beute**, niemals
Jäger war.
  George Bernard Shaw

Küsse, Schwüre, Scharwenzeln kannst du von jedem Mann haben,
Ohrfeigen nur von einem Mann, der dich liebt.
  Lukian, Hetärengespräche

Das ist das Eigentümliche an der **Liebe**, dass sie sich niemals gleich bleiben kann; sie muss unaufhörlich wachsen, wenn sie nicht abnehmen soll.
  André Gide, Die Falschmünzer III, 5

Liebende

Ein ernstlich **Verliebter** ist in Gegenwart seiner Geliebten verlegen, ungeschickt und wenig einnehmend.

Immanuel Kant,
Anthropologie

Ein **Verliebter** will stets liebenswerter sein, als er ist. Darum sind fast alle Verliebten lächerlich.

Nicolas Sébastien Roch Chamfort

Ich **liebe** sie persönlich.

Heinrich Heine,
Aphorismen und Fragmente

Viele Männer erscheinen schroff und kalt, weil sie in ihrem innersten Wesen etwas Weibliches haben und, statt zu **lieben**, geliebt sein wollen. Fällt auf sie dieser Sonnenstrahl, so tauen sie überraschend auf.

Karl Gutzkow

Er machte es wie alle **Männer**, spottete über gelehrte Frauen und bildete unaufhörlich an mir.

Johann Wolfgang von Goethe,
Wilhelm Meisters Lehrjahre VI

Der **Verliebte** hat keine Zeit, geistreich zu sein.

Stendhal

Der kleine Unterschied: ER denkt beim **Lieben**; SIE liebt beim Denken.

Oliver Hassencamp

Wie die Römer ihre Monarchen lieber für Götter als für Herren erkannten, so wollen die Männer die Direktrice ihres Herzens lieber ihre **Göttin** nennen als ihre Herrin. Weil es leichter ist anzubeten, als zu gehorchen.

Jean Paul, Aphorismen

Jedes Weib hat ein Recht, von jedem Mann zu verlangen, dass er ein **Held** sei.

Friedrich Hebbel, Judith III (Judith)

Wie ich aus jenen alten Büchern mir gelesen, war **Liebe** stets mit hoher Rittertat gepaart, und Helden, hat man mich gelehrt, nicht Schäfer saßen an der Tafelrunde. Wer nicht die Schönheit tapfer kann beschützen, verdient nicht ihren goldnen Preis.

Friedrich Schiller,
Die Jungfrau von Orleans I, 2 (Dunois)

Wie süß ist's, das **Geliebte** zu beglücken mit ungehoffter Größe.

Friedrich Schiller,
Die Braut von Messina I, 7 (Don Manuel)

Sie fordert von ihm den Glanz der Schöpfung und gewährt dafür die **Gunst** des Augenblicks.

Hans Arndt, Im Visier

Frauen scheinen weniger der **Liebe** im eigentlichen Sinn zu bedürfen als der Zuneigung und der Zärtlichkeit.

Henry de Montherlant

Blamier mich nicht, mein schönes Kind,
und grüß mich nicht unter den Linden;
wenn wir nachher zu Hause sind,
wird sich schon alles finden.

Heinrich Heine,
Buch der Lieder, Anhang, Zur Heimkehr 9

Für viele Frauen ist der **Geliebte** ein Spiegel, in dem sie sich selbst bewundern.

Fernandel

Frauen sind die Chamäleons der **Liebe**. Wir Männer sind für sie nur die Farbe, der sie sich jeweils anpassen.

Albert Chevalier

Eine **verliebte Frau** ist eine Sklavin,
die ihre Ketten von ihrem Geliebten tragen lässt.
Étienne Rey

Ein **liebend Weib** soll einen Schleier tragen.
Rochus Fürst zu Lynar,
Die Mediceer I, 5

Wie vertraut ein Mann mit Frauen sei,
es bleibt viel **Fremdes** doch dabei.
Freidank, Bescheidenheit 37

Willst du dein Herz mir schenken,
so fang es heimlich an,
dass unser beider Denken
niemand erraten kann.
Die **Liebe** muss bei beiden
allzeit verschwiegen sein;
drum schließ die größten Freuden
in deinem Herzen ein.
Verfasser unbekannt

Minne niemand pflegen mag
so heimlich einen halben Tag,
dass es nicht wissen längst vorher
vier oder sechs, vielleicht noch mehr.
Freidank, Bescheidenheit 37

Liebende mitzulieben ist artig.
Bion,
An den Abendstern

Fanden sie sich in einem Saale, so dauerte es nicht lange, und sie standen,
sie saßen nebeneinander. Nur die nächste **Nähe** konnte sie beruhigen,
aber auch völlig beruhigen, und diese Nähe war genug; nicht eines
Blickes, nicht eines Wortes, keiner Gebärde, keiner Berührung bedurfte
es, nur des reinen Zusammenseins. Dann waren es nicht zwei Menschen,

es war nur ein Mensch im bewusstlosen vollkommenen Behagen, mit sich selbst zufrieden und mit der Welt.

Johann Wolfgang von Goethe,
Die Wahlverwandtschaften II

Wie sich Beruf und **Liebe**, die Allesfordernden, einen? Liebt den Gefährten, und liebt seine Berufung dazu.

Eberhard Puntsch, Versöhnung

Liebeskummer

Mein Schatz ist ausgeblieben,
ich bin so ganz allein,
im **Lieben** wohnt Betrüben
und kann nicht anders sein.

Clemens Brentano

Sie war nicht liebenswürdig, wenn sie liebte, und das ist das größte **Unglück**, das einem Weibe begegnen kann.

Johann Wolfgang von Goethe, Wilhelm Meisters
Lehrjahre VII

Ich wollt ein Sträußlein binden,
Doch ewig bleibt der Pfeil in deiner Brust;
ich kenn' ihn, nie vernarben seine Wunden.
Dein **Frieden** ist vorbei: Du hast empfunden!

Friedrich Schiller,
Turandot III, 1 (Adelma)

Der Liebe **Leid**, dies heilet so bald mir nicht, dies singt kein Wiegensang, den tröstend Sterbliche singen, mir aus dem Busen.

Friedrich Hölderlin, Die Heimat

Nichtverliebte Menschen können nicht verstehen, wieso ein intelligenter Mann wegen einer ganz gewöhnlichen Frau **leiden** kann. Das ist, als ob man überrascht ist, dass jemand der Cholera zum Opfer fällt wegen einer so unbedeutenden Kreatur, wie es der Kommabazillus ist.

> *Marcel Proust, Auf der Suche nach der verlorenen Zeit*

Vergangnes Jahr in **Liebesweh**,
in neuen Flammen heuer?
Das Sprichwort lügt, so viel ich seh:
Gebrannte Kinder lockt das Feuer.

> *Paul Heyse*

Der **Schmerz** um Liebe, wie die Liebe, bleibt unteilbar und unendlich.

> *Johann Wolfgang von Goethe,*
> *Die natürliche Tochter III, 2 (Herzog)*

Männer und Frauen sind nur mit **Willen** ungetreu.

> *Johann Wolfgang von Goethe, Wilhelm Meisters*
> *Wanderjahre I*

Hoffnungslose Liebe macht den Mann kläglich und die Frau beklagenswert.

> *Marie von Ebner-Eschenbach, Aphorismen*

Wenn sie aus **Liebe** närrisch wird, so wäre sie es früher oder später auch ohne Liebe geworden.

> *Gotthold Ephraim Lessing, Emilia Galotti I, 6 (Prinz)*

Weißt du, was das heißt, zu lieben und verschmäht zu werden? Das ist nicht wie sonst ein **Leid**. Nimmt man mir sonst etwas, so lern' ich morgen, dass ich's entbehren kann. Schlägt man mir eine Wunde, so hab' ich Gelegenheit, mich im Heilen zu versuchen. Aber, behandelt man meine Liebe wie eine Torheit, so macht man das Heiligste in meiner Brust zur Lüge. Denn wenn das Gefühl, das mich zu dir hinzieht, mich betrügt, welche Bürgschaft hab' ich, dass das, was mich vor Gott darnieder wirft, Wahrheit ist?

> *Friedrich Hebbel, Judith II (Ephraim)*

Nun, ihr Musen, genug. Vergebens strebt ihr zu schildern, wie sich **Jammer** und Glück wechseln in liebender Brust. Heilen könnet ihr nicht die Wunden, die Amor geschlagen, aber Linderung kommt einzig, ihr Guten, von euch.

Johann Wolfgang von Goethe, Alexis und Dora, Schluss

Für das Geliebte **leiden** ist so süß!

Franz Grillparzer, Sappho IV, 2

Literatur und Literaten

Bei einem **Roman** sollte hauptsächlich darauf gesehen werden, die Irrtümer sowohl als die Betrügereien aller Stände und aller menschlichen Alter zu zeigen.

Georg Christoph Lichtenberg

Mit den **Romanen** ist es wie mit den Mahlzeiten: Wenn man sieht, wie sie zubereitet werden, kann einem der Appetit vergehen.

Annette Kolb

Selbstbiographien sind nur dann wahrhaft lehrreich, wenn sie eine große Anzahl von Tatsachen enthalten.

Wilhelm von Humboldt, Briefe an eine Freundin, 2.2.1835

Memoiren werden in der Regel von Leuten geschrieben, die entweder ihr Erinnerungsvermögen verloren oder nichts getan haben, das der Erinnerung wert wäre.

Oscar Wilde

Von **Biographien** kann man dreist sagen: Die am schlechtesten geschriebenen sind die besten, das heißt wahrsten.

Wilhelm Raabe, Gedanken und Einfälle

Jeder führt ein Doppelleben. In Taten und Gedanken. Beide Leben sind wahr. Nur den **Tagebüchern** darf man nicht glauben.

David Herbert Lawrence

Schauspiele und **Romane** eröffnen uns die glänzenden Züge des menschlichen Herzens; unsere Phantasie wird entzündet; unser Herz bleibt kalt; wenigstens ist die Glut, worin es auf diese Weise versetzt wird, nur augenblicklich und erfriert fürs praktische Leben. – Wer weiß, ob nicht eben diese gekünstelte Existenz in einer idealistischen Welt unsere Existenz in der wirklichen untergräbt?

Friedrich Schiller,
Eine großmütige Handlung aus der neuesten Geschichte

Ich leugne nicht, dass ich die **Geschichten** nicht liebe, die unsere Einbildungskraft immer in fremde Länder nötigen. Muss denn alles in Italien und Sizilien, im Orient geschehen? Sind denn Neapel, Palermo und Smyrna die einzigen Orte, wo etwas Interessantes vorgehen kann? Mag man doch den Schauplatz der Feenmärchen nach Samarkand und Ormus versetzen, um unsere Einbildungskraft zu verwirren. Wenn sie aber unseren Geist, unser Herz bilden wollen, so geben Sie uns einheimische, geben Sie uns Familiengemälde.

Johann Wolfgang von Goethe, Unterhaltungen Deutscher
Ausgewanderten

Was ist eine **Novelle** anders als eine sich ereignete unerhörte Begebenheit! Dies ist der eigentliche Begriff, und so vieles, was in Deutschland unter dem Titel Novelle geht, ist gar keine Novelle.

Johann Wolfgang von Goethe, zu Eckermann, 29.1.1827

Ein **Roman** ist eine veredelte Biographie.

Jean Paul

Ein **Sprichwort** ist ein kurzer Satz, der sich auf lange Erfahrung gründet.

Miguel de Cervantes, Don Quichote

Alte **Worte** sind weise Worte.

Aus Afrika

Das **Zitat**, vor allem das geflügelte Wort, hat noch andere Aufgaben: Es kann als eine Art geistige Kurzschrift dienen.
Ludwig Reiners, Stilkunst VI

Der **Aphorismus** sei wie eine Primzahl: Unteilbar.
Erhard Blanck

Wer ein Buch zusammenstellt mit hilfreicher **Weisheit**, erdacht von anderen Köpfen, leistet der Menschheit einen größeren Dienst als der Verfasser eines Epos der Verzweiflung.
Ella Wheeler Wilcox

Ein **Sprichwort** ist das Pferd der Unterhaltung: Wenn sie nachlässt, belebt das Sprichwort sie wieder.
Aus Nigeria

Ungebildete Menschen bringen bei jeder Gelegenheit **Sprichwörter** an; denn solche Gemeinplätze haben den Vorteil, der mangelhaften Bildung der Zuhörer zu entsprechen.
Aristoteles

Sprichwörter sollten nur paarweise abgegeben werden; denn das einzelne enthält nur die halbe Wahrheit.
Aus den USA

Aphorismen in die Welt senden heißt nach einem Nicken des Einverständnisses fahnden.
Martin Kessel, Gegengabe VII

Das **Sprichwort** ist eines Menschen Witz und aller Menschen Weisheit.
John Russell

Zum Lied das Alleluja, zur Unterhaltung das **Sprichwort**!
Aus Abessinien

Will man ein **Aphorismenbuch** lesen, ohne sich zu langweilen, so soll man es auf gut Glück aufschlagen und es weglegen, wenn man Interessantes gefunden hat, um nachzudenken.

Joseph von Ligne

Zitate in meiner Arbeit sind wie Räuber am Weg, die bewaffnet hervorbrechen und dem Müßiggänger die Überzeugung abnehmen.

Walter Benjamin

Lüge

Du sollst kein **falsches Zeugnis** reden wider deinen Nächsten.

Bibel, Buch Exodus 20, 16

Unser ältestes Buch, die Bibel, lässt das erste Verbrechen, wodurch das Böse in die Welt kam, von der ersten **Lüge** ausgehen.

Heribert Rau, Der Fluch unserer Zeit

Zeige mir einen **Lügner**, und ich zeige dir einen Dieb.

Aus den USA

Auf dem Kontinent sagen einem die Leute die Wahrheit, oder sie **lügen**. In England lügen sie eigentlich kaum jemals, aber es würde ihnen nicht einfallen, einem die Wahrheit zu sagen.

George Mikes

Die **Lügen** der Frauen unterscheiden sich von den Lügen der Männer, wie sich ein Florett von einem Kavalleriesäbel unterscheidet.

Sacha Guitry

Besser ein Dieb als einer, der immer nur **lügt**.

Bibel, Buch Kohelet 20, 25

Mehr als ein Speer verursacht die **Lüge** Schmerzen.
Aus Nigeria

Die **Lüge** ist der eigentliche faule Fleck in der menschlichen Natur.
Immanuel Kant

Im Mund der **Lügner** versteckt sich Gewalttat.
Bibel, Buch der Sprichwörter 10, 11

Die Fähigkeit zu **lügen** unterscheidet den Menschen vom Tier.
Claus Jacobi

Man muss die Tatsachen kennen, bevor man sie **verdrehen** kann.
Mark Twain

Wer **lügen** will, sagt man, muss sich erst selbst überreden.
Johann Wolfgang von Goethe,
Die Vögel (Treufreund)

Wer keine Überzeugung hat, **lügt** immer, er mag sagen, was er will.
Ludwig Reiners,
Stilkunst IV, Echtheit und Gewicht

Nehmen Sie einem Durchschnittsmenschen seine **Lebenslüge**,
so nehmen Sie ihm zugleich sein Glück.
Henrik Ibsen,
Die Wildente V (Relling)

Eine **Lüge** ist zuerst Honig, später Myrrhe.
Aus Somalia

Man kann mit der Zunge **lügen**, aber nicht mit den Augen.
Aus Belgien

Es wird nie so viel **gelogen** wie vor einer Wahl, während eines Krieges
und nach einer Jagd.
Verfasser unbekannt

Eine **Lüge** ist bereits dreimal um die Erde gelaufen, bevor sich die Wahrheit die Schuhe anzieht.

Mark Twain

Wer für dich **lügt**, wird auch gegen dich lügen.

Aus Jugoslawien

Ein Gerücht, von einem **Lügner** dementiert, ist beglaubigt.

Verfasser unbekannt

Es gibt wenig **Lügen**, aber viele Worte mit doppeltem Gesicht.

Aus Madagaskar

Eine zweifelhafte Behauptung muss recht häufig wiederholt werden, dann schwächt sich der Zweifel immer etwas ab und findet Leute, die selbst nicht denken, aber annehmen, mit so viel Sicherheit und Beharrlichkeit könne **Unwahres** nicht behauptet oder gedruckt werden.

Otto von Bismarck

Ein halb leeres Glas Wein ist zwar auch ein halb volles, aber eine halbe **Lüge** ist mitnichten eine halbe Wahrheit.

Jean Cocteau

Auch das ist **Lüge** und oft die kläglichste von allen: sich anzustellen, als wenn man einem Lügner seine Lüge glaubte.

Arthur Schnitzler

Ich kann alle Sünder zur Umkehr bringen, nur die **Lügner** nicht.

Rabbi Bunam

Der einzige Trost ist, dass **Lügen** vielen Menschen Brot geben und niemand gezwungen ist, sie zu glauben.

Karl Julius Weber, Demokritos IV, 22

Aus **Lügen**, die wir glauben, werden Wahrheiten, mit denen wir leben.

Oliver Hassencamp

Für den Dieb ist Schande bestimmt, harte Verurteilung trifft den
Doppelzüngigen.
Bibel, Buch Kohelet 5, 14

Die schönste Antwort auf **Verleumdung** ist, dass man sie stillschweigend
verachtet.
Johann Jakob Engel, Fürstenspiegel, Rache

Die **Zunge** ist ein Dolch aus Fleisch.
Aus Spanien

Der Name des Weibes heißt **Verleumdung**.
Friedrich Schiller, Don Carlos III, 2 (König)

Die Mücken singen erst, bevor sie einen stechen;
Verleumder lästern bald, die erst so lieblich sprechen.
Friedrich von Logau, Verleumder

Drei Menschen auf einmal verdirbt **Verleumdungsgift**:
Den, der sie spricht, den, der sie hört, den, so sie trifft.
Friedrich Rückert, Die Weisheit des Brahmanen

Gewissen **Verleumdern** zu erwidern
hieße, sich bis zu ihnen erniedern.
Heinrich Leuthold, Sprüche

Wer die Wahrheit nicht fürchtet, braucht auch die **Lüge** nicht zu fürchten.
Thomas Jefferson

M Macht

Den begünstigten Sohn der Götter beneid' ich, den beglückten Besitzer der **Macht**! Immer das Köstlichste ist sein Anteil, und von allem, was hoch und herrlich von den Sterblichen wird gepriesen, bricht er die Blume sich ab.

> *Friedrich Schiller,*
> *Die Braut von Messina II, 4 (Chor)*

Macht hat Legitimität nur im Dienst der Vernunft. Allein von hier bezieht sie ihren Sinn. An sich ist sie böse.

> *Karl Jaspers, Wohin treibt die Bundesrepublik?*

Es ist eine ewige Erfahrung, dass jeder Mensch, der **Macht** in Händen hat, geneigt ist, sie zu missbrauchen. Er geht so weit, bis er Schranken findet.

> *Charles Baron de Montesquieu, Vom Geist der Gesetze X*

Macht ist ihrem Wesen nach expansiv und lässt sich durch nichts sonst beschränken als durch andere Mächte von gleicher oder wenigstens ähnlicher Größe.

> *Aldous Huxley, Wissenschaft, Freiheit und Frieden*

Die Ersetzung der **Macht** des Einzelnen durch die der Gemeinschaft ist der entscheidende kulturelle Schritt. Sein Wesen besteht darin, dass sich die Mitglieder der Gemeinschaft in ihren Befriedigungsmöglichkeiten beschränken, während der Einzelne solche Schranken nicht kannte.

> *Sigmund Freud, Das Unbehagen in der Kultur*

Herrschaft und **Gewalt**, ob du sie wen'gen wünschest oder vielen, missbrauchen wird sie stets, wer sie besitzt.

> *Giacomo Graf Leopardi, Palinodia*

Drei sind, die da herrschen auf Erden: die Weisheit, der Schein und die **Gewalt**.

> *Johann Wolfgang von Goethe, Das Märchen*

Die politische **Macht** kommt aus den Gewehrläufen.
Mao Zedong

Die politische **Gewalt** im eigentlichen Sinne ist die organisierte Gewalt
einer Klasse zur Unterdrückung einer anderen.
Karl Marx

Nur das zu tun, was alle wollen, ist das Geheimnis jeder **Macht**.
Johann Gottfried Kinkel

Wer andere besiegt ist stark. Wer sich selbst besiegt, hat **Macht**.
Laotse, Tao-Teh-King 33

Wer die **Gewalt** hat, doch ihr Wirken hemmt, der ist des Himmels
Liebling.
William Shakespeare, Sonette 4

Auch ein einzelner Mann kann eine **Großmacht** sein.
François Mauriac

Sei immer menschlich, Herr, im Glück, wie du's im Unglück warst – und
auf der **Größe** Gipfel vergiss nicht, was ein Freund wiegt in der Not.
Friedrich Schiller, Die Jungfrau von Orleans III, 4 (Johanna)

Ich glaube nicht, dass Männer von Natur aus aggressiv sind. Was sie aggressiv werden lässt, ist **Macht**, zu viel Macht. Diese Macht korrumpiert,
nicht das Geschlecht.
Alice Schwarzer

Alle **Mächtigen**, die ich näher beobachtet habe, sind ungeduldig und
intolerant geworden, haben eitel das Maß ihrer Möglichkeit überschätzt
und Prinzipien sowie Freunde selbstherrlich aufgegeben.
Shimon Peres

Indem der Revolutionär die **Macht** übernimmt, übernimmt er die
Ungerechtigkeit der Macht.
Octavio Paz

Gerade aus den **Mächtigen** gehen auch die besonders lasterhaften Menschen hervor. Freilich hindert nichts, dass sich auch unter diesen gute Menschen finden, und die, welche es sind, verdienen ganz besondere Bewunderung. Denn es ist schwer, Kallikles, und hohen Lobes wert, wenn er die große Macht zum Unrechttun besitzt und sein Leben trotzdem gerecht verbringt.

Platon, Gorgias (Sokrates)

Man sollte **Mitleid** haben mit denjenigen, die sich alles erlauben können.

Jean Anouilh,
Könige sterben einsam (Karl)

Ein an die **Macht** gekommener Freund
ist ein verlorener Freund.

Henry Adams

Im Jesuitenorden gibt es eine vernünftige Regelung: Keiner, der nach **Macht** strebt (auch wenn sie sich als Führungswille kaschiert), darf Vorgesetzter werden. Dahinter steht die jahrhundertelange Erfahrung christlicher Orden, dass die Pathologie des nach Macht Strebenden ihn ungeeignet macht, Herrschaft auszuüben.

Rupert Lay

Mit der **Macht** kann man nicht flirten.
Man muss sie heiraten.

André Malraux

Unter allen Räuschen ist der **Herrschaftsrausch** der schlimmste.
Wer vom Herrschaftsrausch befallen ist, erwacht nicht vor seinem Sturze.

Sanskrit

Keiner weiß, was in ihm steckt, bevor er von der **Macht** gekostet hat.

Otto Flake

Mächtige verstehen einander immer,
mögen sie auch verfeindet sein.

Georges Clemenceau

Der wirklich **Mächtige** trägt seine Macht unter dem Revers, nicht im Knopfloch.

Roger Peyrefitte

Wenn wir **Macht** besitzen, nennen wir sie Einfluss.
Wenn sie aber ein anderer besitzt,
belassen wir es bei dem hässlichen Wort Macht.

Arthur F. Corey

Wer die **Macht** hat,
dem soll man sie nicht auch noch versüßen.

Lord Beaverbrook

Die **Herrschenden** müssen bewacht werden,
nicht die Beherrschten.

Friedrich Dürrenmatt

Ich bin von der **Bühne** in eine Proszeniumsloge gegangen und sehe mir nun an, wie andere in meiner Rolle auf der Bühne agieren.

Klemens Fürst Metternich,
zu Bismarck

Kein **Abschied** auf der Welt
fällt schwerer als der Abschied von der Macht.

Charles Maurice Talleyrand

Wer zu herrschen gewohnt ist, wer's hergebracht hat,
dass jeden Tag das Schicksal von Tausenden in seiner Hand liegt,
steigt vom **Throne** wie ins Grab.

Johann Wolfgang von Goethe,
Egmont III (Regentin)

Sie hätten doch der Stadt viel Gutes erwiesen und würden nun ungerechterweise durch sie vernichtet, so lautet ihre Klage. Das ist aber ganz falsch; denn kein Leiter eines Staates kann je ungerechterweise durch den Staat selbst, den er leitet, den **Untergang** finden.

Platon, Gorgias (Sokrates)

Männer und Frauen

Der **Mann** ist geschaffen, über die Natur zu gebieten, das Weib aber, den Mann zu regieren. Zum ersten gehört viel Kraft, zum anderen viel Geschicklichkeit.

Immanuel Kant

Ein **Weib** ist ein Komma, ein Mann ein Punkt. Hier weißt du, woran du bist; dort lies weiter!

Theodor Gottlieb von Hippel

Der viel gerühmte **weibliche Instinkt** gleicht einem Seismographen, der den Sturz eines Blumentopfes anzeigt, aber beim Ausbruch des Ätna versagt.

Anna Magnani

Die viel gerühmte **weibliche Intuition**
ist nichts anderes
als die große Durchsichtigkeit der Männer.

George J. Nathan

Hört auf der klugen **Frauen** Urteil; denn ihnen schenkten die Götter die Gabe, mancherlei zu schauen, was unserem Auge entgeht. Sind unsere Blicke auch klarer, so sind sie in die Weite gerichtet; ihre Blicke aber sind schärfer für das, was im Umkreis geschieht.

Horaz

Ob die **Weiber** so viel Vernunft haben wie die Männer,
mag ich nicht entscheiden, aber sie haben ganz gewiss nicht
so viel Unvernunft.

Johann Gottfried Seume, Apokryphen

Ist die **Frau** weniger wert als der Mann? Wer diese Frage beantwortet, muss auch sagen, ob Feuer mehr wert ist als Wasser.

Carl Ludwig Schleich

Wie lächerlich gering ist der Unterschied zwischen **Mann und Frau**: Von 48 Chromosomen unterscheidet sich nur eines.
Germaine Greer

Es ist keine Frage, dass bei allen gebildeten Nationen die **Frauen** im Ganzen das Übergewicht gewinnen müssen; denn bei einem wechselseitigen Einfluss muss der Mann weiblicher werden, und dann verliert er; denn sein Vorzug besteht nicht in gemäßigter, sondern in gebändigter Kraft. Nimmt dagegen das Weib von dem Manne etwas an, so gewinnt sie; denn wenn sie ihre übrigen Vorzüge durch Energie erheben kann, so entsteht ein Wesen, das sich nicht vollkommener denken lässt.
Johann Wolfgang von Goethe,
Die guten Weiber

Für **Männer** gelten die Gesetze der Optik nicht: Wenn man sie unter die Lupe nimmt, werden sie plötzlich ganz klein.
Grethe Weiser

Je verdorbener ein Zeitalter,
desto mehr Verachtung der **Weiber**.
Jean Paul, Levana II, 4

Männer brauchen Frauen um sich, sonst verfallen sie unaufhaltsam der Barbarei.
Orson Welles

Dass die **Frauen** das letzte Wort haben, beruht hauptsächlich darauf, dass den Männern nichts mehr einfällt.
Hanne Wieder

Drei Arten von **Männern** tun sich schwer im Verstehen von Frauen: junge Männer, Männer mittleren Alters und alte Männer.
Aus Irland

Wenn dich die **Frauen** hassen,
musst du ohne Abendessen schlafen gehen.
Aus Tunesien

Am besten mit **Frauen** kommen diejenigen Männer aus, die ebenso gut ohne die Frauen auskommen.

Charles Baudelaire

Die Naturforscher sagen, dass bei allen Tierarten die Degeneration bei den **Weibchen** beginne. Die Philosophen können die Moral aus dieser Beobachtung für die zivilisierte Gesellschaft verwenden.

Nicolas Sébastien Roch de Chamfort

Kennt eine **Frau** nur einen Mann, dann kennt sie keinen. Sie muss sich mit dem guten Glauben trösten, alle Männer seien gleich.

Jean de La Fontaine

Die meisten **Männer**, die Kluges über Frauen gesagt haben, waren schlechte Liebhaber. Die großen Praktiker reden nicht, sondern handeln.

Jeanne Moreau

Die moderne **Frau** kennt den Unterschied zwischen einem Autoreifen und einem Mann: Ein Autoreifen muss mindestens einen Millimeter Profil haben.

Lisa Fitz

Früher haben die **Frauen** auf ihrem eigenen Boden gekämpft. Da war jede Niederlage ein Sieg. Heute kämpfen sie auf dem Boden der Männer. Da ist jeder Sieg eine Niederlage.

Coco Chanel, zu Georg Stefan Troller,
Pariser Gespräche 3

Die Behauptung, ein **Mann** könne nicht immer die gleiche Frau lieben, ist so unsinnig wie die Behauptung, ein Geigenspieler brauche für dasselbe Musikstück mehrere Violinen.

Honoré de Balzac

Der **Mann** ist für das Weib ein Mittel:
Der Zweck ist immer das Kind.

Friedrich Nietzsche, Zarathustra I, Von alten und jungen
Weiblein

Frauen vereinfachen unseren Schmerz, verdoppeln unsere Freude und verdreifachen unsere Ausgaben.
James Saunders

Schilt nicht, o König, unser arm Geschlecht! Nicht herrlich wie die euern, aber nicht unedel sind die Waffen eines **Weibes**.
Johann Wolfgang von Goethe, Iphigenie I,3 (Iphigenie)

Der **Frauen** Zustand ist beklagenswert. Zu Haus und in dem Kriege herrscht der Mann, und in der Fremde weiß er sich zu helfen. Ihn freuet der Besitz; ihn krönt der Sieg! Ein ehrenvoller Tod ist ihm bereitet. Wie eng gebunden ist des Weibes Glück! Schon einem rauen Gatten zu gehorchen, ist Pflicht und Trost.
Johann Wolfgang von Goethe, Iphigenie I, 1 (Iphigenie)

Die **Frauen** haben heute sicher mehr Rechte. Aber mehr Macht hatten sie früher.
Charles Aznavour

Die große Frage, die niemals beantwortet worden ist und die ich trotz dreißig Jahre langer Erforschung der Frauenseele auch nicht beantworten konnte, lautet: Was wünscht sich eine **Frau**?
Sigmund Freud

Konserven und Waschmaschinen haben mehr zur Befreiung der **Frau** beigetragen als alle Revolutionen.
Jean Ducke

Ein **Weiberfeind** ist auch ein Menschenfeind.
Jean Paul

Eine gescheite **Frau** hat Millionen geborener Feinde: alle dummen Männer.
Marie von Ebner-Eschenbach

Eine **Frau** ohne Mann ist wie ein Fisch ohne Fahrrad.
Aus den USA

Die **Frau** ist die Gefährtin des Mannes, mit den gleichen geistigen Fähigkeiten begabt.
Mahatma Gandhi

Sind die **Frauen** tief? Dass man einem Wasser nicht auf den Grund blicken kann, beweist noch nicht, dass es tief ist.
Egon Friedell

Das Herz aus Wachs und das Köpferl aus Eisen – das ist der Grundriss der **weiblichen Struktur.**
Johann Nepomuk Nestroy

Eine **Frau** ist der beste Gefährte fürs Leben.
Martin Luther

Seid ihr nicht wie die **Weiber**, die beständig zurück nur kommen auf ihr erstes Wort, wenn man Vernunft gesprochen stundenlang?
Friedrich Schiller,
Wallensteins Tod II, 3 (Wallenstein)

Es ist schwer zu entscheiden, welches ein verdrießlicheres Geschäft sei: die Lichter putzen oder **Weiber** durch Gründe belehren. Alle zwei Minuten muss die Arbeit wiederholt werden.
Ludwig Börne,
Fragmente und Aphorismen 8

Eine **Frau**, die nicht rätselhaft ist, ist keine.
Theodor Fontane

Über das **Weib** soll man nur zu Männern reden.
Friedrich Nietzsche, Zarathustra I

Frauen altern besser.
Max Frisch

Wer behauptet, die **Frauen** zu kennen, ist kein Gentleman.
George Bernard Shaw

Wenn ich mit einem Fuß im Grabe stehe, werde ich die Wahrheit über die **Frauen** sagen. Ich werde sie sagen, in meinen Sarg springen, den Deckel über mich ziehen und rufen: »Jetzt macht, was ihr wollt!«

> *Leo Tolstoi*

Bei **Weibern** weiß man niemals, wo der Engel aufhört und der Teufel anfängt.

> *Heinrich Heine, Atta Troll 19*

»Der Zweck heiligt die Mittel«. Dies muss sich der liebe Gott gedacht haben, als er das **Weib** erschuf.

> *Thomas Niederreuther,*
> *Aphorismen*

Frauen kommen langsam, aber gewaltig.

> *Ina Deter*

Es gibt ja den schönen Spruch: Hinter jedem Mann, der erfolgreich ist, steht eine **Frau**, die ihn stützt. Und hinter jeder Frau, die erfolgreich ist, stehen drei Männer, die sie zurückhalten wollen.

> *Waltraud Schoppe*

Mathematik

Mathematik ist das Alphabet, mit dessen Hilfe Gott das Universum beschrieben hat.

> *Galileo Galilei*

Nur selten treffen **mathematisches Können** und leicht fassliche Darstellung zusammen.

> *Egmont Colerus,*
> *Vom Einmaleins zum Integral, Vorwort*

Die **Geometrie** gab es schon vor der Erschaffung der Welt. Sie ist ewig wie der Geist Gottes.

Johannes Kepler

Mathematik ist die exakteste Wissenschaft, und ihre Schlussfolgerungen sind absolut beweisbar. Das ist jedoch nur deshalb so, weil die Mathematik nicht versucht, absolute Schlussfolgerungen zu ziehen.

Charles P. Steinmetz

Zahlen sind Symbole des Vergänglichen.

Oswald Spengler

In der **Mathematik** gibt es keinen Eingang für Herrschaften.

Euklid

Die **Mathematik** handelt ausschließlich von den Beziehungen der Begriffe zueinander ohne Rücksicht auf deren Bezug zur Erfahrung.

Albert Einstein

Mathematik ist Religion. Die Mathematiker sind die einzig Glücklichen. Wer ein mathematisches Buch nicht mit Andacht ergreift und es wie Gottes Wort liest, der versteht es nicht.

Novalis

Ich glaube nur an **Statistiken**, die ich selbst gefälscht habe.

Winston Churchill

Manche Errungenschaften der neuesten **Mathematik** wirken wie Scherze der Definition. Es ist, als sage man etwa: Die Ebene ist eine Grube von unbegrenzter Flachheit. Oder: Die Gerade ist eine ins Streckbett verbannte Kurve. Oder: Gegenwart entsteht, indem man der Zukunft vorenthält, was man der Vergangenheit wegnimmt.

Martin Kessel, Gegengabe III

Er ist ein **Mathematiker** und also hartnäckig.

Johann Wolfgang von Goethe,
Wilhelm Meisters Wanderjahre III

Die **Mathematik** gehört zu jenen Äußerungen menschlichen Verstandes, die am wenigsten von Klima, Sprache oder Traditionen abhängen.
Ilja Ehrenburg

Medizin

Ehre den **Arzt**, wie es ihm zukommt, seinen Diensten gemäß, denn auch ihn hat der Herr erschaffen. Vom Allerhöchsten kommt die Heilung wie ein Geschenk, das man vom König empfängt.
Bibel, Buch Kohelet 38, 1–2

Wir **Ärzte** sind Nachtreter der Natur, und unsre Herrin geht auf dunklen Pfaden.
Franz Grillparzer, Ein treuer Diener seines Herrn III (Arzt)

Ein **Arzt** hat eine Aufgabe, als ob ein Mensch in einem dunklen Zimmer in einem Buche lesen sollte.
Friedrich Hebbel, Tagebücher

Die **Medizin** ist eine Leuchte ins Innere.
Aus Afrika

Ein **Arzt**, der kein Künstler ist, ist auch kein Arzt.
Curt Goetz

Die **Heilkunst** ist in der Hauptsache nichts anderes als die Kenntnis der Liebesregungen des Leibes in Bezug auf Füllung und Leerung.
Platon, Das Gastmahl 12 (Eryximachos)

Der ist ein **Arzt**, der das Unsichtbare weiß, das keinen Namen hat, keine Materie und doch seine Wirkung.
Paracelsus

Wenn man sieht, was die heutige **Medizin** fertig bringt, fragt man sich unwillkürlich: Wie viele Etagen hat der Tod?
Jean-Paul Sartre

So muss es mit den Herren **Medizinern** wohl sein, wie mit den Scharf-richtern. Wenn die zum ersten Male köpfen, so zittern und beben sie; je öfter sie aber den Versuch wiederholen, desto frischer geht es.
Gotthold Ephraim Lessing,
Der junge Gelehrte II, 8

Ach, wenn Sie wüssten, wie schwer es einem **Arzte** fällt, einen Kranken richtig zu beurteilen, den er von Herzen lieb hat!
Henrik Ibsen,
Die Meerfrau IV (Wrangel)

Man sollte niemals zu einem **Arzt** gehen, ohne zu wissen, was dessen Lieblingsdiagnose ist.
Henry Fielding

Die Praxis manches **Arztes**
sollte man lieber Theorie nennen.
Erhard Blanck

Es gibt nur eine **Heilkraft**, und das ist die Natur; in Salben und Pillen steckt keine. Höchstens können sie der Heilkraft der Natur einen Wink geben, wo etwas für sie zu tun ist.
Arthur Schopenhauer,
Neue Paralipomena

Ein Internist ist ein **Arzt**,
der einen Leberkranken
auf Herzund Nieren prüft.
Werner Mitsch

Die **Ärzte** glauben, ihrem Patienten sehr viel genützt zu haben, wenn sie seiner Krankheit einen Namen geben.
Immanuel Kant

Einem **Arzt**, der nichts verschreibt, zürnen die Kranken. Sie glauben,
sie seien von ihm aufgegeben.
Epiktet

Da wir aus **Ärzten** Kaufleute machen, zwingen wir sie, die
Handelskniffe zu erlernen.
George Bernard Shaw

Das Geheimnis der **Medizin** besteht darin, den Patienten abzulenken,
während die Natur sich selber hilft.
Voltaire

Wenn ein **Arzt** hinter dem Sarg eines Patienten geht, folgt manchmal
tatsächlich die Ursache der Wirkung.
Voltaire

Ärztlicher **Kunstfehler**: Äskulapsus.
Thomas Niederreuther, Aphorismen

Was muss wohl unserm **Arzt** im Kopfe liegen,
ein Haus so nah' am Kirchhof sich zu baun?
Freund, kennst du nicht das Künstlern eigene Vergnügen,
stets ihre Werke zu beschaun?
Johann Friedrich Jünger, Erläuterung

Meinungen

Das charakteristische Merkmal der Geister ersten Ranges ist die
Unmittelbarkeit aller ihrer **Urteile**. Alles, was sie vorbringen, ist Resultat
ihres selbsteigenen Denkens und kündigt sich, schon durch den Vortrag,
überall als solches an.
Arthur Schopenhauer,
Parerga und Paralipomena II, 22

Steigerung des Luxus: eigenes Auto, eigene Villa, eigene **Meinung**.
Wieslaw Brudzinski, Katzenjammer

Wo alle **das Gleiche** denken,
denkt keiner viel.
Walter Lippmann

Die Menschen werden durch Gesinnungen vereinigt, durch **Meinungen**
getrennt.
*Johann Wolfgang von Goethe, an Friedrich Heinrich
Jacobi, 6.1.1813*

Von jeder Sache gibt es zwei
einander widersprechende **Auffassungen**.
Protagoras

Man sagt, zwischen zwei entgegengesetzten **Meinungen** liege
die Wahrheit mitten inne. Keineswegs! Das Problem liegt
dazwischen.
*Johann Wolfgang von Goethe, Wilhelm Meisters
Wanderjahre II*

Die Menschen **denken**
über die Vorfälle des Lebens
nicht so verschieden,
wie sie darüber sprechen.
Georg Christoph Lichtenberg

Es gibt eine Unbeständigkeit, welche von der Leichtigkeit des Geistes oder
seiner Schwäche herkommt, welche ihn alle **Meinungen** anderer annehmen lässt, und eine andere, mehr entschuldbare,
welche aus dem Ekel an den Dingen stammt.
François de La Rochefoucauld

Manche Leute unterhalten in ihren Köpfen
Fremdenzimmer für die **Meinungen** anderer Menschen.
Joseph Joubert

Überzeugungen sind oft
die gefährlichsten Feinde der Wahrheit.
Friedrich Nietzsche

Auch im Rahmen des **Weltbildes** nisten Wanzen.
Stanislaw Jerzy Lec, Unfrisierte Gedanken

Jemand, der ganz Unrecht hat,
ist leichter zu **überzeugen** als einer,
der zur Hälfte Recht hat.
Ralph Waldo Emerson

Es gehört oft mehr Mut dazu, seine **Meinung** zu ändern, als ihr treu zu
bleiben.
Friedrich Hebbel

Keine **Meinung** zu haben, das kann sich nur der ganz Unabhängige leisten.
Hans Krailsheimer

Wer seine **Ansicht** mit anderen Waffen als denen des Geistes verteidigt,
von dem muss ich voraussetzen, dass ihm die Waffen des Geistes
ausgegangen sind.
*Otto von Bismarck, am 21.3.1849 vor dem preußischen
Landtag*

Hat das **Denken** Schlagseite,
so greift es zum Schlagwort.
Hans Kudszus

Die **Meinung** im guten Menschen
ist Wissen im Werden.
John Milton

Überzeugungen sind **Meinungen**, die durch die Umstände zeitweilig
gestützt werden.
Henry Haskins

Mensch sein

Doch noch fehlte ein Wesen, ein edleres, weise vernehmend göttlichen Geist, zu herrschen ob allen Geschöpfen der Erde. Da ward geboren der **Mensch**. Schuf ihn der Bildner der Welt aus Samen der Gottheit? Schuf ihn aus Welle und Erde Prometheus nach der Gestalt der mächtigen Götter, als noch die junge Erde, sich lösend von himmlischem Äther, heilige Keime barg? Zum Boden geneigt, blicken nieder die andern Geschöpfe, aber dem Menschen gab der Gestalter erhabenes Antlitz, hieß ihn den Himmel schaun.
Ovid, Die Schöpfung der Welt

Der **Mensch** ist ein Blinder, der vom Sehen träumt.
Friedrich Hebbel

Der **Mensch** ist das einzige Tier, das sich für einen Menschen hält.
Thomas Niederreuther, Aphorismen

Alle anderen Dinge müssen. Der **Mensch** ist das Wesen, welches will.
Friedrich Schiller

Der **Mensch**, das sonderbare Wesen: mit den Füßen im Schlamm, mit dem Kopf in den Sternen.
Else Lasker-Schüler

Beim **Menschen** ist kein Ding unmöglich, im Schlimmen wie im Guten.
Christian Morgenstern,
Stufen, Lebensweisheit-Ethisches

Der **Mensch** ist die Dornenkrone der Schöpfung.
Stanislaw Jerzy Lec

Der **Mensch** ist kein vernünftiges, sondern eigentlich ein leidenschaftliches Tier, das hoffentlich einst zur Vernunft gelangen wird.
Karl Julius Weber, Demokritos IV, 8

Gott rührte den Lehm, aus dem er den **Menschen** schuf, nicht mit Wasser an, sondern mit Tränen.
Äsop

Was sind wir **Menschen** doch! Ein Wohnhaus grimmer Schmerzen, ein Ball des falschen Glücks, ein Irrlicht dieser Zeit, ein Schauplatz herber Angst, besetzt mit scharfem Leid, ein bald verschmelzter Schnee und abgebrannte Kerzen.
Andreas Gryphius, Menschliches Elend

Gott hat den **Menschen** erschaffen,
weil er vom Affen enttäuscht war.
Danach hat er auf weitere Experimente verzichtet.
Mark Twain

Was ist der **Mensch**? Ein Abfallprodukt der Liebe.
Stanislaw Jerzy Lec

Der **Mensch** ist dadurch groß,
dass er sich elend weiß.
Ein Baum weiß sich nicht elend.
Blaise Pascal

Die **Menschen** sind des Herrgotts Spielkarten.
Sprichwort

Was ist am Ende der **Mensch** anderes als eine Frage?
Rahel Varnhagen von Ense, Briefe

Der **Mensch** ist dem Menschen das Interessanteste.
Johann Wolfgang von Goethe, Wilhelm Meisters Lehrjahre II

Bilde dir ein, dass jemand einen großen Chor von Sängern auf die Bühne stellt und verlangt, dass, statt im Einklang zu singen, jeder seine besondere Melodie anstimmt, ohne sich an die Übrigen zu kehren. Nun fangen sie an, und jeder lässt sich mit seinem eigenen Liede hören, und dabei greifen sie sich auch noch gegenseitig an und eifern um die

Wette, wer den anderen am lautesten überschreien kann: Was meinst du, was da für ein Gesänge herauskäme? Alle **Erdenbewohner** aber sind solche Choristen.

> *Lukian, Ikaromenippus*

Im Schlechtesten der **Menschen** steckt noch so viel Gutes und im Besten noch so viel Böses, dass keiner befugt ist, zu urteilen und zu verurteilen.

> *Robert Louis Stevenson*

Die **Menschheit**?
Ein Magma von Wesen, die nicht wissen, was sie tun.

> *Henry de Montherlant*

Bruder, ich habe die **Menschen** gesehen, ihre Bienensorgen und ihre Riesenprojekte, ihre Götterpläne und ihre Mäusegeschäfte, das wunderseltsame Wettrennen nach Glückseligkeit – dieser dem Schwung seines Rosses anvertraut, ein anderer der Nase seines Esels, ein dritter seinen eigenen Beinen – dieses bunte Lotto des Lebens, worein so mancher seine Unschuld und seinen Himmel setzt, einen Treffer zu haschen. Und Nullen sind der Auszug.

> *Friedrich Schiller,*
> *Die Räuber III, 2 (Moor)*

Willst du wissen, woraus die **Menschheit** besteht? Aus denen, die sich nicht um dich kümmern.

> *Martin Kessel, Gegengabe I*

Wie? Die **Menschheit** willst du, der Wichte wegen, verachten?
Bist du denn selbst auch ein Wicht? Oder nicht selbst auch ein Mensch?

> *Friedrich Hebbel,*
> *Auf einen Menschenfeind*

Bist mit dem Glauben du gesegnet an **Menschen**, gib ihn nicht verloren, wenn unter einer Herde Toren dir auch einmal ein Schuft begegnet!

> *Heinrich Leuthold,*
> *Sprüche 31*

Menschenkenntnis

Mich erfreut's, in **Herzen** zu stöbern. Ich mag gern erfahren, was in ihnen vorgeht.

Romain Rolland, Meister Breugnon, Die Zugvögel

Unser Himmel ist die Zusammenfassung dessen, was wir zu bedürfen uns einbilden; unsre Hölle ist die Zusammenfassung dessen, was uns tatsächlich nicht gemäß ist. Wollen wir einen Menschen **erkennen**, so müssen wir ihn um eine Beschreibung seiner Hölle bitten.

Heinrich Wolfgang Seidel

Der **Mensch** erkennt nicht, ob er geliebt ist oder ob er verschmäht ist.

Bibel, Buch Kohelet 9,1

Ich weiß über die **Gefühle** anderer Menschen nicht gerne Bescheid. Nichts, was einen mehr hemmt.

Jean Giraudoux, Kein Krieg in Troja 1,8 (Helena)

Man würde die Menschen leichter kennen, wenn man nicht jede Handlung als die Folge von **Grundsätzen** ansähe.

Jean Paul

Jeder Einzelne muss ja in seiner **Eigentümlichkeit** betrachtet werden, und man hat neben seinem Naturell auch noch seine frühern Umgebungen, seine Bildungsgelegenheiten und die Stufen, auf denen er gegenwärtig steht, in Anschlag zu bringen.

Johann Wolfgang von Goethe, an Karl Friedrich von Reinhard, 8.5.1811

Um eine große **Persönlichkeit** zu empfinden und zu ehren, muss man auch wiederum selber etwas sein. Alle, die dem Euripides das Erhabene abgesprochen, waren arme Heringe und einer solchen Erhebung nicht fähig. Oder sie waren unverschämte Scharlatane.

Johann Wolfgang von Goethe, zu Eckermann, 13.2.1831

Wir müssen lernen, den **Menschen** weniger auf das, was er tut oder lässt, als auf das, was er leidet, anzusehen.
Dietrich Bonhoeffer

Den guten **Steuermann** lernt man erst im Sturme kennen.
Lucius Annaeus Seneca, an Lucilius

Die **Menschen** kennen einander nicht. Nur die Galeerensklaven kennen sich, die eng an eine Bank geschmiedet keuchen, wo keiner was zu fordern hat und keiner was zu verlieren.
Johann Wolfgang von Goethe, Torquato Tasso V, 5 (Tasso)

Über nichts wird flüchtiger geurteilt als über die **Charaktere** der Menschen, und doch sollte man in nichts behutsamer sein.
Georg Christoph Lichtenberg, Beobachtungen über den Menschen

Niemand lernt jemals jemanden kennen. Wir sind alle zu lebenslänglicher **Einzelhaft** in unserer Haut verurteilt.
Tennessee Williams

Machen wir es nicht im Wachen wie im Traum? Immer erfinden und erdichten wir erst den **Menschen**, mit dem wir verkehren.
Friedrich Nietzsche, Unschuld des Werdens I, 822

Um über andere zu **urteilen** und sie zu verurteilen, musst du ein Heiliger sein.
Aus der Ukraine

Blick erst auf dich,
dann richte mich!
Sprichwort

Glaube immer – und du wirst wohl dabei fahren –, dass die **Menschen** nicht halb so gut sind, wie ihre Freunde sie schildern, und nicht halb so böse, wie ihre Feinde sie ausschreien.
Adolf von Knigge

Vollkommen liebenswert und vollkommen hassenswert sind nur die **Menschen**, die man nicht kennt.

Evelyn Waugh

Das Unglück ist, dass jeder denkt, der andere ist wie er, und dabei übersieht, dass es auch **anständige Menschen** gibt.

Heinrich Zille

Mögen wir noch so viele gute **Eigenschaften** haben – die Welt achtet vor allem auf unsere schlechten.

Jean Baptiste Molière

Oft nennt die Welt im eitlen **Trug**
den Weisen dumm, den Narren klug.

Saadi, Rosengarten I

Einem **Menschen**, den Kinder und Tiere nicht leiden können, ist nicht zu trauen.

Carl Hilty, Glück II

Ich habe immer gefunden: Die so genannten schlechten **Leute** gewinnen, wenn man sie genauer kennen lernt, und die guten verlieren.

Georg Christoph Lichtenberg

Du lernst den **Baum** kennen, wenn du dich an ihn lehnen willst.

Aus Afrika

Wer die **Menschen** liebt, darf sie nur aus nächster Nähe betrachten oder ganz aus der Ferne.

Thomas Niederreuther, Aphorismen

Wer die **Menschen** wahrhaft kennt, der wird auf niemanden unbedingt bauen, aber auch niemanden vollständig aufgeben.

Josef von Eötvös, Gedanken

Das Schicksal des **Menschen** ist der Mensch.

Bertolt Brecht

Menschenliebe

Alle Körper zusammen wiegen nicht die kleinste Regung von Geist auf.
Alle Körper und aller Geist zusammen wiegen nicht die kleinste Regung
von **Liebe** auf.

François Mauriac

Lieb ist, der nichts gleich zu schätzen.
Wenn man alles Gold der Welt
gleich wollt auf die Waage setzen,
Lieb ist, die den Ausschlag hält.

Andreas Gryphius, Auf seine und seiner Ehegeliebten
Vermählung

Nicht das Denken erlöst die Welt, sondern die **Liebe**.

Manfred Kyber

Es wird kein stolzes Schloss gebauet,
es wird kein edles Bild geschnitzt,
die **Liebe** hat es durchgeschauet,
die Liebe hat hindurchgeblitzt.

Clemens Brentano,
Alles lieben oder Eins lieben

Es ist ein holder, freundlicher Gedanke, dass über uns, in unermessnen
Höhn, der **Liebe** Kranz aus funkelnden Gestirnen, da wir erst wurden,
schon geflochten ward.

Friedrich Schiller,
Die Piccolomini III, 4 (Thekla)

Die **Liebe** eng verbundener Freunde, wie wir es sind, ist ein Wunder.

Eduard Mörike, an Luise Rau

Jeder geliebte Gegenstand ist der **Mittelpunkt** eines Paradieses.

Novalis, Fragment 1798

Du fragst mich, Kind, was **Liebe** ist? Ein Stern in einem Haufen Mist.
Heinrich Heine, Neue Gedichte

Was Prügel sind, weiß jeder; was **Liebe** ist, hat noch niemand
herausgefunden.
Heinrich Heine

Liebe ist die Anziehungskraft des Geistes, wie die Schwerkraft die
Anziehungskraft der Körper ist.
Valentin-Marie Breton

Liebe ist Verzicht auf Widerstand, und Widerstand ist das Grund-
prinzip des Geistes. Deshalb vertragen sich Liebe und Geist so schlecht.
Otto Flake

Ich will **geliebt** sein, oder ich will begriffen sein.
Das ist eins.
Bettina von Arnim

Die **Liebe** ist vielleicht der höchste Versuch, den die Natur macht, um das
Individuum aus sich heraus zu dem anderen hinzuführen. Im Wunsch
suche ich den Gegenstand zu mir zu ziehen, in der Liebe werde ich zu
ihm hingezogen.
José Ortega y Gasset

Eigennützige **Liebe** ist ein Widerspruch.
Jean Paul

Wer wollte den Gutartigen, den Begabten, den Wunderlichen nicht
lieben! Aber den Böswilligen, den Ungeistigen, den Langweiligen zu
lieben gilt es.
Christian Morgenstern,
Stufen, Ethisches, 1912

Der Gegensatz von Egoismus und Altruismus ist in der **Liebe** restlos
aufgehoben.
Thomas Mann, Adel des Geistes

Wir alle benutzen einander und nennen es **Liebe**.
> *Tennessee Williams,*
> *Plötzlich im letzten Sommer (Catherine)*

Liebt eure Feinde und betet für die, die euch verfolgen, damit ihr Söhne eures Vaters im Himmel werdet; denn er lässt seine Sonne aufgehen über Bösen und Guten, und er lässt regnen über Gerechte und Ungerechte.
> *Bibel, Matthäus 5, 44*

Es ist leichter, alle zu lieben als einen. Die **Liebe** zur ganzen Menschheit kostet gewöhnlich nichts als eine Phrase; die Liebe zum Nächsten fordert Opfer.
> *Peter Rosegger,*
> *Mein Himmelreich*

Liebe ist alles, was unser Leben steigert, erweitert, bereichert. Nach allen Höhen und Tiefen. Die Liebe ist so unproblematisch wie ein Fahrzeug. Problematisch sind nur die Lenker, die Fahrgäste und die Straße.
> *Franz Kafka*

Was ich aus Trutz vollbracht,
wuchs voll Pracht
über Nacht
und ward verregnet.
Was ich aus **Lieb'** gesät,
keimte stet,
reifte spät
und ist gesegnet.
> *Peter Rosegger, Spruchverse*

Liebe ist das Einzige,
was nicht weniger wird,
wenn wir es
verschwenden.
> *Ricarda Huch*

Menschenwürde

Was einen Preis hat, an dessen Stelle kann etwas anderes als Äquivalent gesetzt werden; was dagegen über allen Preis erhaben ist, das hat seine **Würde**.

Immanuel Kant, Grundlegung zur Methaphysik der Sitten

Die Menschheit selbst ist eine **Würde**; denn der Mensch kann von keinem Menschen bloß als Mittel, sondern muss jederzeit zugleich als Zweck gebraucht werden.

Immanuel Kant, Grundlegung zur Metaphysik der Sitten

So wie die Anmut der Ausdruck einer schönen Seele ist, so ist **Würde** der Ausdruck einer erhabenen Gesinnung.

Friedrich Schiller, Über Anmut und Würde

Die Pflicht gegen sich selbst besteht darin, dass der Mensch die **Würde** der Menschheit in seiner eigenen Person bewahre.

Immanuel Kant

Würde wird mehr im Leiden, Anmut mehr im Betragen gefordert und gezeigt; denn nur im Leiden kann sich die Freiheit des Gemüts und nur im Handeln die Freiheit des Körpers offenbaren.

Friedrich Schiller, Über Anmut und Würde

Halte das Bild der **Würdigen** fest! Wie leuchtende Sterne teilte sie aus die Natur durch den unendlichen Raum.

Johann Wolfgang von Goethe, Halte das Bild der Würdigen fest

»**Würde**« ist die konditionale Form von dem, was einer ist.

Karl Kraus

Wir handeln, wie wir müssen. So lasst uns das Notwendige mit **Würde**, mit festem Schritte tun.

Friedrich Schiller, Wallensteins Tod II, 2 (Wallenstein)

Menschlichkeit

Der vornehmste Beruf ist der zum **Menschen** und eben darum auch der am häufigsten verfehlte.
Peter Sirius, Tausend und Ein Gedanken

Das **Volk** ist von Natur aus nicht gewalttätig, sondern friedlich.
Mahatma Gandhi

Nehmt jeden Tag ein Bad der **Menschlichkeit**!
Romain Rolland

Humanität besteht darin, dass niemals ein Mensch einem Zweck geopfert wird.
Albert Schweitzer

Militär

Wo man anfängt, den **Krieger** von dem Bürger zu trennen, ist die Sache der Freiheit und Gerechtigkeit schon halb verloren.
Johann Gottfried Seume, Apokryphen

Wo ist denn bei uns überhaupt die Rede von einem Gegensatz zwischen **Militär** und Volk? Derselbe Mann, der voriges Jahr Volk war, ist dieses Jahr Militär und in zwei Jahren wieder Volk.
Helmuth Graf von Moltke, im norddeutschen Reichstag

Eine **Armee** ist bestimmt dann ganz demokratisch, wenn ein Oberleutnant damit rechnen muss, dass sein Rekrut von heute sein Bürovorsteher von morgen ist.
Dwigth D. Eisenhower

Alles, was man aus dem **Soldaten** machen kann, ist, ihm Korpsgeist zu geben, das heißt eine höhere Meinung von seinem Regiment als von allen anderen Truppen des Erdreichs.
Friedrich II. von Preußen

Wer einen Staat **verteidigen** will, muss ihn verteidigungswürdig machen.
Jean Monnet

Wer **Waffen** schmiedet, bereitet Krieg.
Johann Wolfgang von Goethe, Achilleis 120

Aus der Erfahrung weiß man, dass die Güte der **Truppen** einzig und allein in dem Werte ihrer Offiziere besteht.
Friedrich II. von Preußen

Dumme und gleichzeitig fleißige **Offiziere** sind gemeingefährlich; sie müssen sofort entlassen werden, während faule Dumme in untergeordneter Stellung niemand schaden. Fleißige Kluge taugen für mittlere, aber nicht für höchste Stellen, in die kluge und faule Offiziere gehören.
Kurt Freiherr von Hammerstein-Equord

Ich habe Sie zum **Stabsoffizier** gemacht, damit Sie wissen, wann Sie nicht gehorchen sollen.
Friedrich II. von Preußen

Zu einem recht vollkommenen **Kriegsheere** pflege ich gern zu nehmen ein italienisches Haupt, spanische Hände und Arme, ein deutsches Herz, den Bauch und die Füße aber aus den übrigen Völkern.
Karl V.

Eine **Armee** ohne Kultur ist eine unwissende Armee, und eine unwissende Armee kann vom Feind besiegt werden.
Mao Zedong

Das **Militär** ist eine Pflanze, die man sorgfältig pflegen muss, damit sie keine Früchte trägt.
Jacques Tati

Wir haben nur die Wahl, im nächsten **Krieg** als Mitschuldige oder als Unschuldige umzukommen. Wem da die Wahl schwer fällt, der mag seine dumme Hoffnung auf Atomwaffen bauen.

Martin Walser

Dass eine **Armee** nicht auffällt, ist das Beste, was man von ihr sagen kann.

Lore Lorentz

Eine **Waffe** ist nirgends gefährlicher als in der Hand des Schwachen.

Emmanuel Mounier, vor der UNESCO 1947

Solange die **Atombombe** sich nur in Händen der beiden Großmächte befindet, gibt es keinen Krieg. Gefährlich wird es erst, wenn sich jeder das dazu notwendige Plutonium aus der Drogerie holen kann.

Otto Hahn

Es gibt nichts, kein Recht und keine Sache in der Welt, die die Anwendung der **Atombombe** rechtfertigen könnte.

Heinrich Böll

Wer sich der Norm des **Waffentragens** unterwirft, trägt, wenn er es gewissenhaft tut, dazu bei, eine Ordnung zu schützen, die wir noch nicht durch eine neue Ordnung zu ersetzen vermocht haben. Wer sich der Norm des Waffenverzichts unterwirft, muss hoffen, heute schon ein Beispiel der Ethik zu geben, die eines Tages die allgemeine sein wird.

Carl Friedrich von Weizsäcker

Misstrauen

Der dich **betrüg**t, ist nahe bei dir.

Aus Uganda

Traut eurem Nachbarn nicht,
verlasst euch nicht auf den Freund!
Hüte deinen Mund vor der Frau in deinen Armen.
>*Bibel, Micha 7, 5*

Ist Zutraun blind,
sieht **Argwohn** leicht zu viel.
>*Franz Grillparzer,*
>*Des Meeres und der Liebe Wellen IV (Priester)*

Was der Bauer **nicht kennt**, das isst er nicht.
>*Sprichwort*

Immer zu **misstrauen** ist ein Irrtum, wie immer zu trauen.
>*Johann Wolfgang von Goethe,*
>*Lila II (Magus)*

Fürchte den am meisten,
der dir verwandt ist.
>*Aus Kenia*

Lass **Argwohn**, willst du nicht in Angst und Kummer schweben;
denn Furcht und Argwohn sind ein steter Tod im Leben.
>*Martin Opitz, Distichen*

Wachsamkeit ist die Tugend des Lasters.
>*Karl Julius Weber,*
>*Demokritos IV, 8*

Das **Misstraun** ist die schwarze Sucht der Seele, und alles, auch das
Schuldlosreine, zieht fürs kranke Aug' die Tracht der Hölle an.
>*Heinrich von Kleist,*
>*Die Familie Schroffenstein I, 2 (Silvester)*

Pfui, **Argwohn**, Spürhund von des Teufels Meute!
>*Franz Grillparzer,*
>*König Ottokars Glück und Ende II (Ottokar)*

Mode

Mode heißt nicht das Neue wollen, sondern das Alte nicht mehr dürfen.
Verfasser unbekannt

Was ist die **Mode** für ein Ding? Wer kennt sie von Gesicht?
Ich weiß nicht, wer sie kennen kann; sie ist ja angericht
nie morgen, wie sie heute war: Sie kennt sich selbsten nicht.
Friedrich von Logau, Die Mode

Mode ist so unerträglich hässlich, dass wir sie alle Halbjahre ändern müssen.
Oscar Wilde

In London ist die **Mode** eine Pflicht, in Paris ein Vergnügen.
Maurice Chevalier

Die **Moden** sind eigentlich nur eingeführte Epidemien.
George Bernard Shaw

Jede neue **Mode** wird zuerst von den Frauen aufgegriffen, für die sie nicht geeignet ist.
Verfasser unbekannt

Monarchie

Die Staatsgeschäfte teilten sich in mehrere Kammern. Wölfe besorgten die Finanzen, Füchse waren ihre Sekretäre. Tauben führten das Kriminalgericht, Tiger die gütlichen Vergleiche, Böcke schlichteten Heiratsprozesse. Soldaten waren die Hasen; Löwen und Elefant blieben bei der Bagage; der

Esel war Gesandter des Reichs, und der Maulwurf Oberaufseher über die Verwaltung der Ämter. Genueser, was hofft ihr von dieser weisen Verteilung? Wen der Wolf nicht zerriss, den prellte der Fuchs. Wer diesem entrann, den tölpelte der Esel nieder. Tiger erwürgten die Unschuld; Diebe und Mörder begnadigte die Taube, und am Ende, wenn die Ämter niedergelegt wurden, fand sie der Maulwurf alle unsträflich verwaltet. Die Tiere empörten sich. Lasst uns einen **Monarchen** wählen, riefen sie einstimmig, der Klauen und Hirn und nur einen Magen hat – und einem Oberhaupt huldigten alle.

> *Friedrich Schiller, Die Verschwörung des Fiesco zu Genua II, 8 (Fiesco)*

Die beste Staatsform ist das **Königtum**. Die Entartung des Königtums, die Tyrannis, ist die schlechteste. Unter den nicht guten Verfassungen ist am erträglichsten die Demokratie.

> *Aristoteles, Politik IV, 2*

Eine Zeit des Geistes wird von selbst zur **Monarchie** zurückkehren. Lasst erst einmal Einen Geist über die Völker kommen, und sie werden nicht mehr begehren, als sich in ihren geborenen Führern auch sichtbarlich zu gipfeln.

> *Christian Morgenstern, Stufen, Politisches, 1909*

An der **Krone** funkeln die Perlen nur und freilich nicht die Wunden, mit denen sie errungen ward.

> *Friedrich Schiller, Don Carlos II, 5 (Alba)*

Das Ideal in der Kunst, Größe in Ruhe darzustellen, sei das Ideal auf dem **Throne**!

> *Jean Paul, Levana II, 5, 1*

Ein konstitutioneller **Thron** ist ein Armsessel, ein absoluter Thron ist ein Stuhl ohne Lehne.

> *Ludwig Börne, Fragmente und Aphorismen 13*

Der muss viel **fürchten**, der da will, dass ihn auch sollen fürchten viel.

> *Sebastian Brant, Das Narrenschiff 37*

Zweifellos ist die Macht, die aus der Liebe des Volkes stammt, die größte; aber sie ist unsicher und bedingt. Nie werden sich Fürsten damit begnügen. Die besten **Könige** wollen böse sein dürfen, wenn es ihnen beliebt.

> *Jean-Jacques Rousseau,*
> *Der Gesellschaftsvertrag*

In der Demokratie ist die Entscheidung stets bei der Mehrheit, das heißt beim Unsinn. In der **Monarchie** kann die Entscheidung wenigstens zuweilen an einen Vernünftigen gelangen.

> *Friedrich II. von Preußen*

O, der ist noch nicht **König**, der der Welt gefallen muss.
Nur der ist's, der bei seinem Tun nach keines Menschen Beifall braucht zu fragen.

> *Friedrich Schiller.*
> *Maria Stuart IV, 10 (Elisabeth)*

Der Wille des **Monarchen**
verleiht die Tugend wie das Glück.

> *Friedrich Schiller,*
> *Don Carlos III, 4 (Domingo)*

Das **Königtum** ist die nach dem Bilde Gottes gemachte Regierung.

> *Alphonse de Lamartine,*
> *Geschichte der Girondisten*

Wie ein Meer sind **Königsgnaden**:
Perlen fischt man, wo es ruht,
aber hüte dich vor Schaden,
wenn ein Sturm erregt die Flut.

> *Friedrich Rückert, Erbauliches und Beschauliches aus dem*
> *Morgenlande*

Der Himmel ist hoch und die Erde tief, aber der **Könige** Herz ist unerforschlich.

> *Bibel, Buch der Sprichwörter 25, 3*

Eine **Dynastie** selbst ist im Grund nichts anderes als ein beständiger und geregelter Terrorismus.

Ernest Renan, Antichrist

Wie selten kommt ein **König** zu Verstand. Und sollen sich viele nicht lieber vielen vertrauen als einem?

Johann Wolfgang von Goethe, Egmont IV,
Der Culenburgische Palast (Egmont)

Hohe Ämter scheinen einmal nicht für Philosophen gemacht, und auf **Thronen** waren Genies meist ein Unglück.

Karl Julius Weber, Demokritos

Ein **Fürst** ist zwar ein Herr, doch herrscht er gut und recht, so ist er seinem Volk nur ein getreuer Knecht.

Friedrich von Logau, Sinngedichte, Des Fürsten Amt

Das ist das Unglück der **Könige**, dass sie die Wahrheit nicht hören wollen.

Johann Jacoby, zu Friedrich Wilhelm IV.
von Preußen, 2.11.1848

Wir werden diesen Herbst den Tag feiern, an welchem der Großherzog seit fünfzig Jahren regiert und geherrscht hat. Allein, wenn ich es recht bedenke, dieses sein **Herrschen**, was war es weiter als ein beständiges Dienen?

Johann Wolfgang von Goethe,
zu Eckermann, 27.4.1825

Am **Throne** gibt es fast für niemanden Geheimnisse als für den, der darauf sitzt.

Jean Paul, Titan

Arm sind wir **Fürsten**, wissen das Geheime, allein das Offenkund'ge, was der Bettler weiß, der Tagelöhner, bleibt uns ein Geheimnis.

Franz Grillparzer,
Ein Bruderzwist in Habsburg III (Rudolf)

Es gibt in dem Zeitalter, in dem wir leben, nur eine einzige, echt schmeichelhafte Art, einen **Monarchen** zu verehren: dass man ihn für würdig erkenne, die Wahrheit zu vernehmen.

Friedrich van Gentz

Du sagst, der **Thron** sei lockend? Für den weisen Mann mitnichten!

Euripides, Hippolytos 1013 (Hippolytos)

Moral

Man sollte der **Moral** im Allgemeinen treu sein – schon um sich, ist man ihr einmal untreu, nicht des heimlichen Vergnügens zu berauben, dass man etwas Außergewöhnliches erlebt.

Hans Kasper,
Abel, gib acht; Das Kontingent der Fehler

Unsere **moralische** und politische Welt ist mit unterirdischen Gängen, Kellern und Kloaken miniert, wie eine große Stadt zu sein pflegt.

Johann Wolfgang von Goethe,
an Lavater, 22.6.1781

Jeder Mensch hat auch seine **moralische backside**, die er nicht ohne Not zeigt und die er so lange wie möglich mit den Hosen des guten Anstandes zudeckt.

Georg Christoph Lichtenberg

Es gibt keine unantastbaren **Moralgesetze**, aber es gibt unantastbare Spielregeln.

Hans Krailsheimer

Moral predigen ist leicht, Moral begründen schwer.

Arthur Schopenhauer, Über die Grundlage der Moral

Die Kinder haben mehr für die Entwicklung der **Moral** getan als alle Prediger zusammen.

> *Thomas Niederreuther,*
> *Aphorismen*

Die Jugend macht sich die **Moral** zu einfach. Ein Glück, dass wir Erwachsenen dafür eine doppelte haben.

> *Karl-Heinz Steeg*

Moral ist, wenn man so lebt,
dass es gar keinen Spaß macht, so zu leben.

> *Edith Piaf*

Unmoral ist die Moral derer, die sich amüsieren.

> *Henry Louis Mencken*

In der **moralischen Entrüstung** schwingt auch immer Besorgnis mit, vielleicht etwas versäumt zu haben.

> *Jean Genet*

Moralische Entrüstung ist der Heiligenschein der Scheinheiligen.

> *Helmut Qualtinger*

Keine **sittliche Ordnung**
kann durch Gewalt erzwungen werden.

> *Stefan Zweig*

Es gibt kein Gesetz der **Sittlichkeit**,
sondern Gott sagt einem jeden,
was er darf und was er nicht darf.

> *Paul Ernst,*
> *Erdachte Gespräche*

Rück die Meinungen des Volkes zurecht, und seine **Sitten** werden sich von selbst bessern.

> *Jean-Jacques Rousseau,*
> *Der Gesellschaftsvertrag IV*

Musik

Wenn ich **Musik** höre – auch während des Dirigierens –, höre ich oft
ganz bestimmte Antworten auf all meine Fragen und bin vollständig
klar und sicher. Oder eigentlich, ich empfinde ganz deutlich, dass es
gar keine Fragen sind.

   Gustav Mahler

Musik ist die Kurzschrift des Gefühls.

   Leo Tolstoi

Das unaussprechlich Innige aller **Musik**, vermöge dessen sie als ein so
ganz vertrautes und doch ewig fernes Paradies an uns vorüberzieht,
so ganz verständlich und doch so unerklärlich ist, beruht darauf, dass
sie alle Regungen unseres innersten Wesens wiedergibt, aber ganz
ohne die Wirklichkeit und fern von ihrer Qual.

   Arthur Schopenhauer,
   Die Welt als Wille und Vorstellung

Die **Musik** drückt das aus, was nicht gesagt werden kann und worüber
zu schweigen unmöglich ist.

   Victor Hugo

Gleiche Zaubermacht übt Schönheit wie **Musik**, die uns so oft
von unbekannten Paradiesen hehres Geheimnis zu enthüllen
scheint.

   Giacomo Leopardi, Aspasia

Der Rhythmus entsteht aus dem Schnellen und Langsamen, indem diese,
vorher auseinander strebend, weiterhin in Einklang gebracht werden.
Zum Einklang aber verhilft all dem, wie dort die Heilkunst, hier die
Musik, indem sie gegenseitige Liebe und Eintracht einpflanzt, und so
ist denn die Musik die Kenntnis von den Liebesregungen im Gebiete
der Harmonie und des Rhythmus.

   Platon, Das Gastmahl 12 (Eryximachos)

Die **Musik** ist die Sprache der Engel.
> *Thomas Carlyle*

Was ist die **Musik**? Sie steht zwischen Gedanken und Erscheinung; als dämmernde Vermittlerin steht sie zwischen Geist und Materie; sie ist beiden verwandt und doch von beiden verschieden; sie ist Geist, aber Geist, welcher eines Zeitmaßes bedarf; sie ist Materie, aber Materie, die des Raumes entbehren kann.
> *Heinrich Heine, Der Salon*

Wenn die Auswanderer alles verlieren, die Liebe zu ihrem Vaterlande, selbst den geläufigen Ausdruck ihrer Muttersprache – die **Melodien** der Heimat leben unter ihnen länger als alles andere.
> *Gustav Freytag, Soll und Haben*

Musik ist die Poesie der Luft.
> *Jean Paul*

Das Leben eines gebildeten Menschen sollte mit **Musik** und Nicht-Musik schlechthin so abwechseln wie mit Schlaf und Wachen.
> *Novalis, Nachlass*

In der **Musik** zieht die Freude des Daseins bei einem Ohr hinein und beim andern Ohr hinaus.
> *Otto Stoessl*

Musik im besten Sinne bedarf weniger der Neuheit, ja vielmehr je älter sie ist, je gewohnter man sie ist, desto mehr wirkt sie.
> *Johann Wolfgang von Goethe,*
> *Maximen und Reflexionen*

Es gibt keine angenehmere **Musik** als die Variationen bekannter Melodien.
> *Joseph Joubert, Gedanken und Maximen*

Die **Musik** über alles lieben heißt unglücklich sein.
> *Paul Klee, Tagebücher*

Musik ist höhere Offenbarung
als alle Weisheit und Philosophie.
Ludwig van Beethoven

Haben Sie darauf geachtet, dass alles Bemühen der modernen
Musik dahin geht, uns gewisse Akkorde, die bisher als disharmonisch galten, nunmehr als erträglich, ja sogar als angenehm
erscheinen zu lassen? – Ganz recht, antwortete ich, alles muss sich
schließlich fügen und bequemen zur Harmonie. – Zur Harmonie?
wiederholte er achselzuckend. Ich sehe darin nur Anpassung an
das Böse, an die Sünde! Abgestumpft ist heutzutage jede Feinfühligkeit;
getrübt die Reinheit, zermürbt die Widerstandsfähigkeit. Man duldet, man
nimmt hin.
André Gide, Die Falschmünzer I, 18

Musik ist heutzutage oft nur Lärm mit Copyright.
Peter Holt

Musik wird oft nicht schön gefunden,
weil sie stets mit Geräusch verbunden.
Wilhelm Busch

Orchester machen den Fehler immer an derselben Stelle. Die guten
Orchester machen ihn mikroskopisch klein, die schlechten machen ihn
groß – aber es ist immer derselbe Fehler.
Herbert von Karajan

Dur ist das handelnde, männliche Prinzip, Moll das leidende, weibliche.
Robert Schumann

Das spezifisch deutsche Tempo ist das **Andante**.
Richard Wagner

Die meisten **Dirigenten** werden uralt, weil ihre Tätigkeit eine sehr
gesunde Mischung von regelmäßiger Gymnastik mit uneingeschränkter
Autorität ist.
Kenneth Clarke

Was ein richtiger **Musiker** sein will, der muss auch eine Speisekarte komponieren können.

Richard Strauss

Ein **Plagiator** ist ein Mann, dessen Lieder schon gesungen wurden, bevor er sie komponiert hatte.

Robert Stolz

N Nation und Volk

Die **Nation** ist ein sich täglich wiederholendes Plebiszit.
Ernest Renan, Was ist eine Nation?

Ein kleiner **Staat** muss heute eine moralische Macht sein, wenn er das
Recht zum Fortbestand besitzen will.
*Carl Hilty, Politisches Jahrbuch der Schweizerischen
Eidgenossenschaft 1909*

Das **Volk** ist das Herz des Landes; man darf es nur rühren, und es quellen
Schätze von Uneigennützigkeit, Ergebung und Mut hervor.
Alphonse de Lamartine, Die Revolution von 1848

Die Erde ist lange verlost. Schlechte Plätze brauchen kluge **Völker**.
Hans Kasper, Abel, gib acht

Auch für **Völker** bleibt die Gärtnerregel bewährt, dass man Bäume, wenn
sie nicht blühen wollen, durch starke Verletzungen zum Blühen nötigen
kann.
*Jean Paul, Politische Fastenpredigten während Deutschlands
Marterwoche*

Was die **Völker** groß macht, sind in erster Linie nicht ihre großen Männer.
Es ist die Höhe des Mittelmäßigen.
José Ortega y Gasset, Triumph des Augenblicks

Ein **Volk**, in so viel Häuptern rings versammelt, bleibt einem Meere
gleich, wenn es auch ruht, und immer rauschet seiner Wellen Schlag.
Heinrich von Kleist, Robert Guiskard 3 (Helena)

Man verdirbt das **Volk** niemals, aber man täuscht es oft, und allein dann
scheint es zu wollen, was schlecht ist.
*Jean-Jacques Rousseau, Der Gesellschaftsvertrag II, Ob der
Gemeinwille irren kann*

Es ist kein Ausdruck im letzten Jahre mehr missbraucht worden als das Wort **Volk**. Jeder hat das darunter verstanden, was gerade in seinen Kram passte, gewöhnlich einen beliebigen Haufen von Individuen, die es ihm gelungen war, für seine Ansicht zu gewinnen.

Otto von Bismarck,
im preußischen Landtag, 21. 3. 1849

Jedes **Volk** hat die naive Auffassung, Gottes bester Einfall zu sein.

Theodor Heuss

Die Deutschen arbeiten an ihrer **Nationalität**, kommen aber damit zu spät. Wenn sie dieselbe fertig haben, wird das Nationalitätswesen in der Welt aufgehört haben, und sie werden auch ihre Nationalität gleich wieder aufgeben müssen, ohne, wie Franzosen oder Briten, Nutzen davon gezogen zu haben.

Heinrich Heine,
Aphorismen und Fragmente

Gemessen am Frieden ist die **Nation** nicht mehr das höchste aller Güter.

Willy Brandt

Wenn man in neuester Zeit gar so viel Wesens von der Bewahrung der **Nationalitäten** macht, so sollte man bedenken, dass, was die Nationen voneinander unterscheidet, mehr ihre Fehler als ihre Vorzüge sind.

Franz Grillparzer, Aphorismen, 1838

Jede **Nation** ist im Ausland hauptsächlich durch ihre Untugenden bekannt.

Joseph Conrad

Keine **Nation** der Erde wird geliebt. Man liebt Individuen. Man liebt eine Landschaft. Man liebt Musik. Aber man liebt nicht Kollektive.

William S. Schlamm

Was ist **Nationalismus**? Das ist ein Patriotismus, der seine Vornehmheit verloren hat.

Albert Schweitzer

Eine der großen Attraktionen des Patriotismus: Er erfüllt unsere übelsten Wünsche. In der Person unserer **Nation** sind wir imstande, durch einen Stellvertreter zu tyrannisieren und zu betrügen. Und dies obendrein mit einem Gefühl, dass wir im Tiefsten tugendhaft sind.

Aldous Huxley, Geblendet in Gaza

Der **Nationalismus**, das ist die Liebe, die mich mit den Dummköpfen meines Landes verbindet, mit den Beleidigern meiner Sitten und mit den Schändern meiner Sprache.

Karl Kraus, Sprüche und Widersprüche

Von allen Ursachen des **Nationalhasses** ist die Unwissenheit die mächtigste. Wenn der Verkehr zunimmt, nimmt die Unwissenheit ab, und so vermindert sich der Hass.

Henry Thomas Buckle,
Geschichte der Zivilisation 4

Ich wage zu sagen, dass **Patriotismus** nicht ein kurzer und wütender Ausbruch des Gefühls ist, sondern stille und unerschütterliche Hingabe des ganzen Lebens.

Adlai E. Stevenson

Es ist mit dem **Nationalhass** ein eigenes Ding. Auf den untersten Stufen der Kultur werden Sie ihn immer am stärksten und heftigsten finden. Es gibt aber eine Stufe, wo er ganz verschwindet und wo man gewissermaßen über den Nationen steht und man ein Glück oder ein Wehe seines Nachbarvolkes empfindet, als wäre es dem eigenen begegnet.

Johann Wolfgang von Goethe,
zu Eckermann, 14.3.1830

Große **Völker** vergessen Leiden, nicht aber Demütigungen.

Winston Churchill

Bereits mit der Geburt geht man seinem **Vaterlande** gegenüber eine Schuld ein, von der man sich niemals ganz befreien kann.

Charles Baron de Montesquieu,
Vom Geist der Gesetze

Das **Vaterland** kann einen jeden von uns entbehren, aber keiner von uns das Vaterland.

> *Iwan S. Turgenjew*

Vaterlandsliebe ist erweiterte Familienliebe.

> *Marie von Ebner-Eschenbach, Aphorismen*

Patriotismus heißt, für sich selbst sorgen, indem man für sein Land sorgt.

> *Calvin Coolidge*

Wer, wenn das **Vaterland** in Not ist, einen anderen Gedanken als dessen Rettung fühlt, ist nicht wert, in einem freien Staate zu leben.

> *Friedrich Maximilian von Klinger*

Der **Patriotismus** ist die mächtigste Offenbarung der Seele einer Rasse. Er repräsentiert einen kollektiven Beharrungsinstinkt, der sich im Falle nationaler Gefahr an die Stelle des individuellen Erhaltungsinstinktes setzt.

> *Gustave Le Bon*

Right or wrong, my country! In Ordnung oder nicht – mein **Vaterland**!

> *Aus England*

In Zeiten der Begeisterung für das **Vaterland** zu sterben ist leichter, als in den nüchternen Tagen dafür zu leben mit Gedanken, Wort und Tat.

> *Otto von Leixner,*
> *Aus meinem Zettelkasten*

Was ist **Patriotismus** anderes als die Liebe zu den guten Dingen, die wir in unserer Kindheit gegessen haben?

> *Lin Yutang*

Patriot: Jemand, für den die Interessen eines Teils höher stehen als die Interessen des Ganzen. Das Opfer der Politiker und das Werkzeug der Eroberer.

> *Ambrose Bierce*

Ein großer Teil von dem, was heutzutage für **Vaterlandsliebe** ausgegeben wird, besteht aus bloßem Pharisäertum und aus Engherzigkeit, die sich als nationale Vorurteile, nationale Eitelkeit und nationaler Hass äußern.

Samuel Smiles, Der Charakter

Was mir »**Patriotismus**« ist?
Ein Gefühl, das zehn andere frisst.

Christian Morgenstern

Man soll das **Vaterland** nicht mehr lieben
 als einen Menschen.

Friedrich Dürrenmatt

Ich wollte das **Vaterland** küssen,
aber ich weiß nicht, wo sein Kopf ist.

Miodrag Bulatovic

Ubi libertas, ibi patria. Wo die Freiheit ist, dort ist **Vaterland**.

Verfasser unbekannt

Man hat gesagt und wiederholt: Wo mir's wohlgeht, ist mein **Vaterland**!
Doch wäre dieser tröstliche Spruch noch besser ausgedrückt, wenn es
hieße: Wo ich nütze, ist mein Vaterland!

Johann Wolfgang von Goethe,
Wilhelm Meisters Wanderjahre III

Wie dem Adler der ganze Himmel offensteht, so ist dem tüchtigen Mann
die ganze Welt das **Vaterland**.

Euripides, Fragmente

Wo wir uns bilden, da ist unser **Vaterland**.

Johann Wolfgang von Goethe, Was wir bringen, Lauchstädt,
Prolog in Weimar

Dort, wo das Recht, ist unser **Vaterland**.

Friedrich Schiller, Macbeth V, 2 (Lenox)

Schnell knüpfen sich der Liebe zarte Bande.
Wo man beglückt, ist man im **Vaterlande**.

> *Friedrich Schiller,*
> *Die Huldigung der Künste (Genius)*

Mein **Vaterland** ist nicht Gestern, mein Vaterland ist Morgen.

> *Romain Rolland*

Natur

Die **Natur** hat uns einen wissbegierigen Geist gegeben und hat uns im Bewusstsein ihrer edlen Bildung und Schönheit zu Zuschauern dieses herrlichen Schauspiels bestimmt. Sie würde sich nämlich um die Wirkung ihres Seins bringen, wenn sie alle diese großen, wundervollen, feinen, glänzenden und nicht nur auf eine Art schönen Erscheinungen lediglich dem öden Weltenraum darböte.

> *Lucius Annaeus Seneca, an Lucilius*

Macht euch vertraut mit **Natur**, erkennt sie als eure Mutter; ruhig sinket ihr dann in die Erde hinab.

> *Anselm Feuerbach, Satirisch-theologische Distichen*

Naturfreund ist derjenige, der sich mit allem, was in der **Natur** lebt, innerlich verbunden weiß, an dem Schicksal der Geschöpfe teilnimmt, ihnen, so viel er kann, aus Leid und Not hilft, und es nach Möglichkeit vermeidet, Leben zu schädigen oder zu vernichten.

> *Albert Schweitzer*

Die Konsequenz der **Natur** tröstet schön über die Inkonsequenz der Menschen.

> *Johann Wolfgang von Goethe,*
> *an Carl von Knebel, 2.4.1785*

In der **Natur** fühlen wir uns so wohl,
weil sie kein Urteil über uns hat.
> *Friedrich Nietzsche, Aphorismen*

Wie viel ich Täuschung auch erfuhr
im Leben und im Lieben,
du bist mir allezeit, **Natur**,
du bist mir treu geblieben.
> *Emanuel Geibel,*
> *Lieder aus alter und neuer Zeit 25*

Die Folianten vergilben, der Städte gelehrter Glanz erbleicht, aber das
Buch der **Natur** erhält jedes Jahr eine neue Auflage.
> *Hans Christian Andersen*

Es ist viel Tradition bei den Kunstwerken. Die **Naturwerke** sind immer
wie ein erstausgesprochenes Wort Gottes.
> *Johann Wolfgang von Goethe, an die Herzogin Louise,*
> *Rom, 23.12.1786*

Was gegen die **Natur** ist,
das ist gegen Gott.
> *Friedrich Hebbel,*
> *Judith III (Samaja)*

Sonnenschein ist köstlich,
Regen erfrischt,
Wind kräftigt,
Schnee erheitert.
Es gibt kein schlechtes Wetter,
es gibt nur verschiedene Arten von gutem.
> *John Ruskin*

Es gibt kein schlechtes **Wetter**;
es gibt nur ungeeignete Kleidung.
> *Johannes Müller,*
> *Grüne Blätter*

Der trübe **Winter** ist fürbei,
die Kranich wiederkehren;
nun reget sich der Vogel Schrei,
die Nester sich vermehren.
Laub mit Gemach nun schleicht an Tag;
die Blümlein sich nun melden.
Wie Schlänglein krumb
gehn lächelnd umb
die Bächlein kühl in Wäldern.

Friedrich Spee, Liebgesang der Gespons Jesu im Anfang der
Sommerzeit

Ein neues **Frühjahr** zu erleben halte ich jedes Mal für eine Gnade Gottes.

Helmuth von Moltke, an seinen Bruder Ludwig, 1888

Pfingsten, das liebliche Fest, war gekommen; es grünten und blühten
Feld und Wald. Auf Hügeln und Höhn, in Büschen und Hecken übten ein
fröhliches Lied die neu ermunterten Vögel. Jede Wiese sprosste von
Blumen in duftenden Gründen, festlich heiter glänzte der Himmel und
farbig die Erde.

Johann Wolfgang von Goethe, Reineke Fuchs

Die Sonne, die im **Maien** lacht, zu Dichtern selbst die Laien macht.

Sprichwort

Wer nicht liebt, wird sich des schönen **Maien**
so gut er kann, doch leider halb nur freuen.

Johann Wolfgang von Goethe,
Die Romantische Poesie

Geh aus, mein Herz, und suche Freud
in dieser lieben **Sommerzeit**
an deines Gottes Gaben.
Schau an der schönen Gärten Zier,
und siehe, wie sie mir und dir
sich ausgeschmücket haben.

Paul Gerhardt

Die ständige Erneuerung der **Natur** hilft uns ein wenig über die
Schrecken des eigenen Verfalls hinweg.
Harald Nicolson

Der **Frühling** ist zwar schön;
doch wenn der Herbst nicht wär',
wär' zwar das Auge satt, der Magen aber leer.
Friedrich von Logau, Frühling und Herbst

Im **Lenzen** prangt die Welt mit zarter Jungfernschaft,
im Sommer ist sie Frau, mit Schwangersein verhaft,
wird Mutter in dem Herbst, gibt reiche Frucht heraus,
ist gute Wirtin, hält im Winter ratsam Haus.
Friedrich von Logau, Jahreszeiten

Unser **Sommer** ist nur ein grün angestrichener Winter.
Heinrich Heine

Den **Sommer** schändet kein Donnerwetter.
Sprichwort

Der **Sommer** dauert nicht das ganze Jahr.
Sprichwort

Naturwissenschaft

Die Entdeckungen der letzten Zeit lassen praktisch alles, was wir viele
Jahre für richtig gehalten haben, als falsch oder nur bedingt richtig
erscheinen. Meiner Meinung nach kann man heute nur noch eines
mit Sicherheit sagen: Die **Lichtgeschwindigkeit** ist absolut das
Schnellste, was es gibt. Möglicherweise.
Edward Teller

Die ganze Natur ist eigentlich nichts anderes
als ein Zusammenhang von Erscheinungen nach **Regeln**.
Immanuel Kant

Jedes **Naturgesetz**, das sich dem Beobachter offenbart,
lässt auf ein höheres, noch unerkanntes schließen.
Alexander von Humboldt,
Kosmos

Grundlagenforschung betreibe ich dann,
wenn ich nicht weiß, was ich tue.
Wernher von Braun

Es ist erstaunlich, dass sich noch kein kanonischer Autor der **Natur**
bediente, um Gott zu beweisen.
Blaise Pascal, Gedanken

Es gibt in der **Natur** ein Zugängliches
und ein Unzugängliches.
Dieses unterscheide und bedenke man wohl und habe Respekt.
Johann Wolfgang von Goethe,
zu Eckermann, 11.4.1827

Das **Atom** ist wie ein Messer.
In der Hand des Arztes rettet es Leben,
in der Hand von Mördern vernichtet es Leben.
David Samoff

Wenn man mit Löwen und Elefanten zu tun hat, wird man gottlob
nirgends auf der Welt ernst genommen und darf überall hin.
Bernhard Grzimek

Jedem tiefen **Naturforscher** muss eine Art religiösen Gefühls nahe
liegen, weil er sich nicht vorzustellen vermag, dass die ungemein
feinen Zusammenhänge, die er erschaut, von ihm zum ersten Mal
gedacht werden.
Albert Einstein

Die Antworten auf die letzten Fragen der **naturwissenschaftlichen Forschung** werden wahrscheinlich sehr einfach sein; denn die Natur ist immer einfach in der Anlage.

Werner Heisenberg

Der Mensch an sich selbst, insofern er sich seiner gesunden Sinne bedient, ist der größte und genaueste physikalische Apparat, den es geben kann. Und das ist eben das größte Unheil der neuern **Physik**, dass man die Experimente gleichsam vom Menschen abgesondert hat und bloß in dem, was künstliche Instrumente zeigen, die Natur erkennen, ja was sie leisten kann dadurch beschränken und beweisen will.

Johann Wolfgang von Goethe, Wilhelm Meisters Wanderjahre III

Niederlagen

Man verirrt sich nie so leicht, als wenn man glaubt, den Weg zu wissen. Nichts **missglückt** so schnell, als wenn man keine Schwierigkeiten sieht.

Aus China

Der Narr **scheitert**, weil er schwierige Dinge für leicht hält. Der kluge Mann scheitert, weil er leichte Dinge für schwierig hält.

John Churton Collins

Der Unterschied zwischen Erfolg und **Misserfolg** ist der Unterschied zwischen Richtigtun und Fast-Richtigtun.

Edward Simmons

Je näher dem Gipfel, desto schwerer ist der **Fall**.

Friedrich Schiller, Turandot II, 4 (Altoum)

Wer andere Leute für seine **Misserfolge** verantwortlich macht, muss auch seine Erfolge anderen zuschreiben.
> *Verfasser unbekannt*

Wer aus allen Himmeln **fällt**, bringt den Engeln Erleichterung.
> *Aus Israel*

Ist der Wagen einmal **umgekippt**, so fehlt es nicht an Ratschlägen.
> *Aus Bulgarien*

»Wie kamst du zu dem Glücke?«, fragt staunend jeder Mund.
Von deinem **Missgeschicke** weiß jeder gleich den Grund.
> *Josef Sami Tauber, Quinten, Frage*

Du bist auf dem Wege zum Erfolg, wenn du begriffen hast, dass Verluste und **Rückschläge** nur Umwege sind.
> *C. W. Wendte*

Wenn wir andern die Schuld an einem **Misslingen** (vielleicht sogar unsres ganzen Lebens) zuschieben, leugnen wir die menschliche Freiheit und treten damit die einzige Krone in den Staub, die Gott uns gewährt hat.
> *Heinrich Wolfgang Seidel*

Der **Misserfolg** hat einen Segen,
der mir verklärt den trübsten Tag:
Er macht uns beliebter bei den Kollegen,
als ein Erfolg es je vermag.
> *Oskar Blumenthal*

Leute, die sich die Finger **verbrennen**, verstehen nichts vom Spiel mit dem Feuer.
> *Oscar Wilde*

Der Mensch kann viele Male hinfallen. Ein **Versager** ist er erst dann, wenn er behauptet, man habe ihn umgestoßen.
> *Elmer G. Letterman*

Man müsste Gott selber sein, um Erfolge und **Misserfolge** unterscheiden zu können.

Anton Tschechow

Not

Not ist unser sechster Sinn,
hat im Augenblick erfunden,
wo zuvor die andren fünf
in Gedanken stille stunden.

Friedrich von Logau, Die Notwendigkeit

Wem es nie richtig gut geht, der verbittert. Wem es nie richtig **schlecht geht,** der versauert.

Hans Krailsheimer

Ich habe geweint, weil ich keine Schuhe hatte, bis ich einen traf, der keine Füße hatte.

Verfasser unbekannt

Kälte lehrt Kohlen stehlen.

Aus Marokko

Wenn eine **verzweifelte Situation** ein besonderes Können erfordert, dann bringt man dieses Können auch auf, obwohl man vorher keine Ahnung davon hatte.

Napoleon I.

O   *Offenheit*

Es ist **Pflicht**, andern nur dasjenige zu sagen, was sie aufnehmen können.
Johann Wolfgang von Goethe, Wilhelm Meisters
Wanderjahre I

Wenn dir einer mit dem **Herzen** in der Hand kommt, sieh dir zunächst einmal die Hand an.
Henry Benrath

Viel von sich **reden**, kann auch ein Mittel sein, sich zu verbergen.
Friedrich Nietzsche, Jenseits von Gut und Böse

Menschen führen einander durch ihre **Seelen** wie Potemkin die Kaiserin Katharina durch Taurien.
Hugo von Hofmannsthal

Du wirst kaum jemand finden, der bei **offener Türe** leben könnte.
Lucius Annaeus Seneca

Wer will, dass ihm die anderen sagen, was sie **wissen**, der muss ihnen sagen, was er selbst weiß.
Niccolò Machiavelli

Öffentliche Meinung

Die Regierungen, welche die **Freiheit der Rede** unterdrücken, weil die Wahrheiten, die sie verbreitet, ihnen lästig sind, machen es wie die Kinder, welche die Augen zuschließen, um nicht gesehen zu werden.
Ludwig Börne, Die Freiheit der Presse in Bayern

Ich war immer der Meinung, dass uneingeschränkte **Redefreiheit** auch die größte Sicherheit bedeutet. Narren muss man zum Reden auffordern, damit sie erkannt werden.

Thomas Woodrow Wilson

Der Hund, dem man einen **Maulkorb** anlegt, bellt mit dem Hintern.

Heinrich Heine,
Aphorismen und Fragmente

Wo Informationen fehlen, wachsen die **Gerüchte**.

Alberto Moravia

In der **öffentlichen Meinung** ist alles Falsche und Wahre; aber das Wahre in ihr zu finden, ist die Sache des großen Mannes.

Georg Wilhelm Friedrich Hegel, Zusatz zur
Rechtsphilosophie

Redefreiheit gibt nicht das Recht, in einem vollen Theater »Feuer« zu brüllen.

Morris Seidman

Die **Popularität** einer Sache macht mich viel eher zweifelhaft und nötigt mich, mein Gewissen noch einmal zu fragen: Ist sie auch wirklich vernünftig?

Otto von Bismarck, im Reichstag, 12.6.1882

Die **öffentliche Meinung** ist jene politische Macht, die in der Demokratie sicherlich das Schlimmste verhindert. Mit derselben Sicherheit verbinden sie das Beste.

Helmar Nahr

Selten entscheidet die **öffentliche Meinung** unmoralisch und unweise, und wer sich von ihr entfernt, sollte sich misstrauen.

Thomas Jefferson, an William Findlay, März 1801

Es ist schwer, die **Volksmeinung** zu erkennen.

Otto von Bismarck

Der Druck der **öffentlichen Meinun**g ist wie der atmosphärische Druck: Man kann ihn nicht sehen, aber nichtsdestoweniger beträgt er 16 Pfund je Quadratzoll.

James Russell Lowell

Die **öffentliche Meinung** ist die unsichtbare Rüstung des Volkes.

Ludwig Börne

Die **öffentliche Meinung** ist eine Buhlerin: Man sucht ihr zu gefallen, ohne sie zu achten.

Jean-Antoine Petit-Senn,
Geistesfunken und Gedankensplitter

Oper

Die **Oper** kann das größte und wichtigste aller dramatischen Schauspiele sein, weil darin alle schönen Künste ihre Kräfte vereinigen.

Johann Georg Sulzer

Bei **Opern**, die nicht so oft gespielt werden, besteht immer die Gefahr, während der Probe herauszufinden, warum sie niemand aufführt.

Peter Ustinov

In der modernen **Oper** haben die Komponisten den Mut verloren, Melodien zu schreiben.

Plácido Domingo

Die deutschen Orchester sind egoistisch und wollen als Orchester sich hervortun und etwas sein. Ein italienisches Orchester dagegen ist diskret. Es weiß recht gut, dass in der **Oper** der Gesang der menschlichen Stimme die Hauptsache ist.

Johann Wolfgang von Goethe, zu Eckermann 28.5.1830

Immer, wenn es in der **Oper** erotisch wird,
muss das Cello her.
Deshalb ist Tristan die Cello-Oper par excellence.

Siegfried Palm

Die **Oper** ist ein Zirkus, und wir Tenöre sind für den Drahtseilakt zuständig.

René Kollo

Opposition

Opposition ist die Kunst, der Regierung so das Bein zu stellen, dass der Wähler als Schiedsrichter darin kein Foul sieht.

Henri Tisot

Wenn der **Bürgermeister** seine Pflicht tut, werden kaum vier da sein, die ihn mögen.

Martin Luther,
Predigt vom 22.8.1529

Intellektuelle haben als die **Hofnarren** der modernen
Gesellschaft geradezu die Pflicht, alles Unbezweifelte
anzuzweifeln, über alles Selbstverständliche zu erstaunen,
alle Autorität kritisch zu relativieren, alle jene Fragen zu stellen,
die sonst niemand zu stellen wagt.

Ralf Dahrendorf

Dem Geist ist jederzeit die souveräne **Verachtung** der
Regierenden sicher. Entfällt sie, wird entweder nicht regiert
oder nicht gedacht.

Gerhard Zwerenz,
Ärgernisse

Jeder Mensch unter dreißig, der einige Kenntnis der bestehenden Gesellschaftsordnung besitzt und keinen Drang zur **Veränderung** hat, ist minderwertig.

George Bernard Shaw

Der Deutsche hat an und für sich eine starke Neigung zur **Unzufriedenheit**. Ich weiß nicht, wer von uns einen zufriedenen Landsmann kennt.

Otto von Bismarck,
im Reichstag, 9.10.1878

Verrat, Sire, ist nur eine Frage des Datums.

Charles Maurice Talleyrand, zu Zar Alexander I., Wiener
Kongress

Wenn jemand ein überzeugter Demokrat ist, dann achtet er bei aller Gegensätzlichkeit in der Sache die Rolle der **Opposition**.

Edmund Stoiber, 1993

Österreich

Man muss die Sache mit unseren Hauptstädten nicht allzu tragisch nehmen. Es gibt noch eine deutsche Hauptstadt. Sie heißt **Wien**.

Erich Kuby

In **Österreich** resigniert man schon so lange und so erfolgreich, dass daraus Zerfallsenergie entsteht.

Erich Sokol

In **Österreich** wird man nur zum großen Mann, wenn man etwas auffällig nicht tut.

Egon Friedell,
Aphorismen

Das **österreichische** Antlitz lächelte, weil es keine Muskeln mehr im Gesicht hatte.

Robert Musil, 1918

Wir **Wiener** blicken vertrauensvoll in unsere Vergangenheit.

Karl Farkas

Was ein rechter **Wiener** ist, der rührt keinen Finger. Der geht lieber mit offener Hose spazieren. Vielleicht fliegt ihm eine gebratene Taube hinein.

Walter Hasenclever, Die Rechtlosen (Golo)

P Parteien

Revolutionäre versuchen, neue Fehler auszudenken. **Konservative** versuchen, mit den vorhandenen auszukommen.

> *Hans Kasper,*
> *Nachrichten und Notizen*

Ich bin grundsätzlich gegen alle **Parteien**. Als Demokrat wähle ich natürlich eine, aber nur im Sinne vom kleineren Übel.

> *Werner Finck*

Selbst bei einer absoluten Mehrheit ist es Aufgabe der **Partei**, weiter zu denken, als die Regierung handeln kann. Ist die Regierung zufrieden mit der Partei, dann hat die Partei nicht weit genug gedacht.

> *Egon Bahr*

Sonst leidlich vernünftige Leute – sobald sie aufs Kampffeld der politischen **Parteien** kommen, sind sie blinde Zänker, Spitzbuben und Toren.

> *Peter Rosegger,*
> *Höhenfeuer*

Wie einfältig würde sich mancher, der sich in der Mitte seiner Anhänger mit seinen Beweisgründen bläht, mit den nämlichen Beweisen unter den Mitgliedern einer anderen **Partei** ausnehmen!

> *Jean-Jacques Rousseau, Emile IV*

Koalition ist das Kunststück, den rechten Schuh auf dem linken Fuß zu tragen, ohne Hühneraugen zu bekommen.

> *Guy Mollet*

In einer **Koalition** liegt immer die Versuchung nahe, den Eindruck zu erwecken, dass man selber den Käse produziert und nur die Löcher vom Partner stammen.

> *Hector Minguez*

Die **große Koalition** ist die formierte Gesellschaft des Parlaments zur Abwehr missgünstiger Wählereinflüsse.
Helmar Nahr

Es liegt im Wesen der **Parteiflügel**,
dass sie mehr Luftzug
als Bewegung erzeugen.
Alberto Sordi

Partei ist organisierte Meinung.
Benjamin Disraeli

Der **Radikale** steht mit beiden Beinen fest in der Luft.
Franklin D. Roosevelt

Es ist gut, dass es **Radikale** gibt, auch wenn sie nur selten in der Lage sind, etwas aufzubauen.
Carlo Schmid

Ein **Kommunist** ist ein Sozialist ohne Humor.
George Barton Cutten

Wer einer **Partei** treu bleiben will, muss oft seine Meinung ändern.
Verfasser unbekannt

Ein **Konservativer** ist ein Mensch,
der glaubt, dass nichts
zum ersten Mal getan werden sollte.
Alfred E. Wiggam

Ein **Konservativer** ist ein Mensch mit zwei völlig gesunden Beinen, der nie gehen gelernt hat.
Franklin D. Roosevelt

Fast jede politische **Partei** hat irgendwo ein Skelett im Schrank, von dem sie hofft, dass es niemals gefunden wird.
Carlo Nervi

Nach »rechts« gehören alle Ideologien und **Programme**, die entschlossen sind, sich zur Aufrechterhaltung der bestehenden oder zur Durchsetzung einer neuen Ordnung über das konkrete Wohl der konkreten Mitglieder einer Gesellschaft hinwegzusetzen. Als »links« wären nur solche Forderungen zu bezeichnen, die die tatsächliche Existenzverbesserung, Bewusstseinserweiterung, Entfaltungsfreiheit des tatsächlich hier und heute lebenden Menschen im Sinne haben. Dort, wo die Linke die Durchsetzung eines Systems über das Wohl des Einzelnen stellt, wird aus ihr eine rechte Position.

Gerhard Szczesny, Das sogenannte Gute

Partner

Ehestand, Wehestand,
wenn du freist mit Unverstand;
wählst du wohl, ist er gewiss
dir ein irdisch Paradies.

Verfasser unbekannt

Die **Ehe** ist eine recht hübsche Sache, nur dauert sie ein bisschen lange; deshalb kann auch nur derjenige sich darin zufrieden fühlen, der sich beim Eingehen dieses Verhältnisses durch Eigenschaften bestimmen ließ, welche von Dauer sind.

Jozsef Eötvös, Gedanken

An der **Braut**, die der Mann sich erwählt, lässt gleich sich erkennen, welches Geistes er ist.

Johann Wolfgang von Goethe, Hermann und Dorothea 9

Eine stille, ernsthafte **Frau** ist übel daran mit einem lustigen Mann, ein ernsthafter Mann nicht so mit einer lustigen Frau.

Johann Wolfgang von Goethe, zu Riemer, 5.3.1809

Suche, willst du glücklich sein,
nicht wie tausend Toren
nur mit deinen **Augen**, nein,
auch mit deinen Ohren!

Friedrich Haug,
Epigramme

Eine Mutter gab ihrer Tochter diese Lehre: Sie sollte keinen **heiraten**, sie
hätte ihn denn trunken, verspielt und zornig gesehen. Wann er ihr in
solchen Begebenheiten noch gefiele, möchte sie kühnlich zupacken.

Unbekannter Verfasser (Barock)

Will man heiraten, muss man sich meistens **entscheiden** zwischen
irdischem und himmlischem Geflügel: Gans oder Engel.

Curt Goetz

Aus **Liebe** und Vernunft zu frein,
wie sollt' das nicht dasselbe sein,
da es doch nichts so Vernünftiges gibt,
als eine zu freien, die man liebt?

Paul Heyse, Spruchbüchlein

Es zeigt die **Schwärmerei** und vielleicht die höhere Gesinnung des
Mannes, dass er das Weib schön will. Es zeigt den größeren Verstand
und die Nüchternheit der Weiber (vielleicht auch ihren Mangel an
ästhetischem Sinne), dass sie auch die hässlichen Männer annehmen;
sie sehen mehr auf die Sache.

Friedrich Nietzsche,
Unschuld des Werdens I, 868

Man soll nur schöne Frauen **heiraten**.
Sonst hat man keine Aussicht,
sie wieder loszuwerden.

Danny Kaye

Heirate ein schönes Weib, und du hast Verdruss.

Aus Liberia

Wen man zu lange kennt, den soll man nicht **heiraten**.
> *Aus Afrika*

Du sollst dein **Weib** aus einem andern Volke
als dem eigenen nehmen.
> *Friedrich Nietzsche,*
> *Unschuld des Werdens I, 1053*

Ein Narr ist, wer eine **Fremde** heiratet, wenn seine Base ihn erwartet.
> *Aus Tunesien*

Je mehr ein **Mann** weiß und je weiter er reist, desto wahrscheinlicher ist
es, dass er einmal ein Mädchen vom Lande heiratet.
> *George Bernard Shaw*

Wer ein übersehenes Mädchen **heiratet**, der bekommt eine auserlesene
Frau.
> *Aus Finnland*

Hinunter soll kein Mann die Blicke wenden,
hinauf zur höchsten Frauen kehr er sich!
Gelingt es ihm, sie zu erwerben, schnell
geebnet zeigt des Lebens Pfad sich ihm.
> *Johann Wolfgang von Goethe, Die natürliche Tochter IV, 4*
> *(Hofmeisterin)*

Die Könige sind nur Sklaven ihres Standes,
dem eignen **Herzen** dürfen sie nicht folgen.
> *Friedrich Schiller,*
> *Maria Stuart II, 2 (Elisabeth)*

Zu **zweit** kommt man besser durchs Leben als allein.
> *Hans-Joachim Kulenkampff*

Wer seine **Tochter** an einen ungebildeten Menschen verheiratet, der wirft
sie gleichsam gebunden einem Löwen vor.
> *Talmud*

Einen **Mann**, der zum Ehemann passt, wollen die wenigsten Mädchen heiraten.

Moritz Goldschmidt

Die meisten Frauen wählen ihr Nachthemd mit mehr Verstand als ihren **Mann**.

Coco Chanel

Man kann anderen Leuten erklären, warum man seinen **Mann** geheiratet hat, aber sich selbst kann man das nicht erklären.

George Sand

Perfektion

Vollkommen sein heißt Gott fürchten und lieben und dem Nächsten alles Gute tun.

Martin Luther, Deutsche Schriften 3, 101

Omnia praeclara rara. Alles **Vortreffliche** ist selten.

Cicero, Laelius 21

Es ist verständlich, wenn der Mensch stolz darauf ist, dass er, obgleich nicht durch eigene **Anstrengung**, die höchste Sprosse der organischen Stufenleiter erklommen hat. Die Tatsache, dass er bis dahin gelangte, anstatt von Anfang an dahingestellt worden zu sein, gibt ihm die Hoffnung, dass er in ferner Zukunft noch höher gelangen werde.

Charles Darwin, Die Abstammung des Menschen

Um uns zu **vervollkommnen**, brauchen wir entweder aufrichtige Freunde oder hartnäckige Feinde. Sie öffnen uns die Augen für unsere guten und schlechten Handlungen – die einen durch ihre Ermahnungen, die anderen durch ihren Tadel.

Diogenes

Die **Evolution** dauert immer noch fort. Nach einer Weile – vielleicht nach Millionen Jahren – wird sich eine neue Art von Mensch entwickelt haben. Alles, was wir gegenwärtig sehen, ist nur ein Stadium, das die Menschheit durchläuft – Besitzgier und Furcht und Grausamkeit. Die Menschen werden alledem entwachsen.

Thornton Wilder, Der achte Schöpfungstag, Chicago

Vollkommenheit ist die Norm des Himmels, Vollkommenes wollen die Norm des Menschen.

Johann Wolfgang von Goethe, Maximen und Reflexionen,
Nachlass, Über Literatur und Leben

Jeder von uns hat etwas Unbehauenes, Unerlöstes in sich, daran unaufhörlich zu arbeiten seine heimlichste **Lebensaufgabe** bleibt.

Christian Morgenstern, Stufen, Erziehung Selbsterziehung

Wirf jeden Tag einen **Ballast** ab, der deine Seele beschwert und deine Tatkraft hemmt – eine Furcht, eine Sorge, einen Ärger, eine Enttäuschung, einen Hass, einen Neid, eine Trägheit.

Verfasser unbekannt

Das Leben ist ein ewiges **Werden**. Sich für geworden halten heißt sich töten.

Friedrich Hebbel

Der geringste Mensch kann **komplett** sein, wenn er sich innerhalb der Grenzen seiner Fähigkeiten und Fertigkeiten bewegt.

Johann Wolfgang von Goethe

Dass wir **unvollkommen** sind, wenn wir dies erkennen, kann man solch Erkenntnis schon eine Besserung nennen.

Friedrich von Logau, Menschliche Unvollkommenheit

Ein großer Teil des inneren **Fortschrittes** liegt schon im Willen zum Fortschritt.

Lucius Annaeus Seneca, an Lucilius

Wenn man dich plagt, so segne doch,
wenn man dich hasst, so liebe noch:
Es kann ein guter Mensch auf Erden
durch böse Menschen **besser** werden.

Gerhard Tersteegen, Blumengärtlein III, 183

Wer dem Licht entgegengeht, sieht seinen **Schatten** nicht.

Erhard Blanck

Manchen Menschen fehlen nur einige Laster, um **vollkommen** zu sein.

Madame de Sevigne

Wer es in etwas, sei es noch so gering, zur **Vollkommenheit** bringt,
der ist für sein Leben geborgen.

Johann Heinrich Pestalozzi, Der natürliche Schulmeister 3

Pessimismus

Der Optimist sieht in jeder Schwierigkeit eine Gelegenheit. Der **Pessimist**
sieht in jeder Gelegenheit eine Schwierigkeit.

Günter F. Gross

Der **Pessimist** findet zu jeder Lösung ein passendes Problem.

Verfasser unbekannt

Die große Mode ist jetzt **pessimistischer** Optimismus: Es ist zwar alles
heilbar, aber nichts heil.

Ludwig Marcuse

Wenn man sich erst an den **Pessimismus** gewöhnt hat, dann ist er
genauso angenehm wie der Optimismus.

Arnold Bennett

Es gibt keinen traurigeren Anblick als einen jungen **Pessimisten** – mit Ausnahme eines alten Optimisten.

Mark Twain

Pflanzen

Daher kommt es denn auch, dass man der **Pflanzenwelt** eines Landes einen Einfluss auf die Gemütsart seiner Bewohner zugestanden hat. Und gewiss, wer sein Leben lang von hohen ernsten Eichen umgeben wäre, müsste ein anderer Mensch werden, als wer täglich unter luftigen Birken sich erginge.

Johann Wolfgang von Goethe,
zu Eckermann, 2.4.1829

Mit den ersten **Bäumen**, die gefällt werden, beginnt die Kultur. Mit den letzten Bäumen, die gefällt werden, endet sie.

Sprichwort

Es ist, als ob jeder **Baum** auf dem Lande zu mir spräche: heilig, heilig!

Ludwig van Beethoven, Briefe

Ich kann nicht leugnen, dass mein Vertrauen in den Charakter meines Nachfolgers einen Stoß erlitten hat, seit ich erfahren habe, dass er die uralten **Bäume** vor der Gartenseite seiner, früher meiner Wohnung hat abhauen lassen, welche eine erst in Jahrhunderten zu regenerierende, also unersetzbare Zierde der amtlichen Reichsgrundstücke in der Residenz bildeten.

Otto von Bismarck,
Gedanken und Erinnerungen

Nur der Einsame findet den **Wald**; wo ihn mehrere suchen, da flieht er, und nur die Bäume bleiben zurück.

Peter Rosegger, Schriften des Waldschulmeisters

Ein **Garten** ist eine Kunstnatur.

Robert Musil

Die **Rose** stand im Tau,
es waren Perlen grau,
als Sonne sie beschienen,
wurden sie zu Rubinen.

Friedrich Rückert, Ritornell

So wenig der **Gärtner** sich durch andere Liebhabereien und Neigungen
zerstreuen darf, so wenig darf der ruhige Gang unterbrochen werden, den
die Pflanze zur dauernden oder zur vorübergehenden Vollendung nimmt.
Die Pflanze gleicht den eigensinnigen Menschen, von denen man alles
erhalten kann, wenn man sie nach ihrer Art behandelt. Ein ruhiger Blick,
eine stille Konsequenz, in jeder Jahreszeit, in jeder Stunde das ganz
Gehörige zu tun, wird vielleicht von niemand mehr als vom Gärtner
verlangt.

Johann Wolfgang von Goethe,
Die Wahlverwandtschaften II

Die **Ros'** ist ohn Warum; sie blühet, weil sie blühet.
Sie acht't nicht ihrer selbst, fragt nicht, ob man sie siehet.

Angelus Silesius,
Der Cherubinische Wandersmann

Ich liebe die **Rose** als das Vollkommenste, was unsere deutsche Natur als
Blume gewähren kann.

Johann Wolfgang von Goethe,
zu Eckermann, 27.4.1825

Drei der Grazien gibt's, nur eine Venus! Die Veilchen will ich zum Strauße
gereiht, aber die **Rose** allein.

Friedrich Hebbel,
Schön und lieblich

Unkraut ist die Opposition der Natur gegen die Regierung der Gärtner.

Oskar Kokoschka

Unkraut nennt man Pflanzen, deren Vorzüge noch nicht erkannt worden sind.

> *Ralph Waldo Emerson*

Ich mag **Pflanzen**, und die Pflanzen lieben mich. Das macht mich glücklich.

> *Witta Pohl*

Pflanzen, die oft versetzt werden, gedeihen nicht.

> *Sprichwort*

Philosophie

Der Entschluss zu **philosophieren** ist eine Aufforderung an das wirkliche Ich, dass es sich besinnen, erwachen und Geist sein solle.

> *Novalis, Nachlass*

Wer in dem Elend dieses Lebens keine **Philosophie** besitzt, gleicht einem Mann, der bloßen Kopfes im Platzregen spazieren geht.

> *Claude Tillier, Mein Onkel Benjamin*

Zur Aneignung jeder Tugend gibt es eine eigene Disziplin. Die beste Disziplin, um sich Zurückhaltung im Urteil anzueignen, ist die **Philosophie**.

> *John Russell, Unpopuläre Betrachtungen*

Staunen ist der erste Grund der **Philosophie**.

> *Aristoteles*

Alle Spekulation, vielleicht alles **Philosophieren** ist nur ein Denken in Spiralen: Wir kommen wohl höher, aber nicht eigentlich weiter, und dem Zentrum der Welt bleiben wir immer gleich fern.

> *Arthur Schnitzler*

Philosophieren heißt sterben lernen.
Michel Eyquem de Montaigne

Die Grenzen der menschlichen Vernunft begreifen – das erst ist wahrhaft **Philosophie**.
Friedrich Nietzsche

Geben Sie mir doch Mittel an die Hand, die Studenten auf den Universitäten von den Brotkollegien zurückzuhalten und ihnen begreiflich zu machen, dass das bisschen Richterei, ja selbst Theologie und Arzneigelehrtheit unendlich leichter und in der Anwendung sicherer wird, wenn der Lehrling mehr **philosophische** Kenntnis hat, da man doch nur wenige Stunden des Tages Richter, Advokat, Prediger, Arzt und in so vielen Mensch ist.
Karl Abraham von Zedlitz, an Kant, 1.8.1778

Durch wahre **Philosophie** wird die Seele still, zuletzt andächtig.
Friedrich Heinrich Jacobi

Die **Philosophen** haben die Welt nur verschieden interpretiert, es kommt aber darauf an, sie zu verändern.
Karl Marx, Thesen über Feuerbach

Konsequent zu sein ist die größte Obliegenheit eines **Philosophen** und wird doch am seltensten angetroffen.
Immanuel Kant

Der **Philosoph** hat wie der Hausbesitzer immer Reparaturen.
Wilhelm Busch

Es wird völlig zu Unrecht gesagt, dass unsere Generation keine **Philosophen** aufzuweisen habe. In der Tat haben die heutigen Philosophen nur die Fakultät gewechselt, und ihre Namen sind Planck und Einstein.
Adolf von Harnack

Philosophieren heißt zweifeln.
Michel Eyquem de Montaigne

Verallgemeinerung ist die **Philosophie** der Primitiven.
Moscheh Ya'akob Ben-gavrièl

Der **Philosoph** ist ein Mensch, der nicht glauben will, was er sieht, weil er zu sehr damit beschäftigt ist, darüber nachzudenken, was er nicht sieht.
Bernard de Fontenelle

Was mir an deinem **System** am besten gefällt?
Es ist so unverständlich wie die Welt.
Franz Grillparzer, Hegel

Politik

Politik ist die Geschichte in Aktion.
Roger Butterfield

Politik ist, dass man Gottes Schritt durch die Weltgeschichte hört,
dann zuspringt und versucht,
einen Zipfel seines Mantels zu fassen.
Otto von Bismarck

Politik ist nicht die Kunst des Kompromisses, sondern die Kunst der Synthese. Kompromiss bedeutet Einigung, die Halbierung beider Positionen. Synthese heißt Einigung nach dem Prinzip der Vermehrung: Sie komponiert aus zwei Positionen eine dritte.
Hans Kasper

Ich hasse alle Pfuscherei wie die Sünde, besonders aber die Pfuscherei in **Staatsangelegenheiten**, woraus für Tausende und Millionen nichts als Unheil hervorgeht.
Johann Wolfgang von Goethe,
zu Eckermann, März 1832

Es mag fünfzig Jahre dauern, bis politische Missgriffe offenkundig werden und ihre letzten Konsequenzen tragen, aber schließlich legt die **Geschichte** Rechnung für jeden Fehler vor, und sie ist peinlicher dabei als unsere preußische Oberrechnungskammer.

Otto von Bismarck

In der **Politik** ist es manchmal wie bei der Grammatik. Ein Fehler, den alle begehen, wird schließlich als Regel anerkannt.

André Malraux

Die Aufgabe der **Politik** liegt in der möglichst richtigen Voraussicht dessen, was andere Leute unter gegebenen Umständen tun werden.

Otto von Bismarck,
Gedanken und Erinnerungen III

Meine Gegner werfen mir vor, ich stelle die Segel nach dem Winde. Darin besteht ja gerade die Kunst des **Segelns**!

Otto von Bismarck

In der **Politik** darf man nicht versuchen,
mit dem Kinn eine Faust k.o. zu schlagen.

Olof Palme

Unwandelbarkeit in der **Politik**
ist nur ein anderer Ausdruck für
Mangel an Verstand.

Charles Maurice Talleyrand

Politik ist die Kunst des Möglichen.

Otto von Bismarck

Verständliche Sprache bei einem **Politiker** zeugt von gutem Gewissen.

André Malraux

Vollkommene **Politik** besteht darin, niemals das letzte Motiv zu enthüllen.

Benjamin Disraeli

Was mich an unserem **politischen Betrieb** in der Bundesrepublik am meisten niederdrückt, ist die Verarmung der Sprache.

Rudolf Augstein

In der **Politik** ist es wie in der Elektrizität: Wo es Kontakte gibt, gibt es auch Spannungen.

Pierre Mendès-France

Geduld ist eine Grundtugend der **Politik** – solange man sie nicht mit der Ausdauer verwechselt, Fehlschläge in unbegrenzter Zahl hinzunehmen.

Hans Kasper

Man muss sich von einem politischen **Gegner** nicht unbedingt mit einem Fußtritt verabschieden, wenn man es mit einem Händedruck tun kann.

Edgar Faure

Zur **Politik** gehört auch die Gabe, selbst zu jammern, wenn man anderen auf die Füße tritt.

Henri Tisot

Der **Vertrag** ist ein System, unter dem die Treuen immer gebunden, die Treulosen immer frei sind.

Robert Gilbert Vansittart

Am längsten halten die **Bündnisse**, deren Partner einander nicht umarmen, sondern auf Tuchfühlung bleiben.

Malcolm Muggeridge

In der **Politik** darf man keine Vorliebe für ein Volk und keine Abneigung gegen ein anderes haben.

Friedrich II. von Preußen, Politisches Testament

Wir können die Uhren vorstellen, die Zeit geht aber deshalb nicht rascher, und die Fähigkeit zu warten, während die Verhältnisse sich entwickeln, ist eine Vorbedingung praktischer **Politik**.

Otto von Bismarck, an Freiherr von Werthern, 1869

Prestige nennt man die Daumenschrauben,
die man auch einer **Weltmacht** anlegen kann.
George F. Kennan

Die Arbeit als **Außenminister** wäre sehr schön,
wenn es das Inland nicht gäbe.
Joseph Luns

Politiker

Napoleon war mit erstaunlich großen Fähigkeiten ausgestattet,
aber er hat seine Mission nicht verstanden; denn seine moralische
Kraft war zu gering, gleich null. Er konnte sein Glück nicht mit
Mäßigung, sein Unglück nicht mit Würde tragen, und eben
weil ihm die moralische Kraft fehlte, hat er das Unglück Europas
und sein eigenes verschuldet.
Charles Maurice Talleyrand,
Memoiren II

Ich bin da, um moralisches **Gewicht** für die Bundesrepublik und für
meine Nachfolger zu sammeln.
Theodor Heuss

Neigung zum Erhalten und Geschicklichkeit zum Verbessern sind die
beiden Elemente, deren Vereinigung in meinen Augen den Charakter des
großen **Staatsmannes** bildet.
Edmund Burke, Betrachtungen über die Revolution in
Frankreich

Der größte **Staatsmann** ist derjenige,
welcher der humanste ist.
Anselm Feuerbach,
Ein Vermächtnis

Dadurch unterscheidet sich der vorausdenkende **Staatsmann** von dem schwatzenden Pöbel oder der Leidenschaft der Partei, dass er die Elemente der Gefahr von ferne erkennt und ihnen vorzubeugen versucht.

Leopold Ranke, Über die Zeiten Ferdinands I. und Maximilians II.

Früher war es für einen **Staatsmann** genug, die Geschehnisse der Kabinette zu wissen, indes man jetzt die Geheimnisse der Völker kennen muss.

Franz Grillparzer

Es ist schwer, in großen Weltgeschäften ein ruhiges **Gewissen** zu behalten.

Liselotte von der Pfalz

Von einem **Staatsmann** in erster Linie »Konsequenz« zu verlangen, heißt ihm die Freiheit nehmen, sich nach den wechselnden Bedürfnissen des Staates, dem veränderten Verhalten des Auslandes oder nach sonstigen wichtigen Gründen zu entscheiden.

Otto von Bismarck, zu Hermann Hofmann

Ein **Politiker** ist ein Mensch, mit dessen Politik du nicht übereinstimmst; wenn du es tust, dann ist er ein Staatsmann.

David Lloyd George

Die großen und glänzenden Taten, welche das Auge blenden, werden von den **Politikern** als die Wirkungen großer Pläne hingestellt, obwohl sie gewöhnlich nichts anderes sind als die Wirkungen von Launen und Leidenschaften.

François de La Rochefoucauld

Die **Staatsleitung** also jener Männer, eines Themistokles und der anderen, die Anytos eben nannte, hatte nichts mit Weisheit zu tun und ging nicht von weisen Männern aus. Darum sind sie auch nicht imstande, andere zu ihresgleichen zu machen; denn ihre Bedeutung beruht nicht auf Wissen. Wenn aber nicht auf Wissen, so bliebe nur die Treffsicherheit in wahrer Meinung übrig. Diese also wäre, was die Staatsmänner befähigt, die Staatsgeschäfte richtig zu führen, wobei sie, was das Verhältnis zur richtigen Einsicht anlangt, durchaus nichts voraus haben vor den Wahrsagern und gottbegeisterten Sehern. Denn auch diese verkünden Wahres, und zwar in reichlicher Fülle, ohne doch wirkliche Einsicht zu haben.

Platon, Menon 41 (Sokrates)

Ein Mann ohne **Urteilskraft** mag bis zur Spitze aufsteigen, aber er wird sich dort nicht sehr lange halten.

Clement Richard Earl Attlee

Das vornehmste Bestreben der Welt sei darauf gerichtet, keines **Herkules** zu bedürfen. Das ist die einzige Klugheitsmaßregel, die ich zur Zeit zugestehe. Es gilt nicht, einen Augiasstall zu misten, sondern aufzupassen, dass keiner entstehe.

Friedrich Hebbel,
Tagebücher 1836

Zu einem guten **Politiker** gehören die Haut eines Nilpferdes, das Gedächtnis eines Elefanten, die Geduld des Bibers, das Herz des Löwen, der Magen des Vogels Strauß und der Humor einer Krähe. Diese Eigenschaften sind allerdings noch nichts wert ohne die Sturheit des Maulesels.

Winston Churchill

Staatsmännische Kunst ist der weise Einsatz individueller Unzulänglichkeiten für das Gemeinwohl.

Abraham Lincoln

Staatsmänner sind wie Chirurgen: Ihre Irrtümer sind tödlich.

François Mauriac

Keiner sollte ein Land zu **regieren** wagen, der es nicht für einige Zeit von außen gesehen hat.

Hermann Josef Abs

Als ich jung war, glaubte ich, ein **Politiker** müsse intelligent sein. Jetzt weiß ich, dass Intelligenz wenigstens nicht schadet.

Carlo Schmid

Mancher ausscheidende **Politiker** hinterlässt eine Lücke, die ihn voll ersetzt.

Henri Tisot

Der erfolgreichste **Politiker** ist derjenige, der das sagt, was alle denken, und der es am lautesten sagt.

Theodore Roosevelt

Das Geheimnis, tausend **Hände** am Tag schütteln zu können, besteht darin, selbst zu schütteln, nicht schütteln zu lassen.

Eleanor Roosevelt

Und so hab ich die verständ'ge **Politik** mir angeeignet, mit dem Betenden zu beten, mit dem Keifenden zu keifen.

Pedro Calderón de la Barca, Der Richter von Zaiamea II

Marionetten lassen sich sehr leicht in Gehenkte verwandeln. Die Stricke sind schon da.

Stanislaw Jerzy Lec

Die **Politik** ist das Paradies zungenfertiger Schwätzer.

George Bernard Shaw

Politisches **Theater**: auf einen Darsteller zehn Souffleure.

Wieslaw Brudzinski

Anders sein und anders scheinen,
anders reden, anders meinen,
alles loben, alles tragen,
allen heucheln, stets behagen,
allem Winde Segel geben,
Bös- und Guten dienstbar leben,
alles Tun und alles Dichten
bloß auf eignen Nutzen richten:
Wer sich dessen will befleißen,
kann **politisch** heute heißen.

Friedrich von Logau, Heutige Weltkunst

Die angeblichen **Volksführer** müssen selbst dem Mob folgen.
Oscar Wilde

Politik besteht nicht selten darin, einen simplen Tatbestand so zu komplizieren, dass alle nach einem neuen **Vereinfacher** rufen.
Giovanni Guareschi

Der **Führer** ist die Welle, die durch das Schiff vorwärtsgetrieben wird.
Leo Tolstoi

Die besondere Fertigkeit des **Politikers** besteht darin, dass er weiß, welche Leidenschaften am leichtesten zu erregen sind und wie sich, sobald sie erregt sind, verhindern lässt, dass sie ihm und seinen Anhängern schaden.
Bertrand Russell, Skepsis

Es gibt **Politiker**, die das, was sie sagen, glauben. Und es gibt solche, die das, was sie sagen, nicht glauben. Erstere sind gefährlich.
Manfred Rommel

Politiker sollten auch einmal Betroffenheit zeigen und nicht immer so verdammt siegessicher sein.
Günter Grass

Dass er beim Spiel das Trumpf-Ass aus dem Ärmel zieht, will ich ihm verzeihen. Aber dass er immer behauptet, der liebe Gott habe es ihm persönlich hineingesteckt, das ist unerträglich.
Unbekannter Verfasser über William Gladstone

Gelehrten, welche **Politiker** werden, wird gewöhnlich die komische Rolle zugeteilt, das gute Gewissen einer Politik sein zu müssen.
Friedrich Nietzsche

Die größte Spekulation der Welt wäre es, einen **Politiker** zu dem Wert einzukaufen, den er hat, und ihn zu dem Wert zu verkaufen, den er sich selbst einräumt.
André Kostolany

Politiker rechnen so sehr mit der Stimme des Wählers, dass sie nicht dazukommen, sie zu hören.

Werner Schneyder

Politiker sollten nicht schlank sein. Schlanke Leute in führender Stellung erwecken kein Vertrauen. Außerdem schafft Schlankheit ein gefährliches Gefühl der Überlegenheit den Dicken gegenüber.

Norman Mailer

Das Charakteristische des **Politikers** ist nicht, dass er für eine Partei agitiert, sondern dass er für jede agitieren könnte.

Karlheinz Deschner

Politiker des kurzen Blicks und der raschen Hand.

Friedrich Nietzsche

Presse

Die Tinte ist das fünfte Element und die **Presse** die Artillerie der Gedanken.

Karl Julius Weber,
Demokritos, Über Bücher

Journalismus ist Literatur in Eile.

Matthew Arnold

Wollte Gott, Gedrucktes und Geschriebenes hätte so viel Einfluss auf die Menschen, als die Regenten und ihre **Zensoren** fürchten! Bei den unzähligen guten Schriften, die wir haben, müsste dann die Welt schon lange besser geworden sein.

Franz Grillparzer,
Zur Lehre vom Staate, 1821

In Amerika kann man den **Journalismus** als Fortsetzung der Geschichte betrachten, in England als Fortsetzung der Unterhaltung.
Anthony Sampson

Die **Journalisten** sind die Geburtshelfer und die Totengräber der Zeit.
Karl Gutzkow

Die **Presse** muss die Freiheit haben, alles zu sagen, damit gewissen Leuten die Freiheit genommen wird, alles zu tun.
Terrenoire

Despotismus und **Pressefreiheit** können nicht nebeneinander bestehen.
Léon Gambetta

Rede- und **Pressefreiheit** bedeuten in erster Linie Recht und Kritik. Niemand hat jemals das Lob der Regierung verboten.
Wladimir Bukowski, Schlusswort vor dem Moskauer Stadtgericht, 1967

Ich glaube, dass ein leidenschaftlicher **Journalist** kaum einen Artikel schreiben kann, ohne im Unterbewusstsein die Wirklichkeit ändern zu wollen.
Rudolf Augstein

Die **Zeitungen** sind der Sekundenzeiger der Geschichte. Derselbe aber ist meistens nicht nur von unedlerem Metalle als die beiden anderen, sondern geht auch selten richtig.
Arthur Schopenhauer

Wenn ich zu wählen hätte zwischen einem Land mit Regierung, aber ohne **Zeitungen** und einem Lande mit Zeitungen, aber ohne Regierung, dann würde ich das Land ohne Regierung wählen.
Thomas Jefferson

Ich will keine **Zensur**, weil ich nicht für Dummheiten, die man drucken darf, verantwortlich sein will.
Napoleon I., zu Fouché

Bücher, **Zeitungen** und Zeitschriften machen nicht gut oder schlecht, aber besser oder schlechter machen sie doch.

Jean Paul

Nichts ist älter als die **Zeitung** von gestern.

Sprichwort

Pressefreiheit ist die Freiheit von zweihundert reichen Leuten, ihre Meinung zu verbreiten.

Paul Sethe

Faulenzt das Geschehen, ist die **Zeitung** fad. Langweilt sich der Leser, hat er Grund zu guter Laune.

Hans Kasper, Abel, gib acht

Bad news are good news. Schlechte Neuigkeiten ergeben gute **Meldungen**.

Aus den USA

Dass das Böse immer noch einen höheren **Nachrichtenwert** hat als das Gute, ist kein schlechtes Zeichen. Es beweist, dass das Gute auch weiter die Regel ist, das Böse dagegen die Ausnahme.

Nils Jonsson

Die **Öffentlichkeit** hat eine unersättliche Neugier, alles zu wissen, nur nicht das Wissenswerte.

Oscar Wilde

Dank dir, o Herr, für die **Brutalitäten**! Du hast in unendlicher Güte erschaffen noch miesere Typen als mich.

Eberhard Puntsch, Gebet vor der Zeitung

Es ist wohl gerade in unserer aufgeregten Epoche mehr denn je nötig, den Blick aus den Tagesaffären emporzuheben und ihn von der **Tageszeitung** weg auf jene ewige Zeitung zu richten, deren Buchstaben die Sterne sind, deren Inhalt die Liebe und deren Verfasser Gott ist.

Christian Morgenstern

Ich lese keine **Zeitung**. Was wirklich wichtig ist, erfahre ich an der Börse.

Amschel Mayer Rothschild

Ein **Funkhaus** ist Dantes Inferno in der Inszenierung von Willy Millowitsch.

Herbert John

Rauchen Sie Tabak, mein Gemahl, er verdirbt höchstens die Tapeten. Aber
unterstehen Sie sich nicht, jemals eine **Zeitung** anzusehen; die verdirbt
Ihren Charakter.

Gustav Freytag, Die Journalisten II, 1

Probleme

Was hilft mir die Weite des Weltalls, wenn meine Schuhe
zu **eng** sind?

Aus Armenien

Das Wort **Schwierigkeit** muss gar nicht für einen Menschen von Geist
als existent gedacht werden. Weg damit!

Georg Christoph Lichtenberg

Was uns den **Weg** verlegt, bringt uns voran.

Aus China

Wohlbehagen ermattet den Geist, **Schwierigkeiten** erziehen und
kräftigen ihn.

Francesco Petrarca

Krise ist ein produktiver Zustand. Man muss ihr nur den Beigeschmack
der Katastrophe nehmen.

Max Frisch

Der Mann, den kein **Hunger** plagt, sagt von der Kokosnuss, dass sie eine harte Schale hat.

Aus Äthiopien

Die meisten **Misshelligkeiten** im Leben rühren daher,
dass wir nachdenken, wo wir empfinden sollten,
und empfinden, wo wir nachdenken sollten.

Verfasser unbekannt

Die beste Zeit, ein **Problem** anzupacken, ist die Zeit vor seiner Entstehung.

Ray Freeman

In Liebe sind fast alle **Schwierigkeiten** löslich.

Annemarie Selinko

R *Rechtschaffenheit*

Wir sind nie so **aufrichtig** gegen uns selbst wie da, wo wir inkonsequent erscheinen.

> *Oscar Wilde*

Man ist auch verzweifelt wenig, wenn man weiter nichts ist als **ehrlich**.

> *Gotthold Ephraim Lessing, Minna von Barnhelm III, 2*
> *(Franziska)*

Wenn es heißt, ein Mensch sei **unbestechlich**, so frage ich mich unwillkürlich, ob man ihm genug geboten hat.

> *Joseph Fouché*

Vollkommene **Aufrichtigkeit** ist der Weg zur Originalität.

> *Charles Baudelaire*

Die Derbheit ist nicht immer **Redlichkeit**.

> *Franz Grillparzer,*
> *Ein Bruderzwist in Habsburg III (Julius)*

So peinlich **gewissenhaft** sind wir, wenn es sich um ein Lot oder ein Quäntchen handelt, aber wir werden zu Spitzbuben, wenn unser Vorteil sich nach Pfunden wiegen lässt.

> *Laurence Sterne, Yoricks Predigten 1,4*

Rede und Vortrag

Wie goldene Äpfel auf silbernen Schalen ist ein **Wort**, gesprochen zur rechten Zeit.

> *Bibel, Buch der Sprichwörter 25, 11*

Ein lebend **Wort** gilt hundert tote Zeilen.
Franz Grillparzer, Ein treuer Diener seines Herrn IV

Beredsamkeit ist die Kunst, so von den Dingen zu sprechen, dass jedermann gern zuhört.
Blaise Pascal

Dichtkunst ist ein Spiel der Sinnlichkeit, durch den Verstand geordnet, **Beredsamkeit** ein Geschäft des Verstandes, durch Sinnlichkeit belebt.
Immanuel Kant, Anthropologie

Beredsamkeit: Gedanken, die atmen, und Worte, die brennen.
Thomas Gray

Wahre **Beredsamkeit** aber, finde ich, ist nichts anderes als die ernste und herzliche Liebe zur Wahrheit.
John Milton

Was ist so großartig, als das Gemüt des Volkes, die Ansicht der Richter, die Erwägungen des Senats durch eine einzige **Rede** umzuwandeln?
Cicero

Jede **Rede** gleicht einer Belagerung der Seele des Hörers.
Johannes Chrysostomus

Was ist unsere **Rede** anderes als eine unsichtbare Hand, wunderbar und vielfach gefingert, mit welcher wir fahren über unserer Mitmenschen Gemüter.
Jeremias Gotthelf

Es ist ein großer **Rednerkunstgriff**, die Leute zuweilen bloß zu überreden, wo man sie überzeugen könnte; sie halten sich alsdann oft dafür überzeugt, wo man sie bloß überreden kann.
Georg Christoph Lichtenberg

Die **Rede** ist die Kunst, Glauben zu erwecken.
Aristoteles

Eine **Rede** kann die Erde spalten.
Aus Neuguinea

Wer zu den Köpfen redet, muss viele **Sprachen** verstehen, und man
versteht nur eine gut. Wer mit dem Herzen spricht, ist allen verständlich.
Ludwig Börne

Wer zu vielen **sprechen** will, muss sich zu mäßigen wissen.
Johann Wolfgang von Goethe,
an Cotta, 17.10.1798

Eifer ist das Salz der **Beredsamkeit**.
Victor Hugo

Man würze, wie man will, mit Widerspruch die **Rede**:
Wird Würze nur nicht Kost und Widerspruch nicht Fehde.
Gotthold Ephraim Lessing, Sittenspruch 1779

Wenn ein Mann eine kluge **Rede** hält, sagt man: »Eine gute Rede.«
Wenn eine Frau eine gute Rede hält, sagt man: »Eine kluge Frau.«
Hans Kasper, Nachrichten und Notizen

Hauptsätze. Hauptsätze. Hauptsätze. Klare Disposition im Kopf – möglichst wenig auf dem Papier. Tatsachen oder Appell an das Gefühl.
Schleuder oder Harfe. Ein **Redner** sei kein Lexikon. Das haben die Leute
zu Hause. Der Ton einer einzelnen Sprechstimme ermüdet. Sprich nie
länger als vierzig Minuten. Suche keine Effekte zu erzielen, die nicht in
deinem Wesen liegen. Ein Podium ist eine unbarmherzige Sache – da
steht der Mensch nackter als im Sonnenbad.
Kurt Tucholsky,
Ratschläge für einen guten Redner, 1930

Wo die **Worte** gar so leicht und behände dahinfahren, da sei auf deiner
Hut; denn die Pferde, die den Wagen mit Gütern hinter sich haben, gehen
langsameren Schrittes.
Matthias Claudius,
An meinen Sohn Johannes

Ein **beredter Mund**
hat oft viel gekunnt,
manchmal zum Verrichten,
manchmal zum Vernichten.

> *Friedrich von Logau,*
> *Sinngedichte, Beredsamkeit*

Da ist oft ebenso viel **Beredsamkeit** im Ton der Stimme, in den Augen und in der ganzen Atmosphäre, die ein Redner um sich verbreitet, wie in der Wahl seiner Worte.

> *François de La Rochefoucauld*

Der Vortrag ist gewissermaßen die **Beredsamkeit** des Körpers.

> *Cicero*

Wie viel in der Welt auf **Vortrag** ankommt, kann man schon daraus sehen, dass Kaffee, aus Weingläsern getrunken, ein sehr elendes Getränk ist.

> *Georg Christoph Lichtenberg*

Es gibt kein Gebiet, worüber der **rednerisch Gebildete** vor der Menge nicht überzeugender sprechen könnte als irgendein Fachmann.

> *Platon, Gorgias (Gorgias)*

Eine **Rede** ist wie eine Liebesbeziehung. Jeder Dummkopf kann sie anfangen, aber sie mit Anstand zu Ende zu bringen, das will gekonnt sein.

> *Lord Mancroft*

Ich musste einmal nach Premierminister James Callaghan eine **Rede** halten, der 45 Seiten verlesen hatte. Das erschöpfte Publikum atmete auf, als ich mich ohne Unterlagen in der Hand erhob. Doch ich dämpfte diese Freude mit dem Hinweis, dass, wenn jemand nach einem Konzept spreche, man wenigstens wisse, dass er irgendwann auch wieder aufhöre.

> *Lord Goodman*

Eine gute **Rede** soll das Thema erschöpfen, nicht die Zuhörer.

> *Winston Churchill*

Viele Menschen sind zu gut erzogen, um mit vollem Munde zu sprechen. Aber sie haben keine Bedenken, es mit **leerem Kopf** zu tun.
> *Oscar Wilde*

Einer **Rede** von Chamberlain zuzuhören ist wie ein Besuch bei Woolworth: jedes an seinem Platz und nichts über Sixpence.
> *Aneurin Bevan*

Bei vielem **Reden** bleibt die Sünde nicht aus.
> *Bibel, Buch der Sprichwörter 10, 19*

Man bekommt den Korb mit **Reden** nicht voll.
> *Aus Afrika*

Zwischen **Reden** und Tun
liegt das Meer.
> *Aus Italien*

Aufziehende Wolken mit Wind, doch kein Regen, so ist einer, der **Versprechungen** macht und nicht hält.
> *Bibel, Buch der Sprichwörter 25, 14*

Regierung

Das größte Bedürfnis eines Staates ist das einer mutigen **Obrigkeit**.
> *Johann Wolfgang von Goethe, Wilhelm Meisters Wanderjahre III*

Die moralischen **Qualitäten** der führenden Persönlichkeiten sind für eine Generation und für den Lauf der Geschichte vielleicht von noch größerer Bedeutung als rein intellektuelle Leistungen.
> *Albert Einstein*

Wenn aber die **Gewaltigen** klug sind, so gedeiht die Stadt.
> *Bibel, Buch Kohelet 10, 3*

Friede auf Erden war immer dann, wenn die **Vernünftigen** Vergnügen an der Macht hatten.
> *Hans Kasper, Expedition nach innen*

Wer als **Herr** sich mild erzeigt, auf den herab sieht mild und gnadenreich der Gott.
> *Äschylos, Agamemnon 951 (Agamemnon)*

Ein Feldherr ohne Heer scheint mir ein Fürst, der die **Talente** nicht um sich versammelt.
> *Johann Wolfgang von Goethe, Torquato Tasso V, 1 (Alfons)*

Der Fisch beginnt meist am **Kopf** zu stinken.
> *Sprichwort*

Wo die **Regenten** schlecht sind, kommt schwerlich eine Nation in die Höhe, es mag so viel Tugendprediger geben als möglich.
> *Carl Ludwig von Knebel, zu Goethe, März 1810*

Leute, die am **höchsten** stehn,
müssten auch am weitsten sehn.
Wenn's in solcher Wolkensphäre
nur nicht oft so neblig wäre!
> *Ludwig Fulda, Sinngedichte*

Es ist der Fluch der **Hohen**, dass die Niedern sich ihres offnen Ohrs bemächtigen.
> *Friedrich Schiller, Die Braut von Messina I, 5 (Don Manuel)*

Man kann den einzelnen **Menschen** betrachten a) als kleinen Mann, b) als Helden und c) als Rädchen einer Maschine. Der erste Weg führt zur altmodischen Demokratie, der zweite Weg zum Faschismus, der dritte Weg zum Kommunismus.
> *Bertrand Russell, Warum ich kein Christ bin*

Mir graut vor dem Gedanken, einsam und allein, auf einem **Thron** allein zu sein.

Friedrich Schiller, Don Carlos II, 2 (Carlos)

Die Freundschaft ist wahr und kühn. Die kranke **Majestät** hält ihren fürchterlichen Strahl nicht aus.

Friedrich Schiller, Don Carlos I, 9 (Marquis)

Fort ist fort, und was einmal dir ein **Mächtiger** nimmt, das hast du besessen. Der Klage gibt man wenig Gehör, und sie ermüdet am Ende.

Johann Wolfgang von Goethe, Reineke Fuchs 8

Häuptlingsschaft ist Knechtschaft.

Aus Sambia

Die **Fürsten** geben mir vollauf, wenn sie mir nichts nehmen, und tun mir Gutes genug, wenn sie mir nichts Übles tun.

Michel Eyquem de Montaigne, Essays

Es ist ein Unglück, das ich sah unter der Sonne, nämlich Unverstand, der unter den **Gewaltigen** gemein ist.

Bibel, Buch Kohelet 10, 5

Was sind wir **Großen** auf der Woge der Menschheit? Wir glauben, sie zu beherrschen, und sie treibt uns auf und nieder, hin und her.

Johann Wolfgang von Goethe, Egmont I, Palast der Regentin (Regentin)

Erobern ist leichter als **regieren**.

Jean-Jacques Rousseau, Der Gesellschaftsvertrag III, Über die Monarchie

Die Barockpoetik behielt den Standespersonen das Trauerspiel vor, das Lustspiel den unteren Schichten. Wahrlich, es ist immer ein Trauerspiel, mit anzusehen, wie man **regiert** wird, und immer ein Lustspiel, mitzuerleben, wie man sich trotzdem durchschlägt.

Martin Kessel, Gegengabe III

Herrschen ist Unsinn, aber **Regieren** ist Weisheit. Man herrscht also, weil man nicht regieren kann.

Johann Gottfried Seume, Apokryphen

Regieren besteht im Festsetzen von **Prioritäten**.

Harold Wilson

Regieret jemand, so sei er **sorgfältig**.

Bibel, Römer 12, 8

Wenn man den effektiven **Stundenlohn** als Vergleichsmaßstab nimmt, ist der Unterschied zwischen einem Volvo-Arbeiter und mir nicht sehr groß.

Olof Palme

Regieren heißt voraussehen.

Robert Jungk

O **Weisheit** rüste mich mit Kraft,
dass meine Stimme Nutzen schafft
in Kirche, Schul' und Staate!
Und da mein Wissen Stückwerk ist,
so gib, dass ich zu jeder Frist
das Beste wenigstens errate!

Peter Wilhelm Hensler, Der neue Ratsherr

Ein guter **Nachrichtendienst** ist der Scheibenwischer der Regierung.

George F. Kennan

Der Weg, auf dem eine **Regierung** zugrunde geht, ist der, wenn sie bald dies, bald jenes tut, wenn sie heute etwas zusagt und dies morgen nicht mehr befolgt.

Otto von Bismarck, im preußischen Landtag, 6.2.1868

Sie haben den Entschluss gefasst, unentschlossen zu sein. Sie sind willens, keinen Willen zu haben. Mit eiserner Energie lassen sie die Zügel schleifen, allmächtig in ihrer **Ohnmacht**.

Winston Churchill, über das Kabinett Chamberlain 1937

Man kann die Welt nicht nach dem Evangelium **regieren**; denn das hieße
die wilden Tiere losbinden.
Martin Luther, Von weltlicher Obrigkeit

Es ist nichts schrecklicher als **Macht** und Übereilung.
Johann Wolfgang von Goethe, Die Aufgeregten II, 1 (Luise)

Qui nescit dissimulare nescit regnare! Wer sich nicht zu verstellen versteht, versteht nicht zu **regieren**.
Ludwig XI.

Sieht man am Hause doch gleich so deutlich, wes Sinnes der Herr sei,
wie man, das Städtchen betretend, die **Obrigkeiten** beurteilt. Denn
wo die Türme verfallen und Mauern, wo in den Gräben Unrat sich
häufet und Unrat auf allen Gassen herumliegt, wo der Stein aus der
Fuge sich rückt und nicht wieder gesetzt wird, wo der Balken verfault
und das Haus vergeblich die neue Unterstützung erwartet: Der Ort ist
übel regieret.
Johann Wolfgang von Goethe, Hermann und Dorothea 3

Wenn eine **Regierung** nicht regieren kann, hört sie auf, legitim zu sein,
und es hat, wer die Macht, auch das Recht, sie zu stürzen.
Theodor Mommsen, Römische Geschichte

Nicht jeder ist **Zar**, der im Kreml wohnt.
Aus Russland

Eine schwache **Regierung** ist ein Unglück für jedes Land und eine
Gefahr für den Nachbar.
Helmuth Graf von Moltke

Wenn **Regierungen** krank sind, müssen die Völker das Bett hüten.
Ludwig Börne, Der Narr im weißen Schwan 2

Schlechte **Regenten** sind gottgeschickte Geißeln für die Sünden der
Untertanen.
Francisco Gómez de Quevedo, Politik Gottes

Regieren ist keine Sache für Leute von Charakter und Erziehung.
Aristophanes, Die Ritter V, 191

Der **Regent** muss sich in die Lage eines Landmanns oder eines
Handwerkers versetzen und sich dann fragen: »Wenn du in dieser Klasse
von Menschen geboren wärst, was würdest du von dem Regenten
verlangen?«
Friedrich II. von Preußen

Nichts wird in den menschlichen Dingen, namentlich in der **Staatskunst**
und der Diplomatie, so häufig verwechselt wie die Verständigkeit und die
Schlauheit. Sie unterscheiden sich darin, dass die Schlauheit nur das Gegenwärtige im Auge hat und Mittel sucht, das Nächstliegende zu Nutzen
und Vorteil zu bringen, indes die Verständigkeit das Gegenwärtige aus
dem Vergangenen herleitet und die wahrscheinliche Zukunft nicht aus
dem Auge verliert. Die Schlauheit ist daher oft scharfsichtiger und fast
immer geschickter als ihr verständiges Gegenbild, eben weil sie einen
engen Gesichtskreis hat und man Weniger leichter übersieht als Viel.
Nur zu oft aber entgeht ihr der kaum errungene Nutzen, und der Held
von heute ist das Gespött von morgen.
Franz Grillparzer, Zur Lehre vom Staate, 1861

Wie tausenderlei Vorkommnisse die Verhältnisse eines Volkes verändern
können, so können nicht allein unterschiedliche **Regierungen** für
verschiedene Völker gut sein, sondern auch für das gleiche Volk zu
unterschiedlichen Zeiten.
Jean-Jacques Rousseau, Der Gesellschaftsvertrag III

Niemals in einem **Regierungssystem** etwas ändern, bevor man aus
Erfahrung weiß, was der Natur dieses Staats nützen und was ihr schaden
könnte; alles mit eigenen Augen sehen, selbständig urteilen und
schließlich nur daa einführen, dessen Änderung oder Verbesserung die
Vernunft fordert.
Friedrich II. von Preußen

Jedes Volk hat die **Regierung**, die es verdient.
Sprichwort

Reisen

In der **Fremde** hört man mehr als zu Hause.
Aus Tansania

Reisen veredelt den Geist und räumt mit unseren Vorurteilen auf.
Oscar Wilde

Wie Blinde zu gut Sehenden, so verhalten sich die, die nie eine **Reise** gemacht haben, zu Vielgereisten.
Philo von Alexandrien, Über Abraham 14

Für Naturen wie die meine, die sich gerne festsetzen und die wichtigen Dinge festhalten, ist eine **Reise** unschätzbar; sie berichtigt, belehrt und bildet.
Johann Wolfgang von Goethe, an Friedrich Schiller, 1797

Viele Fächer werden an unseren Schulen gelehrt, aber eines der wichtigsten fehlt: **Reisekunde**. Denn das intelligente Reisen, das Verständnis für fremde Länder und Völker, will gelernt sein.
John Steinbeck

Wenn mein Sohn von Frankfurt nach Mainz **reist**, so bringt er mehr Kenntnis heim als andere aus Amerika.
Catharina Elisabeth Goethe

Wer **reisen** will, der muss zunächst Liebe zu Land und Leuten mitbringen, mindestens keine Voreingenommenheit. Er muss den guten Willen haben, das Gute zu finden, anstatt es durch kritische Vergleiche totzumachen.
Theodor Fontane

Wir **reisen** nicht nur an andere Orte, sondern vor allem reisen wir in andere Verfassungen der eigenen Seele.
Werner Bergengruen, Badekur des Herzens

Wenn ein **Reisender** nach Hause zurückkehrt,
soll er nicht die Bräuche seiner Heimat eintauschen
gegen die des fremden Landes.
Nur einige Blumen von dem, was er in der Ferne gelernt hat,
soll er in die Gewohnheiten seines eigenen Landes einpflanzen.

Francis Bacon

Toren besuchen im **fremden Land** die Museen,
Weise gehen in die Tavernen.

Erhart Kästner,
Ölberge, Weinberge

Rechte **Ferienfreuden** sind nur dort zu genießen, wo andere im Alltag
stehen und dessen Mechanik bestreiten. Da hat der Tourist sein Glück;
er macht seine Funde, er blickt der Tätigkeit ins Herz, lernt Sitten und
Gebräuche kennen. Gewiss, er bleibt an seine Optik gebunden, er ist stets
nur Kalif und kann jederzeit wieder ausscheren aus dem Alltagsgefüge.
Aber er sieht wenigstens, was zu sehen ist. Wo hingegen alle auf Urlaub
sind, an Ferienplätzen, in Heimen, in Sanatorien, am Strand, dort herrscht
nur der Maskenball.

Martin Kessel,
Gegengabe III

Auf der **Reise** empfang' ich des Zufalls Gaben mit Freuden;
denn dem Reisenden ist dieser zum Gotte gesetzt.

Friedrich Hebbel,
An meine Frau

Nur wünschte ich, dass du als ein fleißiger Heftschreiber auch ein
Reiseheft schriebst, nicht um die Gegenden zu beschreiben, sondern
nur von manchen Lokalitäten, Menschen, Gasthöfen, Preisen,
gegenwärtigen Zuständen, Gesinnungen und so weiter eine feste
Notiz zu behalten. Dergleichen Aufsätze sind für uns und andre sehr
belehrend und in der Folge, wenn wir wieder an solche Orte kommen,
unschätzbar.

Johann Wolfgang von Goethe,
an seinen Sohn, 10.7.1809

Wer **reisen** will,
der schweig fein still,
geh steten Schritt,
nehm nicht viel mit,
so darf er nicht viel sorgen.
Wer nichts hat, mag doch borgen.
Johann Michael Moscherosch, Philander von Sittewald 2

Kommt ein Ochs in **fremdes Land**, wird er doch als Rind erkannt.
Freidank, Bescheidenheit 43

Der Schlüssel zum unbeschwerten **Reisen** liegt vielleicht darin, dass man
es immer dort gut findet, wo man gerade ist. Das halte ich für eine große
und nützliche Kunst. Wenn du das kannst, dann wirst du auch zu jenen
gehören, die stets vergnügt reisen, zufrieden zurückkehren und es am
Schluss daheim wieder schöner finden als auf der ganzen übrigen Welt.
Werner Kuhn

Erst eine gemächliche **Reise** ist eine Reise.
Aus Afrika

Um zu begreifen, dass der Himmel überall blau ist, braucht man nicht um
die Welt zu **reisen**.
Johann Wolfgang von Goethe,
Wilhelm Meisters Wanderjahre II

Klug ist der **Reisende**, der sein Herz zu Hause lässt.
Aus Afrika

Wir Deutschen **reisen** hauptsächlich deshalb, um den Baedeker auf seine
Richtigkeit zu kontrollieren.
Anneliese Rothenberger

Nur wenige sind sich bewusst, dass sie nicht nur **reisen**, um fremde
Länder kennen zu lernen, sondern auch um fremden Ländern die Kennt-
nis des eigenen zu vermitteln.
William Somerset Maugham

In den öffentlichen Diskussionen über die deutsche Unfallstatistik
wird nie darauf hingewiesen, dass rücksichtsloses **Fahren**
typisch für die autoritäre Persönlichkeit ist.
Hierzulande fordert der Stärkere die Anerkennung seiner Stärke,
nicht nur auf der Straße.
Prodosh Aich

Wer große **Reisen** unternimmt, bringt große Lügen heim.
Aus Spanien

Die **Fremde** hat ein fremdes Leben, und wir können es uns nicht zu
Eigen machen, wenn es uns gleich als Gästen gefällt.
Johann Wolfgang von Goethe,
an Herder, 14.10.1786

Menschen, die sich überall zu Hause fühlen, wenn sie **verreisen**,
verdienen auch sonst nicht viel Vertrauen.
George Bernard Shaw

Das **Reisen**, das gleichsam eine höhere und ernstere Wissenschaft ist,
führt uns zu uns zurück.
Albert Camus

Alle **Reisen** haben eine heimliche Bestimmung, die der Reisende nicht
ahnt.
Martin Buber, Baalschem

Qui nescit orare, nescit navigare. Wer nicht beten kann, kann auch nicht
zur **See** fahren.
Sprichwort

Schon als wir in der Wiege lagen,
da träumten wir vom **Liegewagen**.
Jetzt kann man nachts im Wagen liegen
und sich in allen Lagen wiegen.
Verfasser unbekannt,
Bundesbahn-Werbung

Religion

Unter der Hülle aller **Religionen** liegt die Religion selbst, die Idee eines Göttlichen.
Friedrich Schiller, Die Braut von Messina

Jede **Religion** ist falsch, die in ihrem Glauben nicht einen Gott als Grund aller Dinge verehrt.
Blaise Pascal, Gedanken, Kennzeichen der wahren Religion

Die **Religion** ist nichts als der Schatten, den das Universum auf die menschliche Intelligenz wirft.
Victor Hugo

Auf dem Weg zum **Herrgott** fressen dich die Heiligen.
Aus Rumänien

Die **Religion** ist das Gefühl der schlechthinnigen Abhängigkeit.
Friedrich Schleiermacher,
Der christliche Glaube I

Was aber ist denn das **Religiöse**? Der Gedanke an den Tod.
Thomas Mann

Die Naturwissenschaft ohne **Religion** ist lahm, die Religion ohne Naturwissenschaft ist blind.
Albert Einstein

Freilich ist es für den Staat sehr bedeutsam, dass jeder Staatsbürger eine **Religion** habe, die ihn seine Pflichten lieben lässt.
Jean-Jacques Rousseau, Der Gesellschaftsvertrag IV

In jemanden dringen, die **Religion**, in der er geboren ist, zu verlassen, heißt, meinem Bedünken nach, ihn auffordern, ein Unrecht zu begehen.
Jean-Jacques Rousseau, Emile IV

Sie sang vom irdischen Jammertal,
von Freuden, die bald zerronnen,
vom **Jenseits**, wo die Seele schwelgt,
verklärt in ewigen Wonnen.

Sie sang das alte Entsagungslied,
das Eiapopeia vom **Himmel**,
womit man einlullt, wenn es greint,
das Volk, den großen Lümmel.

Ich kenne die Weise, ich kenne den Text,
ich kenn' auch die Herren Verfasser;
ich weiß, sie tranken heimlich Wein
und predigten öffentlich Wasser.
> *Heinrich Heine,*
> *Deutschland. ein Wintermärchen I*

Wo **Religion** ist, werden Menschen geliebt und Tiere und das All. Jedes
Leben ist ja ein beweglicher Tempel des Unendlichen.
> *Jean Paul, Levana 1,2*

Die **Religionen** sind verschiedene Wege, die alle zu dem gleichen Punkt
hinführen. Was bedeutet es, dass wir verschiedene Pfade benützen, wenn
wir doch das gleiche Ziel erreichen? In Wirklichkeit gibt es ebenso viele
Religionen als Individuen.
> *Mahatma Gandhi*

Es ist ein Beweis für die wahre, für die richtig verstandene wahre
Religion, wenn sie uns überall auf das Schöne zurückbringt.
> *Gotthold Ephraim Lessing, Wie die Alten den Tod gebildet,*
> *Schluss*

Ich predige nicht die Duldsamkeit. Unbeschränkte **Religionsfreiheit** ist
in meinen Augen ein so geheiligtes Recht, dass das Wort Duldsamkeit, als
Ausdruck hierfür gebraucht, mir gewissermaßen selbst tyrannisch erscheint.

> *Gabriel Mirabeau, Politische Diskurse*

Der Kluge sieht das Gemeinsame in den verschiedenen
Religionen, der Dummkopf die Unterschiede.
Aus China

Die meisten Menschen treiben die **Religion**,
wie man ein Handwerk treibt;
sie ist aber durchaus eine freie Kunst.
Christian Friedrich Wilhelm Jacobs,
Ährenlese

Wenn **Religion** der Menge schmecken soll, so muss sie notwendig etwas
vom Hautgout des Aberglaubens haben.
Georg Christoph Lichtenberg,
Religiöses

Viele Leute glauben, wenn man die Gottesvorstellung aufgäbe,
müsse man notwendig allen **religiösen Glauben**
und alle Moralbegriffe mit aufgeben.
Das ist einfach nicht wahr.
Julian Huxley

Eine **Religion**, welche nicht oder nicht mehr fähig ist,
sich auf die Höhe der erworbenen Wissenschaft zu erheben,
ist eine tote Religion.
Leopold Zunz

In dunklen Zeiten wurden die Völker am besten durch die **Religion** geleitet, wie in stockfinstrer Nacht ein Blinder unser bester Wegweiser ist; er
kennt dann Wege und Stege besser als ein Sehender. Es ist aber töricht, sobald es Tag ist, noch immer die alten Blinden als Wegweiser zu gebrauchen.
Heinrich Heine,
Aphorismen und Fragmente

Die **Religionen** sind der Ausdruck des ewigen und unzerstörbaren meta-
physischen Bedürfnisses des Menschen.
Jacob Burckardt

Das religiöse Elend ist in einem der Ausdruck des wirklichen Elends und in einem die Protestation gegen das wirkliche Elend. Die **Religion** ist der Seufzer der bedrängten Kreatur, das Gemüt einer herzlosen Welt, wie sie der Geist geistloser Zustände ist. Sie ist das Opium des Volkes.

Karl Marx

Resignation

Was ist das Größte, das ihr erleben könnt? Das ist die Stunde der großen **Verachtung**. Die Stunde, in der euch auch euer Glück zum Ekel wird und ebenso eure Vernunft und eure Tugend.

Friedrich Nietzsche, Zarathustra, Vorrede 3

Zur **Resignation** gehört Charakter.

Johann Wolfgang von Goethe, zu Sulpiz Boisseree, 4.5.1811

Anpassung fordert die Welt, Charakter will sich verweigern. Das Unversöhnliche eint heitere **Resignation**.

Eberhard Puntsch, Die Lösung

Schändlich ist es, wenn deine Seele **ermüdet**, bevor der Leib müde ist.

Mark Aurel, Selbstbetrachtungen VI

Schwächliche Grämlichkeit, die alle fünf gerade sein lässt, ist die Karikatur der **Resignation**.

Marie von Ebner-Eschenbach, Aphorismen

Wer **aufgibt**, wird aufgegeben.

Emil Oesch

Zufrieden sind **Resignierende**, ohne es zu wissen.

Rudolf Rolfs

Revolution

Zu einem zügellosen, aufrührerischen Volke kann ein wohlmeinender Mann sprechen und es leicht wieder auf den rechten Weg führen. Zu einem schlechten Fürsten kann niemand reden. Gegen ihn gibt es kein Mittel als das **Eisen**.
Niccolò Machiavelli

Auch war ich vollkommen überzeugt, dass irgendeine große **Revolution** nie Schuld des Volkes ist, sondern der Regierung. Revolutionen sind ganz unmöglich, sobald die Regierungen fortwährend gerecht und fortwährend wach sind, sodass sie ihnen durch zeitgemäße Verbesserungen entgegenkommen.
Johann Wolfgang von Goethe,
zu Eckermann, 4.1.1824

Wer eine friedliche **Revolution** unmöglich macht, macht eine gewaltsame unvermeidbar.
John F. Kennedy

Eine **Staatsveränderung** soll mir Luft machen, hoff ich. Wenn sie mir auch nicht zum Bezahlen hilft, soll sie doch meinen Gläubigern das Fordern entleiden.
Friedrich Schiller,
Die Verschwörung des Fiesco zu Genua 1,3 (Sacco)

War eine Regierung so schlecht, dass sie den **Aufstand** hervorgerufen hat, zu schwach, um ihn aufzuheben, so war der Aufstand gerechtfertigt wie die Krankheit; denn die Krankheit ist das letzte Mittel der Natur.
Antoine Rivarol

Ist denn jede **Bewegung** eine Erhebung? Erhebt sich, wer gewaltsam aufgestöbert wird?
Johann Wolfgang von Goethe,
zu Heinrich Luden, 13.12.1813

Revolution ist nicht Barrikade; Revolution ist ein Geisteszustand.
José Ortega y Gasset

Der echte **Revolutionär** rebelliert nicht gegen Missbräuche, sondern gegen Bräuche.
José Ortega y Gasset

Nach Ansicht der »herrschenden Klasse«
ist die Triebfeder aller **Revolutionäre**
der Neid.
Angus Wilson

Freilich, ein **Fieber** des Volks, das revolutionäre, aber, wie seltsam, es stirbt immer der König daran!
Friedrich Hebbel,
Das revolutionäre Fieber

Jede **Revolution** ist viel weniger Bauplatz der Zukunft als Auktion der Vergangenheit.
Heimito von Doderer

Jede **Revolution** zieht Leute an, die mit den Ideen der Revolution nicht das Geringste zu tun haben, die aus Abenteuerlust, aus unklarer, nebulöser Stimmung, aus Freude an Bewegung, aus Sucht, sich zu berauschen, aus Haltlosigkeit und aus vielen Motiven, deren »Schmutzigkeit« ich hier nicht darstellen möchte, zur Revolution stoßen.
Ernst Toller

Die **Rebellen** von heute sind die Despoten von morgen.
Johannes Scherr

Revolutionen sind Zeiten,
in denen der Arme seiner Rechtschaffenheit,
der Reiche seines Reichtums
und der Unschuldige seines Lebens
nicht sicher ist.
Joseph Joubert

In jeder militanten Bewegung, die den **Umsturz** der bestehenden
Verhältnisse anstrebt, werden in letzter Instanz immer die Extremisten
an die Spitze gelangen.
Cyrus Leo Sulzberger

Eine **Verschwörung** hat nie zur Freiheit geführt. Wo Wünsche und Kräfte
der Mehrzahl eines Volkes für die Freiheit reif sind, da bedarf es keiner
Verschwörung; wo dieses nicht ist, nützt sie nicht.
Ludwig Börne,
Geschichte der Wiedergeburt Griechenlands

Die lächerliche **Wut** der Neuerung, die nur der Ketten Last vergrößert,
wird mein Blut nie erhitzen. Das Jahrhundert ist meinem Ideal nicht reif.
Ich lebe ein Bürger derer, welche kommen werden.
Friedrich Schiller,
Don Carlos III, 10 (Marquis)

Bedeutende Künstler hatten vor ihr revolutionäre Szenen
gemalt und gezeichnet, hatten leidenschaftdurchflammte
Barrikadenkämpfer und Märtyrer dargestellt.
Käthe Kollwitz schaffte etwas ganz Neues.
Sie sprach das Wort **Revolution** aus und weinte dabei.
Erich Knauf

Ich hasse jeden gewaltsamen **Umsturz,**
weil dabei ebenso viel Gutes vernichtet als gewonnen wird.
Ich hasse die, welche ihn ausführen,
wie die, welche dazu Ursache geben.
Johann Wolfgang von Goethe,
zu Eckermann, 27.4.1825

In Deutschland kann es keine **Revolution** geben, weil man dazu den
Rasen betreten müsste.
Josef Stalin

Luthers Reformation war unsere einzige wirkliche **Revolution.**
Martin Walser

Ruhe

Unbewegt ist meine Seele und hell wie das Gebirge am Vormittag. Aber sie meinen, ich sei kalt und ein Spötter.
Friedrich Nietzsche, Zarathustra, Vorrede 5

Die Strebenden, die mit Verstand begabt sind, was suchen anders sie als schließlich **Ruhe**?
Nizami, Sprüche

Der größte Sinnengenuss, der gar keine Einmischung von Ekel bei sich führt, ist, im gesunden Zustande, **Ruhe** nach der Arbeit.
Immanuel Kant, Anthropologie

Ruhe ist Glück, wenn sie ein Ausruhen ist.
Ludwig Börne, Aus meinem Tagebuch, 22.5.1830

Strebe nach **Ruhe**, aber durch das Gleichgewicht, nicht durch den Stillstand deiner Tätigkeit.
Friedrich Schiller

Wir sollen eben nicht in **Ruhe** bleiben! Gleich wird uns, wenn wir zu genießen denken, zur Übung unsrer Tapferkeit ein Feind, zur Übung der Geduld ein Freund gegeben.
Johann Wolfgang von Goethe, Torquato Tasso V, 1 (Alfons)

Wahre **Ruhe** ist nicht Mangel an Bewegung. Sie ist Gleichgewicht der Bewegung.
Ernst von Feuchtersleben, Zur Diätetik der Seele 6

Um **ruhig** zu sein, muss der Mensch nicht denken, sondern träumen.
Johann Jakob Engel, Der Philosoph für die Welt II, 28

Alle **Unruhe** im Menschen entspringt aus der Phantasie.
Franz Grillparzer, Aphorismen, 1822

Gib den Füßen **Ruhe**, aber auch dem Herzen.
Aus Nigeria

Wenn du im Recht bist, kannst du dir leisten, die **Ruhe** zu bewahren, und wenn du im Unrecht bist, kannst du dir nicht leisten, sie zu verlieren.
Mahatma Gandhi,
Erinnerungen

Ein Seemann auf die Frage, wo er seinen **Ruhestand** verbringen werde: »Ich nehme ein Ruder über die Schulter, gehe landein, und dort, wo mich jemand fragt: ›Was schleppst du da für ein Ding mit dir herum?‹, dort lasse ich mich nieder.«
Verfasser unbekannt

Quieta non movere! Was in **Ruhe** ist, nicht beunruhigen!
Sprichwort

Nach **Ruh'** sehnt sich die Menschenbrust vergeblich.
Josef Freiherr von Eichendorff,
An die Freunde

Ruhe und Ordnung; ist dies Glückseligkeit? Im Kerker ist auch Ruhe und Ordnung.
Wilhelm Heinse

Wenn man seine **Ruhe** nicht in sich findet, ist es zwecklos, sie andernorts zu suchen.
François de La Rochefoucauld

Nur in **ruhigem** Gewässer spiegeln sich die Dinge unverzerrt. Nur in ruhigem Gemüt gibt es ein adäquates Erkennen der.
Hans Margolius

Man strebt danach, eine Arbeit zu haben, umd das Recht zu haben, sich **auszuruhen**.
Cesare Pavese

Russland

Der politische Gehorsam ist für die **Russen** ein Kultus, eine Religion geworden. Nur in diesem Lande, wenigstens glaube ich es, hat man die Märtyrer ihre Henker fast anbeten sehen.

Astolphe de Custine, La Russie en 1839

In **Russland** besteht der Despotismus noch, weil er das Wesentliche meiner Regierung ist, aber er steht im Einklang mit der Volksgunst.

Zar Nikolaus I., zu Astolphe de Custine

Russland ist ein Rätsel innerhalb eines Geheimnisses, umgeben von einem Mysterium.

Winston Churchill

Das **russische** Volk ist von allen zivilisierten Völkern dasjenige, bei welchem das Rechtsgefühl am schwächsten und unklarsten ist.

Astolphe de Custine, La Russie en 1839

Besonders auffällig ist die Hast, mit der der **russische Mensch** sich mitunter kundgibt, in gewissen bezeichnenden Augenblicken seines oder des völkischen Lebens, kundgibt im Guten oder im Gemeinen. Oft ist hier überhaupt kein Halten mehr.

Feodor Michailowitsch Dostojewski,
Tagebuch eines Schriftstellers

Ich bin blindlings überzeugt, dass es keinen Lumpen und Schuft im **russischen Volke** gibt, der nicht wüsste, dass er ein Lump und Schuft ist, während anderswo einer eine Gemeinheit begeht und sich dann noch lobt.

Feodor Michailowitsch Dostojewski

Vielleicht ist Christus die einzige Liebe des **russischen Volkes**, und es liebt sein Bild auf seine eigene Weise, das heißt bis zur Leidensbereitschaft.

Feodor Michailowitsch Dostojewski

Die **russische Literatur** ist die pessimistischste Literatur Europas. Bei uns werden alle Bücher über ein und dasselbe Thema geschrieben, darüber, wie wir leiden.

Maxim Gorki

Wir **Großrussen** haben uns immer roh gegen unterworfene Völker benommen. Das Einzige, was wir gekonnt haben, war, sie zu unterdrücken.

Wladimir Iljitsch Lenin

In der Beurteilung der **Sowjets** habe ich mich niemals Illusionen hingegeben. Ich wusste, dass sie kein moralisches Gesetz anerkannten und ausschließlich auf ihre eigenen Interessen bedacht waren.

Winston Churchill, Der Zweite Weltkrieg

Schon Stalin hat, wenn er zwischen **Russland** und der Weltrevolution zu wählen hatte, durchweg Russland gewählt.

Rudolf Augstein

Aber selbst auf ideologischem Gebiet beweisen uns die Ereignisse, dass die große **russische** Einigung sich ganz und gar nicht um die sozialistische Idee herum vollzog und weiter vollziehen kann, sondern nur um eine Restauration der Idee des Vaterlandes.

André Gide, So sei es

S Scheidung

Jahre, neben einem Menschen verbracht, kann man nicht wegwerfen.
Das muss man wissen.

Walther von Holländer,
Der Mensch über vierzig

Wir meinen, dass die katholische Kirche vollkommen im Recht ist,
wenn sie ihren wahren Gliedern die **Scheidung** verbietet. Aber
sie sollte nicht danach streben, eine solch schwere Bürde denen
aufzuladen, die nicht in der Lage sind, all jener geistlichen Hilfen
teilhaftig zu werden, die den wahrhaft Glaubenden zur Verfügung
stehen.

Ignace Lepp,
Psychoanalyse der Liebe

Zählt man die Gründe auf, die zwei Menschen bewogen haben, die Ehe
einzugehen, und hält man dagegen, womit sie ihre **Scheidung**
begründen, so wird man staunen, wie vieles sich da deckt.

Verfasser unbekannt

Die **Scheidung** bringt den Frauen Schmach.

Euripides, Medea 236 (Medea)

Trotz allem möchte ich die Männer,
mit denen ich **verheiratet** war, wieder heiraten.
Aber nicht in der gleichen Reihenfolge.

Mae West

Ehescheidung: Man braucht Abwechslung im Unverstandensein.

Werner Schneyder

Manche **Ehen** gehen an der beiderseitigen Unfähigkeit zugrunde, sich
auszusprechen. Sie schweigen sich tot.

Sigmund Graff

Scherz und Witz

Der **Witz** ist das Salz der Unterhaltung, nicht die Nahrung.
William Hazlitt

Ein guter **Witz** geht immer für ein Stück Brot.
Gottfried Keller

Der **Scherz** kennt kein anderes Ziel als sein eigenes Dasein. Die poetische Blüte seiner Nesseln sticht nicht.
Jean Paul,
Vorschule der Ästhetik

Des vernünftigen Mannes **Scherze** sind vernünftigen Leuten eine lehrreiche Unterhaltung.
John Milton

Witzige Einfälle sind die Sprichwörter der gebildeten Menschen.
Friedrich Schlegel

Ich finde, ein leidlich gebildeter Mensch kann über jedes Thema witziger schreiben als über den **Witz**.
Cicero

Die echten **Witze** überraschen den Sprecher wie den Hörer. Sie entstehen gleichsam wider Willen.
Joseph Joubert

Der **Witz** ist eine geistige Elektrizität.
Dazu sind feste Körper nötig.
Novalis, Fragmente

Manche witzigen **Einfälle** sind wie das überraschende Wiedersehen zweier befreundeter Gedanken nach langer Trennung.
Friedrich Schlegel

Der **Witz** setzt immer ein Publikum voraus. Darum kann man den Witz auch nicht bei sich behalten. Für sich allein ist man nicht witzig.

> *Johann Wolfgang von Goethe,*
> *zu Riemer, 20.2.1809*

Scherze nicht mit einem groben Menschen!

> *Bibel, Jesus Sirach 8, 4*

Ihr seid glücklich und froh, wie sollt' ein **Scherz** euch verwunden! Doch der Krankende fühlt auch schmerzlich die leise Berührung.

> *Johann Wolfgang von Goethe,*
> *Hermann und Dorothee 9*

Es gibt hundert **Witzige** gegen einen, der Verstand hat.

> *Georg Christoph Lichtenberg*

Witz ist ein Intellekt auf dem Bummel.

> *Oscar Wilde*

Schlafen

Alles wird uns Genuss, so schön ist das Leben gerundet, selbst der Tod; denn der **Schlaf** ist der genossene Tod.

> *Friedrich Hebbel,*
> *Der Schlaf*

Im Alter schläft man eigentlich nicht. Der **Schlaf** zieht sich nur über die Gegenstände des Tages wie eine Art von Flor und lässt sie durchscheinen.

> *Johann Wolfgang von Goethe,*
> *zu Riemer, 21.5.1807*

Süßer **Schlaf**! Du kommst wie ein reines Glück ungebeten, unerfleht am willigsten. Du lösest die Knoten der strengen Gedanken, vermischest alle Bilder der Freude und des Schmerzes, ungehindert fließt der Kreis innerer Harmonien, und eingehüllt in gefälligen Wahnsinn versinken wir und hören auf zu sein.

Johann Wolfgang von Goethe,
Egmont V (Egmont)

Schlaf ist ein Hineinkriechen des Menschen in sich selbst.

Friedrich Hebbel, Tagebücher, 1839

Der **Schlaf** borgt vom Tode zur Aufrechterhaltung des Lebens. Oder: Er ist der einstweilige Zins des Todes, welcher selbst die Kapitalabzahlung ist. Diese wird umso später eingefordert, je reichlicher und je regelmäßiger jener gezahlt worden.

Arthur Schopenhauer,
Aphorismen zur Lebensweisheit VI

Schlafende und Tote sind nur Gemälde.

Friedrich Schiller, Macbeth II, 4 (Lady)

Oft **schläft** erst ein am Morgen sacht,
wer sich des Nachts noch Sorgen macht.

Verfasser unbekannt

Was ist der Mensch im **Schlaf**? Er ist eine bloße Pflanze.

Georg Christoph Lichtenberg

Hoch vor allen Gaben der Himmlischen sei mir gepriesen du, der Seele labendes Wasser, Glieder lösender heiliger **Schlaf**.

Emanuel Geibel, Juniuslieder, An den Schlaf

Süß ist der **Schlaf** des Arbeiters.

Bibel, Buch Kohelet 5, 11

Schlafen die Gedärme nicht, schläft auch der Mensch nicht.

Aus Afrika

Aber schlecht **schläft** es sich ohne einen guten Namen und einen kleinen Schatz.

Friedrich Nietzsche, Zarathustra I, Von den Lehrstühlen der Tugend

Beim **Schlafengehen** sollten wir uns sagen: Ich habe gelebt und den mir vom Schicksal bestimmten Weg zurückgelegt. Wenn Gott uns noch einen Morgen schenkt, werden wir ihn mit dem Gefühl, dass uns unerwarteter Gewinn zufällt, freudig entgegennehmen.

Lucius Annaeus Seneca

Kein weiser und verständger Mann
die ganze Nacht **durchschlafen** kann.
Wer aber schläft dahin ohn' Sorgen,
der weiß oft nicht wohin am Morgen.

Johann Fischart, Das philosophische Ehzuchtbüchlein

Der **Schlaflose** multipliziert die Ereignisse.

Hans Arndt, Im Visier, Typen im Blitzlicht

Wenn man aus inneren Gründen nicht **schlafen** kann: Um Himmels willen nicht schlafen wollen, nicht mit geballten Fäusten bis siebenunddreißigtausendvierhundertundsechsundachtzig zählen! Sondern aus der Not eine Tugend machen! Man braucht ja nicht zu schlafen. Es ist auch so ganz hübsch. Nur nicht Wollen wollen; der Wille ist der ärgste Widersacher des Schlafes.

Heinrich Spoerl, Vom Schlafen

Wenn der Mensch im **Schlaf** liegt, aufgelöst, nicht mehr zusammengehalten durch das Bewusstsein seiner selbst, dann verdrängt ein Gefühl der Zukunft alle Gedanken und Bilder der Gegenwart, und die Dinge, die kommen sollen, gleiten als Schatten durch die Seele, vorbereitend, warnend, tröstend.

Friedrich Hebbel, Judith II (Judith)

Wenn **Schlaf** und Wachen ihr Maß überschreiten, sind beide böse.

Hippokrates, Lehrsprüche II, 3

Vom zu vielen **Schlafen** hat die Schlange ihre Füße verloren.
Aus Afrika

Schläue und List

Falschheit ohne **List** zu begegnen ist nicht ehrenhaft, sondern leichtsinnig.
Hans Kasper, Abel, gib acht; Lob der List

Die Frau ist **listiger** als ein König.
Aus Nigeria

Doch wann's Matthä' am letzten ist
trotz Raten, Tun und Beten,
so rettet oft noch **Weiberlist**
aus Ängsten und aus Nöten.
Gottfried August Bürger, Die Weiber von Weinsberg

Manche wittern **pfiffig** dreist
alle Finten, alle Schliche,
nichts ermangelt ihrem Geist
als der Sinn fürs Wesentliche.
Ludwig Fulda, Sinngedichte

Der **Schlauberger** gebiert oft ein stummes Kind.
Aus Afrika

Ein **Schlauer** und ein Schlauer können einander nicht betrügen.
Aus Abessinien

Cleverness ist überall nützlich, aber nirgends ausreichend.
Henry F. Amiel

Der **Fuchs** grüßt den Zaun um des Gartens willen.
Sprichwort

Wer einen Bauern **betrügen** will,
muss einen Bauern mitbringen
Sprichwort

Schmerz

Der **Schmerz** ist das, was wir als das uns Eigenste und als das Fremdeste empfinden.
Paul Valéry

Man sollte stolz auf den **Schmerz** sein. Jeder Schmerz ist eine Erinnerung unseres hohen Ranges.
Novalis

Je vollkommener, desto mehr **Schmerzen**.
Michelangelo, Sonette, Über Dante

Dass die **Schmerzen** miteinander abwechseln, macht das Leben erträglich.
Friedrich Hebbel,
Tagebücher 1838

Man macht sich den **Schmerz** leicht, wenn man ihn für leicht hält.
Lucius Annaeus Seneca, an Lucilius

Der **Schmerz**, der uns zugefügt wird, ist nicht die schwerste Last des Lebens. Viel schwerer legt sich eines Tages auf unsre Schultern der Schmerz, den wir den anderen zugefügt haben.
Hermann Bang

Wie ein Adler aus dem Blauen
ist der **Schmerz**, der seine Klauen
jählings scharf ins Fleisch dir schlägt,
aber dann mit starkem Flügel
über Wipfel dich und Hügel
zu des Lebens Gipfeln trägt.

Emanuel Geibel,
Neue Gedichte, Spruch 47

In starken Menschen werden große **Schmerzen** und Freuden zu
überschauenden Anhöhen des ganzen Lebensweges.

Jean Paul, Titan

In gut gearteten Seelen ist ein wahrer **Schmerz**, was auch seine Ursache
sein möge, immer ewig. Und wenn man behauptet, dass die Zeit oder
andere Umstände ihn minderten, so sind das Worte, die nur für die
schwächliche Empfindung Geltung haben.

Wilhelm von Humboldt

Das Schöne

Das Beste im Leben ist, Verständnis für alles **Schöne** zu haben.

Menander,
Sentenzen in Monostichen

Schönheit ist der Sinn der Welt. Schönheit genießen, heißt die Welt
verstehen.

Otto Julius Bierbaum

Jeder, der sich die Fähigkeit erhält, **Schönes** zu erkennen, wird nie alt
werden.

Franz Kafka

Schön ist, was durch die Vollkommenheit in seiner Art die Idee der Vollkommenheit im Allgemeinen erweckt.

Franz Grillparzer,
Ästhetische Studien, 1844

Man kann zwar nicht sagen, dass das Vernünftige immer schön sei; allein das **Schöne** ist doch immer vernünftig.

Johann Wolfgang von Goethe,
zu Eckermann, 18.4.1827

Die **Schönheit** ist die vollkommene Übereinstimmung des Sinnlichen mit dem Geistigen.

Franz Grillparzer, Ästhetische Studien, 1836

Alles **Schöne** ist ein selbst erleuchtetes, vollendetes Individuum.

Novalis, Fragmente 1798

Schön ist dasjenige, was ohne Interesse gefällt.

Immanuel Kant

Schönheit ist schweigende Beredsamkeit.

Aus Frankreich

Schönheit ist durch sich selbst gebändigte Kraft.

Friedrich Schiller

Schönheit ist empfundener Rhythmus.

Christian Morgenstern, Stufen, Kunst, 1895

Der Urgrund des **Schönen** besteht in einem gewissen Zusammenklang der Gegensätze.

Thomas von Aquin

Das **Schöne** ist ein Urphänomen, das zwar nie selber zur Erscheinung kommt, dessen Abglanz aber in tausend verschiedenen Äußerungen des schaffenden Geistes sichtbar wird.

Johann Wolfgang von Goethe, zu Eckermann, 18.4.1827

Das **Schöne**, auch in der Kunst, ist ohne Scham nicht denkbar.
Hugo von Hofmannsthal

Es gibt vielleicht auf der ganzen Welt kein anderes Mittel, ein Ding oder Wesen **schön** zu machen, als es zu lieben.
Robert Musil

Was aber die **Schönheit** sei, das weiß ich nit.
Albrecht Dürer, Nachlass

»Schönheit« – ist weder eine geheimnisvolle Wesenheit noch ein geheimnisvolles Wort. Im Gegenteil, nichts wird vielleicht unmittelbarer und klarer erfahren als die Erscheinung der »Schönheit« in verschiedenen schönen Objekten.
Herbert Marcuse

Schön ist eigentlich alles, was man mit Liebe betrachtet.
Christian Morgenstern

Was **schön** klingt, spottet aller Grammatik,
was schön ist, aller Ästhetik.
Robert Schumann

Unter **Schönheit** versteht man immer ein bestimmtes, sich wandelndes Verhältnis von Inhalt und Form, von Gedanke und Gestalt.
Bazon Brock

Schönheit

Es gibt zwei Arten von **Schönheit**: Lieblichkeit und Würde. Lieblichkeit ist die weibliche Form und Würde die männliche.
Cicero, Über die Pflichten

Dass man als **schön** sie preist, lass ich bei Frauen gelten,
den Männern steht es schlecht: Es klingt zu weich und fast wie Schelten.
Walther von der Vogelweide, Das rechte Lob

Wirkliche **Schönheit** kann ohne Güte nicht existieren; denn es sind
nicht die Züge allein, sondern es ist der Ausdruck, der den Zügen ihren
übernatürlichen Reiz gibt.
August Strindberg

Die **Schönheit** ist nichts als das Versprechen des Glücks.
Stendhal

Eigentlich sollte **Schönheit** unschuldig und Unschuld sollte schön sein,
aber in der Welt sind es verschiedene Dinge.
Matthias Claudius, Schönheit und Unschuld

Je später der Abend, desto **schöner** die Leute.
Sprichwort

Schönheit des Körpers hat etwas Tierisches, wenn sie geistlos ist.
Demokrit, Fragmente

Dein **Körper** ist so reizend,
dein Geist so hässlich! Schade!
Du bist ein schöner Apfel,
dein Geist ist seine Made.
Ephraim Moses Kuh, An Phryne

Ein Mädchen, **schön** geboren, wird verheiratet geboren.
Aus Italien

Wehe der Unglücklichen, die **schön** geboren wird!
Manuel José, Quintana

Erröten macht die Hässlichen so schön und sollte **Schöne** nicht noch
schöner machen?
Gotthold Ephraim Lessing, Nathan der Weise V, 7 (Saladin)

Traue niemand, den der Anblick einer **schönen weiblichen Brust** nicht
außer Fassung bringt.
>> *Auguste Renoir*

Gegenüber sehr **attraktiven Frauen** ist meist der Mann der Schutz-
bedürftige.
>> *Oscar Wilde*

Verhülle dein Auge vor einer reizvollen **Frau**!
>> *Bibel, Buch Kohelet 9, 8*

Schönheit sollte besteuert werden, und jede schöne Frau sollte ihre
Steuer selbst festsetzen. Eine solche Steuer würde gerne gezahlt und hätte
die besten Wirkungen.
>> *Dean Swift*

Bildschöne Frauen sind selten charmant, weil sie es nicht nötig haben,
charmant zu sein.
>> *Boleslaw Barlog*

Großen Herren und **schönen Frauen**
soll man gern dienen und wenig trauen.
>> *Georg Rollenhagen,*
>> *Froschmäuseler*

Schön oder hässlich, das sind doch nur Ausgangspunkte. Alles kommt
darauf an, was man damit macht. Das schöne Mädel, die redet sich gern
ein, das reiche schon – und auf einmal steht sie da und hat einen Mann,
der sie nur zum Protzen braucht und fürs Bett.
>> *Shirley MacLaine, zu Georg Stefan Troller, In Pariser*
>> *Gespräche 5*

Fast alle Frauen sind lieber aufregend als **schön**.
>> *Gino Fratini*

Die **schönsten Mädchen** gehen immer auf der anderen Straßenseite.
>> *Sprichwort*

Große **Schönheit** ist in der Ehe, meiner Ansicht nach, eher ein Übelstand als wünschenswert. Sie verliert infolge des Besitzes gar schnell an Wert. Nach Verlauf von sechs Wochen hat sie in den Augen des Besitzers keinen Reiz mehr, aber ihre Gefahren dauern, solange sie besteht.

Jean-Jacques Rousseau, Emile II

Schöpfung, Welt und Universum

Das Ungeheure hört auf, erhaben zu sein. Es überreicht unsre Fassungskraft, es droht uns zu vernichten. Was bin ich denn gegen das **All**?

Johann Wolfgang von Goethe,
Wilhelm Meisters Wanderjahre I

Das **Universum** ist ein Gedanke Gottes.

Friedrich Schiller,
Theosophie des Julius

Die **Welt** ist ein Transparent Gottes.

Peter Rosegger,
Auf fremden Straßen

Die **Welt** ist Gottes Sündenfall.

Friedrich Hebbel,
Tagebücher

Wenn uns einmal ein höheres Wesen sagte, wie die **Welt** entstanden sei, so möchte ich wohl wissen, ob wir imstande wären, es zu verstehen. Ich glaube nicht.

Georg Christoph Lichtenberg

Im **Anfang** war das Licht.

Anastasius Grün, Im Pfarrhause

Die **Schöpfung** ist ein Buch. Wer's weislich lesen kann, dem wird darin gar fein der Schöpfer kundgetan.
Angelus Silesius

Die **Welt** in ihrer Tiefe verstehen heißt den Widerspruch verstehen.
Friedrich Nietzsche

Die große Ersparnis, die sich im Bereich des Denkens erzielen lässt, besteht darin, die Nicht-Verstehbarkeit der **Welt** hinzunehmen und sich um die Menschen zu kümmern.
Albert Camus

Ich weiß nicht, weshalb das **Weltall** da ist, aber ich werde nicht müde, die Veränderungen zu beobachten, welche in ihm vorgehen, werde nicht müde, mich an dem Anblick der innigen Beziehungen zu erfreuen, welche die Wesen dieser Welt antreibt, sich gegenseitig Hilfe zu leisten.
Jean-Jacques Rousseau, Emile IV

Mein Bruder bat die Vögel um Verzeihung. Das scheint sinnlos, und doch hatte er Recht; denn alles ist wie ein Ozean, alles fließt und grenzt aneinander; rührst du an ein Ende der **Welt**, so zuckt es am anderen.
Feodor Michailowitsch Dostojewski

Von der Vernunfthöhe herunter sieht das ganze Leben einer bösen Krankheit und die **Welt** einem Tollhaus gleich.
Johann Wolfgang von Goethe, an Christian Gottlob Voigt, 19.12.1798

Es kann so weit kommen, dass manchem die **Welt**, von der ästhetischen Seite betrachtet, als ein Karikaturenkabinett, von der intellektuellen als ein Narrenhaus und von der moralischen als eine Gaunerherberge erscheint.
Arthur Schopenhauer

Der Optimist erklärt, dass wir in der besten aller möglichen **Welten** leben, und der Pessimist fürchtet, dass dies wahr ist.
James Branch Cabell

Das Beste, was diese **Welt** bietet, ist die Sehnsucht nach einer anderen.

Martin Kessel

Warum sollte es nicht Stufen von Geistern bis zu Gott hinauf geben und unsere **Welt** das Werk von einem sein können, der die Sache noch nicht recht verstand?

Georg Christoph Lichtenberg

Du klagest, dass die **Welt** so unvollkommen ist, und fragst warum? Weil du so unvollkommen bist.

Friedrich Rückert,
Weisheit des Brahmanen IV, 17

Die **Welt** mit ihrem Gram und Glücke will ich, ein Pilger, froh bereit betreten nur wie eine Brücke zu dir, Herr, übern Strom der Zeit.

Josef Freiherr von Eichendorff, Morgengebet

Schuld

Unschuld heißt willenlos sein, ohne böse und eben damit ohne gut zu sein.

Georg Wilhelm Friedrich Hegel

Die **Sünde** ist eben dies, was man seiner Art nach nicht mit dem ganzen Wesen tun kann: Es ist möglich, den Widerspruch in der Seele zum Schweigen zu bringen, aber es ist nicht möglich, ihn auszutilgen.

Martin Buber

Wer zu handeln versäumt, ist noch keineswegs frei von **Schuld**. Niemand erhält seine Reinheit durch Teilnahmslosigkeit.

Siegfried Lenz,
Die Zeit der Schuldlosen

Die Sünde ist eine religiöse Vorstellung,
die **Schuld** eine moralische.

Hermann Kesten

Eine **Sünde** heckt, deckt und weckt die andere.

Sprichwort

Schuld ist wie heißes Wasser:
Sie kühlt sich leicht ab.

Aus Togo

Alte **Schuld** rostet nicht.

Sprichwort

Wir werden nicht für unsere **Sünden** bestraft,
sondern durch sie.

Elbert Hubbard

Wer **sündigt**, versündigt sich an sich selbst; denn durch die unrechte
Handlung macht er sich schlecht und schadet also sich selbst.

Mark Aurel, Selbstbetrachtungen IX, 4

Die große **Schuld** des Menschen ist, dass er in jedem Augenblick die
Umkehr tun kann und nicht tut.

Martin Buber

Schuld oder Unschuld eines ganzen Volkes gibt es nicht.
Schuld ist, wie Unschuld, nicht kollektiv, sondern persönlich.

Richard von Weizsäcker

Schuld wird nicht getilgt, wenn man sich nicht zu ihr als der eigenen
Schuld bekennt.

Carl Friedrich von Weizsäcker

Seid gerecht.
Sucht nicht **Schuldige**, sondern Ursachen.

Werner Mitsch

Schule und Universität

Ist es nicht lächerlich, unsere **Schulen** noch heute Gymnasien zu nennen, wo sich Knaben eher krumm sitzen und blass und bleich lernen, während der Körper vergessen und verkrüppelt wird? Selbst das Wort Schule, das von griechisch schole (Rast, Ruhe, Muße) herkommt, kann als Widerspruch angesehen werden.
> *Karl Julius Weber, Demokritos III, 14*

Man treibt die jungen Leute herdenweise in Stuben und **Hörsälen** zusammen und speist sie in Ermangelung wirklicher Gegenstände mit Zitaten und Worten ab. Die Anschauung, die oft dem Lehrer selbst fehlt, mögen sich die Schüler hinterdrein verschaffen. Es gehört eben nicht viel dazu, um einzusehen, dass dies ein völlig verfehlter Weg ist.
> *Johann Wolfgang von Goethe,*
> *zu Johann Daniel Falk, 28.2.1809*

Millionen von Arbeitsstunden gehen jedes Jahr durch unzureichende **Lehrbücher** verloren.
> *Ludwig Reiners, Stilkunst IV, Die Kunst zu lehren*

Der **Schüler** sieht im Lehrer nur noch den Aufpasser und den Quälgeist seiner Kinderjahre; der Lehrer erblickt dagegen im Schüler nur noch eine drückende Last, nach deren Abnahme er sich herzlich sehnt.
> *Jean-Jacques Rousseau, Emile I*

Ein Lehrer auf **Schulen** und Universitäten kann keine Individuen erziehen. Er erzieht bloß Gattungen.
> *Georg Christoph Lichtenberg*

Langweilig zu sein ist die ärgste Sünde des **Unterrichts**.
> *Johann Friedrich Herbart*

Ein **Schulmeister** muss singen können.
> *Martin Luther, Tischreden von der Musik I*

Das **Doktorwerden** ist eine Konfirmation des Geistes.
Georg Christoph Lichtenberg, Sudelbücher

Schüler wollen nicht liebenswürdig behandelt sein. Sie verlangen,
dass man ihnen unmittelbar alles heraussagt, was man denkt.
Paul Ernst, Jugenderinnerungen

Ein Finanzrat darf verdrossen sein, aber nicht ein **Studienrat**. Der eine
sitzt über oft unfrohen Akten; der andere steht vor Kinderseelen, die froh
sein wollen, um ernst werden zu können.
Theodor Heuss

An der lieben Dorfjugend kann man sogleich erkennen, ob das Dorf
einen guten oder schlechten **Schullehrer** hat.
Karl Julius Weber, Demokritos

Die **Studenten** sind die Fieberthermometer der Gesellschaft.
Alberto Moravia

Anders ist der **Studierplan**, den sich der Brotgelehrte, anders derjenige,
den der philosophische Kopf sich vorzeichnet.
*Friedrich Schiller, Was heißt und zu welchem Ende
studiert man Universalgeschichte?*

Eine **Universität** ist ein Ort, wo Kieselsteine geschliffen und
Diamanten getrübt werden.
Robert Green Ingersoll

Eine **Vorlesung** ist jener Vorgang, bei dem die Notizen des
Lehrers zu Notizen des Schülers werden, ohne dass sie den Geist
der beiden passieren.
Mortimer J. Adler

Wir müssen der Jugend mehr Gelegenheit geben, während ihrer
Ausbildungszeit persönliche **Erfahrungen** zu machen. Nur wenn wir
sie selbst Tatsachen finden lassen, kann Wissen zur Weisheit werden.
Walter Gropius, Architektur

Überall treibt man auf **Akademien** viel zu viel und gar zu viel Unnützes. Auch dehnen die einzelnen Lehrer ihre Fächer zu weit aus, bei weitem über die Bedürfnisse der Hörer.

Johann Wolfgang von Goethe, zu Eckermann, 24.2.1824

Der Zweck des Staates bei Errichtung und Erhaltung der **Universitäten** ist nicht die Bildung von Gelehrten.

Franz Grillparzer, Zur Lehre vom Staate, 1847

Alle unsere **Akademien** haben noch barbarische Formen, in die man sich finden muss, und der Parteigeist, der meistens Kollegen trennt, macht dem Friedfertigsten das Leben am sauersten und füllt die Lustörter der Wissenschaften mit Hader und Zank.

Johann Wolfgang von Goethe,
an Gottfried August Bürger, 20.2.1782

In jeder **Fakultät** sollte wenigstens ein recht tüchtiger Mann sein. Wenn die Scharniere von gutem Metall sind, so kann das Übrige von Holz sein.

Georg Christoph Lichtenberg

Die **Universitäten** haben weder staatsfeindliche noch staatsfreundliche noch irgendwelche Weltanschauung zu lehren. Sie sind keine Anstalten, welche Gesinnungsunterricht zu treiben haben.

Max Weber

Man kann **studieren** und sich tief in den Irrtum hineinstudieren.

Gotthold Ephraim Lessing

Schweigen

Im Anfang war das Wort, aber vor dem Wort war das **Schweigen**.

Siegfried von Vegesack, Liebe am laufenden Band 6

Das **Schweigen** ist so tief wie die Ewigkeit,
die Rede so flach wie die Zeit.
Thomas Carlyle

Von den Menschen lernen wir reden, von den Göttern **schweigen**.
Plutarch

Man braucht zwei Jahre, um sprechen zu lernen, und fünfzig,
um **schweigen** zu lernen.
Ernest Hemingway

Wenn man einmal weiß, worauf alles ankommt, hört man auf,
gesprächig zu sein.
Johann Wolfgang von Goethe,
Wilhelm Meisters Wanderjahre II

Nur die Vernunft lehrt **schweigen**. Das Herz lehrt reden.
Jean Paul, Levana

Wenn man den richtigen Menschen findet,
braucht es keiner **Worte**, um sich auszusprechen.
Horst Wolfram Geißler,
Der seidene Faden

Den inneren **Frieden** dir nicht zu stören,
in andrer Achtung stets zu steigen,
habe den Mut, die Wahrheit zu hören,
und die Klugheit, sie zu verschweigen.
Heinrich Leuthold, Sprüche 28

Längst heißt mir **Schweigen**
allen Grames einz'ger Arzt!
Äschylos,
Agamemnon 548 (Chorführer)

Der Weise **schweigt** bis zur rechten Zeit.
Bibel, Jesus Sirach 20, 7

Wenn eine Frau die Gabe hat zu **schweigen**, so besitzt sie Eigenschaften, die sie weit über das Gewöhnliche erheben.
Pierre Corneille, Der Lügner I, 4 (Clito)

Schweigen ist ein Argument, das kaum zu widerlegen ist.
Heinrich Böll

Wer nicht weise reden kann,
der **schweig** und heiß' ein weiser Mann!
Freidank, Bescheidenheit 32, Von den Weisen und Toren

Wenn ich **schweige**, erfahre ich die Unzulänglichkeiten der anderen und verberge meine eigene.
Zeno

Ach, selbst das weiseste Sprichwort irrt:
Nicht alles ist Gold, was **geschwiegen** wird!
Oskar Blumenthal

Geschwister sind ja **Schweigen** und Verdienst.
Franz Grillparzer,
Sappho I, 2 (Sappho)

Eine Gottesgabe ist eine **schweigsame** Frau.
Bibel, Jesus Sirach 26, 14

Schweigen ist die Ehre der Sklaven.
Tacitus

Reue für **Schweigen** ist besser als Reue für Reden.
Aus Mauretanien

Wer viel einst zu verkünden hat,
schweigt viel in sich hinein.
Wer einst den Blitz zu zünden hat,
muss lange Wolke sein.
Friedrich Nietzsche, Sinnsprüche aus dem Nachlass

Seele

Die **Seele** ist ein entflammter Dunst, der brennt, ohne sich zu verzehren.
Joseph Joubert, Gedanken und Maximen

Manche **Seelen** entfallen dem Himmel wie Blüten; aber mit den weißen Knospen werden sie in den Erdenschmutz getreten und liegen oft besudelt und zerdrückt in den Fußstapfen eines Hufs.
Jean Paul, Der Mond

Die **Seele** ist die Masse, in welche Gottes Bildnis vornehmlich eingedrückt ist.
Ulrich Zwingli, Von der Klarheit des Wortes Gottes

Die Grenzen der **Seele** wirst du nicht finden, auch wenn du alle Wege durchwanderst. So tiefen Grund hat sie.
Heraklit, Fragmente

Die **Seele** kommt alt zur Welt, aber sie wächst und wird jung. Das ist die Komödie des Lebens. Der Leib kommt jung zur Welt und wird alt.
Oscar Wilde

Man soll sich mehr um die **Seele** als um den Körper kümmern; denn Vollkommenheit der Seele richtet die Schwächen des Körpers auf.
Demokrit, Fragmente

Psychoanalyse ist mehr eine Leidenschaft als eine Wissenschaft.
Karl Kraus

Die **Psychologie** befasst sich mit den einzelnen Wellen des Baches. Aber hat ein Bach je aus Wellen bestanden?
Karl Kraus

Den überkonfessionellen Teil der **Seele** nennt man Gemüt.
Werner Mitsch

Sehen

Das **Auge** ist der Punkt, in welchem Seele und Körper sich vermischen.
Friedrich Hebbel, Tagebücher 1839

Ich sah in seine **Augen** – halte mir den Rückfall in die Sterblichkeit zugut.
Friedrich Schiller, Don Carlos V, 10 (König)

Trinkt, o **Augen**, was die Wimper hält,
von dem goldnen Überfluss der Welt!
Gottfried Keller, Abendlied

Achtet auf eure **Augen**
öffentlich und heimlich,
lasst sie gute Sitten spähen
und die schlechten übersehen.
Walther von der Vogelweide, Erziehung der Jugend

Anzuschauen ist freilich in Kunst und Leben das Höchste.
Friedrich Hebbel, Epigramme, Einem Ursprünglichen

Wo zu viel zu **sehen** ist, sehen wir nichts.
Georg Christoph Lichtenberg, Über Physiognomik

Wir haben verlernt, die **Augen** auf etwas ruhen zu lassen.
Deshalb erkennen wir so wenig.
Jean Giono

Wenn das **Aug'** nicht sehen will, helfen weder Licht noch Brill'.
Sprichwort

Ich habe die **Augen** verloren. Auch die Nacht hat ihre Schönheit.
Weißt du nicht, dass Blindheit eine Art Unschuld bedeutet?
Lucius Annaeus Seneca, Briefe

Mikroskope und Fernrohre verwirren eigentlich den reinen **Menschensinn**.

> *Johann Wolfgang von Goethe, Wilhelm Meisters Wanderjahre II*

So oft ich durch eine **Brille** sehe, bin ich ein anderer Mensch und gefalle mir selbst nicht. Ich sehe mehr, als ich sehen sollte; die schärfer gesehene Welt harmoniert nicht mit meinem Innern, und ich lege die Gläser geschwind wieder weg, wenn meine Neugierde, wie dieses oder jenes in der Ferne beschaffen sein möchte, befriedigt ist.

> *Johann Wolfgang von Goethe, Wilhelm Meisters Wanderjahre I*

Der **Spiegel** ist ein Beichtvater, der den Mund hält.

> *Madame de Staël*

Im täglichen Leben ist ein gegenseitiges **Anblicken** von kurzer Dauer; ein wenig verlängert, ist es die Bestätigung reifen Vertrauens oder das Zeichen entschiedener Feindseligkeit.

> *Thornton Wilder, Der achte Schöpfungstag, Hoboken, New Jersey*

Blick niemals einem Pferd oder einem Hund oder einem Kind länger als für ein paar Sekunden ins **Auge**; das beschämt sie.

> *Thornton Wilder, Der achte Schöpfungstag, Von Illinois nach Chile*

Sterben ist nichts – doch leben und nicht **sehen**, das ist ein Unglück.

> *Friedrich Schiller, Wilhelm Tell 1,4 (Melchthal)*

Man sieht nur mit dem Herzen gut: Das Wesentliche ist für die **Augen** unsichtbar.

> *Antoine de Saint-Exupéry*

Des Geistes **Auge** fängt erst dann an, scharf zu sehen, wenn das des Leibes seine Schärfe zu verlieren beginnt.

> *Platon, Das Gastmahl 34 (Alkibiades)*

Selbsterkenntnis und Selbstkritik

Ob ich gleich selbst am besten **wissen** muss, wo in meinem Stall die
Zäume hängen, so ist es doch immer sehr interessant, sich mit einem
verständigen und einsichtsvollen Manne über sich selbst zu unterhalten.
Johann Wolfgang von Goethe,
an Carl Friedrich von Reinhard, 22.6.1808

Um sich selbst zu **erkennen**, muss man handeln.
Albert Camus

Keiner **weiß**, was in ihm steckt, bevor er von der Macht gekostet hat.
Otto Flake, Erkennende Kindheit

Im Unglück lernt man **sich selbst** am besten **kennen**, weil man nicht
mehr durch Freunde abgelenkt wird.
Samuel Johnson

Beim Lesen unserer alten Briefe erschauern wir über den späten
Einblick in uns selbst.
Hans Arndt, Im Visier, Erhellte Distanz

Der, der ich bin, grüßt trauernd den, der ich sein möchte.
Karl Rahner, am 4.3.1979
in der Katholischen Akademie München

Gerade das aber ist ein Beweis dafür, dass wir auf dem Weg der Besserung
sind, wenn wir unsere **Fehler**, von denen wir bisher nichts wussten,
klar erkennen. Manche Kranke beglückwünscht man, wenn sie anfangen,
sich krank zu fühlen.
Lucius Annaeus Seneca, an Lucilius

Der Mensch ist ein dunkles Wesen. Er **weiß** nicht, woher er kommt,
noch wohin er geht, er weiß wenig von der Welt und am wenigsten von
sich selber.
Johann Wolfgang von Goethe, zu Eckermann, 10.4.1829

Man wirft den Menschen immer vor, dass sie ihre **Mängel** nicht erkennen. Noch weniger aber kennen sie ihre Stärken. Sie sind wie das Erdreich. In vielen Grundstücken sind Schätze verborgen, aber der Besitzer weiß nichts von ihnen.

Jonathan Swift, Aphorismen

Ein schlechter Mensch **kennt** sich am besten.

Aus Simbabwe

Nur die Oberflächlichen **kennen** sich selbst.

Oscar Wilde

Man ist verloren, wenn man zu viel Zeit bekommt, an sich zu **denken**.

Georg Christoph Lichtenberg

Diejenigen, die nicht mit **Aufmerksamkeit** den Bewegungen ihrer eigenen Seele folgen, geraten notwendig ins Unglück.

Mark Aurel,
Selbstbetrachtungen II, 8

Jeder meint, sein Verhalten sei richtig, doch der Herr **prüft** die Herzen.

Bibel, Buch der Sprichwörter 21,2

Was ist schöner als die Gewohnheit, seinen Tag einer genauen Prüfung zu unterwerfen? Welch ein Schlaf folgt auf diese **Selbstbetrachtung**, wie ruhig und unbeschwert!

Lucius Annaeus Seneca, an Lucilius

Die **Zucht**, die der Mensch an sich selbst übt, kann nur durch den Frohsinn, der sie begleitet, verdienstlich und beispielhaft werden.

Immanuel Kant

Selbst der bescheidenste Mensch hält mehr von sich, als sein bester Freund von ihm hält.

Marie von Ebner-Eschenbach,
Aphorismen

Den **Schlechtesten** selbst sollte man womöglich vor der Überzeugung
schützen, dass er schlecht sei. Schon mancher ist schlecht geworden,
weil er sich zu früh für schlecht hielt.

Friedrich Hebbel,
Tagebücher, 1.5.1838

Schätze deine **Größe** nicht nach deinem Schatten.

Aus Zaire

Man kann die **Erfahrung** nicht früh genug machen, wie entbehrlich
man in der Welt ist.

Johann Wolfgang von Goethe,
Wilhelm Meisters Lehrjahre VII

Was siehest du aber den **Splitter** in deines Bruders Auge und wirst
nicht gewahr des Balken in deinem Auge?

Bibel, Matthäus 7, 3

Suche selbst deine **Fehler** zu erkennen; denn die Wohlwollenden machen
dich nicht darauf aufmerksam, um dir nicht wehzutun, die Feindseligen
nicht, weil sie sich über diese Fehler freuen.

Franz Grillparzer

Deine Tugenden halte für allgemeine des Menschen, deine **Fehler** jedoch
für dein besonderes Teil!

Friedrich Hebbel,
Ethischer Imperativ

In dem Maße, wie der Wille und die Fähigkeit zur **Selbstkritik** steigen,
hebt sich auch das Niveau der Kritik am andern.

Christian Morgenstern,
Stufen, Ethisches, 1909

Gehe in dich, das ist leicht gesagt.
Doch es zu tun, ist schon deshalb schwerer,
weil da wenig Auslauf ist.

Ernst Bloch

Sex

In seiner **Liebsten** Armen
entschlafen und erwarmen
ist, was in dieser Zeit
uns einzig noch erfreut.

> *Simon Dach,*
> *Hochzeitslied*

Wenn zwei zusammen **schlafen**, wärmt einer den anderen; einer allein –
wie soll er warm werden?

> *Bibel, Buch Kohelet 4, 11*

Sex ist die Reibfläche, an der wir versuchen, das Feuer der Liebe zu
entzünden.

> *Gerhard Uhlenbruck*

Wer die Seele einer Frau sucht, ist nicht immer enttäuscht, ihren **Körper**
zu finden.

> *Jean Paul*

Sex ist sehr unkompliziert, wenn man von keinem Komplex, sondern von
einem Bedürfnis geleitet wird.

> *Georges Simenon*

Das Herumhüpfen durch die **Betten** ist gefährlich.

> *Roman Polanski*

Je höher das geistige Niveau des Individuums, desto größer die **sexuelle
Mobilität**.

> *Henri Amoroso*

Viele Männer vergessen in der **Liebe** das Dessert. Das ist schade; denn die
meisten Frauen sind naschsüchtig.

> *Mariella Pozzo*

Platonische Liebe kommt mir vor wie ein ewiges Zielen und Niemals-Losdrücken.

Wilhelm Busch

Es sind gewiss wenige **Pflichten** in der Welt so wichtig wie die, die Fortdauer des Menschengeschlechts zu befördern und sich selbst zu erhalten, denn zu keiner werden wir durch so reizende Mittel gezogen wie zu diesen beiden.

Georg Christoph Lichtenberg

Die Franzosen sind kein dualistisches Volk, keine gespaltenen Menschen, in denen Geist und Fleisch miteinander im Kriege liegen, in denen der Geist die **leibliche Liebe** ankränkelt und diese wiederum das geistige Band in den Schmutz zieht. Sie sehen das eine nicht ohne das andere, und die Nacht, die man miteinander verbringt, ist bei ihnen vielleicht häufiger als anderswo der Beginn einer langen Beziehung als deren Kulminierung und Höhepunkt. Sie ist die Probe, ob man an dem Punkt zusammenpasst, den sie als den wichtigsten erkannt zu haben glauben.

Georg Stefan Troller, Pariser Gespräche 9

Von schlechter Art aber ist jener gemeine **Liebhaber**, der den Körper mehr liebt als die Seele. Ist er doch nicht einmal beständig, denn was er liebt, hat ja selbst keinen Bestand; denn zugleich mit dem Hinschwinden der Blüte des Körpers, dem seine Liebe galt, macht er sich auf und davon, allen seinen Reden und Versprechungen zum Hohn. Wer dagegen der Seelenschönheit eines anderen in Liebe huldigt, der verharrt in Treue bis ans Lebensende; denn er ist verschmolzen mit etwas, das Bestand hat.

Platon,
Das Gastmahl 10 (Pausanias)

Mit dem Gewähren der **Liebesgunst** steht es, wie ich gleich zu Anfang sagte: Es ist an und für sich weder schön noch hässlich, ist also nicht ein Gegenstand einfacher Beurteilung, sondern in schöner Weise vollzogen ist es schön, in hässlicher dagegen hässlich.

Platon,
Das Gastmahl 10 (Pausanias)

Under der linden
an der heide,
dâ unser zweier **bette** was,
dâ muget ir vinden
schône beide
gebrochen bluomen unde gras.
Vor dem walde in einem tal,
tandaradei,
schône sanc diu nahtegal.

Walther von der Vogelweide

Ich glaube, dass man die sexuelle Befreiung gründlich missverstanden
hat. Porno tötet den **Sex**.

Henry Miller

Durch die Bewegung im **Beischlaf** unterscheidet sich ein Alkibiades vom
Bauer.

Wilhelm Heinse

Sinne

Der Mensch ist eine Sonne. Seine **Sinne** sind seine Planeten.

Novalis, Nachlass

Die **Sinne** betrügen nicht. Nicht, weil sie immer richtig urteilen, sondern
weil sie gar nicht urteilen; weshalb der Irrtum immer nur dem Verstande
zur Last fällt.

Immanuel Kant

Die alte Wahrheit behält ihr Recht, dass wir eigentlich nur **Augen** und
Ohren für das haben, was wir kennen.

Johann Wolfgang von Goethe, zu Eckermann, 18.5.1824

Selig, wer ohne **Sinne**
schwebt wie ein Geist auf dem Wasser,
nicht wie ein Schiff – die Flaggen
wechselnd der Zeit und Segel
blähend, wie heute der Wind weht.
Nein, ohne Sinne, dem Gott gleich,
selbst sich nur wissend.

Clemens Brentano, Nachklänge Beethovenscher Musik

Wenige Leute **sehen**, was sie sehen, oder hören, was sie hören. Sie sehen und hören so achtlos obenhin, dass sie durch ihr Sehen und Hören nicht gebessert werden.

Philip Dormer Stanhope Chesterfield, Briefe an seinen Sohn

Söhne

Wenn dein **Sohn** groß wird, mache deinen Bruder daraus.

Aus Arabien

Wie der Acker, so die Rüben,
wie der Vater, so die **Buben**.

Sprichwort

Was der Vater schwieg, das kommt im **Sohne** zum Reden, und oft fand ich den Sohn als des Vaters entblößtes Geheimnis.

Friedrich Nietzsche, Zarathustra II

Die Zeit rückt fort und in ihr Gesinnungen, Meinungen, Vorurteile und Liebhabereien. Fällt die Jugend eines **Sohnes** gerade in die Zeit der Umwendung, so kann man versichert sein, dass er mit seinem Vater nichts gemein haben wird.

Johann Wolfgang von Goethe

Gewöhnlich zerstreut der **Sohn**, was der Vater gesammelt hat, sammelt etwas anderes oder auf andere Weise. Kann man jedoch den Enkel, die neue Generation abwarten, so kommen dieselben Neigungen, dieselben Ansichten wieder zum Vorschein.

Johann Wolfgang von Goethe

Ein weiser **Sohn** ist seines Vaters Freude; aber ein törichter Sohn ist seiner Mutter Grämen.

Bibel, Buch der Sprichwörter 10,1

Sonne

Die **Sonne** droben ist ein großer Blick der Liebe.

Christoph August Tiedge,
Urania 4, Unsterblichkeit

Wo wir sein mögen, Luise, geht eine **Sonne** auf, eine unter – Schauspiele, neben welchen der üppigste Schwung der Künste verblasst.

Friedrich Schiller,
Kabale und Liebe III, 4 (Ferdinand)

Wir merken erst, wie traurig und unangenehm ein trüber Tag ist, wenn ein einziger durchdringender **Sonnenblick** uns den aufmunternden Glanz einer heiteren Stunde darstellt.

Johann Wolfgang von Goethe,
Wilhelm Meisters Lehrjahre II

Die **Sonne** ist die Universalarznei aus der Himmelsapotheke.

August von Kotzebue

Sonnenschein ist Malerei, Mondschein Skulptur.

Nathaniel Hawthorne

Spanien

Stolz will ich den **Spanier**.
> *Friedrich Schiller,*
> *Don Carlos III, 10 (König)*

Stolz ist der vorherrschende Charakterzug der **Spanier**. Selbst in ihrer Leidenschaft für Gold liegt mehr Stolz als Habsucht.
> *Joseph Joubert,*
> *Gedanken und Maximen*

Was diesseits der **Pyrenäen** Wahrheit, ist jenseits Irrtum.
> *Blaise Pascal*

Granada ist eine Stadt der Muße, eine Stadt für die Beschaulichkeit und die Phantasie, eine Stadt, darin der Verliebte besser als irgendwo anders den Namen seiner Liebe auf den Boden schreibt. Die Stunden sind dort länger und gehaltvoller als in jeder anderen Stadt Spaniens.
> *Federico Garcia Lorca*

Spaß

Man muss oft etwas **Tolles** unternehmen, um nur wieder eine Zeit lang leben zu können.
> *Johann Wolfgang von Goethe,*
> *zu Soret, 21.12.1823*

Gelegentliche **Ausschweifungen** wirken anregend. Sie verhüten, dass Mäßigkeit zur Gewohnheit abstumpft.
> *William Somerset Maugham*

Zerstreuung ist wie eine goldene Wolke, die den Menschen, wär' es auch nur auf kurze Zeit, seinem Elend entrückt.

Johann Wolfgang von Goethe,
Lila I (Verazio)

Vergnügen ist nichts als ein höchst angenehmer Schmerz.

Heinrich Heine,
Reisebilder II, Italien 1, 18

Der Unterschied zwischen Glück und **Vergnügen** besteht darin, dass man sich das Vergnügen selber wählen kann.

Gustav Knuth

Man muss etwas wirklich ernst nehmen, wenn man irgendein **Vergnügen** am Leben genießen will.

Oscar Wilde

Ein **Vergnügen** erwarten ist auch ein Vergnügen.

Gotthold Ephraim Lessing,
Minna von Barnhelm IV, 6 (Fräulein)

Manches **Vergnügen** besteht darin, dass man mit Vergnügen darauf verzichtet.

Peter Rosegger

Die **Lust** hat ihren Tag, so wie die Sonne, doch auch wie jene einen Abend: Reue.

Franz Grillparzer,
Des Meeres und der Liebe Wellen I

Nicht dem **Vergnügen**, sondern der Schmerzlosigkeit geht der Vernünftige nach.

Aristoteles,
Nikomachische Ethik 7,12

Man findet das **Vergnügen** nur sehr selten dort, wo man es sucht.

David Lloyd George

Spiel

Der Mensch **spielt** nur, wo er in voller Bedeutung des Wortes Mensch ist, und er ist nur da ganz Mensch, wo er spielt.

Friedrich Schiller, Über die ästhetische Erziehung
des Menschen

Das **Spiel** zeigt den Charakter.

Sprichwort

Man sagt: Man könne den Menschen beim **Spiel** am besten kennen lernen; seine Leidenschaften zeigten sich da offen und wie in einem Spiegel. So habe ich auch gefunden.

Johann Wolfgang von Goethe,
an Philipp Christoph Kayser, 15.3.1783

Spielen ist Experimentieren mit dem Zufall.

Novalis, Fragmente

Spielen soll Ergötzung sein!
Dieses will mir doch nicht ein,
wie dass der, der einbüßt viel,
glauben kann, es sei ein Spiel.

Friedrich von Logau, Spieler

Das **Spiel** soll den Mangel der Unterredung ersetzen. Es kann daher nur denen erlaubt sein, die Karten beständig in Händen zu haben, die nichts als das Wetter in ihrem Munde führen.

Gotthold Ephraim Lessing,
Selbstbetrachtungen und Einfälle

Wenn sie nicht hören, reden, fühlen, noch sehn, was tun sie denn?
Sie **spielen**.

Magnus Gottfried Lichtwer,
Fabeln, Die seltsamen Menschen

Spiel und Scherz darf man üben, wie man dem Schlaf und anderen Erholungen sich hingibt: Wenn man den schweren und ernsten Pflichten Genüge getan hat.

> *Cicero,*
> *Von den Pflichten 1, 29*

Spiele, damit du ernst sein kannst! Das Spiel ist ein Ausruhen, und die Menschen bedürfen, da sie nicht immer tätig sein können, des Ausruhens.

> *Anacharsis*

Wenn nicht **Spiel** und Scherz ein natürliches Vergnügen enthielten, würde nicht eine so heftige Begierde der Menschen nach ihnen streben.

> *Lucius Annaeus Seneca,*
> *Von der Gemütsruhe 15*

Ernst ist Nichtspiel und nichts anderes. Der Bedeutungsinhalt von **Spiel** dagegen ist mit Nichternst keineswegs definiert oder erschöpft erläutert.

> *Werner Finck*

Spielen ist das dem Menschen innewohnende Prinzip.

> *Edmund Burke*

Hoher Sinn liegt oft im kind'schen **Spiel**.

> *Friedrich Schiller*

Sport

Die schwierigste **Turnübung** ist immer noch, sich selbst auf den Arm zu nehmen.

> *Werner Finck*

Damit hundert Menschen ihren Körper bilden, ist es nötig, dass fünfzig **Sport** treiben. Damit fünfzig Menschen Sport treiben, ist es nötig, dass zwanzig sich spezialisieren. Damit sich aber zwanzig Menschen spezialisieren, ist es nötig, dass fünf zu überragenden Gipfelleistungen fähig sind.

Pierre de Coubertin

Teilnehmen ist wichtiger als siegen.

Pierre de Coubertin

Vogel fliegt, Fisch schwimmt, **Mensch läuft.**

Emil Zatopek

Immer erinnerte man sich gern der alten Geschichte, wie einmal ein olympischer Kämpfer während des **Wettlaufs** den Gürtel löste, um schneller laufen zu können. Er siegte. Seitdem kämpfte man nackt.

Erhart Kästner, Ölberge, Weinberge

Keine Stunde im Leben, die man im **Sattel** verbringt, ist verloren.

Winston Churchill

Was den Beitrag des internationalen **Sports** zur Völkerverständigung betrifft, erlaube ich mir zu bemerken, dass der Sport den heftigen Hass zwischen den Nationen verstärkt und auch zwischen jenen Völkern Zwietracht sät, die ansonsten keinen natürlichen Grund haben, miteinander zu streiten.

George Bernard Shaw

Wichtig ist auf dem **Platz.**

Fußballerweisheit

Das hat die **Eislust** vor allen andern körperlichen Bewegungen voraus, dass die Anstrengung nicht erhitzt und die Dauer nicht ermüdet. Sämtliche Glieder scheinen gelenker zu werden und jedes Verwenden der Kraft neue Kräfte zu erzeugen, sodass zuletzt eine selig bewegte Ruhe über uns kommt.

Johann Wolfgang von Goethe

Mein körperliches **Training** besteht darin, dass ich die Särge der Freunde trage, die regelmäßig trainiert haben.
Chauncey Depew

Sprache und Schreiben

Zuerst verwirren sich die **Worte**, dann verwirren sich die Begriffe, und schließlich verwirren sich die Sachen.
Aus China

Die **Sprache** ist wie Raum und Zeit eine dem menschlichen Geist notwendige Anschauungsform, die uns die unsrer Fassungskraft fort und fort sich entziehenden Objekte dadurch näher bringt, dass sie sie bricht und zerbricht.
Friedrich Hebbel, Tagebücher 1847

Alles **Sprechen** und Schreiben heißt Würfeln um den Gedanken. Wie oft fällt nur ein Auge, wenn alle sechs fallen sollten.
Friedrich Hebbel, Tagebücher 1845

Warum kann der lebendige **Geist** dem Geist nicht erscheinen? Spricht die Seele, so spricht, ach!, schon die Seele nicht mehr.
Friedrich Schiller, Sprache

Unsere Wärterinnen, die unsere **Zunge** bilden, sind unsere ersten Lehrer der Logik.
Johann Gottfried von Herder

Sprachkunde, lieber Sohn, ist Grundlag' allem Wissen;
derselben sei zuerst und sei zuletzt beflissen!
Friedrich Rückert,
Die Weisheit des Brahmanen

Eine fremde **Sprache** ist hauptsächlich dann zu beneiden, wenn sie mit einem Worte ausdrücken kann, was die andere umschreiben muss, und hierin steht jede Sprache im Vorteil und Nachteil gegen die andere.
Johann Wolfgang von Goethe, an Riemer, 30.6.1813

Die **Sprache** ist gleichsam der Leib des Denkens.
Georg Wilhelm Friedrich Hegel

Wenn man viel selbst denkt, so findet man viel Weisheit in die **Sprache** eingetragen.
Georg Christoph Lichtenberg

Wer seine **Sprache** nicht achtet und liebt, kann auch sein Volk nicht achten und lieben.
Ernst Moritz Arndt, Entwurf einer Teutschen Gesellschaft

Ein geistigeres und innigeres Element als die **Sprache** hat ein Volk nicht. Will also ein Volk nicht verlieren, wodurch es Volk ist, will es seine Art mit allen Eigentümlichkeiten bewahren, so hat es auf nichts so sehr zu wachen, als dass ihm seine Sprache nicht verdorben und zerstört werde.
Ernst Moritz Arndt

Alle **Sprachen**, solange sie gesund sind, haben einen Naturtrieb, das Fremde von sich abzuhalten und, wo sein Eindrang erfolgte, es wieder auszustoßen oder wenigstens mit den heimischen Elementen auszugleichen.
Jacob Grimm

Die **Muttersprache** zugleich reinigen und bereichern ist das Geschäft der besten Köpfe.
Johann Wolfgang von Goethe

Der Mensch liebt es, von der Stelle zu rücken, was beweglich ist. So prägt jedes Jahrhundert den **Sprachen** eine Veränderung auf, und derselbe immer fortbestehende Erfindungsgeist, der sie erschaffen hat, verdirbt sie auch.
Joseph Joubert

Wenn die **Begriffe** sich verwirren, ist die Welt in Unordnung.
Konfuzius

Ein Volk geht nicht zugrunde durch verlorene Kriege, sondern dadurch, dass es, von innen entkräftet, seine **Sprache**, die Hochsprache seiner Dichter und Denker aufgibt, also Hochverrat an sich selbst begeht.
Josef Weinheber

Sprachen sind die Stammbäume der Nationen.
Samuel Johnson

Die Verschiedenheit der **Sprachen** ist nicht eine Verschiedenheit an Schällen und Zeichen, sondern eine Verschiedenheit der Weltansichten.
Wilhelm von Humboldt

Alle **Sprachen** setzen Gold in Umlauf.
Joseph Joubert

Die **Sprache** bringt doch eine Art von Atmosphäre des Landes mit.
Johann Wolfgang von Goethe, zu Eckermann, 10.4.1829

Die deutsche **Sprache** ist die Orgel unter den Sprachen.
Jean Paul

Ohne **Mundarten** wird der Sprachleib ein Sprachleichnam.
Friedrich Ludwig Jahn

Das **Wort** des Menschen ist sein Wesen.
Aus Japan

Ick liebe dir? Ick liebe dich?
Wie't richtig is, ick weeß et nich,
und't is mich ooch Pomade.
Ick lieb nich uf den dritten Fall,
ick lieb nich uf den vierten Fall,
ick lieb uf alle Fälle!
Berliner Gedicht

Wie ist jede – aber auch jede – **Sprache** schön, wenn in ihr nicht nur geschwätzt, sondern gesagt wird!

Christian Morgenstern, Stufen, Sprachen

Erst im Auslande lernt man den Reiz des **Heimatdialektes** genießen.

Gustav Freytag, Soll und Haben

Von den Deutschen haben wir gelernt, die deutsche **Sprache** zu verachten.

Antoine Rivarol

Den Unterschied zwischen den beiden **Sprachen** empfinde ich derart, als ob ich mich in der französischen auf den wohlgepflegten Wegen eines schönen Parkes erginge, in der deutschen aber mich in einem herrlichen Walde herumtriebe.

Albert Schweitzer,
Aus meinem Leben und Denken 7

Alles Lob, das man den alten **Sprachen** als Bildungsmitteln erteilt, fällt doppelt der Muttersprache anheim, welche noch richtiger die Sprachmutter hieße.

Jean Paul, Levana 3, 7,2

Staat

Große **Staaten**, Nationen, sind an sich nichts Naturgegebenes, sondern menschliche Kunstwerke.

Golo Mann

Der **Staat** ist die Wirklichkeit der sittlichen Idee.

Georg Wilhelm Friedrich Hegel,
Philosophie des Rechts

Der **Staat** beruht so wenig auf einem bloßen Vertrag wie der Mensch.

Friedrich Hebbel

Der **Staat** dagegen kennt keine selbstständigen Individuen, von denen jedes nur sein eigenes Wohl im Auge haben und verfolgen dürfte. Im Staate ist das Ganze Zweck und der Einzelne Mittel.

Georg Wilhelm Friedrich Hegel

Der moderne **Staat** ist ein untermenschliches Wesen mit einem riesigen Leib und einem winzigen Kopf, mit einem unstillbaren Hunger nach Geld und Macht und sehr wenig Vernunft, sehr wenig Gewissen, sehr wenig Charakter.

Richard Graf von Coudenhove-Kalergi,
Held und Heiliger

Der **Staat** ist sich selbst Zweck wie alles Lebendige; denn wer darf leugnen, dass der Staat ein ebenso wirkliches Leben führt wie jeder seiner Bürger?

Heinrich von Treitschke

Die Idee des **Staates** würde vernichtet werden, wenn er die Welt umfassen wollte: Staaten sind viele. Die Staaten sind geistige Wesenheiten, notwendig und in der Idee voneinander verschieden.

Leopold Ranke

Für die Sicherheit und Fortbildung des **Staates** ist das Übergewicht derer, die den Besitz vertreten, das nützlichere.

Otto von Bismarck,
Gedanken und Erinnerungen

Lasst Toren streiten, welche **Verfassung** die beste sei! Wo am besten regiert wird, dort ist die Verfassung die beste.

Alexander Pope,
Essay über den Menschen 3

Staaten sind Gedanken Gottes.

Leopold Ranke

Der **Staat** ist eine Notverordnung Gottes, um Böses zu verhindern. Man darf ihn nicht mit Gemütswerten behängen.
Gustav Heinemann

Der **Staat** ist die eiserne Klammer, die der Gesellschaftsprozess erzwingt.
Friedrich Nietzsche

Die legislative Gewalt ist das Herz des **Staates**, die exekutive Gewalt ist sein Gehirn.
Jean-Jacques Rousseau, Der Gesellschaftsvertrag

Das »**Staatsschiff**« – wie bezeichnend trifft
das Bild hier den Gedanken!
Dass wir seit langem eingeschifft,
man fühlt's am steten Schwanken.
Anastasius Grün, Sprüche

Zwei auf einem Pferd bei einer Prügelei – ein schönes Sinnbild für eine **Staatsverfassung**.
Georg Christoph Lichtenberg

Der **Staat** ist eine Maschine zur Aufrechterhaltung der Herrschaft einer Klasse über eine andere.
Wladimir Iljitsch Lenin, Über den Staat

Wenn ich alle diese heutigen Gemeinwesen ringsherum vor meinem Geiste vorbeiziehen lasse, kann ich – so wahr mir Gott helfe – nichts anderes sehen als die reinste Verschwörung der Reichen, die unter dem Namen und Titel des **Staates** für ihren eigenen Vorteil tätig sind.
Thomas Morus, Utopia

Der einzig und allein gerechte und einzig und allein zu rechtfertigende Endzweck des **Staates** ist: das größte Glück der größten Zahl.
Jeremy Bentham

Der **Staat** ist ein Volk, das sich selbst beherrscht.
Immanuel Kant

Wenn Willigkeit im Leisten und Billigkeit im Heißen
nur recht zusammenhalten, wer will das **Land** zerreißen?

Friedrich von Logau, Das beste Band zwischen oben und unten

Salus populi suprema lex esto. Das **Wohl** des Volkes soll vornehmstes
Gebot sein.

Cicero

Dass jedes Individuum, jeder engere Kreis das Maß der Freiheit besitzt,
welches überhaupt mit der Ordnung des Gesamtstaatswesens verträglich
ist – das zu erreichen, diesem Zweck möglichst nahe zu kommen, halte
ich für die Aufgabe jeder vernünftigen **Staatskunst**.

Otto von Bismarck

In dem **Staat**, wo die Guten nichts voraus haben wollen und die
Schlechten nichts voraus haben können, herrschen Friede und Eintracht.

Aristoteles

Unter **Verfassung** muss die Bestimmung der Rechte, das ist der
Freiheiten überhaupt, und die Organisation der Verwirklichung derselben
verstanden werden.

Georg Wilhelm Friedrich Hegel

Wenn der **Staat** eine Angelegenheit des Volkes ist und es kein Volk gibt,
das nicht durch die Übereinstimmung des Rechts geeint wird, das Recht
aber dort nicht vorhanden ist, wo es keine Gerechtigkeit gibt, so folgt
daraus ohne Zweifel der Schluss, dass da kein Staat vorhanden ist, wo es
keine Gerechtigkeit gibt.

Augustinus, Vom Gottesstaat

Vatersinn bildet Regenten, Brudersinn Bürger. Beide erzeugen Ordnung
im Hause und im **Staate**.

Johann Heinrich Pestalozzi, Die Abendstunde eines Einsiedlers

Der **Staat** – das ist die große Fiktion, dass jedermann auf Kosten von
jedermann leben kann.

Frédéric Bastiat

Der **Staat** ist eine Anstalt zum Schutz, nicht zur Versorgung. Helfen sollen die Einzelnen.

Franz Grillparzer, Zur Lehre vom Staate

Die Menschen werden nicht als **Staatsbürger** geboren, sondern erst dazu gemacht.

Baruch de Spinoza, Politischer Traktat

Die einen haben Furcht vor dem **Staat**,
die anderen haben Furcht um den Staat.

Walter Scheel

Frage nicht, was der **Staat** für dich tut.
Frage, was du für den Staat tust.

John F. Kennedy

Der **Staat** ist eben auch nur ein Menschengebilde – und kann verlangen, dass wir ein bisschen nachsichtig mit ihm sind.

Ludwig Marcuse

Der **Staat** ist eine kluge Veranstaltung zum Schutze der Individuen gegeneinander.

Friedrich Nietzsche

Wenn die Repräsentanten dieses **Staates** etwas Dummes tun und ich mich als Bürger nicht davon betroffen fühle, dann lebe ich in keinem demokratischen Staat.

Alexander Mitscherlich

Sobald einer über die **Staatsangelegenheiten** sagt: »Was geht's mich an?«, muss man damit rechnen, dass der Staat verloren ist.

Jean-Jaques Rousseau,
Der Gesellschaftsvertrag

Wer sich in schlechten Zeiten den **Staat** ins Boot holt, wird ihn in guten Zeiten kaum mehr vom Steuer verdrängen können.

Walter Scheel

Wo ein einziger Mann den **Staat** erhalten kann, ist der Staat in seiner
Fäulnis kaum der Erhaltung wert.
Johann Gottfried Seume

Der **Staat** – das sind die anderen.
Erhard Blanck

Der Zweck des **Staates** ist jedoch die Verschönerung des Lebens.
Aristoteles, Politik 3, 9

Sterben und Tod

Es ist ungewiss, wo uns der **Tod** erwartet. Erwarten wir ihn überall!
Michel Eyquem de Montaigne, Essays 1, 19

Der **Tod** zeigt dem Menschen, was er ist.
Friedrich Hebbel, Tagebücher II, 1843

Lasst uns guten Muts sein in Bezug auf den **Tod**, da das kein Übel für uns
sein kann, was das natürliche Gesetz der Götter, die über das Wohl der
Menschen walten, zu unserm Besten so eingesetzt hat.
Platon, Verteidigungsrede des Sokrates

Es ist ein Schnitter, der heißt **Tod**,
er mäht das Korn, wenns Gott gebot.
Schon wetzt er die Sense,
dass schneidend sie glänze;
bald wird er dich schneiden,
du musst es nur leiden,
musst in den Erntekranz hinein.
Hüte dich, schönes Blümelein!
Clemens Brentano, Der Tod

Memento mori! Gedenke des **Todes**!
Ordensgruß der Trappisten

Gib deine Hand, du schön und zart Gebild!
Bin Freund und komme nicht zu strafen.
Sei gutes Muts. Ich bin nicht wild,
sollst sanft in meinen Armen **schlafen**! ·
Matthias Claudius,
Der Tod und das Mädchen

Der **Tod** versetzt uns wieder in den Zustand der Ruhe, in dem wir uns
befanden, ehe wir geboren wurden. Bedauert jemand die Gestorbenen, so
muss er auch die Ungeborenen bedauern.
Lucius Annaeus Seneca

Der **Tod** ist eine Selbstbesiegung, die, wie alle Selbstüberwindung, eine
neue leichtere Existenz verschafft.
Novalis

Ein mächtiger Vermittler ist der **Tod**. Da löschen alle Zornesflammen
aus, der Hass versöhnt sich, und das schöne Mitleid neigt sich, ein wei-
nend Schwesterbild, mit sanft anschmiegender Umarmung auf die
Urne.
Friedrich Schiller,
Die Braut von Messina IV, 8 (Don Cesar)

Tod und Schlaf sind Kinder von zwei Vätern und einer guten Mutter.
Theodor Gottlieb von Hippel, Lebensläufe nach
aufsteigender Linie 3

Mors laborum ac miseriarum quies est. Der **Tod** ist ein Ausruhen von
Mühe und Elend.
Cicero, In Catilinam IV, 4

Mensch, stirbest du nicht gern, so willst du nicht dein Leben;
das Leben wird dir nicht als durch den **Tod** gegeben.
Angelus Silesius

Für mich waren es sehr feierliche und nachdenkliche Stunden, als ich anfing, mich an den Gedanken des wahrhaften **Todes** zu gewöhnen.

Gottfried Keller,
an Baumgartner, 28.1.1849

So suche dir in allen Fällen,
den **Tod** oft lebhaft vorzustellen,
so wirst du ihn nicht zitternd scheun.
So wird er dir ein Trost in Klagen,
ein weiser Freund in guten Tagen,
ein Schild in der Versuchung sein.

Christian Fürchtegott Gellert

Das Bewusstsein unserer **Sterblichkeit** ist ein köstliches Geschenk, nicht die Sterblichkeit allein, die wir mit den Molchen teilen, sondern unser Bewusstsein davon. Das macht unser Dasein erst menschlich.

Max Frisch, Tagebuch

Keinem ist das Leben so süß wie dem, welcher jede **Todesfurcht** verloren hat.

Samuel Smiles

Wem irgend noch von mir ein Ärgernis geblieben,
dem sei der Spruch ans Herz wie mir an Sarg geschrieben:
Oft ist ein guter **Tod** der beste Lebenslauf.

Johann Christian Günther,
Bußgedanken

Bereite dich auf den **Tod** vor. Das will sagen: Bereite dich auf die Freiheit vor!

Lucius Annaeus Seneca, an Lucilius

Wer **sterben** gelernt hat, hört auf, ein Knecht zu sein.

Epikur

Auf den **Tod** sinnen heißt auf Freiheit sinnen.

Michel Eyquem de Montaigne, Essays

Tod, man kann dich nicht bannen, doch dafür kann man dich rufen.
Weil du das Opfer verschmähst, bist du zum Sklaven gemacht.
Friedrich Hebbel, Auf den Tod

Richte dein Streben dahin, dass der Name des **Todes** seinen Schrecken
für dich verliert. Mach ihn dir durch häufiges Nachdenken vertraut, damit
du, wenn es die Umstände fordern, ihm sogar entgegengehen kannst.
Lucius Annaeus Seneca

Den **Tod** fürchten, Ihr Männer, ist nichts anderes, als sich weise dünken
und es doch nicht sein; denn es heißt, sich ein Wissen einzubilden, das
man nicht hat.
Platon, Verteidigungsrede des Sokrates 1,17

Der **Tod** ist unter allem, was man für übel hält, das einzige, das, wenn es
gekommen ist, nicht schmerzt, und nur betrübt, solange es nicht da ist.
Arkesilaos, Trostschrift an Apollonios 15

Nicht nur einen **Tod** gibt es. Der uns dahinrafft, ist nur der letzte.
Lucius Annaeus Seneca

Das Leben ist nur ein Moment, der **Tod** ist auch nur einer!
Friedrich Schiller, Maria Stuart III, 6 (Maria)

Ich werde vielleicht in meiner **Todesstunde** zittern, aber vor meiner
Todesstunde werde ich nie zittern.
Gotthold Ephraim Lessing, Theologische Streitschriften

Den **Tod** fürchten, das heißt dem Leben zu viel Ehre erweisen.
Theodore Simon Jouffroy

Die Alten fürchteten den **Tod**. Die Christen fürchten nur noch das
Sterben.
Augustus Hare

Wer vor dem **Tod** flieht, läuft ihm nach.
Demokrit

Du kamst, du gingst mit leiser Spur,
ein flüchtger **Gast** im Erdenland.
Woher? Wohin? Wir wissen nur:
Aus Gottes Hand in Gottes Hand.

> *Ludwig Uhland,*
> *Auf den Tod eines Kindes*

Wer jung die **Erde** verlassen, wandelt auch ewig jung im Reiche
Persephoneias, ewig jung erscheint er den Künftigen.

> *Johann Wolfgang von Goethe,*
> *Achilleis 517*

Mit jedem Menschen sterben auch die **Toten**, die nur in ihm noch gelebt
hatten.

> *Richard von Schaukal, Gedanken*

Man löst sich nicht allmählich von dem **Leben**! Mit einem Mal, schnell,
augenblicklich muss der Tausch geschehen zwischen Zeitlichem und
Ewigem.

> *Friedrich Schiller,*
> *Maria Stuart V, 1 (Kennedy)*

Mit jedem **Menschen** verschwindet, er sei auch, wer er sei, ein
Geheimnis aus der Welt, das vermöge seiner besonderen Konstruktion
nur er entdecken konnte, das nach ihm niemand wieder entdecken wird.

> *Friedrich Hebbel,*
> *Tagebücher 1837*

Wir sollten das **Leben** verlassen wie ein Bankett: weder durstig noch
betrunken.

> *Aristoteles*

Sie glauben, Gott werde keine Freude an der Ankunft eines Menschen
haben, der trotz ergangenem Ruf nicht herbeieilt, sondern unwillig und
widerspenstig muss herangeschleppt werden. Sehen sie einem solchen
Sterben zu, so schaudern sie.

> *Thomas Morus, Utopia*

Wann ich einmal soll scheiden,
so scheide nicht von mir!
Wann ich den **Tod** soll leiden,
so tritt du dann herfür!
Wann mir am allerbängsten
wird um das Herze sein,
so reiß mich aus den Ängsten
kraft deiner Angst und Pein!

Paul Gerhardt, An das Angesicht

Vom **Leben** muss man wie vom Mahle fortspazieren,
dem Wirte danken und sein Bündel schnüren.

Voltaire

Wenn dem Menschen am Ende seines **Lebens** ein Lächeln übrig bleibt,
so ist das ein sehr anständiger Reingewinn.

Horst Wolfram Geißler,
Die Glasharmonika

Es ist ein fröhlich Ding um eines Menschen **Sterben.**
Es freuen sich darauf die gerne reichen Erben.
Die Priester freuen sich, das Opfer zu genießen.
Die Würmer freuen sich an einem guten Bissen.
Die Engel freuen sich, die Seele raufzuführen.
Der Teufel freuet sich, wenn sie will ihm gebühren.

Friedrich von Logau, Fröhlicher Tod

Nicht alle, die »Wohlgeboren« sind, sind **»Wohlgestorben«.**

Georg Christoph Lichtenberg

Stirbt ein **Greis**, so brennt eine Bibliothek.

Sprichwort

Wie süß ist's, eingewiegt zu werden in den Schlag des **Todes** von dem
Gebet eines Sohnes!

Friedrich Schiller,
Die Räuber II, 2 (Der alte Moor)

Jetzt ist es Zeit, dass wir von hinnen gehen, ich um zu **sterben**, ihr um zu leben. Wer von uns aber einem besseren Lose entgegengeht, das weiß niemand als der Gott.

Platon,
Verteidigungsrede des Sokrates, Schluss

Sterben scheint mir in der Regel die letzte süße Empfindung des Lebens zu sein, und gar viele Sterbende haben sogar angenehme Ideen und Gefühle; daher das Lächeln, das Theologen oft so komisch gedeutet haben.

Karl Julius Weber, Demokritos

Der Mensch tritt in die Welt mit geschlossenen Händen, als wolle er andeuten: Die ganze Welt ist mein; ich nehme sie in Besitz. Wenn er von der Welt **scheidet**, sind seine Hände ausgestreckt, als wolle er sagen: Ich habe von der Welt nichts mitgenommen; siehe, alles ist Dein.

Midrasch, Kohelet rabba 5, 14

Es gibt für die Menschen, wie sie heute sind, nur eine radikale Neuigkeit – und das ist immer die gleiche: der **Tod**.

Walter Benjamin

Lasst den **Vorhang** herunter; die Komödie ist zu Ende.

François Rabelais,
Letzte Worte, 9.4.1553

Vor dem **Ziele** am Ziele.

Torquato Tasso,
Letzte Worte, 25.4.1595

Kein Grund zum **Weinen**.

Konrad Adenauer,
Letzte Worte, 19.4.1967

Das, was wir **Tod** nennen,
ist in Wahrheit der Anfang des Lebens.

Thomas Carlyle

Sterne

Wenn das Abendrot niedergesunken,
keine freudige Farbe mehr spricht,
und die Kränze still leuchtender Funken
die Nacht um die schattichte Stirne flicht:
Wehet der **Sterne** heiliger Sinn
leis durch die Ferne bis zu mir hin.

Clemens Brentano,
Sprich aus der Ferne

Nachts manchmal, wenn er am Fenster lehnte
und die ungezählten **Sterne** sah,
kam es vor, dass er sich sinnlos sehnte
und die Arme hob und sehnend dehnte:
Und dann stand er wie gekreuzigt da.

Erich Kästner,
Der Mensch ist sein eigenes Gefängnis

Die **Sterne** lügen nicht.

Friedrich Schiller, Wallensteins Tod

Streit

Du weißt es am besten, lieber Bruder, dass, wo Menschen zusammen zu
schaffen haben, es mehr oder weniger **Friktion** gibt. Je älter man wird,
desto gewisser sieht man das Wie und Wo voraus und kann sie doch
weder bei sich selbst noch andern immer, so gern man wollte, verhüten.

Johann Wolfgang von Goethe,
an Lavater, 4.10.1782

441

Die bittersten **Worte**, die Menschen einander sagen, wirken selten so entzweiend wie die ungesprochenen, die der eine vom andern vergeblich erwartet.

> *Hans Carossa,*
> *Geheimnisse des reifen Lebens*

Der **Provokation** ist ein Hundeinstinkt eingeboren, der sie beim leisesten Schwächezeichen des Gegners zubeißen lässt.

> *Hans Kasper, Abel, gib acht*

Es gibt Menschen, die sich immer **angegriffen** fühlen, wenn jemand eine Meinung ausspricht.

> *Christian Morgenstern*

Die Leute **streiten**, weil sie nicht gelernt haben zu argumentieren.

> *Gilbert Keith Chesterton*

Die Toren meinen, um das Kapitol zu erobern, müsse man zuerst die Gänse **angreifen**.

> *Heinrich Heine,*
> *Aphorismen und Fragmente*

Mit Churchill habe ich mich viel und bitter **gestritten**, aber wir sind immer miteinander ausgekommen. Mit Roosevelt habe ich mich niemals gestritten, aber ich bin niemals mit ihm ausgekommen.

> *Charles de Gaulle*

Man **widerspricht** oft einer Meinung, während uns eigentlich nur der Ton missfällt, in dem sie vorgetragen wurde.

> *Friedrich Nietzsche*

Der kluge Mann entschuldigt sich, wenn er beim **Streit** mit einer hübschen Frau Recht behalten hat.

> *Danny Kaye*

Wenn zwei sich **streiten**, lächelt die Wahrheit.

> *Hans Arndt*

Und wo ein Weiser **streitet** und ein Tor,
schiebt jener leis auch einen Riegel vor.
Doch wo zwei Toren miteinander zanken,
da tobt der Kampf, und niemand setzt ihm Schranken.
> *Friedrich Rückert,*
> *Erbauliches und Beschauliches aus dem Morgenland*

Das Vergnügen, **Recht** zu behalten, wäre unvollständig ohne das
Vergnügen, andere ins Unrecht zu setzen.
> *Voltaire*

Nicht jene, die **streiten,** sind zu fürchten, sondern jene, die ausweichen.
> *Marie von Ebner-Eschenbach*

Es hat keinen Sinn, mit Männern zu **streiten,** sie haben ja doch immer
Unrecht.
> *Zsa Zsa Gabor*

Wer mit dem Kaminkehrer **ringt**, wird schwarz, unabhängig davon, ob er
gewinnt oder verliert.
> *Aus den USA*

Zank nicht mit einem Schwätzer, und leg nicht noch Holz auf das Feuer.
> *Bibel, Buch Kohelet 8, 3*

Geduld mit der **Streitsucht** der Einfältigen! Es ist nicht leicht zu
begreifen, dass man nicht begreift.
> *Marie von Ebner-Eschenbach, Aphorismen*

Wer rechtzeitig fortgeht, bekommt keinen **Streit**.
> *Bantu-Weisheit*

Sie säen Wind und werden **Sturm** ernten.
> *Bibel, Hosea 8, 7*

Widersprich nicht, bevor du nicht widerdacht hast.
> *Martin Andersen-Nexö*

T Tag und Nacht

Verschwunden ist die finstre Nacht,
die Lerche schlägt, der **Tag** erwacht,
die Sonne kommt mit Prangen
am Himmel aufgegangen.
Sie scheint in Königs Prunkgemach,
sie scheinet durch des Bettlers Dach,
und was in Nacht verborgen war,
das macht sie kund und offenbar.
Friedrich Schiller,
Macbeth II, 5 (Pförtner)

Durch das lieblich Vögelsingen
ist die stille Ruh der Nacht
aufgelöset und erwacht,
Berg und Tal und Wald' erklingen,
auch steht jetzt der Himmel leer,
man sieht nicht viel Sternen mehr.
Johann Matthias Schneuber, Morgengesang

Nun aber Eos, unaufhaltsam strebt sie an,
sprungweise, mädchenartig, streut aus voller Hand
purpurne Blumen. Wie an jedem Wolkensaum
sich reich entfaltend sie blühen, wechseln, mannigfach!
So tritt sie lieblich hervor, erfreulich immerfort,
gewöhnet Erdgeborner schwaches Auge sanft,
dass nicht vor Helios Pfeil erblinde mein Geschlecht,
bestimmt, Erleuchtetes zu sehen, nicht das Licht!
Johann Wolfgang von Goethe,
Pandora (Prometheus)

Der **Morgen** ist die schönste Zeit auf dem Land. In der Stadt
gibt es keinen Morgen.
Danielle Daniela

In der dunklen **Nacht** der Seele ist es immer drei Uhr morgens.
Francis Scott Fitzgerald

Frühmorgens im Bett auf dem Rücken zu liegen, die Hände unter dem Nacken verschränkt, und ernsthaft zur Stubendecke hinaufzublicken, ist eine Frucht bringende und anstrengende Tätigkeit.
Horst Wolfram Geißler,
Ein schwarzes und ein weißes

»Hat dir der **Tag** was gebracht?« So fragt sich am Abend der Jüngling. »Hat dir der Tag was geraubt?«, fragt sich der Mann und der Greis.
Friedrich Hebbel,
Unterschied der Lebensalter

Der goldne **Tag** ist heimgegangen;
ich sah ihn über die Berge ziehn,
und all mein sehnendes Verlangen
floh mit ihm hin.
Clemens Brentano,
Der goldne Tag ist heimgegangen

Er verlor am Morgen eine Stunde und vergeudete den Rest des **Tages** damit, sie zu suchen.
Lord Chesterfield,
über den Herzog von Newcastle

Denn aller Fleiß, der männlich schätzenswerteste,
ist morgendlich; nur er gewährt dem ganzen **Tag**
Nahrung, Behagen, müder Stunden Vollgenuss.
Johann Wolfgang von Goethe,
Pandora (Prometheus)

Bei der Abendsonne Wandern, wann ein Dorf den Strahl verlor, klagt sein Dunkeln es den andern mit vertrauten Tönen vor. Noch ein Glöcklein hat geschwiegen auf der Höhe bis zuletzt. Nun beginnt es sich zu wiegen, horch, mein Kilchberg läutet jetzt!
Conrad Ferdinand Meyer, Requiem

Der Feierabend ist gemacht,
die Arbeit schläft, der Traum erwacht,
die Sonne führt die Pferde trinken;
der Erdkreis wandert zu der Ruh,
die Nacht drückt ihm die Augen zu,
die schon dem süßen Schlafe winken.

Johann Christian Günther, Abendlied

Schweigt der Menschen laute Lust:
Rauscht die Erde wie in Träumen
wunderbar mit allen Bäumen,
was dem Herzen kaum bewusst,
alte Zeiten, linde Trauer,
und es schweifen leise Schauer
wetterleuchtend durch die Brust.

Joseph Freiherr von Eichendorff, Der Abend

Meine eingelegten Ruder triefen,
Tropfen fallen langsam in die Tiefen.
Nichts, das mich verdross! Nichts, das mich freute!
Niederrinnt ein schmerzenloses **Heute**.

Conrad Ferdinand Meyer, Eingelegte Ruder

Alles ist freundlich wohlwollend verbunden,
bietet sich tröstend und trauernd die Hand,
sind durch die **Nächte** die Lichter gewunden,
alles ist ewig im Innern verwandt.

Clemens Brentano, Sprich aus der Ferne

Jeden Morgen sich ins Sterben hineindenken, das lehrt uns den neuen
Tag richtig schätzen - nicht zu gering, weil er ein köstliches Geschenk ist,
nicht zu hoch, weil er heute noch vergeht.

Peter Rosegger,
Die Schriften des Waldschulmeisters

In der **Nacht** ist der Mensch nicht gern alleine.

Franz Grothe

Der Jugend **Nachtgefährt** ist Leidenschaft;
ein wildes Feuer leuchtet ihrem Pfad.
Der Greis hingegen wacht mit hellem Sinn,
und sein Gemüt verschließt das Ewige.

Johann Wolfgang von Goethe,
Des Epimenides Erwachen 1,2

Man legt sich so früh zu Bett, weil man so gar nichts zu denken hat.

Oscar Wilde

Tanz

Tanzen ist die Poesie des Fußes.

John Dryden

Tanz ist ein Telegramm an die Erde
mit der Bitte um Aufhebung
der Schwerkraft.

Fred Astaire

Keine andere Tätigkeit kann so viel Spannung
und Aggressivität abbauen wie die
in Körperbewegung umgesetzte **Musik**.

Gerhard Szczesny, Das sogenannte Gute 17

Mädchen – das sind diejenigen, die rückwärts **tanzen**.

Bob Hope

Verloren sei uns der Tag, wo nicht ein Mal **getanzt** wurde!
Und falsch heiße uns jede Wahrheit, bei der es nicht ein Gelächter gab!

Friedrich Nietzsche, Zarathustra III,
Von alten und neuen Tafeln 23

Wer der Jugend Kerzen
trägt im frischen Herzen,
hat zu **tanzen** Lust;
Amor regt ohn Ende
ihm die Füß und Hände
und die junge Brust,
dass er nimmer still kann stehn
und muss wie im Sprunge gehn,
muss den Leib den Meereswellen
ähnlich stellen.

Simon Dach, Brauttanz

Wer gern **tanzt**, dem ist leicht gegeigt.

Peter Rosegger, Der Älpler

Mensch, lerne **tanzen**. Sonst wissen die Engel im Himmel mit dir nichts
anzufangen.

Augustinus

Der **Tanz** ist das stärkste Ausdrucksmittel der menschlichen Seele.

Thomas Niederreuther

Technik

Ich will nicht sagen, es sei unmöglich, der **Maschine** intuitive Fähigkeiten zu geben, doch wäre es einfach unwirtschaftlich, sie auf etwas
anzusetzen, was der Mensch viel besser kann.

Norbert Wiener

Technik – das sind auch die aufgespeicherten Resultate der langen
Kämpfe gegen die Feinde der Menschen. Insofern ist sie zu preisen.

Ludwig Marcuse

Ein Problem wird nicht im **Computer** gelöst, sondern in irgendeinem Kopf. Die ganze Apparatur dient nur dazu, diesen Kopf so weit zu drehen, dass er die Dinge richtig und vollständig sieht.

Charles Kettering

Paradoxerweise habe ich in eben derselben Zeit, da unsere Welt im Moralischen zurückstürzte um ein Jahrtausend, dieselbe Menschheit im **Technischen** und Geistigen sich zu ungeahnten Taten erheben sehen, mit einem Flügelschlag alles in Millionen Jahren Geleistete überholend. Nie bis zu unserer Stunde hat sich die Menschheit als Gesamtheit teuflischer gebärdet und nie so Gottähnliches geleistet.

Stefan Zweig

Eine **Maschine** kann die Arbeit von fünfzig gewöhnlichen Menschen leisten, aber sie kann nicht einen einzigen außergewöhnlichen ersetzen.

Elbert Hubbard

Den **Computer** gibt es nicht, damit Leute weniger zu tun haben, sondern weil Leute Besseres zu tun haben.

Verfasser unbekannt

Es gibt drei Möglichkeiten, eine Firma zu ruinieren: mit Frauen, das ist das Angenehmste; mit Spielen, das ist das Schnellste; mit **Computern**, das ist das Sicherste.

Oswald Dreyer-Eimbcke

Der **Computer** ist die logische Weiterentwicklung des Menschen: Intelligenz ohne Moral.

John Osborn

Sicher können **Computer** Probleme lösen, Informationen speichern, kombinieren und Spiele spielen – aber es macht ihnen keinen Spaß.

Leo Rosten

Die **Rechenautomaten** haben etwas von den Zauberern im Märchen. Sie geben einem wohl, was man sich wünscht, doch sagen sie einem nicht, was man sich wünschen soll.

Norbert Wiener

Büromaschinen müssen so schön sein wie elegante Möbel; denn Mensch und Maschine sind zwei feindliche Elemente, die miteinander versöhnt werden müssen.

Adriano Olivetti

Ich gehöre zu der Generation, die noch zwischen Verstand und Vernunft unterscheidet. Von diesem Standpunkt ist die **Raumfahrt** ein Triumph des Verstandes, aber ein tragisches Versagen der Vernunft!

Max Born

Theologie

Theologie ist Anthropologie, das heißt in dem Gegenstande der Religion, den wir griechisch Theos, deutsch Gott nennen, spricht sich nichts andres aus als das Wesen des Menschen.

Ludwig Feuerbach,
Das Wesen der Religion, 3. Vorlesung

Wo sind die **Theologen**, die ihre Ehre in der ungeschminkten Aufrichtigkeit suchen?

Jean-Jacques Rousseau, Emile IV, Glaubensbekenntnis des
savoyischen Vikars

Wer sein eigenes Ich entfalten will,
der soll nicht **Theologe** oder Theologin werden.

Otto Dibelius

Eine heillose **Theologie** führte viele zum Atheismus, welche gesunde Philosophie wieder zurückbrachte.

Karl Julius Weber, Demokritos,
Die Freigeisterei

Die Poesie und die **Theologie** sind eben beide Phantasie, nur die eine erfindet ihre Gestalten, die andre spielt mit den vorhandenen alten.

Franz Grillparzer, 1864

Tiere

Viele Menschen wissen von ihren **Hunden** nicht viel mehr, als was sie gekostet haben.

Horst Stern

Mensch, erhebe dich nicht über die **Tiere**: Sie sind sündlos, du aber mit deiner Erhabenheit befleckst die Erde.

Feodor Michailowitsch Dostojewski,
Die Brüder Karamasow VI, 3 (Sosima)

Der untrüglichste Gradmesser für die Herzensbildung eines Volkes und eines Menschen ist, wie sie die **Tiere** betrachten und behandeln.

Berthold Auerbach

Man kann gar wohl fragen: Was wäre der Mensch ohne die **Tiere**? Aber nicht umgekehrt: Was wären die Tiere ohne den Menschen?

Friedrich Hebbel,
Tagebücher 1857

Jeder dumme Junge kann einen **Käfer** zertreten. Aber alle Professoren der Welt können keinen herstellen.

Arthur Schopenhauer

Er schaffte sich einen **Hund** an, um die menschlichen Triebkräfte an der Quelle zu studieren.

Hans Arndt, Im Visier

Ein gefährliches **Tier** nennt man in der deutschen Sprache ein Untier. Das zeigt, dass die Deutschen zum Tier doch eine sehr positive Einstellung haben.

Giorgio Pavone

Das **Tier** hat auch Vernunft, das wissen wir, die wir die Gemsen jagen. Die stellen klug, wo sie zur Weide gehn, 'ne Vorhut aus, die spitzt das Ohr und warnet mit heller Pfeife, wenn der Jäger naht.

Friedrich Schiller, Wilhelm Tell I, 1 (Werni)

Fürstliche Personen werden so viel mit widerwärtigen Menschen geplagt, dass sie die widerwärtigeren **Tiere** als ein Heilmittel gegen dergleichen unangenehme Eindrücke betrachten. Uns anderen sind Affen und Geschrei der Papageien mit Recht widerwärtig, weil wir diese Tiere hier in einer Umgebung sehen, für die sie nicht gemacht sind. Wären wir aber in dem Fall, auf Elefanten unter Palmen zu reiten, so würden wir in einem solchen Element Affen und Papageien ganz gehörig, ja vielleicht gar erfreulich finden.

Johann Wolfgang von Goethe,
zu Eckermann, 9.7. 1827

Wenn ich wünschen sollt ein **Pferd**,
das des Wünschens wäre wert,
sollt' es sein, wann mir's nur bliebe,
wendig wie die Frauenliebe.

Friedrich von Logau, Eine Pferde-Tugend

Wenn ich verreiste, so suchte mich Sultan überall mit großer Traurigkeit. Endlich ergriff er dann zu seinem Troste meine weiße Militärmütze und ein Paar meiner hirschledernen Handschuhe, trug diese in den Zähnen nach meinem Arbeitszimmer und blieb dort, mit der Nase an meinen Sachen, liegen, bis ich wiederkam.

Otto von Bismarck, zu Hans Blum

Unmenschen gibt es, aber keine **Untiere**.
Karl Julius Weber,
Demokritos

Der Gerechte sorgt für die Bedürfnisse seines **Viehes**.
Bibel, Buch der Sprichwörter 12,10

Sogar aus **Hunden** lässt sich etwas machen, wenn man sie recht erzieht.
Man muss sie nur nicht mit vernünftigen Leuten, sondern mit Kindern
umgehen lassen, so werden sie menschlich.
Georg Christoph Lichtenberg

Wundern darf es mich nicht, dass manche die **Hunde** verleumden; denn
es beschämt zu oft leider den Menschen der Hund.
Arthur Schopenhauer

Ein **Hund** spiegelt die Familie. Wer sah jemals einen munteren Hund
in einer verdrießlichen Familie oder einen traurigen in einer
glücklichen? Mürrische Leute haben mürrische Hunde, gefährliche
Leute gefährliche.
Sir Arthur Conan Doyle (Sherlock Holmes)

Wenn ein **Hund** dabei ist,
werden die Menschen gleich menschlicher.
Hubert Ries

Töchter

Für einen greisen Vater gibt's nichts Holderes als eine **Tochter**.
Höher zwar ist Knabensinn, doch minder hold zu Zärtlichkeit.
Euripides,
Die Schutzflehenden 119 (Iphis)

Ein übertriebenes Vertrauensverhältnis
zwischen Mutter und **Tochter**
lässt darauf schließen,
dass sie zum Mindesten einen Mann
an der Nase
herumgeführt haben.

Hans Arndt, Im Visier, Frauen

Eine Mutter, die sich nicht
in jeder Ballsaison mit ihrer **Tochter** entzweit,
empfindet für diese keine wirkliche Zuneigung.

Oscar Wilde

Wem der Teufel ein Ei in die Wirtschaft gelegt hat,
dem wird eine hübsche **Tochter** geboren.

Friedrich Schiller,
Kabale und Liebe II, 4 (Miller)

Seid lustig, seid lustig, sprach Marcus, ihr Kinder!
Seid lustig, wie ich, euer Vater, nicht minder!
Ei Vater, ei wisset, das beste Gelächter
ist, dass Ihr uns Männer gebt, sprachen die **Töchter**.

Friedrich von Logau,
Von des Marci Töchtern

Eine **Tochter** ist für einen Vater ein beunruhigender Schatz.
Aus Besorgnis für sie findet er nachts keinen Schlaf:
Solange sie klein ist, dass sie nicht verführt werde;
wenn sie erwachsen ist, dass sie nicht verhure;
wenn sie mannbar ist, dass sie nicht sitzen bleibe;
wenn sie alt ist, dass sie nicht Zauberei treibe.

Babylonischer Talmud,
Sanhedrin

Halse deine **Tochter** einem Manne auf,
und befreie dich von einer großen Plage.

Buch des Kabus 27

Trauer

Es heißt nicht sterben, lebt man in den **Herzen** der Menschen fort, die man verlassen muss.
> *Samuel Smiles, Der Charakter 3*

Tröste nur den, der Güter verlor, den Erwartungen täuschten, aber entweihe durch Trost **Gram** um Verstorbene nie!
> *Karl Gustav von Brinckmann, Elegien und Arabesken*

Siehe, die **Trauer**, sie ist Trauernden einziger Trost.
> *Robert Hamerling, Sinnen und Minnen, Der Tröster*

Die **Trauer** der Braut drei Wochen war, die Trauer der Schwester, die war drei Jahr'; die Mutter hat der Trauer gepflegt, bis müde sie selbst ins Grab sich gelegt.
> *Adalbert von Chamisso, Der Sohn der Witwe*

Trauernde sind überall sich verwandt.
> *Franz Grillparzer, Sappho II,4 (Phaon)*

Es mehrt unendliche **Trauer** das Elend.
> *Homer, Odyssee XIX, 120*

Das Herz der Weisen ist im Haus, wo man **trauert**.
> *Bibel, Buch Kohelet 7, 4*

Beweinet den, der **leidet**, nicht den, der scheidet!
> *Talmud*

Wenn längere Zeit nach dem Tode eines geliebten Wesens einen der alte **Schmerz** überkommt, so überlege man, was der Tote versäumt habe, während man selbst und die andern weiterlebten.
> *Wilhelm Raabe, Gedanken und Einfälle*

Träumen

Mein Herz im **Traume** Wunder sieht, was nie geschah und nie geschieht.
Freidank, Bescheidenheit 128

In unseren **Träumen** sind wir große Gönner: Wir erteilen unseren
Feinden die Rollen von Herrschern und Diktatoren.
Hans Arndt, Im Visier, Vertauschte Rollen

Wären die **Träume** vielleicht nur unvollkommne Gedichte? Ist ein
gutes Gedicht ein vollkommener Traum? In die wirkliche Welt sind viele
mögliche andre eingeschachtelt, der Schlaf lässt sie wieder heraus, sei
es der tiefe der Nacht, der alle Menschen bewältigt, sei es der helle des
Tags, der nur den Dichter befällt.
Friedrich Hebbel, Traum und Poesie

Der **Traum** ist der beste Beweis dafür, dass wir nicht so fest in unsere
Haut eingeschlossen sind, wie es scheint.
Friedrich Hebbel, Tagebücher, 1844

Schlafen ist Verdauen der Sinneseindrücke. **Träume** sind Exkremente.
Novalis

Dazu sind eben Wünsch' und **Träume** dir verliehen,
um alles, was dir fehlt, in deinen Kreis zu ziehen.
Friedrich Rückert, Weisheit des Brahmanen 6

Denken ist die Arbeit des Intellekts, **Träumen** sein Vergnügen.
Victor Hugo

Was die Brust im Wachen enget,
aber treu verschließt der Mund,
hat der Schlaf das Band gesprenget,
tut es sich in **Träumen** kund.
Franz Grillparzer, Melusina I

Nichts Ewiges kann das Glück uns geben;
denn flüchtiger **Traum** ist Menschenleben,
und selbst die Träume sind ein Traum!

Pedro Calderón de la Barca, Das Leben ein Traum
(Sigismund)

So wie nicht jeder **träumt**, der schläft, so schläft auch nicht jeder, der
träumt.

Georg Christoph Lichtenberg,
Über Physiognomik

Der Schlaf heißt rücklings »falsch«; denn er betrügt uns oft,
gibt Gold im **Traume**, gibt, wenn wir erwachen, Luft.

Friedrich von Logau, Schlaf

Ich weiß aus unleugbarer Erfahrung, dass **Träume** zu Selbsterkenntnis
führen.

Georg Christoph Lichtenberg

Was dir begegnen wird, wie sollte der **Traum** es dir sagen? Was du tun
wirst, das zeigt er schon eher dir an.

Friedrich Hebbel,
Der Traum als Prophet

Schlaf ohne **Traum** dünkt uns das höchste Glück nach eines sauren
Tages Last und Plage.

Lord Byron, Don Juan 14,4

Manche Leute schlafen nur deshalb so gut, weil sie so langweilige
Träume haben.

Germaine de Staël

Doch vergiss es nicht: Die **Träume**, sie erschaffen nicht die Wünsche, die
vorhandenen wecken sie, und was jetzt verscheucht der Morgen, lag als
Keim in dir verborgen.

Franz Grillparzer,
Der Traum ein Leben IV (Massud)

Traurigkeit

So **traurig** stund er da wie das Trinkschälchen eines krepierten Vogels.
Georg Christoph Lichtenberg

Es gibt Tage, wo man so **traurig** ist, dass man sich noch trauriger machen möchte.
Gustave Flaubert, November

Der Mensch ist immer **traurig**; seine Freuden sind Blitze in der Nacht.
Wilhelm Heinse, Ardinghello

Freude dauert sieben Tage, **Traurigkeit** aber ein Leben lang.
Aus Tunesien

Gott hat die **Wehmut** zu einer Art Vermittlerin zwischen dem Glück und dem Unglück, der Süßigkeit und dem Schmerz geschaffen.
Wilhelm von Humboldt, Briefe an eine Freundin, 26.1.1830

Wer mit dem Geist der **Traurigkeit** geplagt wird, der soll aufs höchste sich hüten und vorsehen, dass er nicht allein sei.
Martin Luther, Deutsche Schriften 60, 129

Trauere mit den Trauernden!
Bibel, Buch Kohelet 7, 34

Das Herz allein kennt seinen **Kummer**, auch in seine Freude vermag ein Fremder nicht einzustimmen.
Bibel, Buch der Sprichwörter 14, 10

Melancholie ist das Vergnügen, traurig zu sein.
Victor Hugo

Mein bewährtes Rezept gegen **Trübsinn**: Diät, Beschäftigung, Einschränkung der Begierden.
Johannes von Müller

Trinken

Alle waren geletzt und lobten das herrliche **Wasser**; säuerlich war's und erquicklich, gesund zu trinken den Menschen.

Johann Wolfgang von Goethe,
Hermann und Dorothea 7

Für die Toten **Wein**, für die Lebenden Wasser:
Das ist eine Vorschrift für Fische.

Martin Luther

Lach' der Ärzt' und ihrer Ränke! Tod und Krankheit lauert,
wenn man bei dem **Froschgetränke** seine Zeit vertrauert.

Ewald von Kleist, Dithyrambe

Gott macht nur das Wasser, doch der Mensch den **Wein**.

Victor Hugo, Das Fest bei Therese

Wenn dir kalt ist, wird **Tee** dich erwärmen.
Wenn du erhitzt bist, wird er dich abkühlen.
Wenn du bedrückt bist, wird er dich aufheitern.
Wenn du erregt bist, wird er dich beruhigen.

William E. Gladstone

Drei Dinge auf dieser Welt sind höchst bedauernswert:
Das Verderben bester Jugend durch falsche Erziehung,
das Schänden bester Bilder durch gemeines Angaffen
und die Verschwendung besten **Tees**
durch unsachgemäße Behandlung.

Kaiser Hui-tsung

Der **Kaffee** muss heiß sein wie die Küsse eines Mädchens am ersten Tag,
süß wie die Nächte in ihren Armen und schwarz wie die Flüche der
Mutter, wenn sie es erfährt.

Aus Arabien

Leute, die den **Zucker** gegen den Uhrzeiger umrühren, erreichen im Leben fast alles.
Aus den USA

Kein **Tropfen** geht verloren von dem, was Weise trinken!
Friedrich von Bodenstedt,
Die Lieder des Mirza Schaffy

Wenn des **Weines** goldne Fluten aus dem Becher mich durchrinnen und es mir im Freudenrausche schwindeln wird in allen Sinnen, tausend Wunder seh ich dann und höre Stimmen, die in klaren Worten mir das tiefste Wesen aller Dinge offenbaren.
Omar Chijam, Vierzeiler

Ein Dichten ist auch das **Wein**-Genießen, nur dass die Verse nach innen fließen.
Verfasser unbekannt

Es liegen im **Wein** allerdings produktiv machende Kräfte sehr bedeutender Art; aber es kommt dabei alles auf Zustände und Zeit und Stunde an, und was dem einen nützet, schadet dem andern.
Johann Wolfgang von Goethe, zu Eckermann, 11.3.1828

Der **Wein** reizt zur Wirksamkeit, die Guten im Guten und die Bösen im Bösen.
Georg Christoph Lichtenberg

Den Edeln erhebt der **Wein**, den Niedrigen entwürdigt er.
Talmud

Der **Wein** erfindet nichts, er schwatzt's nur aus.
Friedrich Schiller,
Die Piccolomini IV, 7 (Isolani)

Wahrheit steckt in dir, o **Wein**! Wie will der denn scheltbar sein, der, die Wahrheit zu ergründen, sich beim Bacchus viel lässt finden?
Friedrich von Logau, Die Wahrheit im Wein

Wein und Weiber sind auf Erden
aller Weisen Hochgenuss,
denn sie lassen selig werden,
ohne dass man sterben muss.

> *Verfasser unbekannt*

Der **Wein** und die Wahrheit sind sich nur insofern ähnlich, als man mit beiden anstößt.

> *Moritz Saphir, Nachtschatten*

Im **Wein** liegt Wahrheit; der Schwindel liegt im Etikett.

> *Verfasser unbekannt*

Die Deutschen lieben **Rheinwein**. Er wird in schlanke Flaschen gefüllt und für ein gutes Getränk gehalten. Von Essig unterscheidet er sich nur durch das Etikett.

> *Mark Twain,*
> *Bummel durch Europa*

Wein und schöne Mädchen
sind zwei Zauberfädchen,
die auch die erfahrnen
Vögel gern umgarnen.

> *Friedrich Rückert,*
> *Östliche Rosen, Die zwei Mächte*

Ein guter **Wein** und ein schönes Weib sind zwei süße Gifte.

> *Aus der Türkei*

Wassertrinker Diogen
hatt' zur Wohnung doch
eine Tonn' sich ausersehn,
die nach **Weine** roch.

> *Friedrich Haug, Trinklied*

Wodka macht aus allen Menschen Russen.

> *Iwan Rebroff*

Der **Wein** schlich zwischen den Schüsseln und Blumen umher, schüttelte seine goldenen Flügel und stellte bunte Tapeten zwischen die Welt und die Gäste.

Novalis

Wer trinkt, soll reines Herzens sein; mit **Wein** ist nicht zu scherzen.

Friedrich Rückert, Der Talisman des Weines

Wer mir Gelahrtheit brockt in den **Wein**,
der soll mein Zechgenoss nicht sein!

Emanuel Geibel, Aus dem Schenkenbuch 3

Die Weise guter Zecher ist zu früh und später Stunde,
dass alter **Wein** im Becher ist und neuer Witz im Munde.

Verfasser unbekannt

Die besten Vergrößerungsgläser für die Freuden der Welt sind die,
aus denen man **trinkt**.

Joachim Ringelnatz

Der alte Hermann Mergel war in seinem Junggesellenstande ein so genannter ordentlicher **Säufer**, das heißt einer, der nur an Sonn- und Feiertagen in der Rinne lag und die Woche hindurch so manierlich war wie ein anderer.

Annette von Droste-Hülshoff, Die Judenbuche

Nunc est bibendum, nunc pede libero pulsanda tellus! Jetzt lasst uns **trinken**, jetzo mit freiem Fuß den Boden stampfen.

Horaz, Oden I, 37

Ein kluger **Zecher** steckt sich fein
den Schlüssel vom Haus schon morgens ein.

Im Berliner Ratskeller

Es schadet bei manchen Untersuchungen nicht, sie erst bei einem **Räuschchen** durchzudenken und dabei aufzuschreiben.

Georg Christoph Lichtenberg

Wein ist stärker als das Wasser,
das gestehn auch seine Hasser.
Wasser reißt wohl Eichen um
und hat Häuser umgerissen;
und ihr wundert euch darum,
dass der Wein mich umgerissen?

> *Gotthold Ephraim Lessing,*
> *Die Stärke des Weins*

Trinke, wenn du glücklich bist, niemals wenn du unglücklich bist.

> *Gilbert K. Chesterton*

Erst Täubchen, Tiger dann und Schwein, gefühlvoll erst, rauflustig dann,
unflätig zuletzt ist der **trunkene** Mann.

> *Anastasius Grün, Sprüche*

Es säuft sich voll für sich kein unvernünftig Tier.
O, hätten sie Vernunft, sie **tränken** auch wie wir!

> *Friedrich von Logau,*
> *Trunkenheit*

Sorgen ertrinken nicht in **Alkohol**. Sie können schwimmen.

> *Heinz Rühmann*

Wie man vor **Trunkenheit** sich schützen kann?
Man sehe sich recht den Trunkenen an!

> *Aus China*

Sie stritten sich beim **Wein** herum,
was das nun wieder wäre:
Das mit dem Darwin war gar zu dumm
und wider die menschliche Ehre.
Sie tranken manchen Humpen aus,
sie stolperten aus den Türen,
sie grunzten vernehmlich und kamen nach Haus
gekrochen auf allen vieren.

> *Wilhelm Busch*

In vino feritas! Der **Wein** macht wild.
Josef von Wernek,
Trinkspruch am 5. 12. 1659

Zu viel **Wein** ist eine Falle für den Toren.
Bibel, Buch Kohelet 31, 30

Wenn einer in der **Trunkenheit** etwas Sträfliches begeht, so muss er
doppelte Strafe leiden, als wenn er es in der Nüchternheit begangen hätte.
Plutarch, Gastmahl der 7 Weisen 13

Tugend

Tugend ist die moralische Stärke in Befolgung seiner Pflicht, die niemals
zur Gewohnheit werden, sondern immer ganz neu und ursprünglich aus
der Denkungsart hervorgehen soll.
Immanuel Kant

Tu keinem etwas an, wovon du nicht willst, dass es dir geschehe – in
diesem Grundsatz liegt alle **Tugend**, liegen alle Pflichten des Menschen
gegen die Gesellschaft.
Friedrich II. von Preußen

Die wahrsten **Tugenden** sind die übermäßigen: Mitleid nicht mit den
Guten, sondern mit den Bösen, Großmut gegen die Undankbaren, Treue
ohne förmliche Verpflichtung.
Thornton Wilder, Der achte Schöpfungstag; Von Illinois
nach Chile

Die größten **Tugenden** müssen diejenigen sein, welche den Nebenmen-
schen am nützlichsten sind.
Aristoteles, Rhetorik 1,9

Was immer das Leid der anderen lindert oder ihr Glück erhöht, das nenne ich **Tugend**. Alles, was die Gesellschaft im Allgemeinen oder irgendeines ihrer Individuen verletzt, gilt für mich als Laster.

> *Robert Burns*

Man kann die **Tugend** meiner Ansicht nach kurz und gut definieren als die rechte Ordnung der Liebe.

> *Augustinus*

Das Volk und die Großen haben weder dieselben **Tugenden** noch dieselben Laster.

> *Luc de Clapier Vauvenargues*

Tugend ist die Gesundheit der Seele.

> *Ariston von Chios*

Von Natur besitzen wir keinen Fehler, der nicht zur **Tugend**, keine Tugend, die nicht zum Fehler werden könnte.

> *Johann Wolfgang von Goethe, Wilhelm Meisters*
> *Wanderjahre I*

Er war tiefe Weisheit, wenn die Römer Tapferkeit und **Tugend** mit einem und demselben Wort bezeichneten. Es gibt in der Tat keine Tugend, die mit Recht so genannt wird, ohne Sieg über uns selbst.

> *Samuel Smiles, Die Sparsamkeit 6*

Die **Tugend** besteht nicht im Verzicht auf das Laster, sondern darin, dass man es nicht begehrt.

> *George Bernard Shaw,*
> *Der Katechismus des Umstürzlers*

Die **Tugend** nackt und bloß kann nicht für Gott bestehn,
sie muss mit Liebe sein geschmückt, dann ist sie schön.

> *Angelus Silesius*

Einige **Tugenden** werden belohnt, andere verziehen.

> *Friedrich Gottfried Klopstock*

Die wahre **Tugend** ist das Leben unter der Leitung der Vernunft.
Baruch de Spinoza, Posthum

Die **Tugend** ist weiblichen Geschlechts, damit wir sie desto liebenswürdiger finden sollen.
Pythagoras

Der **Tugendhafte** ist weise. Der Weise ist gut. Der Gute ist glücklich.
Anicius Boethius

Leichtes Leben verdirbt die Sitten, aber die **Tugendkomödie** verdirbt den ganzen Menschen.
Theodor Fontane

Auch die **Tugend** ist eine Kunst, und auch ihre Anhänger teilen sich in Ausübende und bloße Liebhaber.
Marie von Ebner-Eschenbach, Aphorismen

Man spricht selten von der **Tugend**, die man hat; aber desto öfter von der, die uns fehlt.
Gotthold Ephraim Lessing

Die **Tugend** ist bei einigen Furcht vor der Gerechtigkeit, bei vielen Schwäche, bei anderen Berechnung.
Gérard de Nerval

Jedwede **Tugend** ist fleckenfrei – bis auf den Augenblick der Probe.
Friedrich Schiller, Don Carlos IV, 4 (Lerma)

Unter den nützlichen **Tugenden** steht die falsche Bescheidenheit obenan.
Johannes Gross

Eines Mannes **Tugend** erprobt allein die Stunde der Gefahr.
Friedrich Schiller, Maria Stuart I, 7 (Maria)

U Unglück

Alle Lebewesen erscheinen mir gleich **unglücklich**, vom Engel bis zur Auster. Das Übel ist, geboren zu sein.
> *Marquise du Deffand, an Voltaire*

Fliehst du vor dem Loche, fällst du in den **Brunnen**.
> *Aus Afrika*

Wenn dir das **Unglück** auf dem Nacken sitzt, beißt dich der Hund auf dem Kamele.
> *Aus dem Iran*

Der **Unglückliche** muss auch Unmöglich's fürchten. Gegen ihn erheben die stummen Steine selber sich als Zeugen; die Wand hat Ohren, Mauern sind Verräter.
> *Friedrich Schiller,*
> *Turandot III, 3 (Barak)*

Sich elend zu sehn durch eigene, nicht durch anderer Schuld, das bereitet die bittersten **Qualen**.
> *Sophokles, Ajax 258 (Tekmessa)*

Unter den **Unglücklichen** beklagt man die am wenigsten, die es durch ihre Schuld geworden sind. Sie sind daher aber am meisten zu beklagen. Der Trost eines guten Gewissens fehlt ihnen.
> *Ewald von Kleist,*
> *Gedanken über verschiedene Gegenstände*

Wer den **Schaden** hat, darf für den Spott nicht sorgen.
> *Wilhelm Heinse*

So sind die Menschen fürwahr, und einer ist doch wie der andre, dass er zu gaffen sich freut, wenn den Nächsten ein **Unglück** befället!
> *Johann Wolfgang von Goethe, Hermann und Dorothea I*

Die Meinung hält es mit dem **Unglücklichen**; es wird der Neid stets den obsiegend Glücklichen verfolgen.
Friedrich Schiller, Maria Stuart I, 8 (Burleigh)

Wer in **Unglück** fällt, verliert sich leicht aus der Erinnerung der Menschen.
Friedrich Schiller, Turandot III, 3 (Kalaf)

Der Glückliche glaubt nicht, dass noch Wunder geschehn; denn nur im **Elend** erkennt man Gottes Hand und Finger, der gute Menschen zum Guten leitet.
Johann Wolfgang von Goethe, Hermann und Dorothea 2

Der **Unglückliche** wird argwöhnisch. Er kennt weder die gute Seite des Menschen noch die günstigen Winke des Schicksals.
Johann Wolfgang von Goethe, Lila II (Magus)

Die **Unglücklichen** ketten sich so gern aneinander.
Gotthold Ephraim Lessing, Emilia Galotti IV, 7 (Orsina)

Wenn das **Unglück** dem Verbrechen folgt, folgt öfter das Verbrechen noch dem Unglück!
Franz Grillparzer, Medea IV (Medea)

Zwei **Unglückliche** sind wie zwei schwache Bäumchen, die, sich gegeneinander lehnend, dem Sturme schon kräftigen Widerstand leisten.
Voltaire, Zadig oder Das Schicksal

Der Himmel führt oft **Unglückliche** zusammen, dass beider Elend gehoben werde.
Johann Wolfgang von Goethe, Lila III (Lila)

Verzage nicht! Vielleicht ist das **Unglück** die Quelle deines Glücks.
Menander

Wen der Herr liebt, den **züchtigt** er.
Bibel, Hebräer 12, 6

Unglück – der erste Weg zur Wahrheit.
Lord Byron

Unglück ist gesund zum Frühstück,
zu Mittag gleichgültig,
aber tödlich beim Abendessen.
Aus Schottland

Unglück macht Menschen. Wohlstand macht Ungeheuer.
Victor Hugo

Im Feuer erweist sich das Gold als echt, im **Unglück** der tapfere Mann.
Lucius Annaeus Seneca, an Lucilius

Dem Tapferen sind Glück und **Unglück** wie seine rechte und linke Hand;
er bedient sich beider.
Katharina von Siena

Im **Unglück** finden wir meistens die Ruhe wieder, die uns durch die
Furcht vor dem Unglück geraubt wurde.
Marie von Ebner-Eschenbach,
Aphorismen

Das **Unglück**, das wir mit Augen sehen, ist geringer, als wenn unsere
Einbildungskraft das Übel gewaltsam in unser Gemüt einsenkt.
Johann Wolfgang von Goethe, Wilhelm Meisters
Lehrjahre VIII

Ich halte dich für **unglücklich**, weil du niemals unglücklich warst. Ohne
auf Widerstand zu stoßen, bist du durchs Leben geschritten. Niemand
kann beurteilen, was in deinen Kräften steht, nicht einmal du selbst.
Lucius Annaeus Seneca,
an Lucilius

Im **Unglück** lernt man sich selbst am besten kennen, weil man nicht
mehr durch Freunde abgelenkt wird.
Samuel Johnson

Unsterblich sein

Zwar alles, was der Mensche trägt,
das Fleisch und seine Knochen,
wird, wenn er sich hin **sterben** legt,
zermalmet und zerbrochen
von Maden, Motten und was mehr
gehöret zu der Wurme Heer.
Doch soll's nicht stets so bleiben.

Paul Gerhardt, Ich weiß, dass mein Erlöser lebt

Untergehn und nicht vergehn
ist der Sonne Eigenschaft:
Durch des Schöpfers Will und Kraft
stirbt der Mensch zum **Auferstehn**.

Friedrich von Logau, Der Sonne und des Menschen
Untergang

Wie wir mitten im **Leben** vom Tode umfangen sind, so müsst ihr jetzt
auch ganz fest überzeugt sein, dass wir mitten im Tode vom Leben
umfangen sind.

Johann Calvin

Unsterblichkeit ist uns geoffenbart durch eine unserem Geist
eingeborene, uns verliehene Ahnung. Gott selbst, der ihn erschaffen
hat, legt dieses Wort in ihn.

Joseph Joubert, Gedanken und Maximen

Der Mensch soll an **Unsterblichkeit** glauben; er hat dazu ein Recht;
es ist seiner Natur gemäß.

Johann Wolfgang von Goethe, zu Eckermann, 4.2.1829

Derjenige, der Gott auch nur einen Augenblick gedacht hat, sollte nicht
unsterblich sein?

Friedrich Gottlieb Klopstock

Denn wer an Persephone Buße zahlt für alte Schuld, des **Seele** gibt sie nach neun Jahren wieder hinauf ans Sonnenlicht. Da werden hehre Fürsten aus ihnen und mächtige Herrscher und weisheitsvolle Männer.
Pindar

Wenn wir Menschen ein angeborenes Verlangen nach **Unsterblichkeit** haben, so ist es klar, dass wir in unsrer jetzigen Lage nicht sind, wo wir sein sollten. Wir zappeln auf dem Trocknen, und es muss irgendwo ein Ozean für uns sein.
Matthias Claudius, Über die Unsterblichkeit

Wir kümmern uns nicht, dass wir nicht dagewesen sind, ehe wir geboren wurden. Warum uns kümmern, nicht mehr da zu sein, wenn wir **gestorben** sind?
Karl Julius Weber, Demokritos, Der Tod

Ich zweifle nicht an unserer **Fortdauer**; denn die Natur kann die Entelechie nicht entbehren.
Johann Wolfgang von Goethe, zu Eckermann, 1.9.1829

Wollen wir uns die **Unsterblichkeit** aus dem Weltplan wegdenken, dann ist die sittliche Schönheit auf eine zerfallende Seifenblase gemalt.
Jean Paul

Es hat wohl niemals eine rechtschaffene Seele gelebt, welche den Gedanken hätte ertragen können, dass mit dem Tode alles zu Ende sei, und deren edle Gesinnung sich nicht zur Hoffnung der **Zukunft** erhoben hätte.
Immanuel Kant, Träume eines Geistersehers 2

Bei keinem Volke ist der Glaube an **Unsterblichkeit** stärker gewesen als bei den Kelten; man konnte Geld bei ihnen geliehen bekommen, um es in der anderen Welt wiederzugeben.
Heine, Aphorismen und Fragmente

Für die, welche an keine **Unsterblichkeit** glauben, gibt es auch keine.
Ludwig Börne, Fragmente und Aphorismen

Die größte Unbescheidenheit ist der Anspruch auf **Unsterblichkeit**, die Zumutung an die Natur, diese dürftige Menschenkreatur selbst in den misslungensten Exemplaren für Ewigkeiten aufzubewahren.

> *Heinrich Leuthold,*
> *Sprüche 2*

Ich weiß wohl, dass derjenige auf **Ewigkeit** hofft, der hier zu kurz gekommen ist.

> *Friedrich Schiller,*
> *Die Räuber V, 1 (Franz)*

Gönnt doch den Wahn dem armen Schlucker,
der nur des Lebens Bitterkeit genießt!
Unsterblichkeit ist ja der Zucker,
der ihm den herben Trank der Zeit versüßt.

> *Paul Heyse, Spruchbüchlein, Gott und Welt*

Jede Seele ist **unsterblich**; denn das Stetsbewegte ist unsterblich.

> *Platon, Phädros 51 (Sokrates)*

Untreue

Das Hauptmotiv für den **Ehebruch** ist das Verlangen nach dem unverbindlichen, ja dem anonymen Urerlebnis.

> *Otto Flake*

Warum suchen wir das **Vergnügen** bei anderen Frauen? Weil die eigene nicht die Kunst versteht, sich zu erneuern.

> *Pierre Augustin de Beaumarchais*

Viele Ehen brauchen die **Untreue**, damit sie Bestand haben.

> *Alexander Comfort*

Natürlich find ich's, dass die Frauen Zorn ergreift,
wofern um andre Bräute **buhlt** der Ehgemahl.

Euripides, Medea IV, 1 (Jason)

An den **Sünden** der Frau ist der Mann nicht unschuldig.

Aus Italien

Wenn eine Frau ihren Mann mit dessen bestem Freund **betrügt**, so
beruht das hauptsächlich darauf, dass Männer selten ihre Feinde nach
Hause mitbringen.

Marcello Mastroianni

Das Herz einer leichtlebigen Frau gleicht der Rose, von der jeder
Liebhaber ein Blatt abreißt. Dem Gatten bleibt nur der Dorn.

Sophie Arnould

Es ist kein Kompliment für eine ungetreue Frau, wenn der Gatte
glücklicher aussieht als der **Liebhaber**.

Nicolas Sébastien Roch de Chamfort

Wenn ich nochmal eine Frau **entführen** sollte, würde ich den Gatten
mitnehmen.

Franz Liszt

V *Verachtung*

Mir ist, als schnitte ich in mein eigenes Fleisch hinein,
wenn ich jemanden **verachten** muss.
> *Friedrich Hebbel,*
> *Judith II (Judith)*

Ein leichtsinniger Mensch darf andere zum Besten haben,
erniedrigen, wegwerfen,
weil er sich selbst einmal preisgibt.
Wer auf sich etwas hält, scheint dem Rechte entsagt zu haben,
andere **gering zu schätzen**.
> *Johann Wolfgang von Goethe,*
> *an Friedrich Heinrich Jacobi, 5.5.1786*

Man **verachtet** nur dort,
wo man nicht stark genug ist, zu lachen.
> *Martin Kessel,*
> *Gegengabe IV*

Verachtung ist schlecht gelaunter Egoismus.
> *Samuel Taylor Coleridge*

Verachtung: Das Gefühl eines vorsichtigen Mannes für einen
Feind, der zu mächtig ist, als dass man ihm gefahrlos entgegentreten
könnte.
> *Ambrose Bierce*

Verachtung verdient nur der,
der es besser weiß, aber schlechter tut.
> *Stanislaw Brzozowski*

Sagt, ist noch ein Land außer Deutschland,
wo man die Nase eher **rümpfen** lernt als putzen?
> *Georg Christoph Lichtenberg*

Verführung

Überall herrscht der **Zufall**. Lass deine Angel nur hängen; wo du's am wenigsten glaubst, sitzt im Strudel der Fisch.
> *Ovid, Liebeskunst 3, 425*

Die **Werbung** besteht aus einer Anzahl stiller Aufmerksamkeiten, die weder so stark hervortreten, dass sie alarmieren, noch so vage sind, dass sie nicht verstanden werden.
> *Laurence Sterne*

Galanterie ist ein völlig selbstloses Handeln aus eigensüchtigen Motiven.
> *Elbert Hubbard*

Koketterie ist Egoismus in der Form der Schönheit.
> *Johann Wolfgang von Goethe,*
> *zu Riemer, 13.8.1807*

Wer einen Gruß an das liebe **Fleisch** zu bestellen hat, darf nur das gute Herz Boten gehen lassen.
> *Friedrich Schiller, Kabale und Liebe I, 1 (Miller)*

Fortes adiuvat ipsa Venus. **Venus** selbst hilft den Kühnen.
> *Tibull*

Einem **Liebhaber**, der den Vater zu Hilfe ruft, trau ich – erlauben Sie – keine hohle Haselnuss zu.
> *Friedrich Schiller, Kabale und Liebe I, 2 (Miller)*

Weh dem Manne, den weibliches **Erröten** mutig macht!
> *Friedrich Schiller, Don Carlos II, 8 (Carlos)*

Mit **Humor** kann man Frauen am leichtesten verführen; denn die meisten Frauen lachen gerne, bevor sie anfangen zu küssen.
> *Jerry Lewis*

Am **Anfang** widersteht eine Frau dem Ansturm des Mannes, und am Ende verhindert sie seinen Rückzug.
Oscar Wilde

Eine **Liebeserklärung** ist wie die Eröffnung beim Schach: Die Konsequenzen sind unabsehbar.
Hans Söhnker

Alle großen **Verführer** wissen, dass Diskretion Voraussetzung des Erfolges ist. Die selbst auferlegte Schweigepflicht der wahren Frauenhelden ist kaum weniger streng als die der Ärzte.
André Maurois

Versagen ist der Frauen Sitte, doch lieben sie, dass man sie bitte.
Freidank, Bescheidenheit 37

Eine Frau, die ihr **Nein** begründet, hat es bereits halb zurückgenommen.
Sigmund Graff

Frauen verteidigen sich, indem sie angreifen, und greifen an, indem sie sich ergeben.
Oscar Wilde

Bei den **Damen** kommt man mit Chopin viel weiter als mit Mozart.
Artur Rubinstein

Flirt ist Training mit dem Unrichtigen für den Richtigen.
Senta Berger

Junggesellen wissen, dass man einer Frau nicht zu lange den **Hof machen** darf, weil man ihn sonst kehren muss.
Peter Weck

Die Frau ist, grundsätzlich gesehen, **verführbar**, jede. Aber nicht zu jeder Zeit und nicht von jedem.
Otto Flake

Leicht zu gewinnender Ruhm ist's, gläubige **Mädchen** zu täuschen.
Ovid

Der **Widerstand**, den eine Frau leisten wird, lässt sich berechnen.
Er ist gleich dem Quotienten aus den Wünschen der Frau und der Angst
vor dem schlechten Ruf, multipliziert mit der Chance, das Ganze geheim
zu halten.
John Osborne

Frauen bis 25 erwarten die **Verführung** – danach unterliegen sie
Vereinbarungen.
Hans Arndt, Im Visier

Bei an Weib **Glück** habn,
das kann jeder Bua,
aber mit an Weib glücklich sein,
da ghört viel dazua.
Peter Rosegger, Am Tage des Gerichts

Frauen, die sich zu schnell erobern lassen, organisieren den **Widerstand**
später im Untergrund.
Jean-Paul Belmondo

Ich wag' mich nicht an Inge ran, die kommt gleich mit dem **Ringe** an.
Verfasser unbekannt

Ihn fragte ich einmal: Gibt es eigentlich ein Wort, eine Geste, ein Gambit
sozusagen, das Ihnen schon in den Anfangszügen Ihre **Chancen** für das
kommende Spiel verrät? – Allerdings, informierte er mich mit leichter
Herablassung, wie ein Einstein, den man um das kleine Einmaleins
angeht. Es ist die Frage an die betreffende Dame: Wie alt sind Sie? Fordert
die Dame mich auf, ihr Alter zu erraten, so deutet das auf die Lust hin,
sich auf das Spiel einzulassen. Macht sie sich jünger, so hat der Tanz
schon begonnen. Antwortet sie aufrichtig, so ist die Hingabe in der
Phantasie bereits vollzogen. Weist sie aber die Frage als ungehörig zurück,
so kann man ebenso gut einpacken.
Georg Stefan Troller, Pariser Gespräche 1

Vergangenheit

Wer vor seiner **Vergangenheit** flieht,
verliert das Rennen.
Thomas Stearns Eliot

Alles, was man gemeinhin **Vergangenheit** nennt, ist im Grunde nur eine
leiser und dunkler gewordene Art von Gegenwart.
Gertrud von Le Fort

Chinesische, indische, ägyptische **Altertümer** sind immer nur Kuriositä-
ten. Es ist sehr wohl getan, sich und die Welt damit bekannt zu machen;
zu sittlicher und ästhetischer Bildung aber werden sie uns wenig fruchten.
Johann Wolfgang von Goethe,
Wilhelm Meisters Wanderjahre III

Die Schriften der **Alten**, die guten Schriften von Kraft und Saft, können
mich fast zu allem bewegen, wozu sie wollen, und diejenige Schrift, die
ich gerade lese, scheint mir jedes Mal die überzeugendste. Ich finde, dass
sie alle der Reihe nach Recht haben, mögen sie sich auch oft widersprechen.
Michel Eyquem de Montaigne, Essays 2,12

Da stehen die **Säulenstümpfe** wie niedergebrannte Kerzen eines Gottes-
diensts, der vorbei ist.
Erhart Kästner, Ölberge, Weinberge

Der, dessen **Vergangenheit** frei ist von Schuld, kann sich in ihr ergehen
wie in einem friedlichen Garten.
Peter Rosegger,
Heimgärtners Tagebuch

Wann war die **goldne Zeit**? Welt hat ja allezeit
geklaget über Krieg, Not, Sünd und Sterblichkeit.
Friedrich von Logau, Die goldene Zeit

Die **Welt** ist nicht schlechter geworden.
Nur die Nachrichtendienste wurden besser.
Verfasser unbekannt

Kein Mensch,
der über die **Vergangenheit** genau Bescheid weiß,
wird die Gegenwart düster oder verzagt sehen.
Thomas B. Macaulay

Ich möchte fast glauben, Herr Pastor, wir alle sind **Gespenster**. Nicht
bloß das geht in uns um, was wir von Vater und Mutter geerbt haben. Es
sind allerhand alte, abgestorbne Ansichten und allerlei alter, abgestorbner
Glaube und dergleichen. Es lebt nicht in uns, aber dennoch sitzt es fest in
uns, und wir können's nicht loswerden.
Henrik Ibsen,
Gespenster II (Frau Alwing)

Diejenigen, die sich nicht der **Vergangenheit** erinnern, sind verurteilt,
sie erneut zu durchleben.
George de Santayana

Gerade den besten Gesetzen der **Vorfahren** geben wir leichten Herzens
den Abschied. Geht es aber um Verhältnisse, die sie klüger hätten gestalten können, da greifen wir sogleich und mit Freuden zu jener billigen
Ausrede von der guten Tradition und verbeißen uns in das Althergebrach-
te wie wütende Köter.
Thomas Morus, Utopia

Unter mancherlei wunderlichen Albernheiten der Schulen kommt mir
keine so vollkommen lächerlich vor als der Streit über die Echtheit **alter
Schriften**, alter Werke. Ist es denn der Autor oder die Schrift, die wir bewundern oder tadeln?
Johann Wolfgang von Goethe

Wer vor der **Vergangenheit** die Augen verschließt,
wird blind für die Gegenwart.
Richard von Weizsäcker

Spiegel der Zukunft sei das **Vergangene**? Doch die Geschichte wirkt ins Gewebe der Zeit nimmer das nämliche Bild.

Heinrich Leuthold, An einen Fatalisten

Man klagt, dass alte Lieb' und Treue sei verloren,
dass aller Segen sich verkehrt in einen Fluch;
allein, wenn ich die **Zeit**, die vorhergeht, durchsuch',
so dank' ich Gott, dass ich in dieser bin geboren.

Christian Wernicke,
Auf die unnützen Klagen über die jetzigen Zeiten

Sich seiner **Vergangenheit** bewusst zu sein heißt Zukunft haben.

Hans Zohberger

Die **Vergangenheit** sollte ein Sprungbrett sein, nicht ein Sofa.

Harold Macmillan

Die **Vergangenheit** kann uns nicht sagen, was wir tun, wohl aber, was wir lassen müssen.

José Ortega y Gasset

Verliebt sein

Eine **Geliebte** wählt man nicht; sie bricht über einen herein.

Claude Anet

Das hat man doch nicht in seiner Macht, in wen man sich **verliebt**!

Henrik Ibsen, Baumeister Solness II (Hilda)

Sorge, sie steiget mit dir zu Ross, sie steiget zu Schiffe; viel zudringlicher noch packet sich **Amor** uns auf.

Johann Wolfgang von Goethe, Vier Jahreszeiten, Sommer 24

Liebe auf den ersten Blick ist ungefähr so zuverlässig wie Diagnose auf den ersten Händedruck.

> *George Bernard Shaw*

Den einen **liebt** man, und mit dem anderen möchte man gern zusammen sein.

> *Henrik Ibsen, Nora II (Nora)*

Die **Frauen** geben wenig auf ein schönes Gesicht; was sie verführt, ist Kraft und Mut. Intellektuelle Eigenschaften üben keinen unmittelbaren Einfluss auf sie. Dummheit ist durchaus kein Hindernis in der Erlangung der Weibergunst.

> *Arthur Schopenhauer, Parerga und Paralipomena*

Es gibt wenige **Frauen**, welche fähig sind, den Mann um des Genius willen zu lieben. Es ist die Person und der Erfolg, was sie begehren.

> *Anselm Feuerbach, Ein Vermächtnis*

Mir g'nügt die leichte Ehre nicht, ein **Herz** zu fesseln, welches Tausende gewannen. Den Mut zu brechen, welchen nichts gebeugt, ein Herz zu rühren, welches nie gefühlt, den stolzen Mann als Siegerin zu fesseln, der nicht begreift, wie ihm geschieht, umsonst sich seinem Joch entwindet, das er liebt, das lockt mich an.

> *Friedrich Schiller, Phädra II, 1 (Aricia)*

Ein **Kavalier** von Kopf und Herz
ist überall willkommen;
er hat mit feinem Witz und Scherz
manch Weibchen eingenommen.
Doch wenn's ihm fehlt an Faust und Kraft,
wer mag ihn dann beschützen?
Und wenn er keinen Hintern hat,
wie mag der Edle sitzen?

> *Johann Wolfgang von Goethe, Totalität*

Frauen **lieben** die Besiegten, aber sie einigen sich mit den Siegern.

> *Tennessee Williams*

Wenn eine Frau die Wahl hat zwischen **Liebe** und Reichtum, versucht sie immer, beides zu wählen.

Marcel Achard

Jede **Frau** erwartet von einem Mann, dass er hält, was sie sich von ihm verspricht.

Chariklia Baxevanos

Eine wahre **Liebe** ist zum Exempel was Vortreffliches; aber eine wahre Liebe mit einem wohlgespickten Beutel, darüber geht gar nichts.

Johann Wolfgang von Goethe, Triumph der
Empfindsamkeit III (Merkulo)

Als Zeus Europen lieb gewann,
nahm er, die Schöne zu besiegen,
verschiedene Gestalten an,
verschieden ihr verschiedlich anzuliegen.
Als Gott zuerst erschien er ihr,
dann als ein Mann und endlich als ein Tier.
Umsonst legt er als Gott den Himmel ihr zu Füßen:
Stolz fliehet sie vor seinen Küssen.
Umsonst fleht er als Mann in schmeichelhaftem Ton:
Verachtung war der **Liebe** Lohn.
Zuletzt – mein schön Geschlecht, gesagt zu deinen Ehren! –
ließ sie – von wem? – vom Bullen sich betören.

Gotthold Ephraim Lessing, Auf die Europa

Frauen schätzen einen raffinierten Mann nur stundenweise.

Hans Arndt, Im Visier

Eines Fehlers wegen entsagt man keinem **Manne**.

Gotthold Ephraim Lessing, Minna von Barnhelm III, 12
(Fräulein)

Es gibt eine geheimnisvolle **Neigung** jüngerer Männer zu älteren Frauen.

Johann Wolfgang von Goethe, Wilhelm Meisters
Wanderjahre II

Zwar lieb ich auch **große Fraun** und bin kein Kostverächter,
doch tauscht man sie für kleine, so ist der Tausch kein schlechter.
Juan Ruiz, Von den Vorzügen der kleinen Frauen

Ein kluger hässlicher Mann hat hin und wieder **Erfolg** bei den Frauen,
aber ein hübscher Dummkopf ist unwiderstehlich.
William Makepeace Thackeray

Die Ausdrücke **»Herz verschenken«**, »Gunst verschenken« sind
poetische Blümchen. Kein Mädchen schenkt ihr Herz weg; sie verkauft es
entweder für Geld oder Ehre oder vertauscht es gegen ein anderes, wobei
sie Vorteil hat oder doch zu haben glaubt.
Georg Christoph Lichtenberg,
Über die Macht der Liebe

Dumme **Frauen** werden mit gescheiten Männern fertig, aber es bedarf
einer sehr klugen Frau, um einen Dummkopf zu lenken.
Rudyard Kipling

Keine **Frau** trägt gerne ein Kleid, das eine andere abgelegt hat. Mit Männern ist sie nicht so wählerisch.
Françoise Sagan

Veränderung nur ist das Salz des Vergnügens.
Friedrich Schiller, Kabale und Liebe V, 7 (Ferdinand)

Auch in der **Liebe** haben die feinsten Austernesser manchmal Appetit auf
a paar Knödl und a G'selchts.
Johann Nepomuk Nestroy

Gebet einer **Jungfrau**: Lieber der Spatz in der Hand sein als die Taube auf
dem Dach.
Hans Kasper, Nachrichten und Notizen

Mehrere Frauen gleichzeitig zu **lieben** gelingt leichter, als zwei Herren zu
dienen.
Hans Arndt, Im Visier, Aufgefallen und fixiert

Der Anblick der Imhof hat mir **wehgetan**, da sie dir so ähnlich ist und doch nicht du. Sie ist wie eine Septime, die das Ohr nach dem Akkorde verlangen macht.

Johann Wolfgang von Goethe,
an Frau von Stein, 10.10.1785

Am liebsten erinnern sich die Frauen an die **Männer**,
mit denen sie lachen konnten.

Anton Tschechow

Wahre **Liebe** geht aus der Harmonie der Gedanken und dem Gegensatz der Charaktere hervor.

Théodore Simon Jouffroy

Sie war doch sonst ein **wildes Blut**;
nun geht sie tief in Sinnen,
trägt in der Hand den Sommerhut
und duldet still der Sonne Glut
und weiß nicht, was beginnen.
Das macht, es hat die Nachtigall
die ganze Nacht gesungen;
da sind von ihrem süßen Schall,
da sind in Hall und Widerhall
die Rosen aufgesprungen.

Theodor Storm,
Die Nachtigall

Anschauen macht **Liebe**,
Gelegenheit Diebe.

Sprichwort

Das Verstummen, das Erstaunen, bildet sich als **Liebe** fort.

Johann Wolfgang von Goethe,
Maskenzug in Weimar 1818

Auch der **Geist** kann eine erogene Zone sein.

Raquel Welsh

Die einzigen Menschen auf der Welt, die wirklich **geliebt** werden, sind diejenigen, deren Herzen weise sind.

Thornton Wilder, Der achte Schöpfungstag,
Von Illinois nach Chile

Du weißt allzu gut, dass unser Herz an natürlichen **Trieben** so fest als an Ketten liegt.

Friedrich Schiller, Kabale und Liebe III, 6 (Luise)

Wohl jedem, der nur **liebt**, was er darf, und nur hasst, was er soll.

Marie von Ebner-Eschenbach, Aphorismen

In Frauen wird man oft aus Langeweile **verliebt** – man weiß nichts mit ihnen weiter anzufangen.

Jean Paul

Als ob die **Liebe** etwas mit dem Verstande zu tun hätte! Wir lieben an einem jungen Frauenzimmer ganz andere Dinge als den Verstand. Wir lieben an ihr das Schöne, das Jugendliche, das Neckische, das Zutrauliche, den Charakter, ihre Fehler, ihre Kapricen und Gott weiß was alles Unaussprechliche sonst. Aber wir lieben nicht ihren Verstand.

Johann Wolfgang von Goethe, zu Eckermann, 2.1.1824

Eine **Frau** wird umso begehrenswerter, je stärker die Natur in ihr entfaltet und je nachdrücklicher sie in ihr gebändigt erscheint.

Simone de Beauvoir

Die **Weiber** lieben die Stärke, ohne sie nachzuahmen, die Männer die Zartheit, ohne sie zu erwidern.

Jean Paul

Man **liebt** einen Menschen nicht wegen seiner Stärke, sondern wegen seiner Schwächen.

Tilla Durieux

Auf Schwächen und Blößen gründet sich die **Liebe**.

Johann Georg Hamann, an Kant, Dezember 1759

Nicht wer gibt, sondern wer fordert, wird **geliebt**.
Cesare Pavese, Handwerk des Lebens

Wenn Lust und Freude sehr geschickt sind, die **Liebe** zuerst zu erzeugen und im Stillen zu nähren, so wird sie, die von Natur herzhaft ist, durch den Schrecken am leichtesten angetrieben, sich zu entscheiden und zu erklären.
Johann Wolfgang von Goethe, Wilhelm Meisters Lehrjahre VI

Die Eitelkeit stürzt mehr Frauen in den Abgrund als die **Liebe**.
Marquise du Deffand

Die Weiber sind am gefälligsten, wenn sie **Furcht** haben; darum fürchten sie sich auch so leicht.
Ludwig Börne, Fragmente und Aphorismen 264

Für mich sind die Männer die schönsten und gefährlichsten Raubtiere der Welt. Ich **liebe** sie, wie der Dompteur seine Tiger liebt.
Eartha Kitt

Sie akzeptierte ihn als Mann und **liebte** ihn als zukünftigen Vater ihrer Kinder.
Hans Arndt, Im Visier, Realität

Ihr andern **liebt** meistenteils an den Männern, was Männer an sich untereinander nicht leiden können.
Johann Wolfgang von Goethe,
Triumph der Empfindsamkeit I (Andrason)

Der Zauber der ersten **Liebe** liegt darin, dass man sich nicht vorzustellen vermag, sie könnte jemals enden.
Benjamin Disraeli

Die ersten Schritte, die uns in den Irrgarten der **Liebe** bringen, sind so angenehm, die ersten Aussichten so reizend, dass man sie gar zu gern in sein Gedächtnis zurückruft.
Johann Wolfgang von Goethe

Jeder **Mann** liebt nur einmal. Und zwar zwischen zwölf und fünfzehn.
Später bildet er es sich nur noch hin und wieder ein.
>> *Curt Goetz*

Vernunft

Die **Vernunft** ist der Gott in uns.
>> *Menander*

Die **Vernunft** beherrscht uns viel gebieterischer als ein Herr. Wenn wir
diesem nicht gehorchen, sind wir unglücklich; wenn wir ihr nicht gehorchen, sind wir Dummköpfe.
>> *Blaise Pascal, Gedanken*

Das Vermögen, welches die Verbindung der Wahrheiten untereinander
einsieht, heißt im eigentlichen Sinne **Vernunft**.
>> *Gottfried Wilhelm Leibniz*

Die **Vernunft** ist das Prinzip der allgemeinen Gleichheit,
der Verstand ist das Prinzip der Ungleichheit
unter den Menschen.
>> *Friedrich Wilhelm Jacob Schelling*

Ich glaube an den Menschen, und das heißt, ich glaube an seine
Vernunft! Ohne diesen Glauben würde ich nicht die Kraft haben, am
Morgen aus meinem Bett aufzustehen.
>> *Bertolt Brecht,*
>> *Leben des Galilei 3 (Galilei)*

Verstand dient der Wahrnehmung der eigenen Interessen.
Vernunft ist Wahrnehmung des Gesamtinteresses.
>> *Carl Friedrich von Weizsäcker*

Was will ich?, fragt der Verstand. Worauf kommt es an?, fragt die Urteilskraft. Was kommt heraus?, fragt die **Vernunft**.
Immanuel Kant

Durch Verstand sind wir imstande zu erlernen (Regeln zu erfassen), durch Urteilskraft vom Erlernten Gebrauch zu machen (Regeln in concreto anzuwenden), durch **Vernunft** zu erfinden, Prinzipien für mannigfaltige Regeln auszudenken.
Immanuel Kant

Die **Vernunft** ist nur der durch die Phantasie erweiterte Verstand.
Franz Grillparzer, Aphorismen, 1832

Vernünftige Gründe können viel.
Friedrich Schiller,
Iphigenie in Aulis IV, 3 (Achilles)

Vernunft – das ist so etwas wie ansteckende Gesundheit.
Alberto Moravia

Die **Vernunft** ist des Herzens größte Feindin.
Giacomo Girolamo Casanova, Memoiren

Die **Vernunft** ist grausam, das Herz ist besser.
Johann Wolfgang von Goethe, Wilhelm Meisters
Lehrjahre VII

Leidenschaften und Gefühle mögen populär werden, aber die **Vernunft** wird immer nur im Besitze einzelner Vorzüglicher sein.
Johann Wolfgang von Goethe, zu Eckermann, 12.2.1829

Ob die Weiber so viel **Vernunft** haben wie die Männer, mag ich nicht entscheiden, aber sie haben ganz gewiss nicht so viel Unvernunft.
Johann Gottfried Seume, Apokryphen

Die meisten Menschen leben mehr nach der Mode als nach der **Vernunft**.
Georg Christoph Lichtenberg, Von Menschenart

Wenn der Mensch so viel **Vernunft** hätte wie Verstand, wäre alles viel einfacher.

Linus Pauling

Es liegt in der menschlichen Natur, **vernünftig** zu denken und unvernünftig zu handeln.

Anatole France

Die **Vernunft** täuscht uns öfter als die Natur.

Luc de Clapier Vauvenargues

Verstand

Aufklärung ist der Ausgang des Menschen aus seiner selbst verschuldeten Unmündigkeit. Unmündigkeit ist das Unvermögen, sich seines **Verstandes** ohne Leitung eines anderen zu bedienen.Selbst verschuldet ist diese Unmündigkeit, wenn die Ursache derselben nicht am Mangel des Verstandes, sondern der Entschließung und des Mutes liegt.

Immanuel Kant, Was ist Aufklärung?

Uns andern, die zum Erbteil keine politische Macht erhalten haben, die nicht geschaffen sind, um Reichtümer zu erwerben, ist nichts willkommener, als was die **Gewalt des Geistes** ausbreitet und befestigt.

Johann Wolfgang von Goethe,
an Frau von Stein, 17.6.1784

Um eine Sache bis auf den Grund durchzudenken, bedarf es oft mehr des Mutes als des **Verstandes**.

Hans Arndt, Im Visier, Erfahrenes Wissen

Habe Mut, dich deines eigenen **Verstandes** zu bedienen!

Immanuel Kant, Was ist Aufklärung?

Intelligenz ist die Fähigkeit, seine Umgebung zu akzeptieren.
William Faulkner

Intelligenz ist besser als Wissenschaft.
Aus Abessinien

Intellektuelle haben als Hofnarren der modernen Gesellschaft geradezu die Pflicht, alles Unbezweifelte anzuzweifeln, über alles Selbstverständliche zu erstaunen, alle Autorität kritisch zu relativieren und alle jene Fragen zu stellen, die sonst niemand zu stellen wagt.
Ralf Dahrendorf

Die **Intelligenz** verdirbt den Sinn für das Wesentliche.
Antoine de Saint-Exupéry

Kein Ding auf dieser Welt ist besser verteilt als der gesunde **Menschenverstand**.
René Descartes, Abhandlung über die Methode

Der Glaube an Vorurteile gilt in der Welt als gesunder **Menschenverstand**.
Claude Adrien Helvétius

Der **Intellekt** hat ein scharfes Auge für Methoden und Werkzeuge, aber er ist blind gegen Ziele und Werte.
Albert Einstein

Die **Intelligenz** ist ein Heerführer, der immer zu spät in die Schlacht kommt und nach der Schlacht diskutiert.
Leon-Paul Fargue

Ein **Intellektueller** ist ein Mensch, der nicht genug Körper hat, um seinen Geist zu bedecken.
Jean Giono

Der **Verstand** soll Fürst, der Wille Untertan, das Gewissen Richter sein.
Verfasser unbekannt

Ein schwacher **Verstand** ist wie ein Mikroskop, das Kleinigkeiten vergrößert und große Dinge nicht erfasst.

Philip Dormer Stanhope Chesterfield

Verstehen und Erkennen

Was einer mit zwanzig weiß,
beginnt er mit vierzig zu **verstehen**.

Thomas Niederreuther,
Aphorismen

Erkennen ist wie ein Nachdenken der Gedanken Gottes.

Karl Jaspers

Unser **Begreifen** ist Schaffen.

Christian Morgenstern

Der Geist nützt sich durch **Verstehen** ab.

Henry de Montherlant

Wer dein Schweigen nicht **versteht**,
versteht auch deine Worte nicht.

Elbert Hubbard

Verstanden zu werden ist ein Luxus.

Ralph Waldo Emerson

Über den Punkt, ob die Not oder das Glück zur **Einsicht** führt, ist schon entschieden; der eine erlangt sie durch den Schmerz, der andere durch das Licht.

Charlotte von Kalb,
Aufzeichnungen aus den Jahren 1815–1842

Vertrauen

Oh, das Wohlgefühl, das unaussprechliche Wohlgefühl, sich bei einem Menschen **sicher** zu fühlen, weder Gedanken zügeln, noch Worte wägen zu müssen, sondern sie aussprechen zu dürfen, wie sie kommen, Spreu und Weizen in einem, und zu wissen, eine brüderliche Hand werde sie aufnehmen und sondern – bewahren, was des Bewahrens wert ist, und das Übrige mit gütigem Hauch hinwegblasen!
George Eliot

Vertrauen wird dadurch erschöpft,
dass es in Anspruch genommen wird.
Bertolt Brecht,
Leben des Galilei 7 (Galilei)

Halte es mit jedermann freundlich, dein **Vertrauter** aber sei unter Tausenden nur einer.
Bibel, Buch Kohelet 6, 6

Vertraue keinem Freunde, du habest ihn denn erkannt in der Not!
Bibel, Buch Kohelet 6, 7

Vor dem, welchem ich **vertraue**, hüte mich Gott. Vor dem, welchem ich nicht vertraue, werde ich mich selbst hüten.
Aus Italien

Vertrauen ist gut, Kontrolle ist besser.
Wladimir Iljitsch Lenin

Vertrauen ist Mut, und Treue ist Kraft.
Marie von Ebner-Eschenbach,
Aphorismen

Vertrauen ist die größte Selbstaufopferung.
Friedrich Hebbel

Zu viel **Vertrauen** ist häufig eine Dummheit, zu viel Misstrauen ist immer ein Unglück.

Johann Nepomuk Nestroy

Wer andern gar zu wenig traut,
hat Angst an allen Ecken;
wer gar zu viel auf andre baut,
erwacht mit Schrecken.
Es trennt sie nur ein leichter Zaun,
die beiden Sorgengründer:
Zu wenig und zu viel **Vertraun**
sind Nachbarskinder.

Wilhelm Busch,
Die Nachbarskinder

Verzweiflung

Niemals und auf keine Weise sollten wir uns **entmutigen** lassen. Gerade dann, wenn wir unsere Mängel und Fehler zu erkennen in der Lage sind, haben wir den allerwenigsten Grund, unzufrieden zu sein.

François Fénélon

Verzweiflung ist die Schlussfolgerung der Narren.

Benjamin Disraeli

Verzweiflung ist auch Mangel an Dankbarkeit.

Hans Kudszus

Wo der Mensch **verzweifelt**,
lebt kein Gott.

Johann Wolfgang von Goethe,
Des Epimenides Erwachen II, 6 (Epimenides)

Das menschliche Leben beginnt jenseits der **Verzweiflung**.
> *Jean-Paul Sartre,*
> *Die Fliegen III, 2*

Es hat **Verzweiflung** oft die Schlachten schon gewonnen.
> *Voltaire,*
> *Die Henriade X*

Ihr **Verzweifelnden**! Wie viel Mut macht ihr denen, die euch zuschaun!
> *Friedrich Nietzsche*

Die **Verzweiflung** ist eine Hyäne, die sich von der Leiche des Glaubens nährt.
> *Frank Thiess*

Wenn Menschen **verzweifelt** sind, werden sie zur Durchsetzung ihrer Ziele verzweifelte Mittel anwenden
> *Desmond Tutu*

Zweifeln ist Suchen, nicht Ratlosigkeit
> *Hanss A. Pestalozzi*

Vorbilder

Ein jeglicher muss seinen **Helden** wählen, dem er die Wege zum Olymp hinauf sich nacharbeitet.
> *Johann Wolfgang von Goethe,*
> *Iphigenie auf Tauris II, 1 (Pylades)*

Ein edles **Beispiel** macht die schweren Taten leicht.
> *Johann Wolfgang von Goethe,*
> *Paläophron und Neoterpe (Neoterpe)*

Wenige Dinge auf Erden sind lästiger
als die stumme Mahnung,
die von einem guten **Beispiel** ausgeht.
Mark Twain

Schlechte **Beispiele** verderben gute Sitten, gute Beispiele das
gute Gewissen.
Robert Lembke

Die Vorschrift mag uns den Weg weisen, aber das stille, fortwährende
Beispiel bringt uns vorwärts.
Samuel Smiles,
Die Selbsthilfe 12

Lehrsätze reden, **Beispiele** sprechen.
Ludwig Reiners,
Stilkunst IV, Die Kunst zu lehren

Vor-Bild sein heißt in erster Linie vorleiden können.
Hans Kudszus

Auch in einem Königshaus lernt man,
wie die Affen lernen:
Indem man die **Eltern** beobachtet.
Prinz Charles

Nachahmung ist die aufrichtigste Form der Schmeichelei.
Charles Caleb Colton

Ein anderes ist **Nachahmen**, ein anderes nach Meistern, die gewisse
Formen des Vertrags durchstudiert haben, sich bilden.
Johann Wolfgang von Goethe,
an Philipp Christoph Kayser, 25.4.1785

Das **Nachzuahmende** wird nicht leicht erkannt.
Johann Wolfgang von Goethe,
Wilhelm Meisters Lehrjahre VII

Ein Mensch, der **Ideale** hat,
der hüte sich, sie zu erreichen.
Sonst wird er eines Tages statt
sich selber andren Menschen gleichen.
Erich Kästner, Variante zum »Abschied«

Das Gegenteil tun heißt auch **nachahmen**.
Georg Christoph Lichtenberg

In dir muss **brennen**, was du im anderen entzünden willst.
Aurelius Augustinus

Vorstellungskraft

Holde Freundin **Phantasie**,
bleibst du mir zugegen,
fehlt ein tröstlich Licht mir nie
auch auf dunklen Wegen.
Karl von Gerok, Blumen und Sterne

Se non è vero, è molto ben trovato. Wenn es nicht wahr ist, ist es doch gut
erfunden.
Giordano Bruno,
Über die heroischen Leidenschaften II, 3

In **phantasiereichen** Menschen liegen, wie in heißen Ländern oder auf
Bergen, alle Extreme enger aneinander.
Jean Paul, Die unsichtbare Loge

Es ist nichts fürchterlicher als **Einbildungskraft** ohne Geschmack.
Johann Wolfgang von Goethe, Wilhelm Meisters
Wanderjahre II

Den **Phantasievollen** quälen die Möglichkeiten.
Hans Arndt, Im Visier, Typen im Blitzlicht

Wenn durch die **Phantasie** nicht Dinge entständen, die für den Verstand ewig problematisch bleiben, so wäre überhaupt zu der Phantasie nicht viel. Dies ist es, wodurch sich die Poesie von der Prosa unterscheidet, bei welcher der Verstand immer zu Hause ist.
Johann Wolfgang von Goethe, zu Eckermann, 5.7.1827

Wer **Phantasie** ohne Erziehung besitzt, hat wohl Flügel, aber keine Füße.
Joseph Joubert, Gedanken und Maximen

Allegorie entsteht, wenn der Verstand sich vorlügt, er habe **Phantasie**.
Friedrich Hebbel

Wie die Schwalbe nistet die **Phantasie** gern an alten Mauern.
Johann Jakob Mohr, Gedanken über Leben und Kunst

Wer die **Phantasie** der Menschen beherrscht, beherrscht auch ihren Willen.
Verfasser unbekannt

Eines Tages werden Maschinen vielleicht nicht nur rechnen, sondern auch denken. Mit Sicherheit aber werden sie niemals **Phantasie** haben.
Theodor Heuss

Phantasie ist die Fähigkeit, in Bildern zu denken.
Ernst Hohenemser

Sich etwas ausdenken, ausdenken können: bedeutet in der Volkssprache **Phantasie**, Phantasie haben und wird hoch geschätzt. Erst der Gebildete trennt zwischen Denken und Leben, und der halb Gebildete hat die Diskriminierung des Denkens aufgebracht.
Robert Musil

Phantasie ist etwas, was sich manche Leute gar nicht vorstellen können.
Gabriel Laub

Vorurteile

Vorurteil: Ein Grundsatz aus subjektiven Ursachen der Sinnlichkeit, welche fälschlich für objektive Gründe des Verstandes gehalten werden.
Immanuel Kant

Das **Vorurteil** ist die hochnäsige Empfangsdame im Vorzimmer der Vernunft.
Karl Heinrich Waggerl

Vorurteile ablegen heißt vereinsamen.
Emanuel Wertheimer

Das **Vorurteil** ist ein Floß, an das sich der schiffbrüchige Geist klammert.
Ben Hecht

Mache dich von den **Vorurteilen** los, und du bist gerettet.
Mark Aurel,
Selbstbetrachtungen XII

Gegen ein **Vorurteil** im Kleinen wie im Großen ist's stets das Nützlichste, sich unter dem Winde anzuschleichen.
Wilhelm Raabe,
Gedanken und Einfälle

Ein Urteil lässt sich widerlegen, aber niemals ein **Vorurteil**.
Marie von Ebner-Eschenbach, Aphorismen

Das **Vorurteil** ist ein unentbehrlicher Hausknecht, der lästige Eindrücke von der Schwelle weist. Nur darf man sich von seinem Hausknecht nicht selber hinauswerfen lassen.
Karl Kraus

Es gibt Menschen, die selbst für **Vorurteile** zu dumm sind.
Egon Friedell

Vorurteil! Das Wort ist nicht übel, wollte nur das Urteil nachkommen.
Peter Hille, Aphorismen

Die **Vorurteile** hängen den Menschen an wie das Moos den Bäumen.
Wer sie mit Gewalt auskratzen wollte, würde dem Baume schaden.
Carl Ludwig von Knebel, Properz

Welch triste Epoche, in der es leichter ist, ein Atom zu zertrümmern als
ein **Vorurteil**!
Albert Einstein

W Wahrhaftigkeit

Jeder sage, was ihn **Wahrheit** dünkt,
und die Wahrheit selbst sei Gott empfohlen!
*Gotthold Ephraim Lessing,
an Matthias Claudius*

Je mehr man die **Wahrheit** ehrt und liebt,
je näher und ähnlicher ist man Gott.
Ulrich Zwingli

Was hat der Mensch dem Menschen Größeres zu geben als **Wahrheit**!
*Friedrich Schiller, Was heißt und zu welchem Ende studiert
man Universalgeschichte?*

Aufrichtigkeit ist der Gipfel guter Manieren.
George Bernard Shaw

Die **Wahrheit** sagen heißt mit Liebe reden.
Henry David Thoreau

Im Zweifelsfalle sprich die **Wahrheit**.
Mark Twain

Die **Wahrheit** soll man sagen
und dabei nicht viel Worte machen.
Demokrit

Wer eine **Hintertür** in sein Leben einbaut, gebraucht sie eines Tages als
Hauptportal.
*Hans Arndt, Im Visier,
Heimlich beobachtet*

Aufrichtigkeit ist wahrscheinlich die verwegenste Form der Tapferkeit.
William Somerset Maugham

Habe den Mut zur **Wahrheit**! Das kostet dich viele der Freunde, aber es zeigt dir zugleich, was du an ihnen verlorst.

> *Heinrich Leuthold, Distichen 14*

Wer die **Wahrheit** geigt, dem schlägt man die Fiedel um den Kopf.

> *Christoph Lehmann, Politischer Blumengarten 2, Wahrheit*

Der **Wahrheitsliebende** wird aus der Stadt gejagt.

> *Aus der Türkei*

Besser ist, es gibt Skandal, als dass die **Wahrheit** zu kurz kommt.

> *Papst Gregor I.*

Wer die **Wahrheit** nicht weiß, der ist bloß ein Dummkopf. Aber wer sie weiß und sie eine Lüge nennt, der ist ein Verbrecher!

> *Bertolt Brecht, Leben des Galilei 9 (Galilei)*

Man soll die **Wahrheit** mehr als sich selbst lieben, aber seinen Nächsten mehr als die Wahrheit.

> *Romain Rolland*

Eine halbe **Wahrheit** ist eine ganze Lüge.

> *Aus den USA*

Wie man seinen Charakter, dass er nicht zu nackt daherkomme, mit Manieren bekleiden soll, so die **Wahrheit** mit Konzilianz.

> *Hans Kasper, Abel, gib acht*

Wahrheit

Das **Wahre** ist das Seiende selber.

> *Thomas von Aquin*

Wahr kann nur etwas sein, was auch ist, wenn wir es nicht erkennen; doch wie sollten wir erkennen, was wir nicht erkennen?
Thomas Niederreuther, Aphorismen

Wahrheit heißt Übereinstimmung des Begriffs mit seiner Wirklichkeit.
Georg Wilhelm Friedrich Hegel

Die Menschen sind verschieden, doch die **Wahrheit** ist Eine, und alle, die sie suchen, auf welchem Gebiet es sei, helfen einander.
Gottfried Wilhelm Leibniz

Zwei **Wahrheiten** können sich nie widersprechen.
Galileo Galilei,
an Pietro Castelli, 21.12.1613

Eine **Wahrheit** ist eine Wahrheit, und ich liebe sie, es sage sie gleich, wer da wolle.
Sebastian Franck

Nichts gibt Sicherheit außer der **Wahrheit**. Nichts gibt Ruhe als das ehrliche Suchen nach der Wahrheit.
Blaise Pascal

Die **Wahrheit**, lieber Freund, die alle nötig haben,
die uns als Menschen glücklich macht,
ward von der weisen Hand, die sie uns zugedacht,
nur leicht verdeckt, nicht tief vergraben.
Christian Fürchtegott Gellert, Der Schatz

Um zur **Wahrheit** zu gelangen, sollte jeder die Meinung seines Gegners zu verteidigen suchen.
Jean Paul

Es ist fast unmöglich, die Fackel der **Wahrheit** durch ein Gedränge zu tragen, ohne jemandem den Bart zu versengen.
Georg Christoph Lichtenberg, Von Menschenart und
Menschenunart

Die einfachsten **Wahrheiten** sind es gerade, auf die der Mensch immer erst am spätesten kommt.

Ludwig Feuerbach

Die einfachste und bekannteste **Wahrheit** erscheint uns augenblicklich neu und wunderbar, sobald wir sie zum ersten Mal an uns selbst erleben.

Marie von Ebner-Eschenbach, Aphorismen

Hängt denn die **Wahrheit** von dem Munde desjenigen ab, der sie vorträgt?

Gotthold Ephraim Lessing,
Der junge Gelehrte I, 4 (Lisette)

Der Irrtum strömt, die **Wahrheit** sickert.

Peter Sirius,
Tausend und Ein Gedanken, Wahrheit und Lüge

Wenn der Mensch das Bedürfnis hat, etwas auszusprechen, was er in seinem eigenen Interesse besser verschweigt, dann ist das die **Wahrheit**.

Miroslav Krieza, Ohne mich

Es gibt Menschen, die sich immer angegriffen fühlen, wenn jemand eine **Wahrheit** ausspricht.

Christian Morgenstern

Du kannst wählen zwischen der **Wahrheit** und der Ruhe, aber beides zugleich kannst du nicht haben.

Ralph Waldo Emerson

Die **Wahrheit** leidet mehr unter dem Eifer ihrer Verteidiger als unter den Angriffen ihrer Feinde.

William Penn, Früchte der Einsamkeit

Noch niemals sah ich einen Menschen, der wirklich die **Wahrheit** sucht. Jeder, der sich auf den Weg gemacht hatte, fand früher oder später, was ihm Wohlbefinden gewährte. Und dann gab er die weitere Suche auf.

Mark Twain

Hüten wir uns, denen die **Wahrheit** mitzuteilen, die nicht imstande sind, sie zu fassen.

Jean-Jacques Rousseau, Emile IV

Was ist **Wahrheit**? In Fragen der Religion jene Anschauung, welche den Sieg gewann. In der Wissenschaft bedeutet Wahrheit die jüngste Erfahrung, die eben Aufsehen macht. In der Kunst nennen wir unsere Stimmungen so.

Oscar Wilde

Wir sind dazu geschaffen, die **Wahrheit** zu suchen; sie zu besitzen ist das Vorrecht einer höheren Macht.

Michel Eyquem de Montaigne, Essays

Die **Wahrheit** ist eine Braut ohne Aussteuer.

Francis Bacon

Einer neuen **Wahrheit** ist nichts schädlicher als ein alter Irrtum.

Johann Wolfgang von Goethe, Wilhelm Meisters Wanderjahre III

Die **Wahrheit** suchen ist das Leben des Denkers, sie finden sein Tod.

Hans Kudszus

Wahrheit ist eine Sache des Temperaments. Darum kann man Wahrheit nicht lehren, nur zeugen.

Christian Morgenstern, Stufen, Lebensweisheit, 1906

Der mittelmäßige Mensch hält zu knapp nach dem richtigen Gedanken inne; daher die vielen **Halbwahrheiten** in der Welt.

Hugo von Hofmannsthal

Die **Wahrheiten** des Menschen sind die unwiderlegbaren Irrtümer.

Friedrich Nietzsche

Wer **Wahrheit** sucht, der darf die Stimmen nicht zählen.

Gottfried Wilhelm Leibniz

Zum Begräbnis der **Wahrheit** gehören viele Schaufeln.
Sprichwort

Die **Wahrheit** ist ein Verdacht, der andauert.
Ramón de Campoamor

Wenn die **Wahrheit** zu schwach ist, sich zu verteidigen, muss sie zum Angriff übergehen.
Bertolt Brecht, Leben des Galilei 3 (Galilei)

Bei dem Streit um die **Wahrheit** bleibt der Streit die einzige Wahrheit.
Rabindranath Tagore

Am Ende zwingt die **Wahrheit** jeden doch, sie braucht nicht äußre Helfer und Beschützer. Wär' sie auch Wahrheit sonst?
Franz Grillparzer,
Weh dem, der lügt! (Gregor)

Das **Wahre** währt.
Sprichwort

Der Wein ist stark, der König ist stärker, die Weiber noch stärker, die **Wahrheit** am allerstärksten.
Martin Luther, Tischreden

Keine große **Wahrheit**, einmal entdeckt, ist wieder verloren gegangen.
Henry Thomas Buckle, Geschichte der Zivilisation in England 4

Es verdrießt die Leute, dass die **Wahrheit** so einfach ist.
Johann Wolfgang von Goethe

Die **Wahrheit** triumphiert nie; ihre Gegner sterben nur aus.
Max Planck

Die **Wahrheit** geht manchmal unter, aber sie ertrinkt nicht.
Aus Ungarn

Wandel und Beständigkeit

Was ich besitze, mag ich gern bewahren:
Der **Wechsel** unterhält, doch nutzt er kaum.
Johann Wolfgang von Goethe, Torquato Tasso III, 2

Wenn ich beim Sonnenschein durch diese Straßen
bewundernd wandle, der Gebäude Pracht,
die felsengleich getürmten Massen schaue,
der Plätze Kreis, der Kirchen edlen Bau,
des Hafens masterfüllten Raum betrachte:
Das scheint mir alles für die **Ewigkeit**
gegründet und geordnet; diese Menge
gewerksam Tätiger, die hin und her
in diesen Räumen wogt, auch die verspricht,
sich unvertilgbar ewig herzustellen.
Allein wenn dieses große Bild bei Nacht
in meines Geistes Tiefen sich erneut,
da stürmt ein Brausen durch die düstre Luft,
der feste Boden wankt, die Türme schwanken,
gefugte Steine lösen sich herab,
und so zerfällt in ungeformten Schutt
die Prachterscheinung.
Johann Wolfgang von Goethe, Die natürliche Tochter V, 7

Du siehst, wohin du siehst, nur **Eitelkeit** auf Erden.
Was dieser heute baut, reißt jener morgen ein;
wo itzund Städte stehn, wird eine Wiese sein,
auf der ein Schäferskind wird spielen mit den Herden.
Andreas Gryphius, Es ist alles eitel

Wir müssen nicht klagen, dass alles vergänglich sei. Das **Vergänglichste**,
wenn es uns wahrhaft berührt, weckt in uns ein Unvergängliches.
Friedrich Hebbel, Tagebücher 1837

Marmor, den wir behauen, zerbricht. Metall, das wir verzieren, löst sich auf. Tempel, die wir bauen, zerfallen. Wenn wir aber dem Geist des Menschen die Grundsätze des Guten einprägen, dann schreiben wir auf eine Tafel, die nicht gelöscht wird vom **Wandel** der Zeiten.

Daniel Webster

Schätze haben Flügel,
Ehr' hat keinen Zügel,
Lust kommt aus dem Bügel,
alles deckt ein **Hügel**.

Verfasser unbekannt

Wer lange lebt, sagte der **Alte**, sieht manches versammelt und manches auseinander fallen.

Johann Wolfgang von Goethe,
Wilhelm Meisters Wanderjahre 1, 12

Nichts ist zählebiger als ein **Provisorium**.

Aus Frankreich

So wie wir ein Paar Hosen **verwachsen**, so verwachsen wir Umgang, Bibliotheken, Grundsätze und dergleichen.

Georg Christoph Lichtenberg

Das Kalte wird warm,
der Reiche wird arm,
der Narre gescheit;
Alles zu seiner **Zeit**.

Johann Wolfgang von Goethe, auf dem Rhein, 20.7.1774

Siehe, kein Wesen ist so eitel und **unbeständig** wie der Mensch.

Homer, Odyssee 18, 129

Das Schlimmste an der Wohlstandsgesellschaft ist die **Wegwerf-Mentalität**. Die erstreckt sich schließlich auch auf menschliche Bindungen – auf Liebe, Freundschaft und Vertrauen.

John F. Huntington

Tempora mutantur et nos mutamur in illis.
Die **Zeiten** ändern sich und wir uns in ihnen.
Verfasser unbekannt

Du schiltst den **Unbestand** der Güter und siehst dein eigen Herz nicht
ein: Veränderlich sind die Gemüter, so mussten auch die Dinge sein.
Christian Fürchtegott Gellert, Das Kartenhaus

Weil die meisten Menschen selbst **formlos** sind, weil sie sich und ihrem
Wesen selbst keine Gestalt geben können, so arbeiten sie, den Gegenstän-
den ihre Gestalt zu nehmen, damit ja alles loser und lockerer Stoff werde.
Johann Wolfgang von Goethe,
Wilhelm Meisters Lehrjahre VIII

Was die **Ebbe** mitnimmt, bringt die Flut wieder.
Aus Afrika

Du bist von der Menschenart, sprach er, die sich leicht an einen Ort, nicht
leicht an eine Bestimmung gewöhnen. Allen solchen wird die **unstete**
Lebensart vorgeschrieben, damit sie vielleicht zu einer sichern Lebens-
weise gelangen.
Johann Wolfgang von Goethe,
Wilhelm Meisters Wanderjahre II, II

Alle unsere endgültigen **Entschlüsse** werden in einem sehr vergänglichen Gemütszustand gefasst.
Marcel Proust

In einer **Stunde** rinnen viel tausend Körner Sandes; schnell wie sie bewegen sich im Menschen die Gedanken. Nur eine Stunde! Euer Herz kann
sich, das seinige sich wenden - eine Nachricht kann kommen – ein be-
glückendes Ereignis entscheidend, rettend, schnell vom Himmel fallen –
o, was vermag nicht eine Stunde!
Friedrich Schiller, Wallensteins Tod V, 6 (Gordon)

Die mit **Tränen** säen, werden mit Jubel ernten.
Bibel, Psalm 126, 5

Die **Zeit** verschiebt nicht nur die Zwecke, auch andre Mittel fordert sie.
Johann Wolfgang von Goethe

Was **gestern** die Formel für den Erfolg war, wird morgen das Rezept für Niederlagen sein.
Arnold Glasow

Wer neue Heilmittel scheut, muss **alte Übel** dulden.
Francis Bacon

Leben muss strömen. Wasser, das nicht fließt, bedeckt sich mit Schaum und fault.
Alphonse de Lamartine

Nur der **Wechsel** ist wohltätig. Unaufhörliches Tageslicht ermüdet.
Wilhelm von Humboldt, Briefe an eine Freundin, 30.9.1829

Glücklich, wer mit den **Verhältnissen** zu brechen versteht, ehe sie ihn gebrochen haben.
Franz Liszt

Man kann sich nicht auf einmal für zwei **Tage** satt essen.
Aus Togo

Dem Unglück ist die **Hoffnung** zugesendet. Furcht soll das Haupt des Glücklichen umschweben, denn ewig wanket des Geschickes Waage.
Friedrich Schiller, Wallensteins Tod V, 4 (Gordon)

Alle großen weltgeschichtlichen **Vorgänge** ereignen sich zwei Mal: Das eine Mal als Tragödie, das andere Mal als Farce.
Georg Wilhelm Friedrich Hegel

Nichts ist dauernder als der **Wechsel**.
Ludwig Börne

Der **Wechsel** allein ist das Beständige.
Arthur Schopenhauer

Weinen

Die **Träne** hat uns die Natur verliehen, den Schrei des Schmerzes, wenn der Mann zuletzt es nicht mehr trägt.
Johann Wolfgang von Goethe, Torquato Tasso V, 5 (Tasso)

Wenn du **weinen** kannst, so danke Gott!
Johann Wolfgang von Goethe, Epilog zu »Essex«

Einen Verlorenen zu **beweinen**, ist auch männlich.
Johann Wolfgang von Goethe, Egmont II (Oranien)

Die **Tränen** der Gekränkten fallen nicht daneben. Sie fallen immer auf das Haupt des Schuldigen.
Leo Tolstoi, Die Macht der Finsternis (Akim)

Schrecklich blicket ein Gott da, wo Sterbliche **weinen**.
Johann Wolfgang von Goethe, Achilleis 385

In dem ersten **Weinen** der Kinder liegt eine Bitte; sowie man aber die Vorsicht außer Acht lässt, verwandelt sie sich in einen Befehl.
Jean-Jacques Rousseau, Emile I

Die Frauen haben dreierlei **Tränen**: des Leids, der Ungeduld und des Betrugs.
Aus den Niederlanden

Der Liebsten **Tränen** sind's, die oft den klügsten Mann betören, dass er Schwarz von Weiß nicht sondern kann.
Friedrich von Logau, Jungferntränen

Nu **weine** man nich,
nu weine man nich,
in der Röhre stehn Klöße,
die siehste bloß nich.
Kinderreim

Wenn die **Träne** ein Heilmittel des Leidens wäre
und den Weinenden vom Leid befreite,
dann würden wir gern Gold umtauschen gegen Tränen.
Philemon, Fragmente

Weinen bringt nichts in Ordnung.
Aus Burundi

Weisheit

Wer die **Weisheit** freien will,
muss sie jung lieben.
Sprichwort

Weisheit kommt nach der Enttäuschung.
George Santayana

Anfang der **Weisheit** ist: erwirb dir Weisheit, erwirb dir Einsicht mit
deinem ganzen Vermögen!
Bibel, Buch der Sprichwörter 4, 7

Wir werden nicht durch die Erinnerung an unsere Vergangenheit **weise**,
sondern durch die Verantwortung für unsere Zukunft.
George Bernard Shaw

Unsere **Weisheit** ist nicht weniger ein Ball des Zufalls als unser
Vermögen.
François de La Rochefoucauld,
Reflexionen

Fülle der **Weisheit** ist die Gottesfurcht.
Bibel, Buch Kohelet 1,16

Je reifer die **Weisheit**, umso größer der Genuss an jenen Momenten, in
denen sie auf eine Dokumentation ihrer selbst verzichtet.
Martin Kessel, Gegengabe VI

Der **weise Mann** fügt sich den Verhältnissen,
wie sich das Wasser der Form des Gefäßes fügt.
Aus China

Weisheit ist die Kraft der Schwachen.
Joseph Joubert,
Gedanken und Maximen

Der **Weise** suchet Ruh und fliehet das Getümmel,
sein Elend ist die Welt, sein Vaterland der Himmel.
Angelus Silesius,
Der Cherubinische Wandersmann

Pracht, Reichtum, eitle Lust
kann sie uns nicht gewähren:
Was gibt die **Weisheit** uns?
Den Geist, das zu entbehren.
Abraham Gotthelf Kästner,
Die Vorteile der Weisheit

Der hat die **Weisheit** erfasst,
der ebenso sorglos stirbt,
wie er geboren wurde.
Lucius Annaeus Seneca

Wer das Tiefste gedacht, liebt das Lebendigste.
Tugend versteht, wer in die Welt geblickt,
und es neigen die **Weisen** oft am Ende dem Schönen sich.
Friedrich Hölderlin,
Sokrates und Alkibiades

Das Herz des **Weisen** ist wie eine Waage.
Aus Abessinien

512

Weisheit ist Harmonie.
Novalis

Die Zunge der **Weisen** bringt Heilung.
Bibel, Buch der Sprichwörter 12, 18

Es kommen Fälle vor im Menschenleben, wo's **Weisheit** ist, nicht allzu weise sein.
Friedrich Schiller,
Iphigenie in Aulis IV, 3 (Achilles)

Ein **Weiser** ist man nur unter der Bedingung, in einer Welt voll Narren zu leben.
Arthur Schopenhauer,
Neue Paralipomena 628

Geben wir dem **Weisen** einen Staat, der seiner würdig ist, nämlich das Weltall, dann steht er auch in der Zurückgezogenheit nicht außerhalb aller Gemeinschaft.
Lucius Annaeus Seneca,
an Lucilius

Nach dem Glück wird unserer **Weisheit** Maß geschätzt.
Euripides, Hippolyt 701 (Amme)

Mensch, steig' nicht allzu hoch,
bild' dir nichts Übriges ein!
Die schönste **Weisheit** ist:
nicht gar zu weise sein.
Angelus Silesius,
Der Cherubinische Wandersmann

Weise sein heißt:
sich nicht darüber schämen, dass man nichts weiß;
sich nicht davor fürchten, dass man nichts weiß,
und nicht darauf stolz sein, dass man nichts weiß.
Hans Krailsheimer

Wenn die Liebe endet

Schweig Herz, kein Schrei!
Denn alles geht vorbei!
Doch dass ich auferstand
und wie ein Irrstern ewig sie umrunde,
ein Geist, den sie gebannt,
das hat **Bestand**.
Ja, alles geht vorbei,
nur dieses Wunderband,
aus meines Wesens tiefstem Grunde
zu ihrem Geist gespannt,
das hat Bestand.

Clemens Brentano, Schweig Herz, kein Schrei

Kein Unfall, keine **Zeit** wird rechte Liebe trennen;
die Liebe, so zergeht, war Liebe nicht zu nennen.

Andreas Tscherning, Beständige Liebe

Die Leute, die nur einmal im Leben wirklich lieben, sind die wirklich Oberflächlichen. Was sie ihre **Treue** nennen, nenne ich entweder die erschlaffende Wirkung der Gewohnheit oder einen Mangel an Einbildungskraft.

Oscar Wilde

Liebe ist nur dann von **Dauer**, wenn die Liebenden mehr Gemeinsamkeiten haben als die gegenseitige Zuneigung.

Walter Lippmann

Ich sterbe dir, und soll ein fremder Sand
den oft durch dich ergötzten Leib bedecken,
so gönne mir das letzte **Liebespfand**,
und lass ein Kreuz mit dieser Grabschrift stecken:
Wo ist ein Mensch, der treulich lieben kann? Hier liegt der Mann.

Johann Christian Günther, Abschiedsaria

Es rauschen die Wasser,
die Wolken vergehn;
doch bleiben die Sterne,
sie wandeln und stehn.
So auch mit der **Liebe**
der Treuen geschieht:
Sie wegt sich, sie regt sich
und ändert sich nicht.

Johann Wolfgang von Goethe, Jery und Bätely (Jery)

Frisch erhält sich nur eine **Liebe**, der ein bisschen Kühle beigemischt ist.

Michèle Morgan

Was die **Liebe** betrifft, so ist es leichter, auf ein Gefühl zu verzichten, als eine Gewohnheit aufzugeben.

Guy de Maupassant

Der Mensch wirft alles, was er sein nennt, in eine Pfütze, aber kein **Gefühl**.

Heinrich von Kleist, Das Käthchen von Heilbronn II, 6 (Freiburg)

Liebe wächst und blüht. Warum sollte sie nicht auch welken wie alles andere auf Erden?

Jeanne Moreau

Treue ist meist nur noch die zur Moral erstarrte Liebe von gestern.

Hans Lohberger

Wer ein **lebenslängliches Glück** mit einem schönen Weibe wünscht, gleicht dem Trinker, der den Geschmack des Weines dadurch dauernd zu genießen sucht, dass er seinen Mund immer voll davon behält.

George Bernard Shaw

Junge **Liebhaber** sind wie der Camembert: Wenn sie reif werden, laufen sie einem davon.

Françoise Rosay

515

Hier kosen sie, dort schaun sie hin,
den Dritten haben sie im Sinn,
und sie betrügen alle drei:
Das ist der Weiber **Liebestreu**.

Bhartrihari, Sprüche I, 81

Bedauernswert die Frau, die nichts zu **bereuen** hat.

Jeanne Moreau

Auch mich hat ein liebes **Abenteuer** erwartet. Abenteuer? Warum brauche ich das alberne Wort? Es ist nichts Abenteuerliches in einem sanften Zuge, der Menschen zu Menschen hinzieht. Unser bürgerliches Leben, unsere falschen Verhältnisse, das sind die Abenteuer, das sind die Ungeheuer!

Johann Wolfgang von Goethe,
Briefe aus der Schweiz

Die Damen sind allein schuld; sie wollen zu lange, oft ganze **Wochen**, ganze Monde geliebt werden. Dergleichen geht über unsere Kräfte.

Jean Paul

Die **Liebe** ist Sehnsucht, und gestillte Sehnsucht vergeht.

Hans Christian Andersen

Denn **Liebe**, sagt man, ist nur Hoffen und wird, gewährt, vom Tod betroffen.

Karl Immermann, Tristan und Isolde, Die Meerfahrt

Viele **Verlobungen** sind ein Rätsel. Deshalb werden sie auch gelöst.

Ralph Boiler

Die **Liebe** stirbt niemals an Hunger, wohl aber an Übersättigung.

Ninon de Lenclos

Männer und Frauen, die zu viel **geliebt** worden sind, verlieren oft die Fähigkeit, selber zu lieben.

Otto von Leixner, Aus meinem Zettelkasten

Der Mann weiß nicht, wie er **Schluss** machen soll. Die Frau weiß nicht, wann sie Schluss machen soll.

Helen Rowland

Mäßig und geschäftig leben
heißt der **Liebe** Gift eingeben.

Friedrich von Logau, Liebesarznei

Liebende, die der Versuchung erliegen, sich ganz auf sich selbst zurückzuziehen und sich von der Außenwelt abzuschließen, kommen mit der Zeit an den Punkt, wo sie sich nichts mehr zu sagen haben.

Ignace Lepp, Psychoanalyse der Liebe

Weiber, die in der Jugend Charakter haben, werden Schälke, wenn die **Liebhaber** sich verlieren.

Johann Wolfgang von Goethe, zu Riemer, 27.4.1814

Wenn **Liebe** das Schulmeistern anfängt, hat sie bald Ferien.

Peter Sirius, Tausend und Ein Gedanken, Liebe und Ehe

Die Lüge tötet die **Liebe**. Aber die Aufrichtigkeit tötet sie erst recht.

Ernest Hemingway

Die **Liebe** beginnt damit, dass man sich selbst betrügt, und sie endet damit, dass man andere betrügt.

Oscar Wilde

Der Mann denkt beim Anfang schon an das **Ende**. Die Frau erinnert sich am Ende noch an den Anfang.

Micheline Presle

Aus den Augen, aus dem **Sinn**.

Johann Wolfgang von Goethe, Faust I, Garten

Was in der Jugend ein **Abenteuer** war, wird in späteren Jahren nur noch ein teurer Abend.

Carl Raddatz

Es ist eine sehr angenehme Empfindung, wenn sich eine **neue Leiden-schaft** in uns zu regen anfängt, ehe die alte noch ganz verklungen ist. So sieht man bei untergehender Sonne gern auf der entgegengesetzten Seite den Mond aufgehn und erfreut sich an dem Doppelglanze der beiden Himmelslichter.

Johann Wolfgang von Goethe, Dichtung und Wahrheit III

Wissen

Tausend schöne, täuschende Genien umschweben unsere Jugend. Nach und nach entschwindet das Gedränge, und die Aussicht wird freier. Das nennen wir dann **Erkenntnis**.

Johann Jakob Mohr, Gedanken über Leben und Kunst

Wissen ist ein Schatz, der seinen Besitzer überallhin begleitet.

Aus China

Hast du **Wissen** erworben, was fehlt dir? Fehlt dir Wissen, was hast du erworben?

Talmud

Die gewöhnlichste Form des **Wissens** ist die ohne Bewusstheit. Bewusstheit ist Wissen um ein Wissen.

Friedrich Nietzsche

Wir alle **wissen** mehr als das, wovon wir wissen, dass wir es wissen.

Thornton Wilder, Der achte Schöpfungstag, Von Illinois nach Chile

Zu viel **Wissbegierde** ist ein Fehler, und aus einem Fehler können alle Laster entspringen, wenn man ihm zu sehr nachhängt.

Gotthold Ephraim Lessing, Doktor Faust, Vorspiel

Wahrlich ein köstliches Gut ist tief eingehendes **Wissen**, aber zuletzt doch nur, weil es ein Können gebiert.

Emanuel Geibel, Kleinigkeiten

Unser **Wissen** ist Vermutung, und unser Tun ist Streben.

Theodor Gottlieb von Hippel

Das **Wissen** ist ein Quell, der unversieglich quillt, den nie der Durst erschöpft und der den Durst nie stillt.

Friedrich Rückert, Die Weisheit des Brahmanen 10, 40

Wie wenig wir **wissen**, erkennen wir, wenn unsere Kinder anfangen zu fragen.

Aus den USA

Das **Wissen** gleicht der Speise; man bedarf nur so viel, als die Mäßigkeit verlangt, so viel, als wohl der Geist begreifen kann. Die Überladung drückt ihn, und die Weisheit wird Torheit, wie die Nahrung Ekel wird.

John Milton, Das Verlorene Paradies 7, 126

Unwissen ist die Vorbedingung, ich sage nicht zum Glück, sondern zum Leben selbst. Wenn wir alles wüssten, könnten wir das Leben nicht eine Stunde lang ertragen.

Anatole France

Das ist bitter für einen Menschen, bei allem **Wissen** keine Macht zu haben.

Herodot, Historien IX, 16

Mein **Wissen** ist gegen das eure ein Kind, fern sei, dass ich es leugne; nur dass eure Gedanken fremde sind, die meinen aber eigne.

Franz Grillparzer, 1849

Alles **Wissen** ist Erinnerung.

Thomas Hobbes

Was ich nicht **weiß**,
macht mich nicht heiß,
wenn ich nicht wüsste,
wie's werden müsste.
Johann Wolfgang von Goethe

Je weiter sich das **Wissen** ausbreitet, desto mehr Probleme kommen zum Vorschein.
Johann Wolfgang von Goethe

Je mehr man schon weiß, desto mehr hat man noch zu lernen. Mit dem **Wissen** nimmt das Nichtwissen in gleichem Grade zu oder vielmehr das Wissen des Nichtwissens.
Friedrich Schlegel, Athenaeum 1798

Was wir **wissen**, ist ein Tropfen,
was wir nicht wissen, ein Ozean.
Isaac Newton

Wo das **Wissen** genügt, bedürfen wir freilich des Glaubens nicht. Wo aber das Wissen seine Kraft nicht gewähren oder ungenügend erscheint, sollen wir auch dem Glauben seine Rechte nicht streitig machen.
Johann Wolfgang von Goethe

Wissenschaft und Wissenschaftler

Wer neben den **Wissenschaften** noch andere Ergötzungen sucht, muss die wahre Süßigkeit derselben noch nicht geschmeckt haben.
Gotthold Ephraim Lessing, Der junge Gelehrte I, 2 (Damis)

Bis zu meinem letzten Atemzug werde ich fest glauben, dass die **Wissenschaft** das Wichtigste, das Schönste und das Notwendigste im menschlichen Leben, dass sie die höchste Offenbarung der Liebe ist.
Anton Tschechow

Eine jede Lehre, wenn sie ein System, das heißt ein nach Prinzipien geordnetes Ganzes der Erkenntnis, sein soll, heißt **Wissenschaft**.

Immanuel Kant

Es gibt keine trockene **Wissenschaft**. Es gibt nur trockene Gelehrsamkeit und trockene Gelehrte.

Joseph Unger, Mosaik,
Bunte Betrachtungen und Bemerkungen

Das letzte Ziel aller wissenschaftlichen **Erkenntnis**
besteht darin, das größtmögliche Tatsachengebiet
aus der kleinstmöglichen Anzahl von Axiomen
und Hypothesen zu erhellen.

Albert Einstein

Das wäre eine armselige **Wissenschaft**, die die große, tiefe, geheiligte Unendlichkeit des Nichtwissens vor uns verbergen wollte, über welcher alle Wissenschaft wie bloßer oberflächlicher Nebel schwimmt.

Thomas Carlyle

Die **Wissenschaft**, ihr sollt sie ehren,
all dünkelhaftem Wahne fern!
Denn Gottes sind die, so sie lehren,
und Gottes sind, die sie begehren,
und wer sie preist, der preist den Herrn.

Koran

Alles wissenschaftliche **Arbeiten** ist nichts anderes, als immer neuen Stoff in allgemeine Gesetze zu bringen.

Wilhelm von Humboldt,
Briefe an eine Freundin, 7.4.1833

Soziologie ist die Kunst, eine Sache, die jeder versteht und die jeden interessiert, so auszudrücken, dass sie keiner mehr versteht und sie keinen mehr interessiert.

Hans-Joachim Schoeps,
Ungeflügelte Worte

Ich suche nach keiner anderen **Wissenschaft** als der, welche von der Kenntnis meiner selbst handelt, welche mich lehrt, gut zu leben und gut zu sterben.

Michel Eyquem de Montaigne,
Essays II, 10

Wissenschaft hat einen inneren Wert nur als Organ der Weisheit.
Immanuel Kant

Wissenschaft steht im Dienste eines Ideals oder im Dienste einer herrschenden Gruppe.
Ludwig Marcuse

Gewiss ist alle **Wissenschaft**, die diesen Namen verdient, rational. Aber vernunftgemäß ist Wissenschaft nur, wenn sie vernunftgemäßen Zielen dient.
Georg Picht, Mut zur Utopie

Ich halte dafür, dass das einzige Ziel der **Wissenschaft** darin besteht, die Mühseligkeiten der menschlichen Existenz zu erleichtern.
Bertolt Brecht,
Leben des Galilei 14 (Galilei)

Die **Wissenschaft** ist die Geschichte toter Religionen.
Oscar Wilde

Theorien sind gewöhnlich Übereilungen eines ungeduldigen Verstandes, der die Phänomene gern los sein möchte und an ihrer Stelle deswegen Bilder, Begriffe, ja oft nur Worte einschiebt.
Johann Wolfgang von Goethe,
Über Naturwissenschaft 1

Das tiefste und erhabenste Gefühl, dessen wir fähig sind, ist das Erlebnis des Mystischen. Aus ihm allein keimt wahre **Wissenschaft**. Wem dieses Gefühl fremd ist, wer sich nicht mehr wundern und in Ehrfurcht verlieren kann, der ist seelisch bereits tot.
Albert Einstein

Die **Wissenschaft** fängt eigentlich erst da an, interessant zu werden, wo sie aufhört.

Justus von Liebig, Briefe

Hypothesen sind Netze; nur der wird fangen, der auswirft.

Novalis

Wissenschaft ist ein Friedhof toter Ideen.

Miguel de Unamuno

Wahre **Wissenschaft** ist vollendete Anschauung.

Friedrich Schleiermacher, Reden über die Religion an die Gebildeten unter ihren Verächtern 2

Hypothesen sind Wiegenlieder, womit der Lehrer seine Schüler einlullt.

Johann Wolfgang von Goethe

Die Tragödie der **Wissenschaft** – das Erschlagen einer schönen Hypothese durch eine hässliche Tatsache.

Thomas Henry Huxley

Es gibt kein größeres Hindernis des Fortgangs in den **Wissenschaften** als das Verlangen, den Erfolg davon zu früh verspüren zu wollen.

Georg Christoph Lichtenberg, Vermischte Schriften

Die **Wissenschaft** von heute ist der Irrtum von morgen.

Jakob von Uexküll

Ich halte dafür, dass das einzige Ziel der **Wissenschaft** darin besteht, die Mühseligkeit der menschlichen Existenz zu erleichtern.

Bertolt Brecht, Leben des Galilei

Innigste Gemeinschaft aller Kenntnisse, scientifische Republik, ist der hohe Zweck der **Gelehrten**.

Novalis, Fragmente 1798

Wissenschaftler ist jemand, dessen Einsichten größer sind als seine Wirkungsmöglichkeiten. Gegenteil: Politiker.

Helmar Nahr

Kenntnis der Mittel ohne eine eigentliche Anwendung, ja ohne Gabe und Willen, sie anzuwenden, ist, was man jetzt gemeiniglich **Gelehrsamkeit** nennt.

Georg Christoph Lichtenberg,
Philosophische Bemerkungen

Die **Fachleute** sind immer böse, wenn einem Laien etwas einfällt, was ihnen nicht eingefallen ist.

John Steinbeck

Warum der Mann so hoch geschätzt
und aller **Weisen** Zier ist?
Er hat aus dem Sanskrit übersetzt,
dass zwei mal zwei gleich vier ist.

Rudolf Presber,
Der große Mann

Der Weise ist nicht gelehrt, der **Gelehrte** ist nicht weise.

Laotse

Der **Gelehrte** ist wie der Rabe, wenn er seine Jungen füttert und aus seinem Schnabel speit, was er zuvor gegessen hat. Der Denker ist wie der Seidenwurm, welcher keine Maulbeerblätter von sich gibt, sondern Seide.

Lin Yutang

Er war nicht sowohl Eigentümer als Pächter der **Wissenschaften**, die er vortrug. Denn es gehörte ihm nicht ein Fleckchen davon.

Georg Christoph Lichtenberg

Die Humanität der **Berühmten** des Geistes besteht darin, im Verkehr mit Unberühmten auf eine verbindliche Art Unrecht zu behalten.

Friedrich Nietzsche,
Menschliches Allzumenschliches I, 328

Gelahrtheit, Kind, das heißt:
mehr sagen, als du weißt.
Wilhelm Müller, Epigramme 3, 40

Was bringt denn der **Schulgelehrte** zu Markte? Menschen, die auf eine gelehrte Art ungereimt und auf eine hochmütige Art dumm sind.
Claude Adrien Helvétius, Über den Menschen, Einleitung

Er hing noch auf der dortigen **Universität** wie ein schöner Kronleuchter, auf dem aber seit zwanzig Jahren kein Licht mehr gebrannt hatte.
Georg Christoph Lichtenberg

Gelehrte dirigieren ist nicht viel besser, als eine Komödiantengruppe unter sich zu haben.
Wilhelm von Humboldt, an Caroline Humboldt, 16.11.1808

Je **gelehrter**,
je verkehrter.
Sprichwort

Frauen stünde **gelehrt** sein nicht? Die Wahrheit zu sagen, nützlich ist es: Es steht Männern so wenig wie Fraun.
Heinrich von Kleist, Eine notwendige Berichtigung

Ich halte es mit der **Gelehrsamkeit** wie die Fürsten mit der Verräterei: Ich ehre die Gelehrsamkeit und verachte die Gelehrten, die eben nichts als Gelehrte sind.
Franz Grillparzer, Aphorismen, 1849

Gelehrte sind Menschen, die sich von normalen Sterblichen durch die anerworbene Fähigkeit unterscheiden, sich an weitschweifigen und komplizierten Irrtümern zu ergötzen.
Anatole France

Experten sind Leute, die, damit sie Experten bleiben, sich weigern, etwas hinzuzulernen.
Harry S. Truman

Mit einem Dutzend ausgezeichneter **Köpfe** ist Staat und Wissenschaft mehr gedient als mit tausend gelehrten Handwerkern.

Karl Julius Weber, Demokritos II, 15

Die **Wissenschaft** ist ein erstklassiges Möbelstück für das Oberstübchen eines Mannes, der gesunden Menschenverstand im Erdgeschoss hat.

Oliver Wendell Holmes

Worte und Wörter

Worte sind Luft. Aber die Luft wird zum Wind, und der Wind macht die Schiffe segeln.

Arthur Koestler

Keiner versteht den anderen ganz, weil keiner bei demselben **Wort** genau dasselbe denkt wie der andere.

Johann Wolfgang von Goethe

Jedes **Wort** ist ein Wort der Beschwörung. Welcher Geist ruft, ein solcher erscheint.

Novalis, Fragmente

Das **Wort** gleicht der Biene:
Es hat Honig und Stachel.

Talmud

Der Unterschied zwischen dem richtigen **Wort** und dem beinahe richtigen ist der gleiche wie zwischen einem Blitz und einem Glühwürmchen.

Mark Twain

Jedes **Wort** ist ein Vorurteil.

Friedrich Nietzsche

Unsere **Worte** sind Trümmer
von einem Tempelbau,
der nie zum Abschluss kam.
Fritz Diettrich

Eine **Definition** ist das Einfassen
der Wildnis einer Idee
mit einem Wall von Worten.
Samuel Butler

Worte sind wie Rettungsringe,
die dem Leben dienen;
auf den tiefen Grund der Dinge
kommst du schwer mit ihnen.
Christian Morgenstern, Worte

Es sollte ein Verfahren geben zum chemisch Reinigen und Desinfizieren
von **Wörtern**. Liebe, Reinheit, Güte, Geist – ein Haufen Schmutzwäsche,
der auf die Wäscherin wartet.
Aldous Huxley,
Geblendet in Gaza

Bisweilen auch drückt eine fremde Sprache einen Begriff mit einer
Nuance aus, welche unsere eigene ihm nicht gibt und mit der wir
ihn gerade jetzt denken. Dann wird jeder, dem es um einen genauen
Ausdruck seiner Gedanken zu tun ist, das **Fremdwort** gebrauchen,
ohne sich an das Gebelle pedantischer Puristen zu kehren.
Arthur Schopenhauer

Wir würden viel weniger Streit in der Welt haben, nähme man die **Worte**
für das, was sie sind – lediglich die Zeichen unserer Ideen und nicht die
Dinge selbst.
John Locke

Das **Schlagwort** ist eine Idee
auf dem Wege zur Phrase.
Rolf Haller

Es gibt **Worte**, die gehen in den Kopf wie Splitter ins Fleisch:
Man merkt es nicht. Erst nach einer Weile fangen sie an zu
schmerzen und zu eitern, und oft hat man seine liebe Not,
ehe man sie wieder rauskriegt.

Jeremias Gotthelf

Sinnreich bist du, die Sprache von gallischen **Wörtern** zu
säubern. Nun, so sage doch, Freund, wie man Pedant
uns verdeutscht!

Johann Wolfgang von Goethe
und Friedrich Schiller, Xenien, Der Purist

Unter den Gelehrten sind die **Fremdwörter** eine Art wissenschaftlicher
Freimaurerhändedruck, an dem sich die Eingeweihten erkennen.

Ludwig Reiners, Stilkunst V,
Licht und Schatten der Fremdwörterei

Der Kampf gegen die **Fremdwörter** ist keine bloße Angelegenheit
der Sprachverschönerung, sondern ein Kampf für Genauigkeit
des Denkens.

Ludwig Reiners, Stilkunst V,
Licht und Schatten der Fremdwörterei

Ein **Schlagwort** ist eine heruntergekommene Idee.

Ignazio Silone

Es gibt so große leere **Worte**, dass man darin ganze Völker gefangen
halten kann.

Stanislaw Jerzy Lec, Unfrisierte Gedanken

Am Anfang war das **Wort** – am Ende die Phrase.

Stanislaw Jerzy Lec, Unfrisierte Gedanken

Für gewöhnlich stehen nicht die **Worte** in der Gewalt
der Menschen, sondern die Menschen in der Gewalt
der Worte.

Hugo von Hofmannsthal

Wunder

Ein **Wunder** ist eine Wirkung, welche die für sie eingesetzten natürlichen Mittel übersteigt.
> *Blaise Pascal*

Ein **Wunder** ist ein Ereignis, das Glauben schafft.
> *George Bernard Shaw*

Ein sehr unwissendes Volk wird sich gerade wegen seiner Unwissenheit zu einer Religion voller **Wunder** neigen.
> *Henry Thomas Buckle, Geschichte der Zivilisation 5*

Die **Wunder,** die Christus und seine Jünger taten, waren das Gerüst und nicht der Bau. Das Gerüst wird abgerissen, sobald der Bau vollendet ist.
> *Gotthold Ephraim Lessing, Theologische Streitschriften,*
> *Eine Duplik*

Wunder müssen in der Ferne gesehen werden, wenn man sie für wahr, so wie Wolken, wenn man sie für feste Körper halten soll.
> *Georg Christoph Lichtenberg, Philosophische Bemerkungen*

Weise Regierungen haben zwar jederzeit eingeräumt, dass vor Alters **Wunder** geschehen wären, neue Wunder aber nicht erlaubt.
> *Immanuel Kant*

Es ist erbärmlich anzusehen, wie die Menschen nach **Wundern** schnappen, um nur in ihrem Unsinn und Albernheit beharren zu dürfen und um sich gegen die Obermacht des Menschenverstandes und der Vernunft wehren zu können.
> *Johann Wolfgang von Goethe, an Jacobi, 1.6.1791*

Das **Wunder** ist nicht ein Widerspruch zu den Naturgesetzen, sondern ein Widerspruch zu dem, was wir von diesen Gesetzen wissen.
> *Augustinus*

Das größte unzerstörbare **Wunder** ist der Menschenglaube an Wunder.

Jean Paul

Es gibt nichts **Wunderbares**: Alles, was geschieht, was geschehen ist und was geschehen wird, geschieht, geschah und wird geschehen auf eine natürliche Weise.

Ludwig Büchner, Kraft und Stoff

Erloschen ist der **Wunder** altes Licht. Das Wirkliche dünkt sich allein das Wahre.

Franz Grillparzer, Melusina I (Raimund)

Wunder ist nur der religiöse Name für Begebenheit.

Friedrich Schleiermacher

Diejenigen, die nach **Wundern** verlangen, werden nicht gewahr, dass sie damit der Natur eine Unterbrechung ihrer Wunder abverlangen.

Antoine Rivarol

Wenn ein **Wunder** auf der Welt geschieht, geschieht's durch liebevolle, treue Herzen.

Johann Wolfgang von Goethe, Die natürliche Tochter V, 8 (Eugenie)

Z Zeit und Ewigkeit

Die **Zeit** ist Bewegung im Raum.
Joseph Joubert

Uhren nehmen mit ihrem strengen Maß den Stunden jenes Schweben, das sie mit der Unendlichkeit verbindet. Sie zersägen den vollen Klang des Werdens.
Thomas Niederreuther, Aphorismen

Ich wundere mich oft darüber, wie leichtfertig man um **Zeit** bittet und sie anderen gewährt. Es ist gleichsam, als wenn um ein Nichts gebeten wird.
Lucius Annaeus Seneca, Von der Kürze des Lebens 8, 1

Die Deutschen haben ein gestörtes Verhältnis zur **Zeit**, sonst gäbe es in der deutschen Sprache nicht das grässliche Wort Zeitvertreib.
Gino Pilfert

Die **Zeit** ist eine Uhr ohne Ziffern.
Ernst Bloch

Die **Zeit** geht hin, und der Mensch gewahrt es nicht.
Dante Alighieri

Die **Zeit** ist eine große Lehrerin. Schade nur, dass sie ihre Schüler umbringt.
Curt Goetz

Nur dem Anschein nach ist die **Zeit** ein Fluss. Sie ist eher eine grenzenlose Landschaft, und was sich bewegt, ist das Auge des Betrachters.
Thornton Wilder

Zeit ist nur dadurch, dass etwas geschieht, und nur dort, wo etwas geschieht.
Ernst Bloch

Jede **Zeit** ist umso kürzer, je glücklicher man ist.
Plinius der Jüngere, Briefe 8, 14

So überschlägt sich die **Zeit** wie ein Stein vom Berge herunter, und man weiß nicht, wo sie hinkommt und wo man ist.
Johann Wolfgang von Goethe,
an Johann Heinrich Meyer, 18.3.1797

Die **Zeit** ist eine geräuschlose Feile.
Aus Italien

Zorn und Wut

Der erste **Zorn** spricht manches sprudelnd aus, was, reifer überdacht, er nimmer übt.
Franz Grillparzer, Medea III (Jason)

Fahre nicht aus der **Haut**, wenn du kein Rückgrat hast.
Stanislaw Jerzy Lec,
Unfrisierte Gedanken

Ich habe kein besser Werk denn **Zorn** und Eifer; denn wenn ich wohl dichten, schreiben, beten und predigen will, so muss ich zornig sein. Da erfrischet sich mein ganzes Geblüt, mein Verstand wird geschärft, und alle unlustigen Gedanken und Anfechtungen weichen.
Martin Luther

Für deine Person sollst du mit niemandem **zürnen**, wie hoch du beleidiget bist. Wo es aber dein Amt fordert, da musst du zürnen, ob dir wohl für deine Person kein Leid geschehen ist.
Martin Luther,
Deutsche Schriften 43

Der Mann, dem du zürnest, muss deines **Zornes** wert sein.
Friedrich Maximilian von Klinger

Wer **zornig** ist, verbrennt oft an einem Tag das Holz, das er in vielen
Jahren gesammelt hat.
Aus China

Hüte dich vor einem Mann,
der im **Zorne** lächeln kann!
Sprichwort

Brüllt ein Mann, ist er dynamisch.
Brüllt eine Frau, ist sie hysterisch.
Hildegard Knef

Im Unglück ist der **Trotz** nicht förderlich!
Sophokles, Ödipus auf Kolonos 592 (Theseus)

Wenn wir **zürnen**, hat unser Gegner seinen Zweck erreicht: Wir sind in
seiner Gewalt.
Ernst von Feuchtersleben, Zur Diätetik der Seele,
Temperament, Leidenschaft

Der Rausch des **Zorns** ist wie ein andrer Rausch: Das beste Mittel ist die
frische Luft.
Franz Grillparzer, König Ottokars Glück und Ende I
(Zawisch)

Zornig sein heißt den Fehler anderer an sich selbst rächen.
Alexander Pope,
Gedanken über verschiedene Gegenstände

Des Narren **Zorn** entbrennt noch mehr,
wenn er nichts hat, ihn auszublasen,
und bloß darüber raset er,
dass er nicht Ursach hat zu rasen.
Magnus Gottfried Lichtwer, Der Löwe und der Ziegenbock

Jedermann kann **zornig** werden. Das geht leicht. Aber der richtigen Person gegenüber zornig werden, im richtigen Maß, zur rechten Zeit, zum rechten Zweck und auf die richtige Weise – das liegt nicht in der Macht des Einzelnen.

Aristoteles

Eifer und **Zorn** verkürzen das Leben.

Bibel, Buch Kohelet 30, 24

Wo **Zorn** nimmt überhand,
da steigt ein Nebel auf,
der den Verstand verblend'
und wehrt ihm seinen Lauf.

Friedrich von Logau, Zorn

Manche weise Männer haben den **Zorn** als eine vorübergehende Geistesstörung bezeichnet.

Lucius Annaeus Seneca, an Lucilius

Der **Zorn** verrät ein böses Gewissen.

Friedrich Schiller,
Der Parasit III, 2 (La Roche)

Der **Zornige** wird gegen sich selbst wüten, wenn er zur Vernunft zurückgekehrt ist.

Publilius Syrus

Des **Zornes** Ende ist der Reue Anfang.

Friedrich von Bodenstedt,
Die Lieder des Mirza Schaffy

Das **Aufbrausen** ist die Lebensäußerung des Zorns und zugleich sein Tod.

Friedrich Hebbel

Lasset die Sonne nicht über eurem **Zorn** untergehn!

Bibel, Epheser 4, 26

Eine sanfte Antwort dämpft die Erregung, verletzende Worte aber reizen zum **Zorn**.

Bibel, Buch der Sprichwörter 15, 1

Zufriedenheit

Zufriedenheit ist der Stein der Weisen. Zufriedenheit wandelt in Gold, was immer sie berührt.

Benjamin Franklin

Laetus sorte tua vives sapienter. Froh des **bescheidenen** Loses lebst du wie ein Weiser.

Horaz, Epoden 14, 15

Der Mensch hat wohl täglich Gelegenheit, in Emmendingen und Gundelfingen so gut als in Amsterdam Betrachtungen über den Unbestand aller irdischen Dinge anzustellen, wenn er will, und **zufrieden** zu werden mit seinem Schicksal, wenn auch nicht viel gebratene Tauben für ihn in der Luft herumfliegen.

Johann Peter Hebel, Kannitverstan

Nie schenkt der Stand, nie schenken Güter dem Menschen die **Zufriedenheit**.

Christian Fürchtegott Gellert, Geistliche Oden

Wer klein Spiel spielt, hat immer **Freude**, auch am kleinen Gewinn, und der kleine Verlust ist zu verschmerzen.

Johann Wolfgang von Goethe, Die Geschwister (Wilhelm)

Nur durch **Mäßigung** erhalten wir uns.

Johann Wolfgang von Goethe, Wilhelm Meisters Wanderjahre I

Wie selten ist der Mensch mit dem Zustande **zufrieden**, in dem er sich befindet! Er wünscht sich immer den seines Nächsten, aus welchem sich dieser ebenfalls heraussehnt.

Johann Wolfgang von Goethe,
Wilhelm Meisters Lehrjahre I

Es ist ein Gesetz im **Leben**: Wenn sich eine Tür vor uns schließt, öffnet sich eine andere. Die Tragik ist jedoch, dass man nach der geschlossenen Tür blickt und die geöffnete nicht beachtet.

André Gide

Hütet euch, der **Gegenwart** Genuss verschmähend, fremden Glücks begierig, umzustürzen eignes größres Glück.

Äschylos, Die Perser 823 (Dareios)

Wer nicht schon in der Arbeit Genugtuung findet, der wird nie zur **Zufriedenheit** gelangen.

Peter Rosegger,
Heimgärtners Tagebuch

Zuhause

Das **Haus** ist eine Maschine zum Wohnen. Ein Sessel ist eine Maschine zum Sitzen.

Le Corbusier

Des **Hauses** Auge heißt mir seines Herren Gegenwart.

Äschylos, Die Perser 169 (Atossa)

Ein **Haus**, in dem man alle Räume kennt, ist nicht wert, bewohnt zu werden.

Tomasi di Lampedusa, Der Leopard

Eine **Kleinstadt** ist eine Stadt, in der die wichtigsten Lokalnachrichten nicht gedruckt, sondern gesprochen werden.
Jaques Tati

Hast du ein gegründet **Haus**,
fleh die Götter alle,
dass es, bis man dich trägt hinaus,
nicht zu Schutt zerfalle
und noch lange hinterdrein
Kindeskindern diene
und umher ein frischer Hain
immer neu ergrüne.
Johann Wolfgang von Goethe,
Des Epimenides Erwachen II, 6

In ein reinliches **Haus** zu kommen ist eine Freude, wenn es auch sonst geschmacklos gebauet und verziert ist.
Johann Wolfgang von Goethe, Wilhelm Meisters Lehrjahre VI

Baue – das erste **Haus** für deinen Feind, das zweite Haus für deinen Freund, das dritte Haus für dich selbst.
Sprichwort

Ein Foto aufstellen. Dann ist doch jemand im **Zimmer**, mit dem man reden kann und der nicht stört.
Erhart Kästner, Ölberge, Weinberge

Ich bin in einer prächtigen **Wohnung**, wie ich sie in Karlsbad gehabt, sogleich faul und untätig. Geringere Wohnung dagegen, wie dieses schlechte Zimmer, worin wir sind, ein wenig unordentlich ordentlich, ein wenig zigeunerhaft, ist für mich das Rechte. Es lässt meiner inneren Natur volle Freiheit, tätig zu sein.
Johann Wolfgang von Goethe, zu Eckermann, 23.3.1829

Alles Leben draußen ist nur wie ein Schlafen in Kleidern. **Daheim** erst liegt man im Bett.
Berthold Auerbach

Wer in **Zelten** leben kann, steht sich am besten.

> *Johann Wolfgang von Goethe,*
> *zu Eckermann, 3.3.1831*

Eine schlechte **Wohnung** macht brave Leute verächtlich.

> *Johann Wolfgang von Goethe, Was wir bringen, Lauchstädt 3*
> *(Vater)*

Die schönste Rede, die man unseren Zeiten halten kann, wäre:
Über die Kunst, **zu Hause** zu bleiben.

> *Karl Julius Weber, Demokritos*

Ich wohne nun völlig im **Garten**, eine vortreffliche Wohnung für ein
ruhiges Gewissen.

> *Georg Christoph Lichtenberg, an Johann Christian Dieterich,*
> *8.4.1772*

Ein neues **Haus**,
ein neuer Mensch.

> *Johann Wolfgang von Goethe, Was wir bringen,*
> *Lauchstädt 10 (Vater)*

Ich hab mein **Lehen**, alle Welt, ich hab mein Lehen!
Nun fürcht ich nicht den Hornung an die Zehen
und brauche geizge Herren nicht mehr anzuflehen.

> *Walther von der Vogelweide,*
> *Ich hab mein Lehen*

Der Mensch ist mit seinem **Wohnorte** so nah verwandt, dass
die Betrachtung über diesen uns auch über den Bewohner
aufklären muss.

> *Johann Wolfgang von Goethe,*
> *an Carl von Knebel, 30.12.1785*

Man kann mit einer **Wohnung** einen Menschen genauso töten wie mit
einer Axt.

> *Heinrich Zille*

Zukunft

Die **Zukunft** ist als Raum der Möglichkeiten der Raum unserer Freiheit.
Karl Jaspers

Die **Zukunft** gehört keinem.
Aus Burundi

Wir leben immer für die **Zukunft**: Ewiges Stimmen, und nie beginnt
das Konzert.
Ludwig Börne

Wenn ich einen Nagel einschlage, nur um etwas anzuheften, so denke ich
immer: Was wird geschehen, ehe ich ihn wieder herausziehe?
Georg Christoph Lichtenberg

Die **Zukunft** hat viele Namen. Für die Schwachen ist sie das Unerreich-
bare. Für die Furchtsamen ist sie das Unbekannte. Für die Tapferen ist sie
die Chance.
Victor Hugo

Zukunft - das ist die Zeit, in der du bereust, dass du das, was du heute
tun kannst, nicht getan hast.
Aus den USA

Man muss die **Zukunft** im Sinn haben und die Vergangenheit in den
Akten.
Charles Maurice Talleyrand

»Es kommt immer ganz anders!« Das ist ein wahres Wort und im Grunde
zugleich auch der beste Trost.
Wilhelm Raabe

Die **Zukunft** kommt in Raten. Das ist das Erträgliche an ihr.
Alfred Polgar

Wir sind von einer Atmosphäre umgeben, von der wir noch gar nicht wissen, was sich alles in ihr regt und wie es mit unserm Geiste in Verbindung steht. So viel ist wohl gewiss, dass in besonderen Zuständen die Fühlfäden unserer Seele über ihre körperlichen Grenzen hinausreichen können und ihr ein Vorgefühl, ja auch ein wirklicher Blick in die nächste **Zukunft** gestattet ist.

Johann Wolfgang von Goethe, zu Eckermann, 7.10.1827

Wie sich der Sonne Scheinbild in dem Dunstkreis malt, eh sie kommt, so schreiten auch den großen Geschicken ihre Geister schon voran, und in dem Heute wandelt schon das **Morgen**.

Friedrich Schiller,
Wallensteins Tod V, 3 (Wallenstein)

Bisher musste der Mensch mit dem Gedanken an seinen sicheren persönlichen Tod leben. Jetzt hat er sich auch noch mit dem Gedanken an den möglichen **Untergang** der ganzen Menschheit abzufinden.

Arthur Koestler

Die Frage heute ist, wie man die Menschheit überreden kann, in ihr eigenes **Überleben** einzuwilligen.

Bertrand Russell

In einem Theater brach hinter den Kulissen Feuer aus. Der Pierrot trat an die Rampe, um das Publikum davon zu unterrichten. Man glaubte, es sei ein Witz und applaudierte. Er wiederholte seine Mitteilung; man jubelte noch mehr. So, denke ich mir, wird die Welt **eines Tages** untergehen.

Søren Kierkegaard,
Entweder-Oder I, Diapsalmata

Die Vorsehung hat es nicht ihren Plänen gemäß gefunden, dass die **Zukunft** den Menschen klar vor Augen läge. Wenn sie es gewollt hätte, würde sie nicht dunkle und rätselhafte Andeutungen und Winke geben, sondern das geistige Auge des Menschen geradezu durch den verhüllenden Schleier dringen lassen.

Wilhelm von Humboldt,
Briefe an eine Freundin, 5.2.1831

Aus der Vergangenheit kann jeder lernen. Heute kommt es darauf an, aus der **Zukunft** zu lernen.

Hermann Kahn

Man hat Zeit genug, an die **Zukunft** zu denken, wenn man keine Zukunft mehr hat.

George Bernard Shaw

Die **Zukunft** sollen wir bauen? Viele fordern das jetzt. Doch hierbei denken manche bloß an die künftige Sicherung ihrer jetzigen Privilegien. Andere, forschere, bauen, so fürchte ich, Zukunft wie einen Unfall.

Kurt Marti

Zuversicht und Optimismus

Ich bin mein ganzes Leben **Optimist** gewesen und habe an die Vernunft, die Intelligenz des Menschen und sein Gewissen geglaubt.

Julian Huxley

Ein **Optimist** ist ein Mann, der Kreuzworträtsel sofort mit dem Kugelschreiber ausfüllt.

Karl Farkas

Ein **Optimist** ist in der Regel ein Zeitgenosse, der ungenügend informiert ist.

John B. Priestley

Die wahren **Optimisten** sind nicht überzeugt, dass alles gut gehen wird. Aber sie sind überzeugt, dass nicht alles schief gehen wird.

Verfasser unbekannt

Der **Optimist** und der Pessimist haben einen gemeinsamen Nenner: den Mist.

Carl Fürstenberg

Zweifel

Der Mensch war moralisch-tot geboren oder erschaffen worden, so sagt man, und das heißt: Er war vollkommen. Da beschlich der **Zweifel** seinen Geist, und er ward ein lebendiges, tätiges Wesen.

Friedrich Maximilian von Klinger, Betrachtungen und Gedanken

Das Charakteristikum der Intelligenz ist **Ungewissheit**. Tasten ist ihr Werkzeug.

Henry de Montherlant

Die Erde ist der große Felsen, woran die Menschheit, der eigentliche Prometheus, gefesselt ist und vom Geier des **Zweifels** zerfleischt wird.

Heinrich Heine, Gedanken und Einfälle 2, Religion und Philosophie

Skepsis ist, was die Opposition im Parlament. Sie ist ebenso wohltätig wie notwendig.

Arthur Schopenhauer

Skepsis ist der erste Schritt auf dem Wege zur Philosophie.

Denis Diderot

Dinge zu **bezweifeln**, die ganz ohne weitere Untersuchung jetzt geglaubt werden, das ist die Hauptsache überall.

Georg Christoph Lichtenberg

Der **Widerspruch** ist es, der uns produktiv macht.

Johann Wolfgang von Goethe,
zu Eckermann, 28.3.1827

Wenn **Zweifel** Herzens Nachbar wird,
die Seele sich in Leid verwirrt.

Wolfram von Eschenbach, Parzival

Der **Zweifel** zeugt den Zweifel an sich selbst.

Franz Grillparzer, Ein Bruderzwist in Habsburg III (Rudolf)

Wer zu viel **zweifelt**, der verzweifelt.

Christoph Lehmann, Politischer Blumengarten 2

Der **Zweifel** an Dingen, deren Erkenntnis für uns wichtig ist, ist für den menschlichen Geist ein quälender Zustand. Er kann das nicht lange aushalten; er entscheidet sich so oder so, wohl oder übel. Lieber will er sich täuschen, als nichts glauben.

Jean-Jacques Rousseau, Emile IV

Der **Skeptizismus** ist der Anfang des Glaubens.

Oscar Wilde

Der **Zweifel** gehört zur echten Fruchtbarkeit, man muss durch ihn hindurch, es geht kein anderer Weg als dieser gefahrvolle in die große Gewissheit.

Martin Buber

Personenverzeichnis

550

557

Stichwortverzeichnis